DIMITRIOS PAPANIKOLAOU

Die sekundäre Erklärungspflicht im Zivilprozess

Schriften zum Prozessrecht

Band 248

Die sekundäre Erklärungspflicht im Zivilprozess

Von

Dimitrios Papanikolaou

Duncker & Humblot · Berlin

Die Juristische Fakultät
der Humboldt-Universität zu Berlin
hat diese Arbeit im Wintersemester 2017/2018
als Dissertation angenommen.

Bibliografische Information der Deutschen Nationalbibliothek

Die Deutsche Nationalbibliothek verzeichnet diese Publikation in der Deutschen Nationalbibliografie; detaillierte bibliografische Daten sind im Internet über http://dnb.d-nb.de abrufbar.

Satz: L101 Mediengestaltung, Fürstenwalde
Druck: CPI buchbücher.de GmbH, Birkach
Printed in Germany

ISSN 0582-0219
ISBN 978-3-428-15441-8 (Print)
ISBN 978-3-428-55441-6 (E-Book)
ISBN 978-3-428-85441-7 (Print & E-Book)

Gedruckt auf alterungsbeständigem (säurefreiem) Papier
entsprechend ISO 9706 ♾

Internet: http://www.duncker-humblot.de

Meinen Eltern

Vorwort

Die vorliegende Abhandlung wurde im Wintersemester 2017/2018 von der juristischen Fakultät der Humboldt Universität zu Berlin als Dissertation angenommen. Ziel der Arbeit ist die mitten des 20. Jahrhunderts kasuistisch entwickelte und an Bedeutung gewinnende sekundäre Behauptungslast der Parteien im Zivilprozess dogmatisch zu erarbeiten.

Für die wertvollen Anregungen und warmherzige Betreuung bin ich Herrn Prof. Dr. Christoph G. Paulus dankbar. Mein besonderer Dank gilt außerdem Herrn Prof. Dr. Georgios Ts. Orfanides für das lebhafte Interesse an der Entstehung der vorliegenden Arbeit und die zügige Erstellung des Zweitgutachtens.

Vor allem möchte ich mich aber bei meinen Eltern, Andreas und Marina, denen diese Arbeit gewidmet ist, bedanken. Dank schulde ich ferner meiner Frau Ioanna sowie meinem Bruder Nikolaos für die ständige, liebevolle Unterstützung.

Bei Frau Swantje Maecker und Herrn Robin Matzke bedanke ich mich für die große Hilfeleistung beim Korrekturlesen.

Athen, im Frühling 2018 *Dimitrios A. Papanikolaou*

Inhaltsverzeichnis

§ 1 Einführung in die Problematik

A. Grundlagen der Sachverhaltsermittlung im Zivilprozess

Recht schaffen und Recht gewähren sind Ausformungen staatlicher Machtausübung. Die Selbsthilfe stellt innerhalb des Rechtsstaates ein nur ausnahmsweise anerkanntes Institut der Rechtsdurchsetzung dar.[1] Für die Entscheidung von Rechtsstreitigkeiten sieht der Gesetzgeber ein darauf gerichtetes und stark formalisiertes Verfahren, den Prozess, vor, innerhalb dessen die Parteien ihr Begehren vor das Gericht bringen und sich auf dessen Entscheidung verlassen müssen. Es versteht sich von selbst, dass die Entscheidung durch den Richter eine entsprechende Kenntnis des Lebensvorgangs seinerseits voraussetzt, damit der rechtliche Syllogismus erst ermöglicht wird. Grundpfeiler jedes Systems der Rechtsgewährung ist zwangsläufig die Erkenntnis über die Sachlage, also die Bildung und Aufklärung des Untersatzes und infolgedessen die Synthese zur Urteilsgrundlage.[2]

I. Die Parteiherrschaft

Das speziell auf die Entscheidung bürgerlicher Rechtsstreitigkeiten angelegte Verfahren (§ 13 GVG), der Zivilprozess, ist weitgehend von der sich im Dispositions- und Verhandlungsgrundsatz widerspiegelnden Parteiherrschaft geprägt.[3] Beide Maximen sind nicht ausdrücklich in der ZPO niedergelegt, ihr Bestehen und Umfang ergibt sich aus der Gestaltung des Verfahrens.[4]

---

[1] Vgl. §§ 32, 34 StGB, § 127 Abs. 1 StPO, §§ 227, 228, 229f., 859f., 865, 867, 904, 962, 1029 BGB.

[2] Terminologisches: Der Begriff „Untersatz" umfasst den entscheidungserheblichen Sachverhalt, also die von dem Richter festgestellten Tatsachen (zum Tatsachenbegriff s. § 5 C II 3 a). Der Begriff „Urteilsgrundlage" hingegen umfasst alles, worauf sich die Entscheidung stützt, d.h. sowohl Tatsachen als auch Rechtnormen.

[3] Die begriffliche Trennung beider Grundsätze galt nicht immer als gegeben. Nach früheren Stimmen sollte die Dispositions- in der Verhandlungsmaxime enthalten sein. Hierzu *Bomsdorf*, S. 175; *Zettel*, S. 25; *Prütting*, NJW 1980, 361, 362; *Leipold*, JZ 1982, 441, 442; *ders.*, in: FS für Fasching, S. 329, 332.

[4] *Weyers*, in: FS für Esser, S. 193, 196; *Zettel*, S. 33ff., 41; *Prütting*, NJW 1980, 361, 362; *A. Bruns*, in: Symposion für Stürner, S. 53, 56f., 58f.; *Jauernig/Hess*, § 25 III.

Nach dem Dispositionsgrundsatz einerseits sind Anfang, Umfang und Ende des Verfahrens Parteisache.[5] Die Verhandlungsmaxime[6] auf der anderen Seite überlässt den Parteien die Einführung von Tatsachen und ihre Beweisbedürftigkeit sowie die Benennung und, obgleich heute stark relativiert, die Vorlage von Beweismitteln.[7] Der Richter darf bei seiner Entscheidung nur diejenigen tatsächlichen Behauptungen erwägen, die von den Parteien eingeführt worden sind.[8] Nur beschränkt, in den engen Grenzen des § 291 ZPO, kann er

---

[5] *Lüke*, JuS 1961, 41, 41; *Leipold*, JZ 1982, 441, 442; *Blomeyer*, § 13; *Jauernig/Hess*, § 24 II–IV; *RSGottwald*, § 76 Rdnrn. 3 f.

[6] Häufig wird neben dem Verhandlungs- auch der Beibringungsgrundsatz erwähnt, vornehmlich ohne begriffliche Unterscheidung. Nach abweichender Ansicht soll der Beibringungsgrundsatz sich auf die Einführung von Tatsachen und Beweismitteln in den Prozess beziehen, während die Verhandlungsmaxime allein die Urteilsgrundlage bestimmt. Der Beibringungsgrundsatz besagt, dass Tatsachen sowie Beweismittel erst durch die Initiative der Parteien in den Prozess eingeführt werden können. Der Verhandlungsgrundsatz hingegen meint, dass nur diejenigen tatsächlichen Behauptungen berücksichtigt werden können, über die die Parteien verhandeln (insofern besteht eine Überlappung mit dem Mündlichkeitsprinzip). Vgl. *Brüggemann*, S. 107; *Zettel*, S. 30 f.; *Prütting*, NJW 1980, 361, 362; *B. Hahn*, JA 1991, 319, 319.

[7] *Lüke*, JuS 1961, 41, 42 f.; *Prütting*, NJW 1980, 361, 362 f.; *Leipold*, JZ 1982, 441, 441; *Jauernig/Hess*, § 25 II–III; *RSGottwald*, § 77 Rdnr. 7.

[8] Zu berücksichtigen sind nicht nur die unmittelbar von den Parteien eingeführten, also die behaupteten Tatsachen (vgl. BGH NJW 1989, 3161, 3162; *Lent*, ZZP 63 (1943), 3, 26 ff.; *Bettermann*, ZZP 91 (1978), 365, 390; *Musielak/Stadler*, Grundfragen, Rdnr. 191; *Leipold*, in: FS für Fasching, S. 329, 339; *Jauernig*, in: 40 Jahre BGH, 28, 35; *Blomeyer*, § 14 II 1 a; *Jauernig/Hess*, § 25 II–III). Tatsachen, die sich erst im Rahmen der Beweise ergeben, sind ebenfalls zugrunde zu legen, sofern rechtliches Gehör gewährt wurde (vgl. *Brüggemann*, S. 425 ff.; *Zettel*, S. 72; *Weyers*, in: FS für Esser, S. 193, 206 ff.; *E. Schmidt*, ZZP 113 (2000), 381, 385 f.; a.A. BGH MDR 2010, 227, 227; allerdings auf die vorgelagerte Verhandlungswürdigung bezogen *Brehm*, Bindung, S. 213 ff.; für den Beweisführer günstige Tatsachen *Schilken*, Rdnr. 347; *Braun*, S. 92). Weil Anlass zur Beweiserhebung erst die zwischen den Parteien streitigen Tatsachen geben, kommt eine Inquisition, eine vom Parteiverhalten schlicht unabhängige Einführung von Tatsachen eigentlich nicht in Betracht. In der Regel werden die Parteien, insbesondere nach entsprechender Anregung des Gerichts im Rahmen des § 139 ZPO, sich die neuen günstigen Tatsachen zu Eigen machen (auch stillschweigende Eigenmachung vgl. BGH NJW 2006, 1657, 1658; NJW-RR 2016, 1360, 1362).

Fraglich ist ferner, ob die Kenntnis, die das Gericht durch die Beweise erlangt, Verfügungen der Parteien über den Tatsachenstoff rückgängig machen oder hindern kann. Denn es ist denkbar, dass die Beweiserhebung Licht auf weitere Schichten des Lebensvorgangs wirft, die dem bisherigen oder späteren Parteiverhalten widersprechen. Die Antwort hierauf hängt zunächst davon ab, inwiefern man für den Bereich des Zivilprozesses ein öffentliches Interesse an Wahrheitsfindung annimmt und die Vorschriften, die den Parteien Verfügungsmacht verleihen, entsprechend beschränkt. Weil der ZPO ein neben dem Parteiinteresse oder darüber hinaus gehendes öffentliches Aufklärungsinteresse fremd ist, kann lediglich ein elementares Interesse daran in Betracht kommen, einen Verfahrensmissbrauch zu vermeiden und das Gericht von sich auf eigenes, offenkundiges Wissen berufen.[9] Übrigens gewähren die Verfahrensmaximen keine tiefere Einsicht in die konkrete Art und Weise der Sachverhaltsbildung, denn sie legen lediglich die Grundentscheidung fest, was Ausgangspunkt der richterlichen Entscheidung sein kann.[10]

II. Die Beweislast

1. Objektive Beweislast

Ist die Beweisaufnahme unergiebig (*non liquet*), kann der juristische Syllogismus nicht zu Ende geführt werden. Denn die Normen, die an einem bestimmten Lebensvorgang, an einem bestimmten Verhalten der Rechtssubjekte anknüpfen, kennen lediglich die Varianten tatbestandsmäßig „verwirklicht" oder „nicht verwirklicht", nicht hingegen die Variante „unbewiesen".[11] Eine Subsumption erscheint willkürlich, sofern der Sachverhalt unaufgeklärt geblieben ist. Ist das Zustandekommen des Kaufvertrags streitig, kann der Klage auf Kaufpreiszahlung stattgegeben werden, sofern der Richter das Zustandekommen des Kaufvertrags feststellt. Ihre Abweisung ist gerechtfertigt, solange dessen Nichtzustandekommen feststeht. Erst die Regelung der Beweislosigkeit ermöglicht die richterliche Entscheidung und bestimmt ihren Inhalt auf rationale Weise, wenn die Beweisaufnahme weder zu einer positiven noch zu

---

dem Zwang zu befreien, eine als unwahr erkannte Tatsache kraft Verfügung der Parteien über den Prozessstoff seiner Entscheidung zugrunde zu legen.

Ob bereits stattgefundene Dispositionen der Parteien über Tatsachen aufgrund späterer Kenntnis des Gerichts keine Wirkung mehr entfalten können, kann jedenfalls nicht einheitlich beantwortet werden: Kommt ein Geständnis (§ 288 ZPO) in Frage, dürfen die strengen Anforderungen an den Widerruf des unwahren Geständnisses (§ 290 ZPO) nicht umgegangen werden. Nur sofern durch das unwahre Geständnis ein Missbrauch des Verfahrens stattfindet, also das Rechtsschutzbedürfnis gänzlich fehlt, darf hiervon abgewichen werden. Um einen derartigen Missbrauch handelt es sich bei den sogenannten Scheinprozessen, durch welche die Parteien die Umgehung zwingendes Rechts oder die Schädigung Dritter bezwecken. Die Abweichung von dem nur fiktiven Geständnis (§ 138 Abs. 3 ZPO) ist hingegen leichter, denn eine dem § 290 ZPO entsprechende Regelung greift hier nicht ein.

[9] *Lent*, Wahrheitspflicht, S. 22 ff.; *Bernhardt*, in: FS für Rosenberg, S. 9, 22 ff.; *Brüggemann*, S. 337 ff.; *Zettel*, S. 111; *Dötsch*, MDR 2011, 1017; *RSGottwald*, § 77 Rdnr. 7, § 112 Rdnr. 25; MünchKommZPO/*Prütting*, § 291 Rdnr. 13.

[10] *Weyers*, in: FS für Esser, S. 193, 194, 211; *Brehm*, Bindung, S. 58 ff.; *Kawano*, in: FS für Henckel, S. 411, 411 f.; *Stürner*, ZZP 104 (1991), 208, 215.

[11] Zwar nimmt § 830 Abs. 1 S. 2 BGB die Unerwiesenheit in den Normtatbestand auf, sie stellt aber eine Hilfsnorm in Form einer Beweislastregel dar. Sie hilft das Problem der Unerwiesenheit der haftungsbegründenden Kausalität zu überwinden, wenn an einer unerlaubten Handlung mehrere beteiligt sind.

einer negativen Überzeugung des Richters führt.[12] Die Beweislast und die terminologisch gleichbedeutenden Begriffe objektive Beweislast, materielle Beweislast oder Feststellungslast geben dann an, welche Partei daraus Nachteile erleidet; welche Partei das Risiko der Beweislosigkeit trägt.[13] Sie besagt, ob die begehrte Rechtsfolge eintritt oder nicht und stellt eine Art sekundäre Zurechnungsordnung dar.[14] Infolgedessen müssen an die prozessuale Risikoverteilung erhöhte Anforderungen im Hinblick auf die Rechtssicherheit gestellt werden, was zur rechtssatzmäßigen Gestaltung zwingt.[15] Die Beweislastnormen sind echte, vollständige[16] Rechtsnormen, die an den jeweils in Frage kommenden Rechtssatz anknüpfen und in ihm enthalten sind.[17] Der Grundre-

[12] *Engisch*, Einführung, S. 108 ff., 110 ff.; *Zippelius*, Methodenlehre, S. 77, 78; *Leipold*, Beweislastregeln, S. 22 ff., 31 ff., 44 ff., 105; *Schneider*, DRiZ 1966, 281, 283; Baumgärtel/*Laumen*, HdB-Grundlagen, Kap. 9 Rdnr. 2; *Musielak*, in: FS 50 Jahre BGH, S. 193, 209; *Musielak/Stadler*, Grundfragen, Rdnrn. 194 ff.; *Braun*, S. 712 ff.

Das Problem stellt sich offenbar nicht, wenn die in Frage kommende, anzuwendende Rechtsnorm die Rechtsfolge nicht mit dem Feststehen eines Lebensvorgangs, sondern mit dessen Beweisbarkeit verbindet. Ein non liquet kommt dann nicht in Betracht, denn die Unerwiesenheit gehört bereits zum Tatbestand der Rechtsnorm. Einer weiteren Norm, die die Regelung des non liquet zum Gegenstand hat, bedarf es nicht, weil die anzuwendende Rechtsnorm lautet nicht mehr, wenn die Tatbestandsmerkmale „a“ und „b“ vorliegen, dann Rechtsfolge „R“, sondern, wenn „a“ und „b“ erwiesen sind, dann „R“.

[13] *Rosenberg*, Beweislast, S. 12; *Leipold*, Beweislastregeln, S. 18; *Schneider*, DRiZ 1966, 281, 281; *Gottwald*, Jura 1980, 225, 227; *Musielak*, Grundlagen, S. 33 ff.; *ders.*, in: FS 50 Jahre BGH, S. 193, 210; *E. Schmidt*, JuS 2003, 1007, 1007; *Jauernig/Hess*, § 50 II; *RSGottwald*, § 115 Rdnr. 1 f.; *SJLeipold*, § 286 Rdnr. 48.

In der Tat stellt die Beweislast keine eigentliche prozessuale Last dar. Für sich allein schreibt sie kein Verhalten vor. Vgl. *Musielak/Stadler*, Grundfragen, Rdnrn. 213 ff.; MünchKommZPO/*Prütting*, § 286 Rdnr. 100; auch *Koch*, S. 35.

[14] *Schneider*, DRiZ 1966, 281, 282; *Stoll*, AcP 176 (1976), 146, 146 ff. *Stürner*, NJW 1979, 1225, 1226; *Gottwald*, Jura 1980, 225, 229; *Prütting*, Gegenwartsprobleme, S. 173; *ders.*, in: Lüke/Prütting-Lexikon, S. 52; Baumgärtel/*Prütting*, HdB-Grundlagen, Kap. 25 Rdnr. 10; *RSGottwald*, § 115 Rdnr. 31; MünchKommZPO/*Prütting*, § 286 Rdnr. 100.

[15] BGH NJW 2004, 2011, 2013= BGHReport 2004, 1077, 1079 m. Anm. *Laumen* = JZ 2004, 1029, 1030 m. Anm. *Katzenmeier*; *Leipold*, Beweislastregeln, S. 45; *ders.*, Beweismaß, S. 19, 22; *Prütting*, Gegenwartsprobleme, S. 17, 20, 184 ff.; *ders.*, in: Lüke/Prütting-Lexikon, S. 52; *Musielak/Stadler*, Grundfragen, Rdnr. 264 Fßn. 95; *Baumgärtel*, in: FS 600 Jahre Universität zu Köln, S. 165, 173; *Schlemmer-Schulte*, Beweislast, S. 44.; *Laumen*, NJW 2002, 3739, 3741; *E. Schmidt*, JuS 2003, 1007, 1013; *Katzenmeier*, ZZP 117 (2004), 187, 214; *SJLeipold*, § 286 Rdnr. 73.

[16] *Musielak/Stadler*, Grundfragen, Rdnrn. 196 f., 198 f.; *Musielak*, ZZP 100 (1987), 385, 392 ff.; *ders.*, in: FS 50 Jahre BGH, S. 193, 209; abweichend *Prütting*, Gegenwartsprobleme, S. 171, 175 ff.; *E. Schmidt*, JuS 2003, 1007, 1008.

[17] *Rosenberg*, Beweislast, S. 81; *Musielak*, Grundlagen, S. 23 f., 30; *Schneider*, MDR 1982, 502; *Musielak/Stadler*, Grundfragen, Rdnr. 198, 231; *Prütting*, Gegenwartsprobleme, S. 278 ff.

gel nach, die in § 193 des 1. Entwurfs zum BGB von 1888 enthalten war und sich in dem Satzbau der jeweiligen Norm widerspiegelt, ist jede Partei für den Beweis der Voraussetzungen der ihr günstigen Normen verantwortlich;[18] die den Rechtsschutzantrag stellende Partei trägt das Risiko der Nichterwiesenheit der rechtsbegründenden und ihr Gegner dasjenige der das geltend gemachte Recht hemmenden, hindernden oder vernichtenden Tatbestandsmerkmale.

Die Beweislast erhält demnach die Rolle des Rückgrats jedes Verfahrens und insbesondere des in der Eigenverantwortung der Parteien liegenden Zivilprozesses: Nicht nur innerprozessual aber auch schon vorprozessual muss sich das Parteiverhalten an der Abwendung des *non liquet* orientieren.[19]

2. Subjektive Beweislast

Steht nicht das prozessuale Risiko, sondern dessen Träger im Vordergrund, umfasst die Beweislast als Oberbegriff auch eine subjektive Seite, die die Frage beantwortet, welche Partei in der konkreten Prozesslage den Beweis führen muss.[20] Anders gesagt: welche Partei das Beweisthema (die zu beweisenden Tatsachen) und die Beweismittel zu bezeichnen und gegebenenfalls vorzulegen hat, damit sie keine Niederlage erleidet. Die subjektive Beweislast, auch formelle Beweislast oder Beweisführungslast genannt, wird des Weiteren in abstrakte und konkrete unterteilt. Die Unterscheidung ist trotz erhobener Einwände[21] gerechtfertigt; Die abstrakte Beweisführungslast bestimmt, wer den (Haupt-)Beweis erbringen muss, damit die Beweislosigkeit

---

[18] BGH NJW 1991, 1052, 1053; NJW 1993, 2168, 2170; NJW 2001, 2096, 2098; *Rosenberg*, Beweislast, S. 98 f.; *Leipold*, Beweislastregeln, S. 46; *Gottwald*, Jura 1980, 225, 228; *E. Schmidt*, JuS 2003, 1007, 1009, 1010 ff.; *Prütting*, Gegenwartsprobleme, S. 279 f.; *ders.*, in: Lüke/Prütting-Lexikon, S. 52; *Musielak/Stadler*, Grundfragen, Rdnr. 202, 204, 231; *Schwab*, in: FS für Bruns, S. 506, 519; *Pohle*, in: FS für Dolle, S. 317, 322; *Heinrich*, in: FS für Musielak, S. 231, 234 ff.; *Blomeyer*, § 69 III 1; *RSGottwald*, § 115 Rdnr. 7 f.; *SJLeipold*, § 286 Rdnr. 61 ff.

[19] *Rosenberg*, Beweislast, S. 61, 74 ff.; *Schneider*, DRiZ 1966, 281, 281,284; *Gottwald*, Jura 1980, 225, 229; *Prütting*, Gegenwartsprobleme, S. 19, 173; *ders.*, in: Lüke/Prütting-Lexikon, S. 52; *Musielak/Stadler*, Grundfragen, Rdnr. 214 f.; *Blomeyer*, § 69 IV 1; *RSGottwald*, § 115 Rdnr. 42; MünchKommZPO/*Prütting*, § 286 Rdnr. 101 f.; zurückhaltend *Schönke*, ZAkDR 1939, 193, 193; *BLAHartmann*, Anh § 286 Rdnr. 4.

[20] *Musielak*, in: FS 50 Jahre BGH, S. 193, 210; *Musielak/Stadler*, Grundfragen, Rdnrn. 213; *Prütting*, in: Lüke/Prütting-Lexikon, S. 52; *RSGottwald*, § 115 Rdnr. 4.; *E. Schmidt*, JuS 2003, 1007, 1007; *Jauernig/Hess*, § 50 II; Abweichend bei der Begriffsbildung *Blomeyer*, § 69 I 1.

[21] *Musielak*, Grundlagen, S. 50; *Musielak/Stadler*, Grundfragen, Rdnr. 216; *Kur*, S. 22. Ebenfalls ausschließlich von der konkreten Beweisführungslast ausgehend *Bruns*, § 32 Rdnrn. 170 d und 171.

nicht eintritt und die konkrete, wer die Gegeninitiative ergreifen muss, um der erfolgreichen Beweisführung des Gegners zu widersprechen.[22] Feststellungslast und abstrakte Beweisführungslast sind unzertrennlich verbunden, denn die Regelung der ersten führt gleichzeitig zur Regelung der zweiten.[23] Die Frage nach der konkreten Beweisführungslast tritt hingegen in den Vordergrund, erst wenn die Gegenpartei ihrer (abstrakten) Last genügt und eine günstige Überzeugung des Richters herbeigeführt hat. Gefragt wird nämlich nicht mehr, wer das Risiko der Beweislosigkeit trägt, sondern, ob es mit der Beweisführung der risikobelasteten Partei geklappt hat.[24] Die konkrete Beweisführungslast stellt dann keine Rechts-, sondern nur eine Tatfrage dar.[25]

In ihrer Gesamtheit stellt die Beweisführungslast keine Risikoverteilung dar.[26] Sie ist vielmehr ein Reflex dieser, also der Verteilung der objektiven Beweislast, indem Zweck der Beweisführung entweder die Erreichung des erforderlichen Beweismaßes und so die Abwendung der Beweislosigkeit, oder das Scheitern der gegnerischen, erfolgreichen Beweisführung ist. Da die Möglichkeit des *non liquet* jedem Prozessverfahren innewohnt, wird die Beweisführungslast auch außerhalb des Verhandlungsgrundsatzes, innerhalb dessen sie ihre eigentliche, das Parteiverhalten steuernde Relevanz entfaltet,[27] aktuell und veranlasst die Parteien zu aufklärenden Initiativen.[28]

---

22 *Rosenberg*, Beweislast, S. 168; *Gottwald*, Jura 1980, 225, 226f.; *Prütting*, Gegenwartsprobleme, S. 7ff., 24ff. 29f.; *Laumen*, NJW 2002, 3739, 3742; *RSGottwald*, § 115 Rdnrn. 4ff.; MünchKommZPO/*Prütting*, § 286 Rdnrn. 98, 101, 103.

23 BGH NJW 1989, 161, 162; *Gottwald*, Jura 1980, 225, 226; *Prütting*, Gegenwartsprobleme, S. 28; *ders.*, in: Lüke/Prütting-Lexikon, S. 52; *Rosenberg*, Beweislast, S. 41f.; *Hansen*, JuS 1991, 588, 588; *Chudoba*, S. 148; *Frohn*, JuS 1996, 243, 247.

24 Praxisgerechter ist zu fragen, ob die risikobelastete Partei Beweise angeboten hat. Denn ist das der Fall, muss der Gegner schon bei der Verhandlungsvorbereitung seine Beweismittel bezeichnen, um Präklusionen vorzubeugen (vgl. §§ 130 Nr. 5, 139 Abs. 1 S. 2, 273, 277 Abs. 1 S. 1 ZPO). Das Gericht kann ferner unter Umständen Gegenbeweise auch vor dem Hauptbeweis erheben. Wenn z.B. der geladene Zeuge, auf welchen sich der Risikobelastete beruft, wegen Krankheit nicht erscheint, wohl aber der vom Gegner zur Leugnung der klägerischen Behauptungen benannte Zeuge: Muss erneut terminiert werden, um den ausgebliebenen Zeugen vernehmen zu können, kann aus Gründen der Prozessökonomie der bereits erschienene im laufenden Termin doch vernommen werden. All das ändert allerdings nichts daran, dass die Last, den Gegenbeweis erfolgreich zu führen, den gelungenen Hauptbeweis voraussetzt.

25 *Prütting*, Gegenwartsprobleme, S. 9; *ders.*, in: Lüke/Prütting-Lexikon, S. 52; *Gottwald*, Jura 1980, 225, 227.

26 Im Ergebnis *Prütting*, in: Lüke/Prütting-Lexikon, S. 52; so auch *Chudoba*, S. 148.

27 *Lüke*, JuS 1961, 41, 44; *Gottwald*, Jura 1980, 225, 226; *Arens*, ZZP 96 (1983), 1, 1f.; *Prütting*, in: Lüke/Prütting – Lexikon, S. 52; *RSGottwald*, § 115 Rdnr. 4.

28 *Musielak*, Grundlagen, S. 38f.; Baumgärtel/*Laumen*, HdB-Grundlagen, Kap. 9 Rdnr. 36.

III. Die Behauptungslast

Die Beweisführung setzt ein erhebliches und beweisbedürftiges Thema voraus, sodass dem Beweisantritt der Vortrag über den Sachverhalt zeitlich sowie logisch vorgeht. Hier wird die Behauptungslast der Parteien relevant, welche nach verfestigter Auffassung wiederum in objektive und subjektive unterteilt wird.

Die objektive Behauptungslast soll die Frage beantworten, welchen Inhalt die Entscheidung des Richters hat, wenn überhaupt keine oder unzureichende Tatsachen vorgebracht werden.[29] Leidet aber der tatsächliche Vortrag an Mängeln, wird der Richter die ihm verborgen gehaltenen Teile des Lebensvorgangs bei der Prüfung der Tatbestandsverwirklichung nicht berücksichtigen können und sich folglich entweder mit dem Sachantrag überhaupt nicht beschäftigen (mangels Schlüssigkeit) oder der Beweislastregelung entsprechend entscheiden. Auf die zusätzliche Frage einer objektiven Behauptungslast namentlich einer weiteren risikozuteilenden Norm kommt es eigentlich nicht an.[30] Was die subjektive Seite betrifft, wird – der Beweisführungslast ähnlich – zwischen abstrakter und konkreter Behauptungslast unterschieden. Die abstrakte betrifft den Inhalt des Parteivortrags ungeachtet des gegnerischen Verhaltens und wird daher auch als Anfangsbehauptungslast bezeichnet.[31] Die konkrete Behauptungslast soll dagegen den Inhalt des Vorbringens im Vergleich zum bisherigen Prozessverhalten der Gegenpartei bestimmen.[32] In diesem Sinne stimmt sie weitgehend mit der sogenannten Substantiierungslast der Parteien überein.[33]

Obwohl für die Parteien die Notwendigkeit tatsächliche Behauptungen in den Prozess einzuführen gewiss der Verhandlungsmaxime entstammt, weil eine entsprechende Tätigkeit des Gerichts von sich aus nicht stattfindet, ist diese in Wirklichkeit nicht ihr dogmatischer Entstehungsgrund. Aus dem

---

[29] *Rosenberg*, Beweislast, S. 47 f.; *Musielak*, Grundlagen, S. 50; *Musielak/Stadler*, Grundfragen, Rdnr. 192; *Prütting*, Gegenwartsprobleme, S. 44; *Hansen*, JuS 1991, 588, 588 Fßn. 9; *Oberheim*, JuS 1996, 636, 636, 637; *RSGottwald*, § 115 Rdnr. 40; SJLeipold, § 286 Rdnr. 50.

[30] s. auch *Frohn*, JuS 1996, 243, 247.

[31] *Prütting*, Gegenwartsprobleme, S. 44; *Hansen*, JuS 1991, 588, 588 f.; *Seibel*, DRiZ 2006, 361, 361; *RSGottwald*, § 115 Rdnr. 41. Den Begriff „Anfangsbehauptungslast“ benutzt *Seutemann*, MDR 1997, 615, 616.

[32] BGH NJW 1991, 2707, 2709; *Prütting*, Gegenwartsprobleme, S. 44; *Seutemann*, MDR 1997, 615, 616; *Frohn*, JuS 1996, 243, 247; *Hansen*, JuS 1991, 588, 589; *RSGottwald*, § 115 Rdnr. 41; MünchKommZPO/*Prütting*, § 286 Rdnr. 136.

[33] *Frohn*, JuS 1996, 243, 247; *Hansen*, JuS 1991, 588, 589; *RSGottwald*, § 115 Rdnr. 41; MünchKommZPO/*Prütting*, § 286 Rdnr. 136; Zöller/*Greger*, § 138 Rdnr. 8. Vgl. aber § 6 A V.

Verhandlungsgrundsatz ergibt sich keine prozessuale Wirkung insofern, als Tatsachen als bestehend oder nicht bestehend zu betrachten wären. Die Verhandlungsmaxime antwortet nur die Frage was Grundlage der richterlichen Entscheidung sein kann. Ob eine Tatsache vorliegt oder nicht, genauer gesagt, ob der Normtatbestand erfüllt ist, ist Ausfluss des Beweises bzw. des Beweisrechts: Die Partei, die mit dem *non liquet* zu rechnen hat, hat die Erfüllung der Tatbestandsmerkmale nachzuweisen und muss zu diesem Zweck entsprechende tatsächliche Behauptungen aufstellen,[34] was die Beweislastnorm effektiv zur Behauptungslastnorm macht.[35] Die Feststellungs-, die abstrakte Beweisführungs- sowie die abstrakte Behauptungslast bilden demzufolge eine Einheit.[36] Eine von der Beweislastverteilung abtrennbare Frage ist hingegen die konkrete Behauptungslast. Der konkreten Beweisführungslast entsprechend kommt sie, erst nachdem der Gegner vorgetragen hat, quasi als

---

[34] BGH NJW 1989, 161, 162; NJW 1991, 1052, 1053; *Rosenberg*, Beweislast, S. 49 f.; *Hansen*, JuS 1991, 588, 588; *Seibel*, DRiZ 2006, 361, 361; zögernd *Frohn*, JuS 1996, 243, 247; ebenfalls *Seutemann*, MDR 1997, 615, 616; *Jauernig/Hess*, § 50 I; *RSGottwald*, § 115 Rdnr. 41.

[35] *Schneider*, DRiZ 1966, 281, 281, 283; *Prütting*, Gegenwartsprobleme, S. 46; *ders.*, in: Lüke/Prütting-Lexikon, S. 54; *E. Schmidt*, JuS 2003, 1007, 1008, 1009; a. A. *Bruns*, § 16 Rdnr. 85 c; *Musielak/Stadler*, Grundfragen, Rdnr. 192 Fßn. 4; *Huguenin-Dumittan*, S. 7 f.; *Nierhaus*, S. 249; s. auch *Lorenz*, ZZP 111 (1998), 35, 42.

[36] *E. Schmidt*, JuS 2003, 1007, 1009; Baumgärtel/*Laumen*, HdB-Grundlagen, Kap. 9 Rdnr. 73; *Schilken*, Rdnr. 499; *Prütting*, in: FS für Krüger, S. 433, 433; *TPReichold*, Vorb. § 284 Rdnr. 23.

Der Gleichlauf bleibt auch in den Fällen der §§ 291 und 292 ZPO bestehen, denn angesichts der offenkundigen Tatsachen sowie der gesetzlichen Vermutungen entfällt nicht nur die Beweisführungslast, sondern auch die Behauptungslast. (Streitig. Im Hinblick auf § 291 vgl. *Prütting*, Gegenwartsprobleme, S. 46 f.; *Weyers*, in: FS für Esser, S. 193, 207; *Zettel*, 102 ff., 111; *Gottwald*, AcP 183 (1983), 201, 207; *Schilken*, ZZP 126 (2013), 403, 411; *Jauernig*, § 49 VI; *RSGottwald*, § 112 Rdnr. 25; MünchKommZPO/*Prütting*, § 291 Rdnr. 13; a. A. BGH NJW-RR 1993, 1122; *Lent*, Wahrheitspflicht, S. 26; *Musielak*, Grundlagen, S. 55; *Oberheim*, JuS 1996, 636, 639; *Brüggemann*, S. 340 ff.; *SJLeipold*, § 291 Rdnr. 10; *BLAHartmann*, § 291 Rdnr. 7. Im Hinblick auf § 292 vgl. *Rosenberg*, Beweislast, S. 217 f.; *Leipold*, Beweislastregeln, S. 88 ff.; *Prütting*, Gegenwartsprobleme, S. 46 f.; *Oberheim*, JuS 1996, 729, 733; *Jauernig*, § 50 VI; *RSGottwald*, § 111 Rdnrn. 34 f.; MünchKommZPO/*Prütting*, § 292 Rdnr. 21; *SJLeipold*, § 292 Rdnr. 14; *BLAHartmann*, § 292 Rdnr. 9; a. A. *Musielak*, Grundlagen, S. 55).

Ähnlich verhält es sich bei den §§ 179 Abs. 1, 345 und 543 Abs. 4 S. 2 BGB. Obwohl darin eine Störung der Parallelität zu erblicken ist (*Rosenberg*, Beweislast, S. 52 f.; Baumgärtel/*Laumen*, HdB-Grundlagen, Kap. 9 Rdnrn. 71 f.), handelt es sich nicht um eine substantielle Trennung der abstrakten Behauptungslast von der Beweislast. Es liegt in der Tat keine eigentliche Abweichung vom grundsätzlichen Gleichlauf vor, denn die klagende Partei muss zur Behauptung ihres Rechts eine Tatsache vortragen, die der Gesetzgeber (kraft einer Sonderregel der Beweislast) als Einwendung behandelt.

Tatfrage in Betracht.[37] Sämtliche Prägungen der Behauptungslast sind im Ergebnis Reflexwirkung der materiellen Beweislast und so der Beweisführungslast ähnlich von den geltenden Prozessmaximen nicht streng bestimmt.

IV. Die Substantiierung des tatsächlichen Vortrags

Es wird gelehrt, dass tatsächliche Behauptungen substantiiert sein müssen, damit sie prozessrelevant sein können.[38] Eine Detaillierung des Vortrags wird im Gang des Verfahrens aus verschiedenen Gründen erwartet und ist je nach dem Grund, der sie veranlasst, entsprechend zu differenzieren.

1. Die Bestimmtheit und die Schlüssigkeit der Klage[39]

Zunächst muss sich der Kläger um eine ordnungsmäßige Klageerhebung kümmern. Hierfür ist die bestimmte Angabe des Gegenstandes, des Grundes und des Klagebegehrens erforderlich (§ 253 Abs. 2 Nr. 2 ZPO). Wegen der praktischen Bedeutungslosigkeit der Bestimmtheit des Gegenstandes,[40] stellen nur die zwei anderen Punkte eine Steuerung des Parteiverhaltens im Hinblick auf die Bildung der Urteilsgrundlage dar. Die Bestimmtheit des Klagegrundes auf der einen Seite bedarf der für die Individualisierung des Streits notwendigen Schilderung des Sachverhalts, sodass eine Verwechslungsgefahr abgewendet wird;[41] geboten ist zu diesem Zweck mindestens die Abgrenzung des Streits nach Beteiligten, Ort und Zeit. Die Bestimmtheit des Klageantrags auf der anderen Seite dient der Festlegung des Streitgegenstandes als eindeutiger Maßstab der materiellen Rechtskraft, der Verteidigung des Gegners und der Durchführung der Zwangsvollstreckung.[42]

---

37 *Schneider*, MDR 1962, 361, 362; *Prütting*, Gegenwartsprobleme, S. 47; *M. Huber*, MDR 1981, 95, 97; *Hansen*, JuS 1991, 588, 589; *Frohn*, JuS 1996, 243, 247; *Werner*, JR 1999, 331, 332; *RSGottwald*, § 115 Rdnr. 41.

38 *Hansen*, JuS 1991, 588, 589; *Seibel*, DRiZ 2006, 361, 361; *Schilken*, Rdnr. 347.

39 Die Schlüssigkeit und Bestimmtheit des Vortrags wird freilich auch vom Beklagten gefordert, sofern er sich auf Gegenrechte beruft. Insofern wird von der Erheblichkeit der Verteidigung gesprochen. Vgl. *Seutemann*, MDR 1997, 615, 617, 619; *Seibel*, DRiZ 2006, 361, 364; *Gremmer*, MDR 2007, 1172, 1172; *Braun*, S. 499 f.

40 *RSGottwald*, § 95 Rdnr. 16; Musielak/Voit/*Foerste*, § 253 Rdnr. 24; *TPReichold*, § 253 Rdnr. 8; Zöller/*Greger*, § 253 Rdnrn. 10 f.; vgl. auch *Sutschet*, ZZP 119 (2006), 279, 281.

41 BGH MDR 2004, 824, 824; *Gremmer*, MDR 2007, 1172, 1173; *RSGottwald*, § 95 Rdnrn. 17 ff.; Musielak/Voit/*Foerste*, § 253 Rdnr. 25 f.; Zöller/*Greger*, § 253 Rdnrn. 11 f.

42 BGH NJW 2009, 2528, 2529; OLG Karlsruhe NJW-RR 2012, 820, 821; OLG Düsseldorf NJW-RR 1992, 1404, 1405.

Damit die Klage auch schlüssig ist, muss die Partei sämtliche Tatsachen vorbringen, die den Tatbestand der das Rechtsbegehren stützenden Norm(en) verwirklichen (vgl. § 331 Abs. 2 ZPO).[43] Die Schlüssigkeit ist im Gegensatz zu der Bestimmtheit nicht Voraussetzung der Zulässigkeit der Klage, sondern ihrer Begründetheit, sie betrifft die Prüfung der Klage zur Sache.[44] Die Schlüssigkeit verleiht dem Klageantrag den Anschein des Rechts, indem sie ihn mit dem Tatbestand einer Rechtsnorm verbindet.[45] Insofern allein die Partei dazu befugt ist, ein eigenes Recht prozessual geltend zu machen, muss sie zuerst selbst ihr Begehren in der Weise darlegen, dass das Gericht bei Wahrunterstellung der behaupteten Tatsachen seine Rechtfertigung nach geltendem Recht nachvollziehen kann.

2. Die Substantiierung des Beweisthemas

Der Richter erhebt Beweis über diejenigen unter den Parteien streitigen Tatsachen, deren Aufklärung die Entscheidung mittelbar oder unmittelbar beeinflusst.[46] Aus der Zusammenschau der bestimmten und schlüssigen Klagebehauptung und der gegnerischen Einlassung lässt beim üblichen Verfahrensablauf auf die Beweisbedürftigkeit und die Erheblichkeit der zu beweisenden Tatsachen belanglos schließen. Eine weitere Substantiierung kann aber für die Durchführung des Beweises erforderlich sein. Die Wahrnehmung der Wahrheits- (§§ 395 Abs. 1, 451 ZPO) und Beeidigungspflichten (§§ 391, 452 ZPO) durch die Beweispersonen bedarf eines klar umrissenen Beweisthemas. Die Substantiiertheit dürfte darüber hinaus Bedeutung auch für die Ordnungsmäßigkeit des Beweisantritts erlangen. Hauptsächlich handelt es sich hierbei, um die Problematik des Ausforschungsbeweises.[47] Als Letztes neben der Durchführbarkeit und der Zulässigkeit des Beweisantrags ist die Sachdienlichkeit des Beweises zu erwähnen; die Effizienz der Beweisführung wird erhöht, wenn der Richter von Anfang die streitigen Punkte des Sachverhaltes möglichst genau kennt.

---

43 BGH NJW 1962, 1394, 1394f.; NJW 1984, 2888, 2889; NJW-RR 1993, 189, 189; NJW-RR 2010, 1217, 1218f.; NJW-RR 2013, 296, 296; OLG Hamburg NJW-RR 1990, 63, 63; *Lent*, ZZP 63 (1943), 3, 4, 15; *E. Schmidt*, JuS 2003, 1007, 1008. Zum Tatsachenbegriff § 5 C II 3 a.

44 *Gottwald*, Jura 1980, 225, 226; *Braun*, S. 199ff.; *Jauernig/Hess*, § 25 IV.

45 *Braun*, S. 27ff., 200.

46 *Teplitzky*, JuS 1968, 71, 74; *Jauernig/Hess*, § 49 VI 1; *RSGottwald*, § 116 Rdnr. 1.

47 Vgl. § 5 C.

3. Die Pflicht zur substantiierten Einlassung

Die stärkste Ausprägung des Erfordernisses substantiiert vorzutragen ist die in § 138 Abs. 2 ZPO normierte Erklärungspflicht, nach verfestigter Auffassung Erklärungslast, der Parteien. Ihnen obliegt die Einlassung zu den tatsächlichen Behauptungen des Gegners und zwar die klare Stellungnahme zu jedem einzelnen Punkt seines Vortrags. Denn was nicht unmissverständlich bestritten wird, gilt nach § 138 Abs. 3 ZPO als zugestanden. Aus § 138 Abs. 2 ZPO wird ferner der Grundsatz abgeleitet,[48] dass die Einlassung jeder Partei an der Substantiierung der tatsächlichen Ausführungen der anderen zu messen ist.[49] Hat dann die eine Partei substantiiert vorgetragen, muss die Gegenpartei, vorbehaltlich des § 138 Abs. 4 ZPO, ebenfalls substantiiert bestreiten, um auch in diesem Fall das fiktive Geständnis des § 138 Abs. 3 ZPO zu vermeiden.[50] Verallgemeinernd ist eine tatsächliche Erklärung nach § 138 Abs. 2 ZPO nicht substantiiert und insofern ergänzungsbedürftig, als bei Auseinandersetzung mit dem gegnerischen Vortrag und aufgrund dessen weitere Fragen über nicht dargelegte Aspekte des von ihr skizzierten Lebensvorgangs aufkommen und so ihr Inhalt nicht nachvollziehbar ist.[51] Knapper gesagt: Wenn sie infolge des gegnerischen Vortrags unklar wird. Indem sich die Erklärungspflicht sowohl auf den Kläger als auch auf den Beklagten bezieht, entwickelt sich ein Diskurs zwischen den Parteien und dadurch ein System der Sammlung des Prozessstoffes in Schritten.[52] Denn jede Partei kann den bisherigen Vortrag des Gegners ergänzungsbedürftig machen und ihn zur Einführung weiterer tatsächlicher Behauptungen veranlassen.[53]

---

48 Den man Substantiierungsgrundsatz bezeichnen darf. Nicht mit der die Ordnungsmäßigkeit der Klageerhebung betreffende *Substantiierungstheorie* (*RSGottwald*, § 94 Rdnr. 22) zu verwechseln.

49 BGH NJW 1962, 1394, 1395; NJW 1984, 2888, 2889; NJW-RR 1996, 1211, 1211 f.; NJW 1999, 1404, 1405; NJW 2010, 1357, 1358; OLG Hamburg, NJW-RR 1990, 63, 63; *Schneider*, MDR 1962, 361, 362; *Brehm*, Bindung, S. 106; *Lange*, DRiZ 1985, 247, 248; *Stürner*, ZZP 98 (1985), 237, 251; *Seutemann*, MDR 1997, 615, 618; *Seibel*, DRiZ 2006, 361, 362.

50 Nach h.M. vgl. BGH NJW 2010, 1357, 1358; OLG Hamm, NJW-RR 1990, 1286, 1286; *Seutemann*, MDR 1997, 615, 619; *Dölling*, NJW 2013, 3121, 3126; *Oberheim*, Rdnrn. 197 ff. s. aber § 4 C I.

51 Vgl. BGH NJW 1962, 1394, 1395; NJW 1984, 2888, 2889 = JZ 1985, 183, 184; OLG Hamburg, NJW-RR 1990, 63, 63; *Schneider*, MDR 1962, 361, 362 m.w.N.; *Seutemann*, MDR 1997, 615, 618 f.

52 Vgl. BGH NJW 1999, 1404, 1405; *Kawano*, in: FS für W. Henckel, S. 411, 417 f.

53 BGH NJW 1962, 1394, 1395; NJW 1984, 2888, 2889; *Prütting*, Gegenwartsprobleme, S. 44; *Hansen*, JuS 1991, 588, 589.

Obwohl der Ableitung einer Substantiierungspflicht aus § 138 Abs. 2 ZPO zuzustimmen ist,[54] darf dadurch keine Verlagerung des Beweisverfahrens und insbesondere der Parteivernehmung stattfinden.[55] Die Substantiierungspflicht hat, unter anderen den Sinn durch die vollständige Bildung des Sachverhalts das Beweisverfahren vorzubereiten, nicht dieses zu ersetzen:[56]

Trägt der Kläger zunächst schlüssig, aber pauschal vor, also verlässt er sich zulässigerweise[57] auf eine Rechtstatsache wie der „Kauf“, kann der Beklagte den Abschluss des Kaufvertrags einfach bestreiten. Hat aber der Kläger den Vertragsabschluss näher geschildert, indem er z.B. auch den angeblichen Inhalt der Verhandlungen wiedergegeben hat, kann der Gegner den Abschluss des Vertrags nicht mehr einfach bestreiten. Er hat sein Bestreiten zu begründen. Hierfür gibt es mehrere Alternativen und die Begründung hängt weitgehend davon ab, wie wahrhaftig die sich einlassende Partei verhalten will. Der Beklagte kann erwidern, es sei zu keiner Einigung gekommen oder die Verhandlungen betrafen einen anderen als den vom Gegner behaupteten Gegenstand. Eine darüber hinaus gehende Substantiierung ist nicht erforderlich. Denn zum einen liegt eine Begründung des Bestreitens und ein konkret bezeichnetes Beweisthema schon vor, zum anderen ist die Auffassung des Bestreitenden über den genaueren Gang und den näheren Inhalt der Verhandlungen im Rahmen der Beweiserhebung bzw. der Parteivernehmung zu prüfen.[58]

Auch die Einlassung des Beklagten kann zur Nachbesserung des klägerischen Vortrags zwingen. Trägt der Kläger einfach den Abschluss eines Kaufvertrages vor, kann es sein, dass der Beklagte von sich aus substantiiert bestreitet. Er leugnet z.B. den Abschluss des Kaufvertrags und behauptet Tatsachen, die das Zustandekommen einer Schenkung aufzeigen. Der Kläger hat dann, seinen ursprünglichen Vortrag mit reinen Tatsachenbehauptungen zu begründen. Das wird ihm aber nicht schwer fallen, denn er wird höchstwahrscheinlich den Vortrag des Beklagten nur umformulieren, was oft auch ausreichen wird.

Überwiegend wird aber der Beklagte die pauschale klägerische Behauptung des Kaufvertrags ebenfalls pauschal bestreiten. Entweder bestreitet er bloß den Abschluss des Vertrags oder er bestreitet, indem er sich ebenfalls auf einen üblichen Rechtsbegriff beruft, wie auf die Schenkung. Nach wohl

---

[54] Vgl. § 3 G I.

[55] Vgl. § 4 C II und § 6 B I 2.

[56] Vgl. § 3 G I.

[57] *Brose*, MDR 2008, 1315, 1316; *Oberheim*, Rdnrn. 358f.; *Braun*, S. 504 und dort auch Fßn. 7.

[58] s. BGH NJW-RR 2012, 977, 978; NJW-RR 2013, 296, 296.

herrschender Meinung wird dann eine Nachbesserung des klägerischen Vortrags erwartet.[59] Freilich kann die Ergänzung der klägerischen Behauptungen nicht mehr aufgrund des § 138 Abs. 2 ZPO abverlangt werden, denn beide Behauptungen sind mit Blick auf § 138 Abs. 2 ZPO gleichwertig.[60] Der schlüssige, aber pauschale Vortrag des Klägers wird wegen der pauschalen Leugnung des Gegners nicht unklar, sondern erst beweisbedürftig.[61] Sofern die Behauptung einer Rechtstatsache gestattet wird, ist es nicht konsequent eine nähere Substantiierung nur aufgrund der einfachen Negation des Gegners zu verlangen. Denn, wenn sie von Anfang an klar und schlüssig war, wie kann ein bloßes „Nein“ zur Unklarheit – Unschlüssigkeit führen? Gleiches gilt, wenn zwei substantiierte Behauptungen aufeinandertreffen. Bei Gleichwertigkeit beider Vorträge kann die weitere Substantiierung nunmehr angesichts der weiteren Prozessführung von Bedeutung sein;[62] besteht ohne nähere Schilderung kein dem Beweis zugängliches Thema oder ist die Zulässigkeit des Beweisantrags betroffen, muss die Partei ihre bisherigen Behauptungen präzisieren. Ist hingegen die Substantiierung lediglich aus Gründen der Sachdienlichkeit der Beweiserhebung geboten, kann zunächst danach gefragt werden. Die beweisbelastete Partei wird im Rahmen des Möglichen der entsprechenden Anregung nachkommen, auf keinen Fall aber darf die Beweiserhebung unterbleiben.

4. Exkurs: Die Einlassungsfähigkeit des Vortrags als Kriterium

Zum Teil wird ferner verlangt, dass der tatsächliche Vortrag den Gegner in die Lage versetzen muss, sich effektiv zu verteidigen.[63] Was damit gemeint ist, ist zunächst nicht eindeutig. Denn ist die Klage bestimmt und schlüssig und die behaupteten Tatsachen des Beweises fähig, erhält der Gegner ein klares Bild worauf er sich einlassen muss. In Wirklichkeit bedeutet die Einlassungsfähigkeit, die Möglichkeit der Gegenpartei sich bestmöglich zu verteidigen, also sich eingehend einzulassen und ihr günstige Beweismittel herausfinden. Diese Anforderung kann gelegentlich eine bestimmte und schlüs-

---

59 BGH NJW 1962, 1394, 1395; *Hansen*, JuS 1991, 588, 589; *Frohn*, JuS 1996, 243, 247 f.; *Seutemann*, MDR 1997, 615, 618; *Seibel*, DRiZ 2006, 361, 362; *Brose*, MDR 2008, 1315, 1316 f.; *Mertins*, NJ 2009, 441, 444; *Oberheim*, Rdnr. 198 unter „Beispiele“; *Braun*, S. 504 f.; aber *Gremmer*, MDR 2007, 1172, 1172 f., 1175.

60 s. auch *Seutemann*, MDR 1997, 615, 618 f.; *Gremmer*; MDR 2007, 1172, 1172.

61 In diesem Sinne auch BGH MDR 2000, 1392, 1393; OLG Hamburg, NJW-RR 1990, 63, 63.

62 Vgl. § 1 A IV 2; Auch *Braun*, S. 504, 505 obwohl er auch die Unschlüssigkeit betont.

63 *Brose*, MDR 2008, 1315, 1317 ff. m. w. N.

sige Klagebehauptung nicht erfüllen, wie folgendes Beispiel zeigt:[64] Z bestellt über das Internet bei dem großen Versandhaus B einen Computer zum Preis von 1.000 EUR. Er tritt seinen Anspruch auf Lieferung des Computers an K ab. K verklagt B auf Lieferung des Computers Zug um Zug gegen die Zahlung von 200 EUR unter der Behauptung, Z habe noch vor der Abtretung mit einem Mitarbeiter von B telefonisch vereinbart, dass Z den Computer wegen seiner langen Kundenbeziehung zu B für nur 200 EUR erhalten solle. Wie der Mitarbeiter geheißen habe, welche der vielen Rufnummern des Versandhauses Z gewählt habe und wann dieses Gespräch gewesen sei, wisse Z, den K als Zeuge anbietet, allerdings nicht mehr. Ohne diese Informationen aber kann B nicht ermitteln, welcher Mitarbeiter als Gesprächspartner in Betracht kommt, um diesen zu den klägerischen Behauptungen zu befragen und ihn als Gegenzeugen anzubieten.

Obwohl die Einlassungsfähigkeit als Voraussetzung plausibel erscheint, besteht nicht nur ihre normative Begründung vielleicht in einer Überspannung von Parteipflichten und Verfahrensprinzipien,[65] sie stellt eher ein Scheinproblem dar.[66] Im oben erwähnten Beispiel kann der Beklagte einfach bzw. anlässlich der arbeitsteiligen Organisation des Versandhauses mit Nichtwissen bestreiten (§ 138 Abs. 4 ZPO) und sich dadurch effektiv verteidigen, denn der Kläger muss seine Behauptungen immer noch beweisen.[67] Für den erfolgreichen Beweis der klägerischen Behauptung ist dann unerlässlich, dass sich hieraus die Identität des Mitarbeiters ergibt bzw. dass sie bestimmbar wird. Ist das der Fall kann der Beklagte ihn jetzt als Gegenzeuge benennen.

V. Die Wahrheits- und Vollständigkeitspflicht

§ 138 Abs. 1 ZPO fordert den Vortrag wahrer und vollständiger Erklärungen. Die Parteien dürfen zunächst nur solche tatsächlichen Behauptungen aufstellen, von deren Unwahrheit sie persönlich nicht überzeugt sind.[68] Sofern sie einen Lebensvorgang wiedergeben, müssen sie es ferner vollständig und nicht eklektisch, nach persönlichem Interesse tun. Missbilligt wird mithin sowohl die direkte Prozesslüge als auch die Verhüllung einzelner erheblicher Aspekte des Sachverhalts, über welche die vortragende Partei positive

---

[64] s. *Brose*, MDR 2008, 1315, 1317.

[65] Herangezogen werden § 138 Abs. 1 und 2 ZPO, die Waffengleichheit, das rechtliche Gehör und ferner die Dispositionsmaxime. Vgl. *Brose*, MDR 2008, 1315, 1317 ff.

[66] Ebenfalls kritisch *Peters*, Ausforschungsbeweis, S. 65; *Brehm*, Bindung, S. 84 f.

[67] Zur Erklärung mit Nichtwissen s. § 4 C II.

[68] Vgl. § 3 F I.

Kenntnis hat.[69] Die Verpflichtung,[70] vom unwahren sowie halbwahren Vortrag abzusehen, setzt dann gleichzeitig entsprechende Anforderungen an den Inhalt des Sachvortrags.

VI. Die Prozessförderungspflicht

Das die Prozessförderungspflicht der Parteien regelnde Normengefüge (hauptsächlich §§ 273, 275 ff., 282 f., 296, 296a, 340 Abs. 3 S. 1 ZPO) will die Zügigkeit des Verfahrens sicherstellen.[71] Den Parteien obliegt infolgedessen auch ein Beitrag zur Beschleunigung und Konzentration des Verfahrens zu; sie müssen zu diesem Zweck Angriffs- und Verteidigungsmittel inklusive tatsächlicher Behauptungen so zeitig vorbringen, dass nach der konkreten Lage die sachgemäße Erledigung des Rechtsstreits erfolgen kann.[72] Pflichtwidriges Verhalten führt zur Nichtberücksichtigung des verspäteten Mittels, es sei denn, die Verzögerung lässt sich doch entschuldigen. Aus der Prozessförderungspflicht ergibt sich ebenfalls ein gewisser inhaltlicher Maßstab hinsichtlich der Frage, was die Parteien nach dem etwaigen Prozessstand vorzutragen haben.

VII. Die aufklärende Tätigkeit des Gerichts

Innerhalb eines materiell gerechten Verfahrens darf keine Partei wegen bloßer Formalitäten unterliegen.[73] Demnach muss sich die richterliche Prozessleitung auch auf die innere Fortentwicklung des Verfahrens erstrecken und hat so zu erfolgen, dass der Richter die vollständige sowie zügige Beschaffung von Tatsachen und Beweismaterial bewirken kann.[74] Neben den Mitwirkungspflichten der Parteien wie die Ermahnung zur Wahrheit und Prozessförderung erlangt das Gericht im modernen Zivilprozess eine stärkere Rolle bei der Zusammensetzung und Aufklärung der Urteilsgrundlage:

---

[69] Vgl. § 3 F III 1.

[70] Vereinzelt wird auch von einer Last gesprochen. Vgl. *Lüke*, JuS 1986, 2, 3; *Mes*, GRUR 2000, 934, 936. Zur Unterscheidung zwischen prozessualen Lasten und Pflichten vgl. § 2 B.

[71] Vgl. § 3 E I.

[72] Vgl. § 3 E I.

[73] *Jauernig/Hess*, § 35 V Rdnr. 33; *RSGottwald*, § 78 Rdnrn. 24 ff.

[74] *Jauernig/Hess*, § 77 IV; *RSGottwald*, § 78 Rdnrn. 24 ff.; Musielak/Voit/*Stadler*, § 139 Rdnr. 1.

1. Seiner Frage- und Hinweispflicht nach,[75] welche durch die §§ 139 Abs. 4 S. 1, 273 und 275 Abs. 2 ZPO über die mündliche Verhandlung hinaus als Pflicht zur Terminvorbereitung konkretisiert wird,[76] hat der Richter die rechtliche und tatsächliche Seite des Rechtsstreits mit den Parteien zu erörtern und gegebenenfalls Fragen zu stellen (§ 139 Abs. 1 S. 1 ZPO). In diesem Rahmen muss er auch für die Präzisierung mehrdeutiger, mangelhafter oder auf andere Weise unklarer tatsächlicher Behauptungen sorgen und die entsprechende Parteitätigkeit anregen (§ 139 Abs. 1 S. 2 ZPO).[77]

2. Intensivere Steuerungsmittel enthalten die §§ 141 ff. ZPO. Sofern dem Gericht die Anhörung der Streitenden für die Aufklärung des Sachverhalts geboten erscheint, kann es das persönliche Erscheinen beider Parteien anordnen (§ 141 Abs. 1 ZPO). Notwendigenfalls ist die Anordnung mit Ordnungsgeld erzwingbar (§ 141 Abs. 3 S. 1 ZPO).[78] Die Anhörung zielt auf die Vervollständigung des bisherigen Vortrags und die Klärung ab, welche Behauptungen streitig sind, nicht dagegen speziell auf die Überzeugung des Richters, und stellt kein förmliches, gegen die Parteivernehmung (§§ 445 ff. ZPO) frei austauschbares Beweismittel dar.[79] Weil aber ihre Ereignisse als Teil der Verhandlung doch verwertbar sind (§ 286 Abs. 1 S. 1 ZPO),[80] kommt der Parteianhörung eine zumindest ergänzende, faktische Beweisfunktion zu.[81]

---

[75] Zur Pflichtnatur vgl. *Schumann*, in: FS für Leipold, S. 175, 181 f.; *Frohn*, JuS 1996, 243, 244; *Prütting*, in: FS für Musielak, S. 397, 409 f.

[76] Vgl. OLG Schleswig NJW 1986, 3146, 3148; *Deubner*, in: FS für Lüke, S. 51, 52 f.; *Rensen*, AnwBl 2002, 633, 637; *Schumann*, in: FS für Leipold, S. 175, 177 ff.; *Jauernig/Hess*, § 28 II 2 Rdnr. 14; Zöller/*Greger*, § 139 Rdnr. 4; Musielak/Voit/*Stadler*, § 139 Rdnr. 3

[77] BGH NJW 2005, 2624, 2624; NJW-RR 2004, 495, 496; *Deubner*, in: FS für Lüke, 1997, S. 51, 53; *Frohn*, JuS 1996, 243, 245, 246; *Schilken* Rdnr. 355; *Jauernig/Hess*, § 25 V Rdnrn. 36 ff.

[78] In der vorgesehenen Sanktionsmöglichkeit ist eine Systemwidrigkeit zu erblicken. Denn auf das Nichterscheinen wird reagiert, während das Nichtverhandeln trotz Erscheinens grundsätzlich sanktionslos bleibt. Vgl. *Jauernig/Hess*, § 28 II 2 Rdnr. 14.

[79] BGH NJW 2002, 2247, 2249; *Polyzogopoulos*, Parteianhörung, S. 113 f.; *Brüggemann*, S. 383 ff.; *Brehm*, Bindung, S. 231 ff.; *Gehrlein*, ZZP 110 (1997), 451, 454 f., 471 f.; *Messer*, in: FS 50 Jahre BGH, S. 67, 82; *Coester-Waltjen*, ZZP 113 (2000), 269, 290 f.; *Lange*, NJW 2002, 476, 477; *Schilken*, ZZP 126 (2013), 403, 423; *TPSeiler*, § 141 Rdnr. 1, Vorbem. § 445 Rdnr. 2; Musielak/Voit/*Stadler*, § 141 Rdnr. 2.; Zöller/*Greger*, § 141 Rdnr. 1. Insofern ist die gewählte Ausdrucksweise „Aufklärung" in § 141 Abs. 1 potenziell irreführend. Zutreffender wäre daher der Ausdruck „für das bessere Verständnis" (vgl. *Braun*, S. 810 f. und 815 Fßn. 18).

[80] BGH NJW 1999, 363, 364; *Brehm*, Bindung, S. 230 ff., 240 ff., 249 ff., 270; *Polyzogopoulos*, Parteianhörung, S. 114 ff.; *Gottwald*, AcP 183 (1983), 201, 209; *Meyke*, MDR 1987, 358, 359; *Lange*, NJW 2002, 476, 480; *Greger*, DStR 2005, 479, 480; *Schilken*, ZZP 126 (2013), 403, 423 f.

[81] *Bernhard*, in: FS für Rosenberg, S. 41; *Schöpflin*, NJW 1996, 2134, 2134 f.; *Coester-Waltjen*, ZZP 113 (2000), 269, 289 ff.; *Blomeyer*, § 80 I 2; zurückhaltend

Die §§ 142 ff. ZPO eröffnen den Weg zur vergleichsweise direkten Einwirkung auf die Zusammensetzung der Urteilsgrundlage. Gemäß § 142 ZPO kann das Gericht – und zwar unabhängig[82] von der subjektiven Beweislast – die Urkundenvorlage durch die Parteien oder einen Dritten anordnen. Entsprechendes hinsichtlich des Augenscheins- und des Sachverständigenbeweises sieht § 144 ZPO vor. Beide Vorschriften prägt zum Teil eine deutliche, nicht aber unangefochtene Beweisfunktion.[83] § 143 ZPO im Gegenteil, obwohl ebenfalls eine Editionsanordnung, beabsichtigt lediglich die Vervollständigung der Gerichtsakten durch die Vorlegung von Dokumenten bzw. Duplikaten seitens der Parteien und ihrer Anwälte, die sie beim Gericht oder beim Gegner bereits eingereicht oder wenigstens dazu bestimmt haben.[84]

3. Dem richterlichen Ermessen[85] wird auch die von der Beweisführungslast ebenfalls unabhängige Vernehmung der Parteien überlassen (§ 448 ZPO). Voraussetzung dafür ist allerdings, dass die Vernehmung erst nach erfolgsloser Ausschöpfung aller angebotenen Beweise stattfindet und ferner, dass das Gericht von der Wahrscheinlichkeit der streitigen Behauptung sowie vom Überzeugungswert der Vernehmung ausgeht.[86] Die speziell für den Fall des

---

Polyzogopoulos, Parteianhörung, S. 115 f.; *Brüggemann*, S. 384; *Meyke*, MDR 1987, 358, 359 f.; *Stackmann*, NJW 2007, 3521, 3522; *Eschelbach/Geipel*, MDR 2012, 198, 199 f.

Die Beweisfunktion wird insbesondere in der Handhabung des § 448 ZPO ersichtlich. Vgl. *Schlosser*, NJW 1995, 1404, 1406; *Gehrlein*, ZZP 110 (1997), 451, 465; *Lange*, NJW 2002, 476, 482 m. w. N.; *Noethen*, NJW 2008, 334, 335; *Eschelbach/Geipel*, MDR 2012, 198, 200; *Greger*, MDR 2014, 313, 315 f.; *Braun*, S. 816 f.

Für eine Beweisfunktion des § 141 ZPO neben der Parteivernehmung plädiert *Schöpflin*, NJW 1996, 2134 ff.; weiter AK-ZPO/*Rüßmann*, Vorb. § 445 Rdnr. 3. Allerdings lässt § 141 ZPO neben der Erscheinenspflicht keine Aussagepflicht im Sinne einer Aufklärungspflicht entstehen. Dies ergibt sich insbesondere aus § 141 Abs. 3 S. 2 ZPO. Der Partei wird erlaubt ihr Pflicht zum Erscheinen durch einen Vertreter zu erfüllen. Das wäre unzulässig, sollte die Partei im Rahmen der Anhörung auch zu Beweiszwecken aussagen, denn als Beweismittel ist sie unersetzbar (vgl. *Brehm*, Bindung, S. 265 ff.; *Meyke*, MDR 1987, 358, 360; *Jauernig/Hess*, § 28 II 2 Rdnr. 14; Zöller/*Greger*, § 141 Rdnr. 1a). Die erschienene Partei kann daher jede Äußerung verweigern, ohne direkte Nachteile zu erleiden. Obwohl eine ungünstige Würdigung theoretisch denkbar sein mag, sollte sie unterbleiben, weil die Partei mangels einer Pflicht zur Aussage ihre Weigerung nicht einmal zu begründen braucht (vgl. auch § 3 C).

[82] Streitig. Vgl. § 3 B I.

[83] Näher unter § 3 B I.

[84] MünchKommZPO/*Fritsche*, § 144 Rdnr. 20; Zöller/*Greger*, § 143 Rdnr. 1; *SJAlthammer*, § 143 Rdnr. 1.

[85] BGH NJW 1999, 363, 364; *Lange*, NJW 2002, 476, 482; *SJBerger*, § 448 Rdnr. 13; a.A. *Diakonis*, S. 68 ff., 87 ff.

[86] BGH MDR 1983, 478, 479 m. Anm. *Baumgärtel*; NJW 2002, 2247, 2249; NJW 2004, 2664, 2667; *B. Schmidt*, MDR 1992, 637, 637 f.; Zöller/*Greger*, § 448 Rdnrn. 1 und 3 f.; *SJBerger*, § 448 Rdnrn. 5, 11. Ablehnend *Schöpflin*, Beweiserhebung,

§ 287 Abs. 1 S. 3 ZPO vorgesehene amtswegige Vernehmung des Beweisführers soll hingegen nicht denselben strengen Anforderungen der Subsidiarität und insbesondere des Anfangsbeweises unterliegen.[87]

Was die Mitverantwortung des Gerichts für die Zügigkeit und die Sachgerechtigkeit des Verfahrens angeht, ist hier, unabhängig von einer engen oder weiten Auslegung der §§ 142 und 144 ZPO,[88] folgendes vorwegzunehmen: Zweck sämtlicher die richterliche Prozessleitung verstärkenden Regelungen ist die Unterstützung des Richters bei der effizienten Bearbeitung des bereits von den Parteien eingeführten Prozessstoffes. Es handelt sich hierbei nämlich nicht um die Einführung des Untersuchungsgrundsatzes, sondern um die Rationalisierung sowie um die Funktionssicherung des von der Parteiinitiative und Parteiverantwortung geprägten Verfahrens, indem der Richter anlässlich der ihm unterbreiteten Materie eine vollständige, möglichst frühzeitige Einsicht in den Prozessstoff erlangt und gegebenenfalls die relevanten Beweismittel bereitstellt.[89] Eine inquisitorische Benutzung der vorhandenen Instrumente zur bedingungslosen Ausforschung der Parteien, also ohne vorheriges und dazu Anlass gebendes Parteiverhalten scheidet insofern aus. Weder die äußere wie innere Prozessleitung noch (insbesondere) die Ermächtigung zur Beweiserhebung von Amts wegen entfernen sich letztendlich vom Prinzip der freiheitlichen Rechtsdurchsetzung. Die Einführung und Beweisbedürftigkeit der relevanten Tatsachen sowie die Bezeichnung und grundsätzlich die Vorlegung der entsprechenden Beweismittel bleiben Parteisache.

S. 262–284; *ders.*, NJW 1996, 2134, 2136 m. w. N.; *Schlosser*, NJW 1995, 1404, 1405; *Gehrlein*, ZZP 110 (1997), 451, 465 ff., insbesondere 468 ff.; *Coester-Waltjen*, ZZP 113 (2000), 269, 291; *Oberhammer*, ZZP 113 (2000), 295, 314 ff.; *Lange*, NJW 2002, 476, 482; *Schilken*, ZZP 126 (2013), 403, 416 ff.; *Jauernig/Hess*, § 56 II 2. Einordnung als Ermessenskriterien *Kwaschik*, Die Parteivernehmung, S. 68 ff.

[87] *TPReichold*, § 287 Rdnr. 12; Zöller/*Greger*, § 287 Rdnr. 7.

[88] Besorgt allerdings *Saenger*, ZZP 121 (2008), 139, 153.

[89] Vgl. BGH NJW 2007, 2989, 2991 f.; *Piekenbrock*, NJW 1999, 1360, 1363; *Kraayvanger/Hilgard*, NJW 2003, 572, 573 f.; *Reischl*, ZZP 116 (2003), 81, 84 f., 89; *Wagner*, JZ 2007, 706, 710 f.; *Völzman-Stickelbrock*, ZZP 120 (2007), 512, 522 ff.; *Rühl*, ZZP 125 (2012), 25, 33; *Prütting*, NJW 1980, 360, 363; *Leipold*, ZZP 93 (1980), 237, 263; *ders.*, JZ 1982, 441, 446 f.; *Stürner*, Aufklärungspflicht, S. 62 ff., 65 ff.; *ders.*, in: FS für Baur, S. 647, 657; *ders.*, Richterliche Aufklärung, Rdnr. 11; *ders.*, ZZP 123 (2010), 147, 153, 154, 156 f.; *Henckel*, in: GS für Bruns, S. 125; *Schöpflin*, Beweiserhebung, S. 60 ff., 69 ff. 154 f.; *Jauernig/Hess*, § 25 V und § 51 I; Musielak/Voit/*Stadler*, § 142 Rdnr. 1, § 144 Rdnr. 1; *BLAHartmann*, § 142 Rdnr. 2, § 144 Rdnr. 10; MünchKommZPO/*Fritsche*, §§ 144 Rdnr. 1 f.

VIII. Ergebnis

Der Grundriss der Informationsbeschaffung des in der ZPO geregelten Erkenntnisverfahrens lässt sich wegen der primären Bestimmung des Prozessstoffs durch die Parteien und der Verteilung der Beweislast unter ihnen so verstehen: Jede Partei muss zunächst die notwendige Sorgfalt für den eigenen Erfolg zeigen. Von dem Rechtssuchenden wird erwartet, dass er die entscheidungserheblichen Informationen, seien sie Tatsachen oder Beweismittel, dem Gericht übermittelt. Kann die risikobelastete Partei keine bestimmte und schlüssige Klage erheben oder keine erhebliche Einrede entgegenstellen, wird der weitere Prozessgang ohnehin aussichtslos. Kann sie Beweismittel dem Gericht überhaupt nicht zugänglich bzw. nicht einmal bestimmbar machen oder ein Beweisthema darstellen bleibt sie jedenfalls beweisfällig.

Eine kompensatorische Prozessführung durch das Gericht oder die Mitwirkung des Gegners sowie weiterer Personen kann in Betracht kommen. Ob, wann und inwiefern das geschieht, ist eine nicht unkomplizierte Frage der Rechtsanwendung, die der näheren Auseinandersetzung mit der Teleologie des zivilprozessualen Erkenntnisverfahrens und insbesondere mit seiner Konzeption von der Partei- und Richterrolle bedarf.

B. Das pathologische Phänomen der Informationsnot

I. Darstellung

Die primär zwischen dem Rechtsuchenden und seinem Prozessziel stehende Hürde ist das Beweismaß, also der Grad an Überzeugung, den der Richter erreichen muss, um die unter Beweis gestellte Behauptung als wahr zu erachten.[90] Das Regelbeweismaß stellt auf eine an Sicherheit grenzende Wahrscheinlichkeit ab.[91] Weil die inhaltliche Entwicklung des Verfahrens im Grunde genommen Parteisache ist, kommt es hauptsächlich auf die Sorgfalt und Fähigkeit des Einzelnen an, den ihm obliegenden Beweis zu führen. Probleme entstehen dann, wenn der Risikobelastete die erforderliche Überzeugung nicht vermitteln kann. Zunächst kann das Beweismaß zu hoch ge-

---

90 *Prütting*, Gegenwartsprobleme, S. 59; *ders.*, JA 1985, 313, 315; *ders.*, in: Lüke/Prütting-Lexikon, S. 50; *Musielak/Stadler*, Grundfragen, Rdnr. 146; *Koussoulis*, in: FS für Schwab, S. 277, 277 f.; *Paulus*, in: FS für Gerhardt, S. 747, 748.

91 So die h.M. Vgl. *Schneider*, Beweis und Beweiswürdigung, Rdnrn. 65, 73 ff.; *Prütting*, Gegenwartsprobleme, S. 59 ff., 73 ff.; *ders.*, JA 1985, 313, 316; *Jauernig/Hess*, § 49 II 1; *Schilken*, Rdnr. 489; aber *RSGottwald*, § 112 Rdnr. 13; näher *Baumgärtel/Laumen*, HdB-Grundlagen, Kap. 5 Rdnrn. 5 ff., 10 ff.

setzt sein. Recht haben und Recht bekommen hängt aber nicht allein von der Strenge des Überzeugungsgrads ab. Zentral für das Obsiegen sind vielmehr die genaue Übertragung des Lebensvorgangs und die Einführung adäquater Beweismittel in den Prozess. Die Prozessführung wird dementsprechend erschwert, wenn der risikobelasteten Partei geeignete Beweismittel fehlen. Dieser Mangeln ist wiederum selten auf das tatsächliche Fehlen jeglichen Beweismaterials zurückzuführen. In der großen Mehrheit der Fälle hat die belastete Partei entweder keinen Zugang zu bestehenden, ihr bekannten Beweismitteln oder sie hat keine Kenntnis davon.[92] Beide Notlagen implizieren eine entsprechende Unkenntnis über den relevanten Lebensvorgang selbst bzw. die fehlende Fähigkeit ihn in allen Einzelheiten wiederzugeben.

Für die verschiedenen Beweisschwierigkeiten, die die belastete Partei treffen mögen, wird häufig der Terminus Informations- oder Beweisnot verwendet. Freilich kann der Begriff Beweisnot im Vergleich zur Informationsnot einen breiteren Sinngehalt haben, denn darunter können sämtliche die Beweisführung betreffende Schwierigkeiten subsumiert werden. Die Beweisnot liegt vor, wenn die Partei dazu gehindert ist, ein günstiges Beweisergebnis herbeizuführen. Die Informationsnot umfasst im Gegenteil speziell die Fallkonstellationen, bei welchen die Partei Informationen, sei es ein Beweismittel, Details über den Lebensvorgang oder sogar über den Inhalt des geltend gemachten Rechts selbst in den Prozess nicht einführen kann und stellt eine besondere Ausprägung der Beweisnot dar. Die Beweisnot geht über die Informationsnot hinaus, wenn der Streitfall von Natur aus schwer zu erkennen ist und sich nicht mehr die Frage der sachdienlichen Beweisführung in Betracht kommt, sondern die Frage der Beweislastverteilung, des angemessenen Beweisgrades oder einer flexibleren Beweiswürdigung. Die Schwäche der beweisführungsbelasteten Partei liegt nicht (nur) in der Ferne vom Beweismaterial, sondern (auch) in den Anforderungen der Rechtsdurchsetzung.

Informations- oder Beweisnotlagen stellen kein allzu seltenes Phänomen dar. Bei bestimmten Rechtsverhältnissen scheinen sie vielmehr die Regel zu sein. Das zivilprozessuale Modell von Selbstverantwortung und Selbstinitiative der Parteien hat einen Sinn, wenn die Partei die Verantwortung übernehmen und die Initiative tatsächlich ergreifen kann. Ist letzteres nicht der Fall, entsteht ein pathologisches Problem des Rechtsgewährungssystems.

---

92 Allerdings: Das einzige Beweismittel, das immer bekannt (sonst keine Klageerhebung möglich, § 253 Abs. 2 Nr. 1 ZPO) und (bei Begründung des Prozessrechtsverhältnisses) zugänglich ist, ist die Gegenpartei. Die Vernehmung des Gegners (§§ 445 ff. ZPO) bleibt auf jeden Fall die letzte Hoffnung. Ihre Effektivität und Effizienz wird aber nur gesteigert, wenn sie an bereits gewonnene, verwertbare Prozessergebnisse anknüpft.

II. Beseitigung

1. Die traditionellen prozessualen Bewältigungsmechanismen

Zur Heilung von Beweisnotlagen wird eine den unterschiedlichen Erscheinungsformen und der variablen Intensität des Phänomens entsprechende Vielfalt prozessualer Maßnahmen herangezogen, die oft allgemein als Beweiserleichterungen bezeichnet werden. Der Begriff Beweiserleichterung bezieht sich etymologisch gerade auf die Vermeidung oder Überwindung der Beweislosigkeit und so soll er nur in Verbindung mit der Beweiswürdigung, nicht mit dem Beweismaß und dem Beweislast benutzt werden.[93] Verallgemeinernd, also wenn die Erleichterung sich auch auf die Beweislast oder auf das Beweismaß bezieht, ist zutreffender von der Benutzung des Begriffs Heilungs-, Beseitigungs- oder Bewältigungsmittel auszugehen oder alternativ die Differenzierung zwischen Erleichterungen im engeren und im weiteren Sinne. Nachfolgend steht eine vereinfachte Aufgliederung der üblich herangezogenen und keine Pflichten der Gegenseite oder Dritter erzeugenden Mittel.

a) Die radikalste Methode stellt die präventive Bekämpfung von Beweisschwierigkeiten dar, indem die typischerweise notleidende Seite vom Risiko der Beweislosigkeit weitgehend befreit wird. Dies kann zum einen durch die Abschwächung der Anspruchsvoraussetzungen und insbesondere durch die Verteilung der Beweislast mit Rücksichtnahme auf die regelmäßig auftauchende Beweisnot der einen Partei geschehen. Gesetzgeberisch wird die für angemessen gehaltene Risikozuordnung durch den Satzbau einschlägiger Vorschriften bzw. durch die Schaffung ausdrücklicher Sonderregeln[94] der Beweislast (z.B. §§ 179 Abs. 1, 280 Abs. 1 S. 2, 694 BGB) erreicht, wobei die Benutzung gesetzlicher, widerlegbarer Vermutungen[95] eine häufige Praxis ist. Seltener kommt die Einbeziehung der Unaufklärbarkeit in den Normtatbestand vor, wie am Beispiel des § 830 Abs. 1 S. 2 BGB. Vorbehaltlich der Voraussetzungen ergänzender Rechtsfortbildung und der normativen Qualität

---

[93] *Laumen*, NJW 2002, 3739, 3743; Baumgärtel/*Prütting*, HdB-Grundlagen, Kap. 12 Rdnrn. 3f.

[94] Der Begriff Sonderregel bezieht sich auf diejenigen Beweislastnormen, die abweichend von der Grundregel (vgl. § 1 A II 1) bei Unaufklärbarkeit des Tatbestandes eine positive Fiktion nach sich ziehen. Vgl. *Leipold*, Beweislastregeln, S. 38ff.; *Musielak/Stadler*, Grundfragen, Rdnrn. 232ff.; *Braun*, S. 720; *Prütting* steht dieser Begriffsbildung wegen der strukturellen Unterschiede seiner Theorie zur Überwindung des *non liquet* entgegen. Vgl. Baumgärtel/*Prütting*, HdB-Grundlagen, Kap. 11 Rdnrn. 14f.

[95] Z.B. §§ 685 Abs. 2, 938, 1006 BGB. *Gottwald*, Jura 1980, 225, 234f.; *Musielak/Stadler*, Grundfragen, Rdnrn. 244ff.; *RSGottwald*, § 112 Rdnrn. 34f.

der hergestellten Beweislastnorm, kann die (Um-)Verteilung der Beweislast auch Produkt richterlicher Tätigkeit sein.[96]

Noch intensiver greift die Regelung des Haftungsrisikos mittels unwiderlegbarer Vermutungen (z.B. §§ 476, 1566 Abs. 1und 2 BGB) und Fiktionen (z.B. §§ 612 Abs. 2, 632 Abs. 2 BGB) ein. Denn dadurch wird nicht die Beweislast verteilt, sondern eine materielle Rechtsfolge angeordnet, sodass hier anders als bei den widerlegbaren Vermutungen der Beweis des Gegenteils nicht mehr möglich ist.[97]

b) Mildernd kann auch die Senkung des Beweismaßes und die dadurch uno actu erfolgende Verringerung der Behauptungslast wirken.[98] Offenbar entfaltet das Beweismaß eine grundlegende prozess- wie materiell-rechtliche Wirkung, denn der davon abhängige Erfolg oder Misserfolg des Beweises besagt, ob es zu einer Beweislastentscheidung kommt oder nicht. Seine Festsetzung ist eine der Beweislastverteilung ähnliche Zurechnungsordnung.[99] Die Regelung des Beweismaßes bedarf ebenfalls der gesetzgeberischen oder rechtsfortbildenden abstrakt-generellen Bestimmung.[100]

c) Der belasteten Partei dürfte in einigen Fällen die Führung des mittelbaren Beweises (Indizienbeweis) leichter fallen; statt einer sich auf den Tatbestand der relevanten Rechtsnorm unmittelbar beziehenden (Haupttatsache) wird Beweis über eine diesem fremde Tatsache (Indiztatsache) erhoben, welche

---

96 *Laumen*, NJW 2002, 3739, 3742; Baumgärtel/*Prütting*, HdB-Grundlagen, Kap. 25 Rdnr. 9. Hauptfall einer Umkehr der Beweislast kraft Rechtfortbildung war die Produkthaftung, die zwischenzeitlich Eingang ins Gesetz (§ 1 Abs. 4 S. 2 ProdHaftG) gefunden hat. Die Haftung des Arztes wegen Behandlungsfehler und Aufklärungsmängel war ebenfalls ein von richterlich geschaffenen Beweislastregeln geprägter Bereich (vgl. BGH NJW-RR 2016, 1360, 1361; *Martis/Winkhart-Martis*, MDR 2011, 709 ff.; nunmehr s. § 630 h BGB) Ebenfalls die Verletzung von vertraglichen oder vorvertraglichen Aufklärungspflichten. Vgl. BGH NJW 2011, 3229, 3230; NJW 2012, 2427, 2429 f.

97 *Gottwald*, Jura 1980, 225, 236; *Musielak/Stadler*, Grundfragen, Rdnrn. 251 f.; Baumgärtel/*Prütting*, HdB-Grundlagen, Kap. 12 Rdnrn. 9, 16.

98 Für die Geltendmachung von entgangenem Gewinn nach § 252 S. 2 BGB reicht es z.B. aus, wenn der Geschädigte seine Gewinnerwartung plausibel macht. Insofern braucht er auch keine Details vorzutragen. Baumgärtel/*Prütting*, HdB-Grundlagen, Kap. 12 Rdnrn. 19 f.

99 *Prütting*, Gegenwartsprobleme, S. 78 f.; *Walter*, Freie Beweiswürdigung, S. 181; *Baumgärtel*, in: FS 600 Jahre Universität zu Köln, S. 165, 173 f., 177 f.; *Koussoulis*, in: FS für Schwab, S. 277, 278.

100 *Prütting*, Gegenwartsprobleme, S. 59, 86, 92 f.; *ders.*, in: Lüke/Prütting-Lexikon, S. 50; *Schwab*, in: FS für Fasching, S. 451, 462; *Bender*, in: FS für Baur, 1981, S. 247, 250 f.; *Kollhosser*, ZZP 96 (1983), 271, 276; *Musielak/Stadler*, Grundfragen, Rdnr. 149; *Baumgärtel*, in: FS 600 Jahre Universität zu Köln, S. 165, 177; MünchKommZPO/*Prütting*, § 286 Rdnr. 28; Zöller/*Greger*, § 286 Rdnr. 20; Abweichend *Hainmüller*, ZZP 90 (1977), 326, 335; *Einmahl*, NJW 2001, 469, 473 ff.

den Schluss auf die (Nicht-)Erfüllung des Normtatbestandes erlaubt.[101] Der Indizienbeweis besteht aus einem Normalzustand als Ausgangspunkt und dem entgegenstehenden erwiesenen tatsächlichen Zustand. Die darin liegende Asymmetrie erlaubt es nach der allgemeinen Lebenserfahrung, Schlüsse hinsichtlich der hierfür verantwortlichen und zu dem Normtatbestand gehörenden tatsächlichen Ereignisse zu ziehen.[102] Durch den Indizienbeweis wird lediglich der Weg hin zur richterlichen Überzeugung vereinfacht und reflexiv eine Senkung des erforderlichen Substantiierungsgrades bewirkt.[103] Das Beweismaß sowie die Beweislast bleiben unberührt. Auch die von der Rechtsprechung erwähnten *tatsächlichen Vermutungen* sind je nach Stärke des Erfahrungssatzes entweder dem Indizien- oder dem (genauso darzulegenden) Anscheinsbeweis zuzuordnen.[104]

Der Beweis des ersten Anscheins (auch Anscheins- oder *prima facie*-Beweis genannt) gelingt dem Beweisführer, wenn er einen typischen Geschehensablauf darlegt, der aufgrund eines allgemeinen Erfahrungssatzes auf die zum Normtatbestand gehörenden Tatsachen hinweist.[105] Der Nachweis der entsprechenden Vermutungsbasis reicht aus, damit der Beweis als erbracht angesehen wird, während der Gegner den Gegenbeweis zu führen hat, dass es sich in Wirklichkeit um einen atypischen Ablauf handelt.[106] Seinem Wesen nach stellt der Anscheinsbeweis einen verstärkten Indizienbeweis dar, der folglich weder die Beweislast[107] noch, grundsätzlich, das Beweismaß[108] tangiert.

---

101 *Hansen*, JuS 1992, 327, 327; *Jauernig/Hess*, § 49 II 4; *TPReichold*, Vorb. § 284 Rdnr. 11; Musielak/Voit/*Foerste*, § 284 Rdnr. 7.

102 *Hansen*, JuS 1992, 327, 327.

103 *Frohn*, JuS 1996, 243, 249; *Oberheim*, JuS 1996, 918, 920.

104 Baumgärtel/*Laumen*, HdB-Grundlagen, Kap. 19 Rdnrn. 62 f.; *Völzmann-Stickelbrock*, in: FS für Schilken, S. 541, 544 ff.

105 BGH NJW-RR 1993, 720, 720; *Hansen*, JuS 1992, 327, 330; *Musielak*, in: FS 50 Jahre BGH, S. 193, 198 ff., insbes. 203 ff.; *Schneider*, Beweis und Beweiswürdigung, Rdnrn. 323 ff.; *Meyke*, Darlegen, Rdnr. 311; *Jauernig/Hess*, § 50 V; *Blomeyer*, § 72 III; MünchKommZPO/*Prütting*, § 286 Rdnr. 48.

106 BGH NJW 1972, 1131, 1131; NJW 1994, 945, 946; *Hansen*, JuS 1991, 588, 589 f.; *RSGottwald*, § 113 Rdnr. 36; *Jauernig/Hess*, § 50 V; *Paulus*, Rdnr. 424; abweichend *Schönke*, ZakDR 1939, 193, 193.

107 BGH NJW 2004, 3623, 3625; *Schönke*, ZakDR 1939, 193, 193; *Blomeyer*, AcP 158 (1958), 97, 97; *Jauernig/Hess*, § 50 V.

108 Vgl. *Brehm*, Bindung, S. 186 ff.; *Prütting*, Gegenwartsprobleme, S. 100 ff.; *ders*, in: Lüke/Prütting-Lexikon, S. 51; *Schneider*, Beweis und Beweiswürdigung, Rdnrn. 326 ff.; *Oberheim*, JuS 1996, 918, 918, 920; Baumgärtel/*Laumen*, HdB-Grundlagen, Kap. 17 Rdnr. 8; *Blomeyer*, § 72 III 2; *RSGottwald*, § 113 Rdnrn. 16, 36. Zur zusätzlichen Beweismaßsenkung vgl. *Schönke*, ZakDR 1939, 193, 193; *Walter*, Freie Beweiswürdigung, S. 206; *Musielak*, Grundlagen, S. 83 ff., zusammenfassend S. 130 ff.; *ders*., in: FS 50 Jahre BGH, S. 193, 206, 208; *Musielak/Stadler*, Grundfra-

d) Ein gangbarer, doch besondere Zurückhaltung beanspruchender Weg ist der Rückgriff auf Beweisregeln. Diese drängen die individuelle Überzeugung des Richters in den Hintergrund, indem sie den Wert des Beweisergebnisses rein objektiv festsetzen; der Richter hat den Beweis so zu würdigen, wie es ihm das Gesetz vorschreibt.[109] Im gegenwärtigen Zivilprozessrecht (§ 286 Abs. 2 ZPO) stellen die Beweisregeln eine nur ausnahmsweise zulässige Abkehr (oder besser: Rückkehr) vom Prinzip der freien zum vergangenen System der gebundenen richterlichen Würdigung dar.[110]

2. Der besondere Fall der Informationsnot

a) Die Eigenart der Informationsnot

Es sind mehrere Konstellationen denkbar, die durch Informationsdefizite des Rechtssuchenden im Hinblick auf das Beweismaterial bestimmt werden. Damit die Partei noch auf ihre Rechtsdurchsetzung hoffen darf, muss der Sachverhalt schlüssig geschildert werden und die fehlenden Beweismittel zumindest bestimmbar sein: eine unschlüssige Schilderung führt zur Abweisung des Sachantrags und die fehlende Individualisierung des Beweismittels hindert jede Beweisaufnahme. In der Praxis gestaltet sich die Informationsnot der risikobelasteten Partei wie folgt: der Partei fehlt die Kenntnis über den konkreten Ablauf der Sache bzw. die Fähigkeit, den Sachverhalt im Einzelnen darzulegen, und neben der für sich allein nicht Vieles versprechenden Vernehmung ihres Gegners verfügt sie nicht über adäquate Beweismittel.

Fall a[111]: Beide Parteien befassen sich mit der Herstellung und dem Vertrieb von Spirituosen und insbesondere mit der Herstellung des als ostpreußische Spezialität bekannten „Bärenfang". Die Beklagte wirbt auf den Flaschenetiketten ihres „Bärenfang" sowie in der Zeitung für dieses Erzeugnis der Angabe: „nach einem alten ostpreußischen Rezept hergestellt". Die Klägerin meint, in Wirklichkeit verfüge die Beklagte weder über eine alte ostpreußische Gewerbe- und Familientradition noch habe sie in ihrer Familie ein altes

---

gen, Rdnr. 182; *Bender*, in: FS für Baur, S. 247, 259; *M. Huber*, MDR 1981, 95, 98; *Leipold*, in: FS für Nakamura, S. 301, 315 ff.; *Einmahl*, NJW 2001, 469, 474; *Braun*, S. 741 ff.; *SJLeipold*, § 286 Rdnr. 133.

[109] *Kollhosser*, ZZP 96 (1983), 271, 271; *Schneider*, Beweis und Beweiswürdigung, Rdnr. 143; Jauernig/*Hess*, § 49 IV 1; *RSGottwald*, § 113 Rdnr. 7; MünchKommZPO/*Prütting*, § 286 Rdnr. 24; *SJLeipold*, § 286 Rdnr. 42; abweichend *Britz*, ZZP 110 (1997), 61 ff.

[110] Beweisregeln enthalten z. B. die §§ 165, 415 ff. ZPO. Über die Unzulänglichkeit der Bindung des Richters bei der Beweiswürdigung s. *Walter*, Freie Beweiswürdigung, S. 7 ff., 85.

[111] BGH NJW 1962, 2149.

ostpreußisches „Bärenfang"-Rezept besessen. Die Beklagte wolle sich unberechtigterweise die besondere Gütevorstellung zunutze machen, die beim Verbraucher durch die Verbindung der Bezeichnung „Bärenfang" mit dem Begriff „Ostpreußen" hervorgerufen werde und handele folglich § 3 (nunmehr § 5) UWG zuwider. Die Verurteilung der Beklagten setzt den Nachweis voraus, dass diese in Wirklichkeit über kein traditionelles ostpreußisches „Bärenfang"-Rezept verfügt. Die relevanten Informationen befinden sich aber, als betriebsinterne Angaben, im Besitz der Beklagten.

Fall b[112]: In der Stadt H. drucken die Klägerin, die Beklagte und die Stadt H. Anzeigeblätter. Nach einer Vereinbarung zwischen den zwei letzten Herausgebern legt die Beklagte das Anzeigeblatt der Stadt H. („Amtsanzeiger") ihrer Zeitung bei. Die Klägerin behauptet, die getroffene Vereinbarung wolle den Wettbewerb auf dem Anzeigenmarkt ausschließen und nimmt die Beklagte unter anderen auf Unterlassung in Anspruch. Sie macht in diesem Zusammenhang geltend, dass die Einbeziehung des Amtsanzeigers für eine Pauschalvergütung in Höhe von 40.000 DM pro Jahr der Beklagten Verluste von 100.000 DM verursache, welche sie deswegen in Kauf nehme, um durch ihre überlegene Finanzkraft den Wettbewerb abzuschotten. Der Nachweis der ihrer Behauptungen bereitet der Klägerin erhebliche Schwierigkeiten, denn betroffen sind wiederum betriebsinterne Informationen, über welche sie keine nähere Kenntnis verfügt.

Fall c[113]: Die Beklagte, Tochtergesellschaft des C-Konzerns, vertreibt Zündkerzen. Die Preise für C-Zündkerzen sind in Deutschland und Westeuropa deutlich höher als im asiatischen und afrikanischen Raum. Die Klägerin, ebenfalls Zündkerzenvertreiber, hat für ihren Einstieg in den sowjetischen Markt 1.000.000 C-Zündkerzen zum Preis von 0,65 DM/Stück (= 0,37 US-Dollar/Stück) eingekauft. Als die belgische Schwestergesellschaft der Beklagten bemerkt, dass Zündkerzen aus dieser Lieferung auf dem westeuropäischen Markt aufgetaucht sind, stellt sie die weitere Auslieferung an die Beklagte ein.

Die Klägerin erklärt mit einem Schreiben an ihren westeuropäischen Kunden ihre Bereitschaft zur Lieferung von C-Zündkerzen zu niedrigen Preisen (unter 0,59 US-Dollar/Stück). Mit eigenem Schreiben bestreitet die Beklagte die Richtigkeit dieser Werbung. Sie stellt die Fähigkeit der Klägerin, C-Zündkerzen in der angebotenen Menge zu liefern, in Zweifel. Die Klägerin nimmt zunächst die Beklagte wegen geschäftsschädigender Äußerungen in Anspruch. Diese muss folglich darlegen und beweisen, aus welchen Gründen sich die fehlende Bezugs- und Lieferungsmöglichkeit der Klägerin ergeben

112 BGH NJW 1992, 1817.

113 BGH NJW-RR 1993, 746.

sollte. Noch einmal hängt der Prozesserfolg, hier der Beklagten, von ihr nicht zugänglichen betriebsinternen Informationen.

Fall d[114]: Die Klägerin trägt vor, die Werbung im Wege der Preisgegenüberstellung seitens der Beklagten verstoße gegen § 3 (nunmehr § 5) UWG, weil der durchgestrichene Preis niemals ernsthaft gefordert worden sei. Anliegen der Beklagten sei gewesen, durch den unrichtigen Preisvergleich den angekündigten Kaufpreis günstiger als ohne die Gegenüberstellung erscheinen zu lassen. Um mit der Klage Erfolg zu haben, muss die Klägerin Tatsachen darlegen und beweisen, aus welchen sich ergibt, ob, zu welchem Preis und wie lange die in Frage kommenden Waren angeboten worden sind. Diese Aufgabe fällt ihr aber schwer, da die Klägerin erst nach dem Antritt mit der angeblich unrichtigen Werbung Anlass hatte, die Handlungen der Beklagten zu beobachten.

Fall e[115]: Der Kläger verlangt von dem Beklagten die Rückzahlung eines Darlehens, von dem ein Betrag in Höhe von 60.444,56 DM offen ist. Der Beklagte rechnet mit einer Gegenforderung auf und trägt vor, die Gegenforderung habe der GmbH zugestanden, deren Gesellschafter der Kläger früher gewesen ist. Die Gegenforderung habe sich auf 130.000 DM belaufen, weil der Kläger für seine privaten Bauvorhaben unberechtigt Zahlungen der Gesellschaft veranlasst habe. Diese Forderung habe die Gesellschaft an den Beklagten in Höhe der Klageforderung abgetreten. Der Anspruch gegen den Kläger wegen ungerechtfertigter Bereicherung setzt allerdings den Ausschluss jeder möglichen *causa* voraus, ein gelegentlich nicht leicht zu erbringender Nachweis, der dem Anspruchsgläubiger (hier dem Beklagten) obliegt.

Fall f[116]: Der Kläger fordert vom Beklagten restlichen Werklohn in Höhe von ursprünglich 53.893,37 DM für verschiedene Maler- und Glaserarbeiten als übliche Vergütung gemäß § 632 Abs. 2 BGB. Der Beklagte beruft sich demgegenüber auf eine Festpreisabrede. Entscheidend ist hier, ob der Kläger die vom Beklagten behauptete Vereinbarung über die Höhe der Vergütung ausräumen kann. Es fragt sich dann, wie sollte der Unternehmer das Nichtvorliegen der vom Besteller vorgetragenen Festpreisvereinbarung nachweisen?

Fall g[117]: Der Beklagte, Gesellschafter der R & E B-OHG, ein Unternehmen, das auf den Transport fabrikneuer Personenkraftwagen spezialisiert war, hat unberechtigt das Unternehmen allein fortgeführt. Die Kläger, Rechtsnachfolger der unwirksam ausgeschiedenen Gesellschafter machen

[114] BGH NJW 1974, 1822.
[115] BGH NJW-RR 1996, 1211.
[116] BGH NJW-RR 1992, 848.
[117] BGH NJW 1990, 3151.

Ansprüche auf Schadensersatz wegen angeblich treuwidrig verlagerten Gewinns auf andere Unternehmen des Beklagten geltend. Es ist aber sachfremd zu erwarten, dass die Kläger Tatsachen, die ein Verlagerungssachverhalt belegen, näher schildern oder gar nachweisen könnten. Denn die adäquaten Auskünfte befinden sich im Herrschaftsbereich des Beklagten.

Fall h[118]: Der Klägerin stehen die ausschließlichen Verwertungsrechte an einem Musikalbum zu. Dieses Album wurde über einen Internetanschluss, dessen Inhaber die Beklagten sind, mittels einer Filesharing-Software und ohne Zustimmung der Klägerin zum Herunterladen angeboten. Die Klägerin verlangt Ersatz des aus der Verletzung ihrer Verwertungsrechte entstandenen Schadens. Die Beklagten ihrerseits bestreiten die Verletzung begangen zu haben. Um die Einlassung der Beklagten zu falsifizieren, benötigt die Klägerin Informationen über den genauen Umfang und die Identität der weiteren möglichen Rechtsverletzer.

Die Informationsdefizite führen, wie die Beispielsfälle deutlich machen, zu erheblichen Schwierigkeiten, substantiierte Behauptungen aufzustellen und gegebenenfalls Beweismittel zu benennen oder vorzulegen. Die risikobelastete Partei kann weder ihren Vortrag näher begründen noch insbesondere Urkunden und Augenscheinsgegenstände vorlegen. Ist sie in der Lage, Zeugen nach Name und Anschrift zu bezeichnen, hat sie möglicherweise mit Verschwiegenheitspflichten (bzw. -rechten) zu rechnen. Die Vernehmung des Gegners als letzte Hoffnung verspricht nichts, insbesondere wenn die beweisführungs- und risikobelastete Partei ihren Sachvortrag und so auch das Beweisthema mit näheren Angaben nicht darlegen kann. Denn je abstrakter das Beweisthema ist, desto mehr Raum für Prozesstaktik hat die vernommene Partei. Bei so gearteten Konstellationen können die bisher erwähnten Bewältigungsmechanismen nicht immer eine befriedigende Lösung anbieten:

Die die Beweiswürdigung betreffenden Erleichterungen einerseits erweisen sich in der Regel als wenig hilfreich, denn sie setzen sowohl den relevanten, aber nur vage bekannten Sachverhalt als auch die entsprechenden, jedoch nicht vorhandenen Beweismittel voraus. Der notleidenden Partei fällt schon die Darstellung einer hinreichenden Indizienbasis schwer. Andererseits rechtfertigen die durch die Informationsdefizite entstandene Beweisnot und die Beweisnähe des Gegners für sich allein auch keine radikale Lösung. Denn die Abweichung vom Regelbeweismaß und von der Regelbeweislastverteilung im Wege ergänzender Rechtsfortbildung bedarf wegen der damit verbundenen Verschiebung des Haftungsrisikos einer vorsichtigen und gründ-

---

118 BGH NJW 2018, 68.

lichen Abwägung.[119] Voraussetzung ist zunächst, dass sich eine Lücke feststellen lässt. Daran knüpft die tiefgreifende Abwägung der betroffenen Sach- und Interessenlage, also prinzipiell materiell-rechtlicher Rechtsverhältnisse in Verbindung mit den tragenden Sachgründen der aktuellen sowie der verglichenen Regelung, die die Analogiebasis bildet, an.[120] Die bloße und zwar die dem Gegner nicht zurechenbare Informationsnot der risikobelasteten Partei vermag nur unter strengen Voraussetzungen eine so tief greifende Lösung rechtsdogmatisch wie rechtspolitisch zu rechtfertigen.[121] Zumal die prozessuale Risikoverteilung sich eher nach der Nähe zu der materiellen Rechtsfolge (Angreiferprinzip) als nach der Nähe zum Beweismaterial bestimmt.[122] Angemessener für beide Seiten des Rechtsstreits erscheint deswegen die Ermöglichung des Zugriffs auf die fehlenden Informationen und folglich die Mitwirkung der darüber verfügenden Personen.

b) Aufklärungspflichten im deutschen Zivilprozess – die sekundäre Darlegungslast

Für das Erkenntnisverfahren unerlässlich ist die Rekonstruktion des entscheidungserheblichen Lebensvorgangs. Sofern aber das Gericht Prozessmaterial nur beschränkt einführen darf, die notleidende Partei dazu nicht mehr imstande ist und andere Erleichterungen sich als unzulänglich oder unangemessen erweisen, müssen die über das relevante Material verfügenden Personen in Anspruch genommen werden. Insbesondere wenn die erheblichen Informationen aus dem Herrschaftsbereich der nicht beweis- bzw. risikobelasteten Partei stammen, ist der Zugang zu diesen sowie zu den relevanten Beweismitteln ohne ihre Mitwirkung entweder erheblich erschwert oder unmöglich. Denn sie verfügt sowohl über das erhebliche Wissen, die Augen-

---

[119] *Baumgärtel*, in: FS für Nakamura, S. 41, 48. Im Hinblick auf die verfassungsrechtliche Seite der Problematik *Reinhardt*, NJW 1994, 93, 96 ff.; *Huster*, NJW 1995, 112.

[120] *Baumgärtel*, in: FS 600 Jahre Universität zu Köln, S. 165, 171 f., 173 f., 177, 180 f.; *ders.*, in: FS für Nakamura, S. 41, 48; Baumgärtel/*Laumen*, HdB-Grundlagen, Kap. 5 Rdnr. 15; Baumgärtel/*Prütting*, HdB-Grundlagen, Kap. 25 Rdnr. 9.

[121] *Laumen*, NJW 2002, 3739, 3741.

[122] *Rosenberg*, Beweislast, S. 153; *Lüderitz*, Ausforschungsverbot, S. 26; eingehend *Prütting*, Gegenwartsprobleme, §§ 16–20, zusammenfassend S. 257 ff.; ferner *ders.*, JA 1985, 313, 316; *Musielak*, Grundlagen, S. 354 f., 366 f.; *Musielak/Stadler*, Grundfragen, Rdnr. 225; *Schwab*, in: FS für Bruns, S. 505, 516 ff.; *Stürner*, NJW 1979, 1225, 1226; *ders.*, ZZP 98 (1985), 237, 238; *E. Schmidt*, JuS 2003, 1007, 1010; *Braun*, S. 718 ff.; MünchKommZPO/*Prütting*, § 286 Rdnr. 117; s. aber *Blomeyer*, AcP 158 (1958), 97, 103; *Prölss*, VersR 1964, 901, 903 ff.; *ders.*, ZZP 82 (1969), 468, 471 ff.; *Peters*, Ausforschungsbeweis, S. 110 f.; *ders.*, ZZP 82 (1969), 200, 214 f.

scheinsobjekte, die Urkunden und ferner sie allein kann Zeugen von Schweigepflichten entbinden.

Die Mitwirkung mit Blick auf die Durchsetzung eines fremden Rechts ist ein höchst sensibles Thema des Zivilprozessrechts. Dem hiesigen traditionellen Rechtsdenken entspricht auch noch heute die Tendenz, die Beseitigung von Informationsdefiziten dem materiellen Recht zu überlassen, ein historisch dem *nemo tenetur contra edere se*-Grundsatz entstammender Lösungsansatz, der prozessualen Mitwirkungspflichten der nicht risikobelasteten Partei entgegensteht.[123] Demzufolge hat der Gesetzgeber zahlreiche materielle Auskunftsansprüche normiert, welche kraft großzügiger Auslegung und ergänzender Rechtsfortbildung erheblich ausgedehnt bzw. implementiert werden.[124] Als problematisch erweist sich diese Tendenz, wenn der materiellrechtliche Lösungsansatz zu dogmatischen oder rechtspolitischen Fehlschüssen führt.[125]

Freilich unterliegt das Zivilprozessrecht einer fortdauernden Entwicklung. Vor dem Hintergrund der Moralinfreiheit des Prozessrechts, der damit zusammenhängenden angeblichen Geltung des *nemo tenetur*-Prinzips und des Verweises auf das materielle Recht hat die Zivilprozessrechtswissenschaft in der neueren Vergangenheit einen erheblichen Paradigmenwechsel erfahren. Argumente für eine prozessuale Aufklärungspflicht gab es schon früh (§§ 134, 138, 372a, 423, 445 ff. ZPO), die mit der Reform von 2001 und der Neufassung der §§ 142, 144 ZPO an Überzeugungskraft gewonnen haben. Der klassische Streit um das Ob hat sich hin zu einem Diskurs über das Wie und Inwiefern der prozessualen Aufklärungspflicht der Parteien des Zivilprozesses verschoben. In diesem Rahmen nimmt die in der Rechtsprechung verfestigte Auffassung neben den vorhandenen, der Beweisbeschaffung dienenden Mitwirkungspflichten eine weitere Aufklärungspflicht der nicht risikobelasteten Partei, in Form der sogenannten sekundären Darlegungslast, an. Die sekundäre Darlegungslast greift bei Informationsnot der risikobelasteten Partei ein und, indem sie die sich verteidigende Partei zum substantiierten Bestreiten der nicht detaillierten Behauptungen der anderen Seite zwingt, enthält sie eine Abweichung vom Grundsatz, dass die eigene Einlassung sich nach dem Inhalt der gegnerischen Behauptung bemisst. Anders als bei der Beschaffung von Beweismitteln, die die Linderung der Informationsnot des Beweisführers bezweckt und so sowohl den Haupt- als auch den Gegenbeweis betrifft, will die sekundäre Darlegungslast Informationsdefizite nur der risikobelasteten (mit dem Hauptbeweis belasteten) Partei überwinden, indem

[123] Vgl. § 2 A II 3 b aa.

[124] Vgl. § 6 B II 1.

[125] Vgl. § 6 B II 2.

sie die andere Partei zur Informationsmitteilung schon im Rahmen ihres Bestreitens veranlasst.[126]

C. Fragestellung

Anliegen dieser Arbeit ist zuvörderst, die in Anbetracht der Informationsnot der risikobelasteten Partei richterlich geschaffene sekundäre Erklärungspflicht des Gegners dogmatisch zu erarbeiten (§ 3). Im Vorfeld der dogmatischen Begründung bedarf es der Auseinandersetzung mit einigen fundamentalen Zügen des Zivilprozessrechts, die dabei helfen, der weiteren Argumentation eine Grundlage zu geben (§ 2). Auf der Basis der gesetzlichen Verankerung sind dann der persönliche wie sachliche Umfang der erarbeiteten Aufklärungspflicht und die Folgen ihrer Nichterfüllung zu bestimmen (§ 4). Die Darstellung der Mitwirkungspflicht wird mit der Bestimmung ihrer Voraussetzungen sowie der Festsetzung ihrer Grenzen vervollständigt (§ 5). Stehen die rechtliche Grundlage und die Gestalt der erwarteten Mitwirkung fest, erübrigt sich die Beschäftigung mit Fragen der systematischen Eingliederung (§ 6). Abschließend wird die deutsche zivilprozessuale Realität der Informationsbeschaffung betrachtet und gewürdigt (§ 7).

---

126 Vgl. § 7 B.

§ 2 Vorfragen

A. Die Aufklärung des Sachverhalts als Rechtsproblem

Der Prozessverlust wegen Unfähigkeit des Rechtssuchenden, sein Begehren vor Gericht effektiv darzulegen, löst automatisch die Frage aus, ob dieses Ergebnis auch gerecht ist. Einen wertneutralen Lebensraum ausgenommen, ist das Recht letztendlich Recht, weil es sich an der Gerechtigkeit orientiert und sich diese zum Ziel macht.[1] Jede Aussage über geltendes, richtiges Recht muss sich demzufolge an dem für die Rechtsgemeinschaft geltenden Gerechtigkeitswert messen lassen. Letzterer ergibt sich für den Rechtsanwender induktiv, hauptsächlich aus der die herrschende Moral widerspiegelnden Verfassung und den weiteren anerkannten Grundsätzen und Zwecken des Rechts.[2]

I. Der Zweck des Zivilprozesses

1. Der Zweck im Recht

Menschliche Werke sind vom Zweck, dem sie dienen, gekennzeichnet.[3] Die Rechtssetzung gilt neben ihrer Wertbezogenheit (Idee der Gerechtigkeit) als ein von rechtspolitischen Motiven stark geprägter Akt; sie richtet sich auf die Befriedigung gesellschaftlicher Bedürfnisse, sodass sich bei einer Betrachtung des Rechts insgesamt bzw. der spezifischen Rechtsgebieten ein Mosaik von ideellen und realen Zwecken darin findet,[4] die in einem Wechselwirkungsverhältnis zueinander stehen. Die in der Rechtsordnung jeweils herrschenden Gerechtigkeitsvorstellungen stecken die Grenzen für den Ausdruck von realen Zielen im Recht ab, sind aber wiederum an die tatsächlichen Gegebenheiten des geregelten Stoffes gebunden und schließlich auch davon bestimmt.[5]

---

1 *Rümelin*, Rechtsgefühl und Gerechtigkeit, S. 17ff., 32ff., 40; *Troller*, in: FS für v. Hippel, S. 571, 573; *Radbruch*, Rechtsphilosophie, S. 34; *Rüthers/Fischer/Birk*, Rechtstheorie, Rdnr. 343; *Zippelius*, Rechtsphilosophie, § 11 I 1 b; *ders.*, Methodenlehre, § 3 I a.

2 *Zippelius*, Methodenlehre, § 3 II d, § 10 IV; *ders.*, Rechtsphilosophie, § 21 II.

3 *Radbruch*, Rechtsphilosophie, S. 11.

4 Vgl. *Engisch*, Einführung, S. 142f.

5 *Wurzer*, ZZP 48 (1920), 463, 464; *Rümelin*, Rechtsgefühl und Gerechtigkeit, insbesondere S. 35f., 39f.; *Troller*, in: FS für v. Hippel, S. 571, 576ff., 579; *Zippe-*

2. Die Bezugnahme des Zivilprozesses auf das materielle Recht

Die Frage nach dem Zweck des Zivilprozesses kennt keine eindeutige Antwort. Eine systematisierte, jedoch nicht unbedingt trennscharfe Einteilung dürfte zwischen prozessualen[6], rechtsphilosophischen[7], rechtssoziologischen[8] und rechtspolitischen[9] Zwecken unterscheiden.[10] Angesichts der herrschenden Trennung von materiellem und Prozessrecht muss man zumindest über folgendes einig sein können:[11]

Gesellschaftliches Leben führt zu Interessenkonkurrenzen und regelmäßig zu Konflikten, denn der vorhandene Raum und die vorhandenen Güter sind nicht unendlich. Die für die Entstehung und Existenz der Gesellschaft unerlässliche Ordnung menschlichen Zusammenlebens wird durch rechtliche Normen garantiert. Trotzdem können Friktionen selbst bei gerechter Güter- und Rechtsverteilung niemals völlig abgewendet werden, da Überschneidungen der Herrschaftssphären, Unersättlichkeit und folgendermaßen Streit zu der Natur menschlicher Koexistenz gehören. Das Wesen des rechtlich relevanten Konflikts besteht in einer das materielle Recht, nämlich den Inbegriff der die Rechtssubjekte in ihrem sozialen Auftreten unmittelbar untereinander (also ohne Einschaltung des Gerichts) betreffenden Verhaltensnormen,[12] tangierenden Handlungsweise. Auch wenn ihm in concreto kein Konflikt zugrunde liegt, wie beispielsweise bei manchen Gestaltungsklagen, dreht sich das gerichtliche Verfahren um ein an das materielle Recht geknüpftes Ereignis.[13] Der Prozess ist folglich kein Selbstzweck.[14] Er bezieht sich zwangsläufig auf das materielle Recht und die Rechtsanwendung ist der rechtsprechen-

---

lius, Rechtsphilosophie, Vorwort zu Kapitel III, S. 37; *ders*, Methodenlehre, § 4 III, § 11 I b.

6 Herbeiführung von Rechtskraft.

7 Wahrheitsfindung und Rechtssicherheit.

8 Herstellung von Rechtsfrieden, Konfliktlösung und Schlichtung.

9 Konkretisierung des Rechts, Rechtsfortbildung und Wahrung der Rechtseinheit, Rechtsgewissheit, Verwirklichung des materiellen Rechts.

10 *Paulus*, Rdnr. 9.

11 Werden materielles und Prozessrecht dem aktionenrechtlichen Denken entsprechend zusammengenommen, gibt es ohne Prozessieren kein materielles Recht. Vgl. *Jauernig*, JuS 1971, 329, 329 f.; in diesem Zusammenhang auch *Braun*, S. 1 ff., 8 ff., 36 ff.

12 *Henckel*, Prozessrecht, S. 19 ff.; *Blomeyer*, § 1 II 1; *Braun*, S. 1.

13 *Gaul*, AcP 168 (1968), 27, 32 f.; *Henckel*, Gerechtigkeitswert, S. 9; *Jauernig*, JuS 1971, 329, 329. Besondere Klagearten wie die Wiederaufnahmeklage (§§ 578 ff.) oder die Klage auf Feststellung der Echtheit einer Urkunde (§ 256 Abs. 1 ZPO), die reinen prozessualen Charakter haben, werden bewusst beiseitegelassen.

14 *Sax*, ZZP 67 (1954), 21, 27; *Gaul*, AcP 168 (1968), 27, 32; *Arens*, in: Humane Justiz, S. 1, 3; *E. Schmidt*, ZZP 113 (2000), 381, 383 f.; *Katzenmeier*, ZZP 115 (2002),

den Staatsgewalt vorbehalten. Damit die materiellen Rechtsnormen ihre lebensgestaltende Funktion realisieren können, muss der Prozess die Verwirklichung des materiellen Rechts bzw. materieller Rechtsinteressen und insbesondere die Durchsetzung subjektiver Rechte, sofern es sie gewährt, ermöglichen.[15]

II. Zivilprozess und Wahrheit

1. Der Anspruch auf ein *faires* Verfahren

Mit einer Differenzierung bei der Begründung ist das subjektive öffentliche Recht auf Rechtsschutz unumstritten.[16] Dieser Justizgewährungs- oder kurz Justizanspruch erschöpft sich in einem abstrakten Klagerecht ohne den Inhalt der zu treffenden Entscheidung näher zu bestimmen.[17] Der Justizanspruch wird aber nur durch ein tatsächlich auf Rechtsschutz angelegtes, also ein effektives Verfahren befriedigt.[18] Freilich ist im Zusammenhang mit der Effektivität auch die Gerechtigkeit des Verfahrens zu erwähnen. Beide Begriffe sind nicht deckungsgleich. Mit Effektivität ist die Geeignetheit des Verfahrens gemeint, den verfolgten Zweck zu erreichen und kann daher auch reine Zweckmäßigkeitserwägungen betreffen. Die weitere Verbindung des Zivilprozessrechts und dadurch auch des Zivilprozesses mit der Gerechtigkeit,[19] oft unter dem Begriff der angelsächsischen *Fairness*,[20] stellt keine Überraschung dar.

51, 81. Diese Annahme liegt nahe, etwa wenn die Herbeiführung der Rechtskraft als Ziel des Prozesses deklariert wird. Vgl. z.B. *Goldschmidt*, Rechtslage, §§ 14–17.

[15] Vgl. BGHZ 18, 98 (106); *Henckel*, Prozessrecht, S. 60f.; *Rödig*, S. 47; *Grunsky*, Grundlagen, S. 5f., 11; *Gottwald*, ZZP 95 (1982), 245, 245, 247; *Stürner*, in: FS für Baumgärtel, S. 545, 546; *Katzenmeier*, ZZP 115 (2002), 51, 81, 83; *Münch*, in: Symposion für Stürner, S. 5, 34f., 36ff.; *RSGottwald*, § 1 Rdnr. 7.

[16] BVerfGE 101, 275 (294f.); 112, 185 (207); 119, 292, (295); *Stürner*, Aufklärungspflicht, S. 31f.; *ders.*, JZ 1986, 526, 527; *Vollkommer*, in: GS für Bruns, S. 195ff.; *Voßkuhle/Kaiser*, JuS 2014, 312, 313; *Schilken*, GVR, Rdnr. 103; *Zippelius/Würtenberger*, § 12 Rdnr. 114; *Paulus*, Rdnrn. 24ff.; *Jauernig/Hess*, § 1 I, § 36; *RSGottwald*, § 3 Rdnrn. 1ff.

[17] *Schwab*, ZZP 81 (1968), 412, 417; *Mitsopoulos*, ZZP 91 (1978), 113, 119; *Vollkommer*, in: GS für Bruns, S. 195, 197; *Jauernig/Hess*, § 36; *RSGottwald*, § 3 Rdnrn. 1ff., 8f. Der Lehre des Rechtsschutzanspruchs, also des Anspruchs auf den Erlass einer dem materiellen Recht gemäßen richtigen Entscheidung (vgl. *Blomeyer*, § 1 III; *ders.*, in: FS für Bötticher, S. 61ff.) wurde schließlich nicht gefolgt.

[18] *Walter*, Freie Beweiswürdigung, S. 301f.; *Habscheid*, ZZP 96 (1983), 306, 307; *Voßkuhle/Kaiser*, JuS 2014, 312, 312.

[19] BVerfG NJW 1979, 1925, 1927; *Benda/Weber*, ZZP 96 (1983), 285, 302; *Schilken*, GVR, Rdnr. 102.

[20] BVerfG NJW 2004, 1097, 1097; *Vollkommer*, in: GS für Bruns, S. 195, 195, 209f.; *Schilken*, GVR, Rdnr. 109; *Paulus*, Rdnr. 13.

Das Verfahrensrecht stellt keine wertneutrale Materie dar. Die Rechte und Pflichten der am Verfahren Beteiligten sowie die Macht des Richters müssen gegeneinander abgewogen und aufeinander abgestimmt werden. Die Harmonisierung der Interessen sämtlicher Prozessbeteiligten muss aber auch mit Blick auf den vom Verfahren verfolgten Zweck geschehen, was die Effektivität gleichzeitig zum Gerechtigkeitsmaßstab erhebt.[21]

2. Die Wahrheit als Element einer richtigen und gerechten Entscheidung

Der Prozess besteht aus einer Reihe von aufeinander folgenden Stufen, welche zu einem Ergebnis führen. Die Integrität des gesamten Verfahrens ist von höchster Bedeutung, denn diesbezügliche Defizite wirken sich auf die Zuverlässigkeit seines Ergebnisses aus. Für die Parteien bedeutet der Prozess einen Eingriff in den eigenen Rechts- und Interessenbereich. Es entspricht daher keinesfalls einem integren, rechtsstaatlichen Verfahren, die Parteien von Rechtssubjekten des materiellen Rechts zu bloßen Objekten des Prozessrechts herabzusetzen.[22] Konsequenterweise dürfen sie von der Beteiligung am Verfahren nicht ausgeschlossen werden und die Rechtsgewährung muss im Interesse der Prozessbeteiligten und der Rechtsgemeinschaft transparent, neutral und willkürfrei sein.

Die Forderung nach einem gerechten Verfahren wäre indes zu eng gefasst, wenn nur dessen Integrität ins Blickfeld gerückt wird. Die Fokussierung nur auf die Verfahrensintegrität wäre richtig, wenn der Prozess ein in sich geschlossenes System wäre. Der Prozess ist freilich kein Selbstzweck, sondern Mittel zu einem Zweck, er wird nicht eröffnet um bloß durchgeführt zu werden. Als das Verfahren der Rechtsanwendung hat der Prozess das Recht zur Geltung zu bringen. Anknüpfend darauf, dass der Prozess um ein an das materielle Recht geknüpftes Ereignis dreht, dieser hat das materielle Recht zu verwirklichen. Für die Rechtsverwirklichung ist aber nicht jede beliebige, auf gut Glück getroffene Entscheidung ausreichend. Die begehrte Rechtsfolge muss dann eintreten oder ausscheiden, wenn deren Voraussetzungen vorliegen bzw. nicht vorliegen. Ist die Erfüllung des Normtatbestands fraglich, verwirklicht erst das richtige, das auf dem wahren Sachverhalt begründete Urteil den Gedanken der anzuwendenden (materiellen) Rechtsnorm.[23]

---

[21] Vgl. BVerfGE 51, 150 (156); *Schöpflin*, JR 2003, 485, 490.

[22] BVerfGE 65, 171 (174 f.); *Zippelius/Würtenberger*, § 21 Rdnr. 16.

[23] Vgl. *Wurzer*, ZZP 48 (1920), 463, 474; *Engisch*, Wahrheit, S. 12; *Kleinfeller*, Gerechtigkeit, S. 5; *Jacoby*, ZZP 74 (1961), 145, 160; *Bernhardt*, JZ 1963, 245, 246 f.; *Peters*, ZZP 76 (1963), 145, 145; *Gaul*, AcP 168 (1968), S. 27, 32, 49; *Rödig*, S. 151 f.; *Weyers*, in: FS für Esser, S. 193, 202; *E. Wolf*, in: GS für Bruns, S. 221,

Es geht mithin um die Durchsetzung des wahren materiellen Rechts.[24] Der Einklang des Urteils mit dem tatsächlich stattgefundenen Lebensvorgang, auf welchen sich die gerichtliche Erkenntnis bezieht,[25] ist folglich eine Bedingung des effektiven Rechtsschutzes und bestimmt entsprechend die Zwecksetzung des Verfahrens. Dieses muss auf die möglichst ausführliche Erforschung des Sachverhalts angelegt sein, was eine umfassende tatsächliche Prüfung voraussetzt.[26]

Selbstzweck ist die Wahrheit freilich auch nicht. Es gibt zunächst allgemeine Grenzen aber auch solche, die sich aus den besonderen Wertungen der etwaigen Verfahrensordnung ergeben.[27] Ein Erkenntnisverfahren aber, das auf die Wahrheitsfindung völlig verzichtet oder im Regelfall dazu nicht geeignet ist, ist keine Form eines effektiven Rechtsschutzes. In der Tat bedarf es nicht der heute herrschenden gedanklichen Trennung des materiellen von dem formellen Zivilrecht, um zu ersehen, dass bei aufklärungsbedürftigem Sachverhalt schon die Richtigkeit der Rechtanwendung als logischer Vorgang von der Wahrheit des Untersatzes abhängt, welche demzufolge bestmöglich erforscht werden muss.[28]

3. Der nemo tenetur contra edere se-Grundsatz

a) Formelle und materielle Wahrheit

Die Erkenntnis realer Gegenstände ist ein kognitiver Prozess: Das Subjekt der Erkenntnis muss das Erkenntnisobjekt wahrnehmen und ihm das richtige Prädikat zuordnen. Dementsprechend setzt das gerichtliche Urteil einmal die Erfahrung, also die sinnliche Wahrnehmung des tatsächlichen Ereignisses durch den Richter und ferner die erforderliche Wahrnehmungskapazität des

---

222 ff.; *Häsemeyer*, AcP 188 (1988), 140, 149 f.; *Stürner*, Aufklärungspflicht, S. 43; *Greger*, JZ 2000, 842, 847.

[24] *Lent*, Wahrheitspflicht, S. 78 f.; *Gaul*, AcP 168 (1968), 27, 53.

[25] Bei der Wahrheit wird hier auf die Übereinstimmung zwischen der gerichtlichen Erkenntnis und der erfahrbaren Realität abgestellt. Vgl. *Engisch*, Wahrheit, S. 5 f.; *E. Wolf*, in: FS für Bruns, S. 221, 225; *Olzen*, ZZP 98 (1985), 403, 407–412; *Leipold*, in: FS für Nakamura, S. 301, 306 f.; zur Modifikation dieses Ausgangspunkts *Rödig*, S. 155 ff. Gefragt wird also nach der Wahrheit im praktischen-empirischen und nicht im erkenntnistheoretischen Sinne. Vgl. *Bender*, in: FS für Baur, S. 247, 249.

[26] BVerfGE 54, 277 (291); 101, 275 (295); BVerfG NJW 1979, 1925, 1927; *Bernhardt*, in: FS für Rosenberg, S. 9, 10 f.; *Walter*, Freie Beweiswürdigung, S. 292 f.; *Stürner*, Aufklärungspflicht, S. 43; *ders.*, ZZP 98 (1985), 237, 249; *v. Hippel*, Wahrheitspflicht, S. 154 f., 332.

[27] s. § 2 A II 4.

[28] Der Justizsyllogismus stellt einen logischen Beweis dar. S. nur *Schnapp*, Logik für Juristen, S. 11 ff., 87.

Richters voraus, was je nach dem eigenen, von Person zu Person unterschiedlichen Beurteilungssubstrat variieren kann.[29] Offensichtlich gibt es nur eine Wahrheit.[30] Weil der erkennende Richter aus Gründen der Objektivität nicht sein eigener Zeuge sein darf und ihm folglich die Einführung eigenes Wissens im Prozess verwehrt ist, hat er die Rolle des außenstehenden, neutralen, dem streitigen Sachverhalt nicht beiwohnenden Dritten.[31] Er muss sich völlig auf die Verfahrensereignisse verlassen, um zuweilen mittels Hilfsnormen seine Entscheidung zu fällen. Je tiefer die in Frage kommenden Tatsachen aufgeklärt werden können, desto näher liegt die Rekonstruktion an dem maßgeblichen Lebensvorgang. Insofern wird der begriffliche Gegensatz des eigentlich (materiell) wahren zum nur formell wahren Urteil aktuell.[32] Materiell wahr soll dann tatsächlich (objektiv) dem wahren Gang der Dinge entsprechend heißen, während formell wahr eine Feststellung bedeuten soll, die sich auf eine fingierte oder nur äußerlich vollziehende Erkenntnis beruht.

b) Die liberale und soziale Prozessauffassung

aa) Das frühe liberale Rechtsdenken hinter der CPO und die sie prägende Verhandlungsmaxime war Ausdruck der prinzipiellen Interessenlosigkeit des Staates am Streitgegenstand.[33] Der kämpferische[34] Charakter des Zivilverfahrens wies auf eine Moralinfreiheit hin, welche sich im *nemo tenetur contra edere se*-Axiom wiederfand. Niemand soll sich demzufolge „gegen die eigene Fleisch wüten lassen".[35] Der Begriff der Rechtswidrigkeit und folglich die Pflichtwidrigkeit und die Parteipflichten sind diesem Zivilprozessrecht fremd, da die Parteiprozesshandlungen bloße Handlungsmodalitäten (Obliegenheiten) darstellen sollen.[36] Unter diesen Bedingungen sind echte prozes-

---

[29] Vgl. *Zippelius*, Methodenlehre, § 15 II, § 16 I; *Engisch*, Einführung, S. 97 ff.; *E. Wolf*, in: FS für Bruns, S. 221, 224; *Leipold*, in: FS für Nakamura, S. 301, 306.

[30] *Kleinfeller*, Gerechtigkeit, S. 17; *Engisch*, Wahrheit, S. 17; *Gaul*, AcP 168 (1968), 27, 49.

[31] BGH NJW 1995, 1678; *Lent*, Wahrheitspflicht, S. 24; *Walter*, Freie Beweiswürdigung, S. 264; *Jauernig/Hess*, § 14 I.

[32] Vgl. *Wach*, Grundfragen, S. 27; *Rödig*, S. 152 f., *Brand*, NJW 2017, 3558, 3560.

[33] *Wach*, Vorträge, S. 53; *Bettermann*, ZZP 91 (1978), 365, 368 f.

[34] *Koffka*, Zugabe Nr. 15 zur JW 1913, 1, 3; *Bokelmann*, JW 1915, 19, 20; im Ergebnis *Steinitz*, JW 1915, 132, 134 f.; *Wach*, Grundfragen, S. 61; *Jonas*, DR 1941, 1697, 1698; *Gaul*, AcP 168 (1968), 27, 47; *Greger*, JZ 1997, 1077, 1077 f.; *Baur*, in: FS für 500 Jahre Tübinger Juristenfakultät, S. 159, 166; Den Zivilprozess als Kampf um das Privatrecht hat *v. Jhering* (Der Kampf ums Recht, S. 13 ff.) schon im Jahre 1872 veranschaulicht und idealisiert.

[35] *Wach*, Grundfragen, S. 35.

[36] *Goldschmidt*, Rechtslage, S. 259, 290, 336.

suale Aufklärungspflichten ausgeschlossen.[37] Mangels materiell-rechtlicher Auskunftsansprüche wird der Rechtsstreit grundsätzlich auf einer als wahr fingierten, formell wahren tatsächlichen Grundlage zu Ende geführt.

Den Gegenpol zum so genannten liberalen Zivilprozess bilden die einander ähnlichen sozialistischen und sozialen Theorien. Gemeinsamer Nenner ist die Betrachtung des Zivilprozesses als Instrument sozialer Wohlfahrt.[38] Der sozialistische Ansatz erhebt das Allgemeininteresse am Ausgang des Rechtsstreits über das private Interesse und geht (klassenkämpferisch) vom Schutz des Schwächeren bzw. von der Bewahrung und Durchsetzung der sozialistischen Ideale aus.[39] Der Erreichung dieser Ziele kann nur ein auf materielle Wahrheit angelegtes Verfahren dienen, dem die alleinige Parteiverantwortung und die Passivität des Richters im Wege stehen.[40] Auch die soziale Auffassung betrachtet den Zivilprozess gewiss als Mittel zur Sozialpolitik, geht aber von der Unterstützung nicht des sozial sondern des prozessual Schwächeren aus.[41] Die Kritik dieser Theorien gegen einen in Reinform den Prozess prägenden Verhandlungsgrundsatz ist dann selbstverständlich. Dieser soll durch die mehrdeutige Aufklärungs- oder Kooperationsmaxime ersetzt werden.[42]

bb) Die Verwandlung der Rechtsordnung vom System subjektiver Rechte zur sozialen Lebensordnung[43] erfordert die aktive Betätigung des Staates zur Einebnung gesellschaftlicher Ungleichheiten. Der Staat muss die realen Bedingungen für die Verwirklichung der Grundrechte schaffen und darauf muss auch die rechtsprechende Gewalt bedacht sein.[44] Anliegen des Zivilprozess-

---

[37] Gelegentlich wird mit der Prozesspflicht auch die prozessuale Last gemeint (z. B. „die beweispflichtige Partei"). Die Ausdrucksweise „echte Pflicht" wird dann ausgewählt, um jeden Zweifel zu beseitigen, dass es sich wortwörtlich um eine Verpflichtung handelt. Vgl. § 2 B.

[38] Grundlegend *Klein*, Zeit- und Geistesströmungen im Prozesse, S. 25.

[39] *Kellner/Göhring/Kietz*, Zivilprozessrecht, 1980, S. 34 f.

[40] *Kellner/Göhring/Kietz*, Zivilprozessrecht, 1980, S. 44 ff.

[41] *Bender*, ZRP 1974, 235, 236; *ders.*, JZ 1982, 709, 710 ff.

[42] Es dürfte zunächst die Annäherung an die Inquisationsmaxime oder die Herstellung einer Arbeitsgemeinschaft zwischen den Streitenden untereinander und zwischen ihnen und dem Gericht gemeint sein. Als bloße Auflockerung der Verhandlungsmaxime durch die Einführung von gerichtlichen Hilfspflichten vorgestellt: *Lent*, Wahrheitspflicht, S. 83; *Bettermann*, ZZP 91 (1978), 365, 391; *Bender*, JZ 1982, 709, 710 ff.; *Bender/Schumacher*, Erfolgsbarrieren vor Gericht, S. 118; *Greger*, in: Symposium für Schwab, S. 77, 79; *ders.*, in: FS für Beys, S. 459, 466. Weiter reichend *B. Hahn*, JA 1991, 319, 326 auch m. w. N.

[43] BVerfGE 54, 277 (296); *Raiser*, JZ 1961, 465, 471 ff.; *Zippelius/Würtenberger*, § 13 Rdnrn. 4 ff.

[44] *Stürner*, in: FS für Baumgärtel, S. 545, 547; *Zippelius/Würtenberger*, § 13 Rdnrn. 4 ff.

rechts aus dieser Perspektive ist es, den Rechtssuchenden unabhängig von seinen individuellen Fähigkeiten zur Anrufung der Gerichte und zur Wahrnehmung des ihm zustehenden Justizanspruchs zu befähigen.[45] Obwohl die Entfernung vom Kampf ums Recht sicherlich begrüßenswert und im heutigen Zivilprozessrecht mehrfach zu erblicken ist (vgl. nur §§ 114 ff., 138, 139, 141 ff. ZPO), bedarf das Argumentieren mit Theoremen sozialer Herkunft der Zurückhaltung:

Der Freiheitsrechtsschutz, der Rechts- und der Sozialstaat stehen in einem Spannungs- und Ergänzungsverhältnis, nicht hingegen in einem Unterordnungsverhältnis zugunsten des letztgenannten.[46] Die privatautonome Regelung der eigenen Rechtsverhältnisse ist tragender Grundsatz des (Privat-) Rechts mit Verfassungsrang. Die einseitige Betonung von Allgemeininteressen als Ausgangspunkt und die sich daraus ergebende Ausklammerung der freiheitlichen Durchsetzung subjektiver Rechte ist daher schon von Verfassung wegen abzulehnen.[47] Schwer zu unterdrücken sind in diesem Zusammenhang die Erinnerungen an totalitäres Denken.[48] Sollte auf der anderen Seite die Transformation des Richters in einen „Sozialarzt“ stattfinden, wäre nicht nur das Vertrauen an seine Neutralität zweifelhaft.[49] Dadurch würde auch die Tür für die Gestaltung materieller Rechtsverhältnisse nach lockeren Maßstäben, also nach Billigkeitserwägungen, und zwar auch hinsichtlich der zukünftigen Entwicklung der Rechtsbeziehungen zwischen den Parteien, geöffnet.[50] Solche Anschauungen über die Rolle des Richters lassen potenziell die Grenze zwischen Rechtsprechung und den anderen Gewalten verschwimmen und beeinträchtigen selbst den sozialen Ausgleich zwischen den Strei-

---

[45] *Stürner*, in: FS für Baumgärtel, S. 545, 547 ff.; *Gottwald*, ZZP 95 (1982), 245, 259 ff.; *Katzenmeier*, ZZP 115 (2002), 51, 81 f.

[46] *Zippelius/Würtenberger*, § 13 Rdnr. 14.

[47] *Stürner*, in: FS für Baumgärtel, S. 545, 546.

[48] Sozialistisches Rechtsdenken in reiner Form nähert sich obrigkeitsstaatlichem Denken an. Der Vorspruch zur Novelle 1933 (Gesetz zur Änderung des Verfahrens in bürgerlichen Rechtsstreitigkeiten vom 27.10.1933, RGBl. I S. 780) stellt klar, dass die Rechtspflege nicht nur dem Rechtsschutzinteresse der Parteien dient, sondern zuerst der Rechtssicherheit des Volksganzen. Obwohl im nationalsozialistischen Deutschland die Auflösung des Verhandlungsgrundsatzes in die Realität nicht umgesetzt wurde, gab es Stimmen die dafür plädierten. Vgl. *de Boor*, Zur Reform, S. 8; aber *ders.*, Auflockerung, S. 39 ff., 63 ff.; s. ferner *Leipold*, JZ 1982, 441, 445 f. m. w. N.; *B. Hahn*, JA 1991, 319, 322 m. w. N.

[49] *Baur*, in: FS für 500 Jahre Tübinger Juristenfakultät, S. 159, 174 f.; *Meyer*, JR 2004, 1, 4; *Jauernig*, § 1 III 2.

[50] *Jauernig*, § 1 III 2; *ders.*, JuS 1971, 329, 334; *Rupp*, NJW 1973, 1769, 1770 und 1772; *Dütz*, ZZP 87 (1974), 361, 371 ff., 395; *Baur*, in: FS für 500 Jahre Tübinger Juristenfakultät, S. 159, 171, 174 f.; *Birk*, NJW 1985, 1489, 1494; *Schilken*, Rdnr. 16; MünchKommZPO/*Rauscher*, Einl. Rdnr. 13.

tenden, insofern Interessen anderer bzw. Allgemeininteressen allzu sehr den Richterspruch beeinflussen.[51]

Die Annahme einer Arbeitsgemeinschaft zwischen den Parteien, die zur Unterstützung des prozessual Schwächeren eine Kooperation in Gestalt gemeinsamer Prozessförderungs- und Aufklärungspflichten der Streitenden festlegen will, ist der Natur des kontradiktorischen Verfahrens fremd. Zunächst ist die Prämisse, die Parteien seien in der Regel ungleich, nicht zwangsläufig. Auch wenn dies der Fall sein sollte, schutzwürdig ist sicherlich nicht bloß die sozial oder prozessual schwächere Partei, sondern diejenige, die tatsächlich Recht hat, was aber erst am Ende des Verfahrens erkennbar wird.[52] Den Zivilprozess prägt insbesondere nicht die Harmonie zwischen den Interessen des Klägers, des Beklagten und des Gerichts.[53] Für einen Interessengegensatz zwischen den Parteien sind nicht die Rolle des Angreifers und des sich Verteidigenden und die sich daraus ergebenden Friktionen maßgeblich. Entscheidend ist vielmehr die Kollision schutzwürdiger, rechtlich relevanten Interessen. Die Seite, die ein Recht geltend macht, wünscht die bestmögliche Klärung des Sachverhalts, wobei ein ihr entgegenstehendes Geheimhaltungsinteresse der anderen Seite verstärkt in Betracht kommen kann.[54] Der Rechtsstreit bedeutet eine vielfältige Belastung der Akteure. Er setzt eine Ausforschung der Persönlichkeit der Parteien voraus, die auch häufig vertrauliche Informationen beeinträchtigt, er verursacht Kosten, psychische Anstrengung und beansprucht Zeit, sodass selbst im Rahmen des Zumutbaren nicht alle Prozessbeteiligten am Prozess gleich bereitwillig teilnehmen wollen. Auch zwischen den Parteien und dem Gericht kann es zu Interessenkollisionen kommen. Denn die Parteien haben ein Interesse an einer möglichst unbeschränkten Rechtsverwirklichung, während die Rechtspflege eine sachdienliche und der Form der ZPO entsprechende Prozessführung wünscht.

Der Gedanke, sämtliche Beteiligten des Zivilprozesses hätten nach Kräften an der Verwirklichung eines effektiven Rechtsschutzes beizutragen, ist schlicht nicht abzulehnen. Ihre Mitwirkung aber kann weder mit der Fiktion eines zwischen ihnen bestehenden allgemeinen Interessengleichlaufs noch mit der bloßen Betonung von Allgemeininteressen begründet werden.

---

[51] *Cohn*, in: FS für Grünhut, S. 31, 32; *Gernhuber*, in: Summum ius summa iniuria, S. 205, 219 f.; *Birk*, NJW 1985, 1489, 1493 f.

[52] Vgl. *Meyer*, JR 2004, 1, 3; *Leipold*, JZ 1982, 441, 447; *Henckel*, in: FS für Bruns, S. 111, 125.

[53] *Peters*, Ausforschungsbeweis, S. 108; *Bruns*, § 29 Rdnr. 153 d; *Chudoba*, S. 126 f.; *Leipold*, ZZP 93 (1980), 237, 263 f.; *Gottwald*, ZZP 95 (1982), 245, 260 f.; *Jauernig*, § 25 VIII 3; schon erkannt bei *Wassermann*, AnwBl. 1983, 481, 482.

[54] Vgl. § 5 D.

Ein der Rechtsfindung abträgliches Spiel zwischen Parteien und Gericht bezüglich der Sachaufklärung kann jedenfalls nicht toleriert werden. Die Ausübung der Parteiherrschaft bar die Parteien bindender Pflichten befriedigt nicht.[55] Sonst würde sich allein der prozessual Stärkere durchsetzen. Es ist Inkonsequent, die Moralinfreiheit des Zivilverfahrensrechts anzunehmen, obwohl dasselbe für das materielle Recht, auf welchem letztendlich der ganze Rechtsstreit beruht, nicht behauptet wird oder gar behauptet werden kann.[56] Zur Abkehr vom *nemo tenetur*-Dogma zwingt ferner der Grundsatz der Waffengleichheit,[57] sofern er sich auf die Herstellung einer materiell, nicht bloß formell gleichwertigen prozessualen Situation abstellt.[58] Zwecks faktischer Chancengleichheit muss dann den Parteien die Möglichkeit gegeben werden, alles für die gerichtliche Entscheidung Erhebliche vorzutragen und alle zur Abwehr des gegnerischen Angriffs erforderlichen prozessualen Verteidigungsmittel geltend zu machen.[59] Hierfür sind ungehinderter Zugang zu den erheblichen Informationen, die Mitberücksichtigung und gegebenenfalls der Ausgleich von Informationsdefiziten instrumental.[60]

Das oft erwähnte Axiom: „Niemand ist grundsätzlich daran gehalten, dem Gegner das notwendige Material zum Prozesssieg zu verschaffen, über welches er von sich aus nicht verfügt“,[61] stellt nunmehr eine Leerformel dar.[62] Zunächst besteht eine Fülle von Auskunftsansprüchen, die kraft gesetzlichen Verweises (§ 422 ZPO) prozessuale Aufklärungspflichten begründen. Man könnte sogar argumentieren, dass die Auskunftsansprüche vorwiegend im

---

55 *Cohn*, in: FS für v. Hippel, S. 41, 50.

56 *Lent*, Wahrheitspflicht, S. 52; *Baumgärtel*, ZZP 69 (1956), 89, 91.

57 Begründet auf Art. 3 Abs. 1 i. V. m. Art. 1 Abs. 3 GG sowie dem Rechts- und Sozialstaatsprinzip und ferner auf Art. 6 Abs. 1 EMRK. Vgl. BVerfG NJW 2004, 1789, 1789; *Lindner*, ZIP 2003, 192, 194; *Vollkommer*, in: FS für Schwab, S. 503, 504 m. w. N. und 508; *Schilken*, GVR, Rdnr. 117.

58 BVerfG NJW 1979, 1925, 1927; OLG Schleswig NJW 1986, 3146, 3147; *Baur*, in: FS für 500 Jahre Tübinger Juristenfakultät, S. 159, 169; *Bender*, JZ 1982, 709, 711; *Vollkommer*, in: FS für Schwab, S. 503, 518 f.; *Schilken*, in: Lüke/Prütting-Lexikon, S. 411; *ders.*, GVR, Rdnr. 121; Schlosser, NJW 1995, 1404, 1405; *RSGottwald*, § 1 Rdnr. 28.; abweichend *Jauernig/Hess*, § 18 VI 2.

59 BVerfGE 69, 126 (140); *Bender*, JZ 1982, 709, 710 f.; *Schlosser*, NJW 1992, 3275, 3275 ff.; *ders.*, NJW 1995, 1405.

60 BGH NJW 1980, 2751, 2751; NJW 1984, 1823, 1823; OLG Schleswig NJW 1986, 3146, 3147; *Vollkommer*, in: FS für Schwab, S. 503, 518 f.; *Hök*, MDR 1995, 773, 773; *Reischl*, ZZP 116 (2003), 81, 98.

61 BGH NJW 1958, 1491, 1492; NJW 1990, 3151; NJW 1997, 128, 129; NJW 2007, 155, 156; *Gottwald*, ZZP 92 (1979), 364, 368; *Konzen*, Rechtsverhältnisse, S. 232 f.; *Prütting*, Gegenwartsprobleme, S. 137; *ders.*, in: FS für Bartenbach, S. 417, 421 f.; *ders.*, AnwBl 2008, 153, 156; *Brose*, MDR 2008, 1315, 1315 f.; *Mertins*, NJ 2009, 441, 445; *Rieder*, in: FS für Geimer, S. 557, 565; *RSGottwald*, § 109 Rdnr. 8.

62 Auch *Gottwald*, in: FS für Stürner, S. 301, 301 f.

Rahmen des Prozesses von Bedeutung sind. Sie beabsichtigen hauptsächlich, das Verhalten anlässlich eines voraussichtlichen oder anhängigen gerichtlichen Verfahrens zu regeln und sind deshalb verfahrensrechtlicher Natur.[63] Sofern das Zivilprozessrecht auch Erwägungen der Gerechtigkeit prägen, dürfen Schwächen bei der Rechtsdurchsetzung gleichwohl mit prozessualen Instrumenten ausgeglichen werden. Vor dem Hintergrund des heutigen Zivilprozesses ist das Bestehen auf dem *nemo tenetur*-Grundsatz noch erstaunlicher: Der richterlich geschaffenen sekundären Darlegungslast in Verbindung mit den vom materiellen Recht unabhängigen beweisrechtlichen Mitwirkungspflichten (§§ 142, 144, 445 ff. ZPO) lässt sich der Satz entnehmen, dass, sofern es die beweisbelastete Partei benötigt, der Gegner bei der Sachaufklärung schon vom Prozessrecht her mitwirken muss.[64]

4. Grenzen der Wahrheitsfindung

Mit der Stilisierung der Wahrheit zum Wert an sich und der Wahrheitsfindung zum realen Zweck werden diese vorhersehbar Kritik ausgesetzt. Denn der Richter muss persönliche Hindernisse überwinden sowie rechtliche Grenzen einhalten: Die Erkenntnis der Wahrheit durch die Minimierung des menschlichen Fehlers und durch die Abkehr von den Wahrheit fingierenden rechtlichen Institutionen kann zuweilen ein von der Verfahrenswirklichkeit abweichendes Ideal sein. Die Wahrheitsfindung ist aber nicht nur von den persönlichen Fähigkeiten des Richters abhängig, sondern auch rechtlich vorbedingt. Der Gang des Verfahrens, selbst die Urteilsgrundlage sowie unter Umständen die Würdigung der Prozessereignisse sind normativ bestimmt. Das bestehende Problem der rechtlich relativierten Wahrheitserkenntnis[65]

---

[63] Zum Lebensbereichskriterium s. *Henckel*, Prozessrecht, S. 19 ff.; *Blomeyer*, § 1 II 1.

[64] Vgl. *Greger*, in: Symposium für Schwab, S. 77, 84; *ders.*, in: FS für Beys, S. 459, 466; *Reitz*, ZZP 104 (1991), 381, 387; *Lorenz*, ZZP 111 (1998), 35, 42; *Waterstraat*, ZZP 118 (2005), 459, 477; *Reischl*, ZZP 116 (2003), 81, 89; *ders.*, JR 1997, 404, 410; *Stadler*, Unternehmensgeheimnis, S. 81; *dies.*, ZZP 123 (2010), 261, 266; *Peters*, Ausforschungsbeweis, S. 106; *Schlosser*, JZ 1991, 599, 599; *ders.*, NJW 1992, 3275, 3276; *Osterloh-Konrad*, S. 105 ff.; *Beckhaus*, S. 255 ff.

Spuren des Grundsatzes, dass niemand gegen das eigene Fleisch wüten muss, machen sich allerdings in der Regelung der Parteivernehmung erfindlich. Vgl. *Gehrlein*, ZZP 110 (1997), 451, 456; MünchKommZPO/*Schreiber*, § 445 Rdnr. 6; Zöller/*Greger*, § 445 Rdnr. 4.

Was die §§ 142, 144 ZPO angeht, herrscht über ihren Anwendungsumfang Streit. Im Hinblick auf den ausdrücklichen Wortlaut der Vorschriften sowie auf ihre Entstehungsgeschichte ist nicht die Rechtfertigung der Abkehr von, sondern das Bestehen auf dem *nemo tenetur*-Grundsatz fraglich. Näher unter § 3 B I.

[65] Näher *Zeiss*, ZZP 89 (1976), 377, 385; *v. Mohrenfels*, Informationsleistungspflichten, S. 213; *Leipold*, in: FS für Nakamura, S. 303 ff.; *Lorenz*, ZZP 111 (1998), 35, 37; *Paulus*, Rdnrn. 360 ff.

und noch weiter des immer möglichen unrichtigen Urteils[66] darf indessen nicht überspielt werden.

Da Schöpfungen des Menschen durch den Zweck, dem sie dienen, definiert werden,[67] muss der Prozess den ihm zugewiesenen Zweck auch erreichen können. Führt der Prozess nicht zwingend zur Aufdeckung der Wahrheit, widerspricht er seiner Zweckbestimmung nur, wenn er hierzu völlig oder überwiegend nicht geeignet ist.[68] Das Abstellen auf die Wahrheitsfindung bedeutet nicht, dass dieser Zweck auch um jeden Preis erreicht werden muss.[69] Die Wahrheit als Aspekt der Verfahrensfairness und die Wahrheitsfindung als rechtspolitischer Zweck schaffen teleologische Argumente, die in Betracht zu ziehen und gegebenenfalls gegen andere Argumente abzuwägen sind.[70] Wollte man unbeachtlich der Wahrheit der Entscheidung den Zweck des Prozesses bestimmen, wäre dies wegen seines Bezugs auf das materielle Recht sowie der Eigenschaft des juristischen Syllogismus als logischer Vorgang ein zum Scheitern verurteilter Versuch.[71] Die Bezeichnung der Wahrheitsfindung als Zwischenziel[72] oder Mittel[73] statt Zweck oder der Hinweis auf eine „relative"[74] Wahrheit sind eher Begrifflichkeiten. Wenn dadurch nicht gemeint ist, dass das Erkenntnisverfahren auf Wahrheitsfindung verzichtet, ändern sie nichts an der Wahrheitsorientierung des Verfahrens; der Prozess muss so gestaltet sein, dass die Wahrheit effektiv erforscht werden kann.

---

66 *Goldschmidt*, Rechtslage, § 15, insbesondere S. 180 ff.; *Sax*, ZZP 67 (1954), 21 ff., 27 ff.; einen Überblick bietet *Gaul*, AcP 168, S. 27, 53 ff.

67 Vgl. § 2 A I 1.

68 s. auch *Schima*, in: Scritti giuridici in memoria di Piero Calamandrei, S. 457, 464; *Gaul*, AcP 168 (1968), 27, 58 f.; *Motsch*, in: FS für Schneider, S. 129, 135; *Zeuner*, in: FS für Beys, S. 1787, 1809.

69 *Jauernig*, JuS 1971, 329, 329; *Arens*, ZZP 96 (1983), 1, 11; *ders.*, in: Humane Justiz, S. 1, 5; *Gaul*, AcP 168 (1968), 27, 35, 46, 50; auch *Meyer*, JR 2004, 1, 5; zurückhaltend *v. Hippel*, Wahrheitspflicht, S. 171.

70 *Gaul*, AcP 168 (1968), 27, 35, 50; *Arens*, AcP 173 (1973), 250, 254; *Stürner*, Aufklärungspflicht, S. 29 f.; *Wagner*, ZEuP 2001, 441, 469 f.

71 *Bernhard*, ZZP 66 (1953), 77, 78; *Schneider*, ZZP 75 (1962), 173, 175; *Bruns*, § 1 Rdnr. 5b; *Gaul*, AcP 168 (1968), 27, 53 ff.; ferner *Zeuner*, in: FS für Beys, S. 1787, 1788; *Waterstraat*, ZZP 118 (2005), 459, 478. Vgl. auch § 2 A I 2 und A II 2.

72 *Weyers*, in: FS für Esser, S. 193, 202; *Brehm*, Bindung, S. 21 ff., 27; *Leipold*, in: FS für Fasching, S. 329, 332.

73 *Wach*, Grundfragen, S. 26; *Koffka*, Zugabe Nr. 15 zur JW 1913, 1, 7; *Gaul*, AcP 168 (1968), 27, 50; *Brehm*, Bindung, S. 27; *Arens*, ZZP 96 (1983), 1, 11 f.; *v. Mohrenfels*, Informationsleistungspflichten, S. 213; *Hök*, MDR 1995, 773, 776 ff.; *Lorenz*, ZZP 111 (1998), 35, 37; *Zeuner*, in: FS für Beys, S. 1787, 1790; *Münch*, in: Symposion für Stürner, S. 5, 22; *SJBrehm*, vor § 1 Rdnr. 25; vgl. auch *Konzen*, Rechtsverhältnisse, S. 285.

74 *Reischl*, ZZP 116 (2003), 81, 89; ähnlich *Leipold*, in: FS für Nakamura, S. 301, 320; *Diakonis*, S. 40; *Brand*, NJW 2017, 3558, 3563.

In ihrer Pauschalität nicht zuzustimmen ist auch der Folgerung, der Zivilprozess begnüge sich mit einer formellen Wahrheit.[75] Dass der richterlichen Erkenntnis schon von Rechts wegen Schranken gesetzt sind, entspricht jedem willkürfreien Verfahren.[76] Keine durchdachte Verfahrensregelung will aber der Wahrheitsfindung entgegenstehen. Hinter etwaigen Schranken steht ein besonderer Grund, der sie rechtfertigt und nicht der schlichte Wunsch, die Findung der materiellen Wahrheit zu verhindern. Beweiserleichterungen zum Beispiel relativieren zwar die Wahrheitserkenntnis, sind jedoch überwiegend durch die Schwierigkeit der Sachaufklärung motiviert, also durch die Suche nach Wahrheit, während Hilfsnormen, die relevanten Tatsachen fingieren, als ultima ratio eingreifen und die Vollendung des juristischen Syllogismus erlauben.

Dies gilt auch für die im Vergleich mit anderen Verfahren beschränkte Möglichkeit des Zivilrichters, den Sachverhalt mit eigenen Mitteln zu vervollständigen: Hinter dem viel kritisierten[77] Modell der Parteiverantwortung, die mit dem Verhandlungsgrundsatz ausgedruckt wird, steht die Erwägung, dass das Interesse beider Seiten am Verfahrensausgang ein geeigneter und idealer Anreiz für die zügige Wahrheitsfindung ist.[78] Es ist logisch und rechtspolitisch vorzugswürdig, die Verfolgung eigener Interessen dem Interessenträger zu überlassen. Der Verhandlungsgrundsatz verdankt seine Geltung nicht nur dieser rechtstechnischen Entscheidung.[79] In Abwesenheit eines selbstständigen, übergreifenden Interesses der Öffentlichkeit am Streitgegenstand entspricht es auch der freiheitlichen Verwirklichung subjektiver Rechte und korreliert mit der materiell-rechtlichen Privatautonomie.[80] Die Bestim-

---

[75] *Wach*, Vorträge, S. 199; *Zeiss*, ZZP 89 (1976), 377, 385; *Chudoba*, S. 163f.; *Zekoll/Bolt*, NJW 2002, 3129, 3134; *Diakonis*, S. 41f., 43, 83; *Roxin/Schünemann*, § 15 Rdnrn. 1f.; vgl. auch *Hök*, MDR 1995, 773, 779.

[76] Vgl. *Lent*, ZZP 63 (1943), 3, 40; *Peters*, ZZP 76 (1963), 145, 145f.

[77] *Zettel*, S. 140ff.; *Bomsdorf*, S. 278, 283; *Herr*, DRiZ 1988, 57ff.

[78] BVerfG NJW 1979, 1925, 1927; *Pollak*, Gerichtliches Geständnis, S. 93ff.; *Schultze*, ZZP 19 (1894), 341, 347; *Wurzer*, ZZP 48 (1920), 463, 481; *Bomsdorf*, S. 278f.; *Weyers*, in: FS für Esser, S. 193, 200, 204; *Leipold*, in: FS für Fasching, S. 329, 340; *Jauernig/Hess*, § 25 VI 1; *Blomeyer*, § 14 I 4; *RSGottwald*, § 77 Rdnr. 3; *Messer*, in: FS 50 Jahre BGH, S. 67, 67; *Musielak*, in: FS 50 Jahre BGH, S. 193, 193.

[79] So *Lent*, Wahrheitspflicht, S. 79ff.; *Weyers*, in: FS für Esser, S. 193, 202ff.; *Peters*, Ausforschungsbeweis, S. 101; *Dunz*, NJW 1956, 769, 769; *Bomsdorf*, S. 278f.; *Rödig*, S. 160; *E. Schmidt*, DRiZ 1988, 59, 59; *ders.*, ZZP 113 (2000), 381, 385; *Bernhardt*, in: FS für Rosenberg, S. 9, 14f.

[80] BVerfG NJW 1979, 1925, 1927; *Koffka*, Zugabe Nr. 15 zur JW 1913, 1, 7ff.; *Wurzer*, ZZP 48 (1920), 463, 481f.; *Lent*, ZZP 63 (1943), 3, 36ff., insbes. 46ff.; *Lüke*, JuS 1961, 41, 43; *Gaul*, AcP 168 (1968), 27, 51; *Costede*, ZZP 82 (1969), 438, 444f.; *Henckel*, Prozessrecht, S. 126f., 144; *ders.*, Gerechtigkeitswert, S. 22f.; *ders.*, in: GS für Bruns, 1980, S. 111, 126; *Grunsky*, Grundlagen, S. 140ff.; *Leipold*, JZ 1982, 441, 448; *Arens*, ZZP 96 (1983), 1, 21; *Birk*, NJW 1985, 1489, 1497; *Leipold*,

mung der Urteilsgrundlage durch einvernehmliches Parteiverhalten (§§ 138 Abs. 3, 288 Abs. 1 ZPO) weist auf ein Ausgehen des Zivilprozesses von einer nur formellen Wahrheit hin. Dass sich hier auf die formelle Wahrheit verlassen und die mögliche Verwirklichung einer anderen als der materiell wahren Rechtslage in Kauf genommen wird, ist dann Folge des besonderen Rechtsdenkens hinter der Verhandlungsmaxime.[81] In diesem Fall werden ebenfalls das materielle Recht bzw. die materiellen Rechtsinteressen, wie sie die Privatautonomie zum Ausdruck bringt, verwirklicht. Ist aber eine Behauptung beweisbedürftig, hat der Zivilrichter eine wahre, dem tatsächlichen Lebensvorgang entsprechende Entscheidung zu fällen.[82] Effektiver Rechtsschutz kann nicht gewährleistet werden, wenn das Verfahrensrecht auf die bestmögliche Ermittlung von vornherein verzichtet. Wahrheitsfindung und Verhandlungsgrundsatz schließen einander nicht denknotwendig aus. Ganz im Gegenteil muss jede Partei die ernste Gelegenheit haben, ihre Eigenverantwortung und Selbstinitiative zur Findung der materiellen Wahrheit tatsächlich zu ergreifen.

III. Ergebnis

Obwohl das gerichtliche Verfahren gleichzeitig verschiedene Aufgaben erfüllt, Grund für die Schaffung des Prozessrechts ist die Verwirklichung der lebensgestaltenden Funktion des materiellen Rechts. Der Zivilprozess bezweckt die Verwirklichung materieller Rechtsinteressen, was bei streitigem Sachverhalt erst durch die Erkenntnis der wahren Sachlage möglich ist. Da-

---

in: FS für Fasching, S. 329, 340; *Zöllner*, AcP 190 (1990), 471, 484; *M. Wolf*, in: FS für Nakamura, S. 685, 687; *Lorenz*, ZZP 111 (1998), 35, 40; *Messer*, in: FS 50 Jahre BGH, S. 67, 67; *Musielak*, in: FS 50 Jahre BGH, S. 193, 193; *Braun*, S. 72, 92 f.; *Jauernig*, § 25 VI 3; *Schilken*, Rdnrn. 345 f.; *Blomeyer*, § 14 III 3; *RSGottwald*, § 77 Rdnr. 3.

Eine verfassungsrechtliche Absicherung des Verhandlungsgrundsatzes besteht aber nicht. Der Privatautonomie wird durch die Dispositionsfreiheit über den Streitgegenstand bzw. über den Rechtsstreit als Ganzes genüge getan. Vgl. *Koffka*, Zugabe Nr. 15 zur JW 1913, 1, 8; *Stürner*, in: FS für Baur, S. 647, 658; *A. Bruns*, in: Symposion für Stürner, S. 53, 59.

[81] *Wurzer*, ZZP 48 (1920), 463, 480 f.; *Olzen*, ZZP 98 (1985), 403, 416 ff.; *Zeuner*, in: FS für Beys, S. 1787, 1789; *RSGottwald*, § 77 Rdnr. 6.

[82] *Peters*, ZZP 76 (1963), 145, 145 f.; *ders.*, Ausforschungsbeweis, S. 102; *Wurzer*, ZZP 48 (1920), 463, 481 f.; *Jonas*, DR 1941, 1697, 1697, 1700; *Riedel*, NJW 1956, 6, 7; *Henckel*, Prozessrecht, S. 144; *Leipold*, in: FS für Fasching, S. 329, 340; *Reitz*, ZZP 104 (1991), 381, 387; *Zeuner*, in: FS für Beys, S. 1787, 1789; *RSGottwald*, § 77 Rdnr. 6; *Frohn*, JuS 1996, 243, 244.

Auch dann können Parteivereinbarungen, beispielsweise wirksame Beweisverträge, die bestimmte Beweismittel ausschließen, im Wege der Wahrheitsfindung stehen. Diese sind ebenfalls Ausprägung der Privatautonomie.

ran ist das Zivilprozessrecht gebunden, sofern es auf die Herstellung eines effektiven bzw. gerechten Verfahrens bedacht ist. Die Wahrheitsfindung ist daher tragender Leitsatz, der zwar weder einen allentscheidenden Faktor für etwaige Rechtsfragen darstellt noch um jeden Preis zu verfolgen ist, agiert aber als teleologisches Argument und entfaltet gleichermaßen gestaltende Wirkung; Informationsquellen dem Rechtssuchenden wegzunehmen oder den Zugriff darauf unmöglich zu machen, kann sich ein effektives Rechtsschutzverfahren und eine gerechte Rechtsordnung ohne guten Grund nicht leisten. Für die Überwindung von Informationsdefiziten der risiko- oder beweisführungsbelasteten Partei bedeutet das, dass die Mitwirkung des Gegners nicht schlicht unzulässig ist. Auf der anderen Seite darf der Heranziehung des Gegners ausdrücklich oder implizit nicht die Annahme einer zwischen den Parteien bestehenden Interessengemeinschaft zu Grunde liegen. Ebenfalls verfehlt ist die Hervorhebung eines über das Parteiinteresse hinaus greifenden öffentlichen Aufklärungsinteresses. Weil bürgerliche Rechtsstreitigkeiten hauptsächlich private Interessen betreffen, ist im Zivilprozess ein nur elementares öffentliches Wahrheitsinteresse zu bejahen, nämlich das Interesse, keine ersichtliche Ausnutzung der Rechtspflege und keine Unterdrückung der feststehenden Überzeugung des Richters durch Dispositionsakte der Parteien zuzulassen.

B. Die Unterscheidung zwischen prozessualen Lasten und Pflichten

Trotz der im Laufe der Zeit immer größer gewordenen Zahl an prozessualen Pflichten zögert man heute weiterhin die von prozessualen Lasten beherrschte Regel-Ausnahmevorstellung aufzugeben. Die Prägung des Zivilprozessrechtsverhältnisses durch Lasten wurzelt teils in der strengen Trennung von materiellem und dem rein rechtstechnischen, moralinfreien Prozessrecht[83] und teils in Zweckmäßigkeitserwägungen; die Nichtvornahme der erwarteten Handlung seitens des Belasteten löst die sich darauf bezogenen Rechtsfolgen automatisch aus und erspart dem Richter grundsätzlich eine nähere Prüfung der für die Nichterfüllung verantwortlichen Gründe.[84]

Maßgebliches Unterscheidungskriterium zwischen prozessualen Lasten und Pflichten ist weder die Ausdrucksweise des Gesetzgebers noch die Art der Erzwingung des unterlassenen Verhaltens, sondern die innere gesetzliche

83 Vgl. § 2 A II 3 b; *Arens*, AcP 173 (1973), 250, 252 f.; *Konzen*, Rechtsverhältnisse, S. 48 ff., 71 ff., 103 ff., 113 ff.

84 *Lent*, ZZP 67 (1954), 344, 346; *Arens*, ZZP 96 (1983), 1, 2; *Stürner*, Aufklärungspflicht, S. 83; *Jauernig/Hess*, § 26 I Rdnr. 2.

Wertung des geforderten Verhaltens.[85] Von einer Last kann erst die Rede sein, wenn die Vornahme der Handlung im freien Belieben der Partei steht.[86] Die mit der Passivität des Belasteten verbundenen Rechtsfolgen sind das Ergebnis einer Risikobewältigung. Der prozessualen Pflicht auf der anderen Seite liegt die Missbilligung jeden abweichenden Verhaltens zugrunde, weil das erwartete Verhalten nicht hauptsächlich dem eigenen Interesse dient.[87] Die Missbilligung und folglich die Existenz einer prozessualen Verpflichtung ist dort zu bejahen, wo die Untätigkeit Nachteile über die aufgeforderte Partei hinaus anderen Beteiligten verursacht bzw. den Zweck des Prozesses beeinträchtigt.[88] Es ist indes nicht zwingend, dass die Beeinträchtigung des Verfahrenszwecks zur Vollstreckung der Pflichtnorm führt. Das ist nur dann der Fall, wenn die verletzte Ratio, nämlich der Zweck der Verpflichtung, es erfordert. Zivilprozessuale Aufklärungspflichten insbesondere können zwar vollstreckbar sein, wie am Beispiel des § 372a Abs. 2 ZPO, sie können aber effektiv auch durch prozessuale Nachteile sanktioniert werden, sofern der Streitgegenstand hauptsächlich in privaten Interessen besteht und insbesondere dann, wenn die Rechtsdurchsetzung die eigentliche Erfüllung der Aufklärungspflicht nicht benötigt, d.h., wenn der Anspruchsinhalt zumindest bestimmbar und fraglich nur das Vorliegen eines Umstands ist.

---

85 *Lent*, ZZP 67 (1954), 344, 350; *Stürner*, Aufklärungspflicht, S. 77 ff., 84; *ders.*, NJW 1979, 1225, 1227; *Henckel*, ZZP 92 (1979), 100, 105; *Jauernig/Hess*, § 26 I.

86 *Lent*, ZZP 67 (1954), 344, 350 f.; *Schumann*, JA 1976, 637, 638.

87 *Lent*, ZZP 67 (1954), 344, 351; *Jauernig/Hess*, § 26 I; *Schumann*, JA 1976, 637, 639; *Konzen*, Rechtsverhältnisse, S. 57 ff.; *Henckel*, Prozessrecht, S. 14 ff.; *ders.*, ZZP 92 (1979), 100, 105; *SJBrehm*, vor § 1 Rdnrn. 210, 214.

88 *Lent*, ZZP 67 (1954), 344, 347, 352; *Konzen*, Rechtsverhältnisse, S. 58; *Schumann*, JA 1976, 637, 639.

§ 3 Dogmatische Verankerung einer sekundären Erklärungspflicht

A. Einleitung

I. Das Erfordernis eines förmlichen Gesetzes

Aufklärungspflichten bedeuten einen Eingriff in die Freiheitsrechte des Pflichtigen. Die pflichtige Partei hat zumindest Informationen aus dem eigenen Lebensraum mitzuteilen, was zunächst die allgemeine Handlungsfreiheit sowie die Vertraulichkeit und Integrität der Persönlichkeitssphäre beeinträchtigt. Je nach Intensität und Sanktionierung der Aufklärungspflicht können weitere grundrechtliche Freiheiten, wie das Recht auf das Eigentum oder die Integrität des Körpers und der Wohnung betroffen werden.[1] Die Natur der Mitwirkung, d.h. ob es sich um eine echte Pflicht oder um eine Last handelt, macht keinen Unterschied, denn maßgeblich für den Grundrechtseingriff ist die geschaffene Zwangslage, nach der die Partei entweder mitzuwirken oder die der Weigerung entstammenden negativen Folgen zu dulden hat.[2] Für die normative Verankerung ist es weiterhin unerlässlich, zu berücksichtigen, welche die Adressaten der in Frage kommenden Aufklärungspflicht sind. Denn kann das Gericht (ein staatliches Organ) die Erfüllung verlangen und sogar erzwingen, insbesondere vollstrecken (wie am Beispiel des § 372a Abs. 2 S. 2 ZPO),[3] tritt die Problematik des Vorbehalts des Gesetzes bzw. des Gesetzesvorbehalts in den Vordergrund:[4]

---

1 *Stürner*, Aufklärungspflicht, S. 94.

2 *Stürner*, Aufklärungspflicht, S. 95.

3 Vgl. *Stürner*, Aufklärungspflicht, S. 94, 96 ff.

4 Zur Ankündigung der Problematik *Gerhardt*, AcP 169 (1969), 289, 309; *Stürner*, Aufklärungspflicht, S. 93 f. Dass prozessuale Aufklärungspflichten ihre Wirkungen zwischen den Parteien und dem Gericht zeitigen, ist allerdings nicht zwangsläufig. Es ist auch denkbar, dass solche nur bzw. primär zwischen den Parteien bestehen.

Vorbehalt des Gesetzes und Gesetzesvorbehalt sind freilich nicht synonym. Während der erste (auch allgemeiner Gesetzesvorbehalt genannt) dem Art. 20 Abs. 3 GG sowie dem Demokratie- und Gewaltenteilungsprinzip entstammen soll und sich auf die Kompetenz des Gesetzgebers, also auf das Bestehen einer gesetzlichen Grundlage abstellt, betrifft der sich aus den Grundrechten ergebende Gesetzesvorbehalt die Voraussetzung für den Eingriff, also „nur“ durch formelles Gesetz oder aufgrund einer

Weil im demokratischen Rechtsstaat das Volk Träger der Staatsgewalt ist und erst sein Wille die staatliche Macht legitimiert, erfolgt die Sicherung der Bürgerfreiheit vor staatlicher Machtausübung durch die Teilung der staatlichen Regelungsgewalt[5] und die Gewährung von Grundrechten[6]. Das Tätigwerden durch staatliche Stellen, insbesondere jede staatliche, gegebenenfalls durch Zwang verursachte Beschränkung eines in den Schutzbereich des Grundrechts fallenden Verhaltens muss nach traditioneller Konzeption unmittelbar oder mittelbar (in Form einer Ermächtigung) durch formelles Gesetz gerechtfertigt sein.[7] Soll die gewünschte Regelung einer Aufklärungspflicht das Gericht miteinbeziehen, wird die Suche nach der dogmatischen Grundlage demzufolge insofern eingeengt, als die gewohnheitsrechtliche Schaffung von Eingriffstatbeständen untersagt werden muss.[8] Eine entsprechende Einschränkung kann hinsichtlich der ergänzenden Rechtsfortbildung ebenfalls in Betracht kommen.[9]

II. Die Bedeutung der langen Geschichte der Kasuistik

Die Aufklärung durch die nicht risikobelastete Partei in Form einer prozessualen Erklärungslast hat eine lange Tradition in der deutschen Rechtsprechung. Obwohl das bisher Gesagte zu den Eingriffstatbeständen die Antwort negativ vorwegnimmt, veranlasst trotzdem die sich über 60 Jahre erstreckende Geschichte der sekundären Darlegungslast die weitere Auseinandersetzung mit den Fragen, inwiefern die ständige Rechtsprechung eine dauerhaft praktizierte, rechtsverbindliche Überzeugung der Mehrheit der betroffenen sozialen Gruppe widerspiegelt (Gewohnheitsrecht), oder ob ihr eine

---

durch formellen Gesetz gewährten Ermächtigung. Vgl. *Maurer/Waldhoff*, AllgVerwR, § 6 Rdnrn. 6ff.; *Sachs*, in: Sachs, GG vor Art. 1 Rdnrn. 109f. und Art. 20 Rdnrn. 113ff.

5 *Rupp*, NJW 1973, 1769, 1772 und 1773; *Zippelius/Würtenberger*, § 12 Rdnr. 15; *Sodan/Ziekow*, § 7 Rdnr. 5.

6 BVerfGE 7, 198 (204f.); 61, 82 (100f.); *Zippelius/Würtenberger*, § 12 Rdnr. 1; *Sodan/Ziekow*, § 7 Rdnr. 31, § 22 Rdnr. 8.

7 *Zippelius/Würtenberger*, § 12 Rdnrn. 39ff.; *Maurer/Waldhoff*, AllgVerwR, § 6 Rdnrn. 8f., 16; *Sodan/Ziekow*, § 7 Rdnrn. 25f.; *Bottke*, Verfahrensgerechtigkeit, S. 27; *Sommermann*, in: v. Mangoldt/Klein/Starck, GG, Art. 20 Rdnrn. 273, 276ff.; *Hofmann*, in: *Schmidt/Bleibtreu/Hofmann/Heneke*, GG, Art. 20 Rdnr. 69; *Sachs*, in: Sachs, GG, Art. 20 Rdnr. 118.

8 *Sodan/Ziekow*, § 7 Rdnr. 26; *Zippelius/Würtenberger*, § 12 Rdnr. 61.

9 Gegen ein strenges Analogieverbot BVerfGE 116, 69 (83); *Zippelius*, Methodenlehre, § 11 I c; *Bottke*, Verfahrensgerechtigkeit, S. 27f.; *Hofmann*, in: *Schmidt/Bleibtreu/Hofmann/Heneke*, GG, Art. 20 Rdnr. 94; *Sachs*, in: Sachs, GG, Art. 20 Rdnr. 121 m.w.N. Zurückhaltender *Puppe*, Kleine Schule, S. 113; *Zippelius/Würtenberger*, § 12 Rdnr. 61.

selbstständige Bedeutung zukommen kann (Rechtsquellencharakter des Richterrechts – Justizgewohnheitsrecht).

1. Das Richterrecht als Rechtsquelle

Der Begriff Richterrecht erfasst sämtliche in der Begründung höchstrichterlicher Entscheidungen enthaltenen normativen Sätze, welche keine bloße Wiedergabe positiver Rechtsnormen darstellen.[10] Sowohl innerhalb der Rechtspflege als auch in der Rechtsgemeinschaft zeigen sich die Spuren einer normativen Wirkung der Rechtsprechung. Obwohl eine abschließende Stellungnahme hier nicht vorgenommen werden kann, will die anschließende zusammenfassende Darstellung der Problematik nur andeuten, dass der Verweis auf das Richterrecht als dogmatische Grundlage zusätzliche Probleme erzeugt.

a) Weil Gesetze oft nicht eindeutig und gelegentlich lückenhaft sind, stellt die Rechtsanwendung eine mehr oder minder schöpferische Tätigkeit dar, die rechtspolitische Elemente aufweist.[11] Der Richterspruch klärt, welches Verhalten rechtens sein soll. Insofern die Gestaltung von Rechtsverhältnissen über die Grenzen eines konkreten Rechtsstreits hinaus sich an den höchstrichterlichen Entscheidungen orientiert,[12] entfaltet die Rechtsprechung unverkennbar eine rechtsetzende Wirkung. Diese drückt sich in der Erstreckung der Lehre über die Rückwirkung von Gesetzen auf Rechtsprechungsänderungen sowie in der Anwendung der Wesentlichkeitstheorie auf die Judikative verstärkt aus.[13] Demzufolge entsteht ein Anspruch auf Rechtssicherheit sowie auf Gleichheit der Rechtsanwendung.[14]

Der Glaubwürdigkeit und dem Vertrauen der Rechtsgemeinschaft auf die Konsistenz der rechtsprechenden Gewalt dient ein einheitliches und widerspruchsfreies Rechtsgewährungssystem. Obwohl der Richter sachliche Unabhängigkeit genießt[15] und bei der Amtsausübung vor Beeinflussung, inklusive

---

[10] *Bydlinski*, Grundzüge, S. 116; *ders.*, Methodenlehre, S. 501 f.; abweichend *Krammer*, Methodenlehre, S. 184 f., 239.

[11] *Dütz*, ZZP 87 (1974), 361, 367 ff.; *Rüthers/Fischer/Birk*, Rechtstheorie, Rdnr. 241.

[12] Vgl. *Krammer*, Methodenlehre, S. 247 f.; *Larenz*, Methodenlehre, S. 429 f.

[13] *Rüthers/Fischer/Birk*, Rechtstheorie, Rdnrn. 249 ff., 254 m. w. N.

[14] BGH NJW 1989, 1147, 1147; *E. Huber*, Recht und Rechtsverwirklichung, S. 437; *Larenz*, Methodenlehre, S. 429, 433 f.; *Zippelius/Würtenberger*, § 12 Rdnr. 83; *Zippelius*, Methodenlehre, § 13 II insbesondere Fßn. 4; *ders.*, Rechtsphilosophie, § 23 IV; *Bydlinski*, Grundzüge, S. 129; *Krammer*, Methodenlehre, S. 246.

[15] Art. 97 Abs. 1 GG, reflektiert in § 1 GVG und § 25 DRiG.

der Bindung an Präjudizien,[16] geschützt ist, unterliegt die rechtsprechende Tätigkeit der die Rechtsprechungsintegrität wahrenden Revision und der Entscheidungsbefugnis der Großen Senaten (Art. 95 Abs. 3 GG und §§ 132 Abs. 2–4, 138 Abs. 1 S. 3 GVG). Es sieht dann so aus, als ob die Bindung des Richters an die Rechtsprechung der letzten Instanz im Ergebnis strenger als die an das Gesetz abgesichert ist.[17]

b) Anderseits ist Folgendes hinzuzufügen: Dass die Entscheidungen der obersten Gerichte von den unteren Instanzen befolgt werden, erhebt diese nicht unbedingt zu normativen Maßstäben. Das Verfahren zur Wahrung der Rechtsprechungseinheit zielt auf Gleichheit und Rechtssicherheit ab, will aber den Erlass von richtigen Entscheidungen nicht bremsen und schließt den Wandel zugunsten einer deutlich gerechteren Lösung nicht aus.[18] Die bindende Wirkung der Rechtskraft, der Entscheidungen der Rechtsmittelgerichte (§ 563 Abs. 2 ZPO) sowie schließlich der Entscheidungen des BVerfG über die Nichtigkeit eines Gesetzes (§ 31 Abs. 2 BVerfGG) stellt einen notwendigen Bestandteil dieser Institutionen dar, welche ohne diese vergeblich wären. Sie besiegeln jedoch nicht den Rechtsquellencharakter der Rechtsprechung.

Der Richter ist an das positive sowie an das überpositive Recht gebunden (Art. 20 Abs. 3, 97 Abs. 1 GG, §§ 1 GVG, 25 DRiG). Er ist dem gesetzten und dem nicht gesetzten Recht untergeordnet, sodass die Rechtsanwendung diesen Maßstäben nicht ebenbürtig sein kann. Der Hinweis, dass der Richter an normative Wertungen gebunden ist, nur sofern sie vorhanden sind,[19] muss nicht falsch, kann aber trügerisch sein. Innerhalb stark kodifizierter Rechtssysteme soll die gänzliche Abwesenheit gesetzlicher Richtlinien zur Lösung von Rechtsproblemen die seltene Ausnahme sein. Die Rechtsanwendung ist ferner durch das Gewohnheitsrecht und die herrschenden überpositiven Gerechtigkeitsvorstellungen vorgezeichnet, sodass der Richter ex nihilo kein Recht schafft, sondern geltendes Recht wiedergibt. Erst wo alle diese Vorgaben einen Entscheidungsspielraum offenlassen, darf der Richter nach persönlichem Rechtsgefühl zumindest mitentscheiden und sich an der Weiterentwicklung des Rechts beteiligen.[20] Selbst dann ist eine normative Bindung des Entscheidungsinhalts über den Gleichheitsgrundsatz und den Grundsatz der Rechtssicherheit hinaus nicht zwangsläufig:[21] Aus dem Gleichheitsgrundsatz und dem Prinzip der Rechtssicherheit ergibt sich, dass gleiche Fälle gleich zu

---

16 *Blomeyer*, § 4 V 3 a; *Jauernig/Hess*, § 8 IV 3 a.

17 *Rüthers/Fischer/Birk*, Rechtstheorie, Rdnr. 248.

18 *Bydlinski*, Grundzüge, S. 131 f., 133 f.; *Larenz*, Methodenlehre, S. 432 ff.

19 *Rüthers/Fischer/Birk*, Rechtstheorie, Rdnr. 241.

20 *Dütz*, ZZP 87 (1974), 361, 367 f., 373; *Bachof*, in: FS für 500 Jahre Tübinger Juristenfakultät, S. 177, 179 f., 189 ff.; *Zippelius*, Methodenlehre, § 13 III.

21 Vgl. *Bydlinski*, Methodenlehre, S. 506 ff., 508 ff.

entscheiden sind. Die Entscheidung des (zuständigen höchsten) Gerichts für eine bestimmte Gesetzesauslegung im Rahmen des von unbestimmten Begriffen und lückenhaften Regelungen ihm gewährten Spielraums stellt dann einen Maßstab für die Entscheidung gleicher/ähnlicher Fälle dar. Die bindende und insofern auch rechtsgestaltende Wirkung entstammt aber nicht dem Gerichtsspruch selbst, sondern den schon vorhandenen Grundsätzen der Rechtssicherheit und Gleichbehandlung. Lassen wir Argumente über die Funktionalität von Rechtssystemen[22] beiseite, soll ferner eine echte normative Bindungswirkung des Richterrechts am Fehlen direkter demokratischer Legitimation scheitern.[23]

Dem Richterrecht wird aus diesen Gründen die Eigenschaft als Rechtsquelle abgesprochen. Weil seine Wirkungen auf die Gestaltung von Rechtsverhältnissen, insbesondere die faktische aber unerlässliche[24] Komponente, was als Recht vor dem Gericht durchzusetzen vermag, nicht verkennt werden soll, ist seine Bezeichnung als bloße Rechtserkenntnisquelle[25] eher unvollkommen. Überwiegend wird von einer subsidiären Rechtsquellenqualität des Richterrechts gesprochen.[26]

2. Gewohnheitsrechtliche Begründung

a) Zivilprozessuales Gewohnheitsrecht

Abgesehen von der natürlichen Unzulänglichkeit[27] des Gewohnheitsrechts ist seine Bedeutung für den gegenwärtigen Rechtsverkehr stark gemindert, denn die intensive Normierung menschlichen Verhaltens verringert zunächst die Chancen gewohnheitsrechtlicher Normentstehung.[28] Daneben tritt die

---

22 Näher *Rupp*, NJW 1973, 1769, 1769; *Dütz*, ZZP 87 (1974), 361, 393; *Bydlinski*, Grundzüge, S. 124f.; *Krammer*, Methodenlehre, S. 245f.; *Larenz*, Methodenlehre, S. 431, 435; *Engisch*, in: FS für v. Hippel, S. 95, 115, 121f.

23 *Larenz*, Methodenlehre, S. 435f.; *Schumann*, JZ 1973, 311, 315; *Hofmann*, in: *Schmidt/Bleibtreu/Hofmann/Heneke*, GG, Art. 20 Rdnr. 94.; *Sommermann*, in: v. Mangoldt/Klein/Starck, GG, Art. 20 Rdnr. 286.

24 Vgl. *E. Huber*, Recht und Rechtsverwirklichung, S. 437; *Zippelius*, Methodenlehre, § 2, § 13 IV; *ders.*, Wesen, Kap. 1 c, 2 b und d, 9f.; *ders.*, Rechtsphilosophie, § 5 IV; auch *Engisch*, in: FS für v. Hippel, S. 95, 113.

25 *J. Esser*, in: FS für v. Hippel, S. 95, 113f.

26 *E. Huber*, Recht und Rechtsverwirklichung, S. 437; *Bydlinski*, Methodenlehre, S. 510; *Larenz/Canaris*, Methodenlehre, S. 257f.; *Krammer*, Methodenlehre, S. 248 auch m.w.N.

27 *Nörr*, in: FS für Felgentraeger, S. 353ff.; auch *Rüthers/Fischer/Birk*, Rechtstheorie, Rdnr. 238.

28 *Bydlinski*, Grundzüge, S. 122f.

weitere Frage auf, ob im Bereich des Zivilprozessrechts Gewohnheitsrecht überhaupt denkbar ist.

Hindernd könnte zunächst die öffentlich-rechtliche Natur des Zivilprozessrechts und die darauf bezogenen Anforderungen an Rechtsklarheit (Formenstrenge) wirken. Damit die Risiken des Rechtsstreits voraussehbar sein können, ist die Prozessordnung detailliert und aus demselben Grund muss der darin enthaltenen Form auch gefolgt werden. Parteihandlungen sind in der Regel an den Richter gerichtet und er ist an das Gesetz gebunden.[29] Er ist nun Rechtsanwender und kann den Parteihandlungen keine rechtliche Wirksamkeit verleihen. Der Richter ist an den Parteiprozesshandlungen gebunden und er kann die dadurch begehrte Rechtsfolge nur dann aussprechen, wenn es ihm das Gesetz erlaubt. Allein aus der Gesetzesauslegung oder aus der Dispositionsbefugnis der Parteien entsteht kein Gewohnheitsrecht.[30] Die öffentlich-rechtliche Natur des Verfahrensrechts schließt aber das zivilprozessuale Gewohnheitsrecht nicht jedenfalls aus. Im Interesse eines sicheren Verfahrensablaufs gibt es Vorschriften wie diejenigen, die den Mussinhalt und die Form von Schriftsätzen regeln oder Notfristen festlegen, welche *ius cogens* darstellen. Das gilt nicht aber für die Gesamtheit der Verfahrensvorschriften. Stellt eine gerichtliche Anordnung einen Grundrechtseingriff dar, schließt der Vorbehalt des Gesetzes ihre Entstehung durch Gewohnheitsrecht aus.[31] Wird aber keine zwingende Vorschrift betroffen und kommt kein unzulässiger Eingriff in Betracht, kann die opinio iuris neues, auch den Richter bindendes Recht schaffen. Bleibt im Ergebnis für die Bildung einer rechtlich relevanten Überzeugung der Beteiligten (Parteien und Gericht) freier Raum, ist die Entstehung von Gewohnheitsrecht zumindest theoretisch möglich. Nach Einführung des § 12 EGZPO gilt die Problematik des zivilprozessualen Gewohnheitsrechts als nunmehr geklärt.[32]

b) Bedenken gegen die Anknüpfung an das Gewohnheitsrecht

Die Existenz des Gewohnheitsrechts ist im rechtsstaatlichen Rahmen von der richterlichen Erkenntnis abhängig.[33] Das richterliche Urteil nimmt an der Entstehung des Gewohnheitsrechts zweifach teil: Entweder bestätigt es das vom Rechtsgefühl begleitete soziale Verhalten, oder es tritt in Gestalt der

---

[29] *Kleinfeller*, S. 17.

[30] *Kleinfeller*, S. 17.

[31] Vgl. § 3 A I.

[32] *SJBrehm*, vor § 1 Rdnrn. 116f.; Zöller/*Lückemann*, § 1 GVG Rdnr. 10; *TPHüßtege*, § 12 EGZPO Rdnr. 1.

[33] BGH NJW 1961, 313, 315; *J. Esser*, in: FS für v. Hippel, S. 95, 124ff.; *Rüthers/Fischer/Birk*, Rechtstheorie, Rdnr. 233; *Bydlinski*, Grundzüge, S. 123.

vom sozialen Verhalten noch nicht vorgezeichneten aber nachträglich von den Gerichten und den betroffenen Rechtskreisen aufgenommenen Entscheidung auf; das Gericht stellt keine dauerhaft tatsächlich geübte *opinio iuris* der betroffenen sozialen Gruppe fest, es schafft vielmehr eine mit der Rechtsordnung vereinbare aber darin nicht fest verankerte Regel, an welcher sich die Gerichte und die Rechtsgemeinschaft dann orientieren. Im ersten Fall stellt das Gericht echtes Gewohnheitsrecht (Verkehrsgewohnheitsrecht) fest, im zweiten Fall wird vom Justizgewohnheitsrecht gesprochen.[34]

aa) Beim Verkehrsgewohnheitsrecht stellt der Richter ein im Rechtsverkehr bestehendes und rechtlich relevantes Sozialverhalten der beteiligten Kreise fest. Der Inhalt der richterlichen Entscheidung entspricht nichts anderem als der Feststellung einer auf lange Dauer verfolgten Verhaltensweise *opinio iuris sive necessitatis*. Das Verfahren ist hingegen im Falle des Justizgewohnheitsrechts umgekehrt. Der Richter beschreibt zum ersten Mal eine auf die vorhandene Rechtsordnung angeknüpfte Regel, die erst nach einer ex post festzustellenden Rechtsüberzeugung zur Norm erwächst. Die Abwesenheit der richtigen dogmatischen Grundlage wird beseitigt, sobald dem Richterspruch gefolgt wird,[35] während die nachträgliche, dogmatisch richtige, gesetzliche Verankerung systematischen Zwecken dient.[36] Stellt das Gericht kein rechtlich bindendes Sozialverhalten fest, entsteht ein Schwebezustand bis der Richterspruch von anderen Gerichten und letztendlich, aber entscheidend, von der Rechtsgemeinschaft aufgenommen wird.[37] Der Richter spricht mit seiner Entscheidung kein geltendes, sondern nur werdendes Recht aus. Sofern die Rechtsprechung von der Rechtsgemeinschaft aufgenommen wird, kann normales Gewohnheitsrecht entstehen.[38] Es kann aber zweifelhaft sein, ob der betroffene soziale Kreis den richterlichen Spruch als Anregung zur Entstehung von Gewohnheitsrecht annimmt oder davon ausgeht, dass es sich dabei um eine richtige Auslegung schon geltenden Rechts handelt.

bb) Ob eine opinio iuris im Hinblick auf eine prozessuale Aufklärungspflicht bejaht werden kann, erscheint fraglich. Es ist zweifelhaft, ob die jeweilige prozessual stärkere Partei rechtsverbindlich dem Gegner bei der Prozessführung helfen will, indem sie eine entsprechende eigene Mitwirkungspflicht anerkennt. Damit würde vielleicht eine tiefgreifende soziale Auffassung des Prozesses impliziert (Arbeitsgemeinschaft). Ein darauf ausgerichtetes rechts-

---

34 *J. Esser*, in: FS für v. Hippel, S. 95, 100f.

35 *Larenz/Canaris*, Methodenlehre, S. 258; *Larenz*, Methodenlehre, S. 433; *Rüthers/Fischer/Birk*, Rechtstheorie, Rdnr. 238.

36 *Stürner*, Aufklärungspflicht, S. 95.

37 *Krammer*, Methodenlehre, S. 243ff.; *Bydlinski*, Grundzüge, S. 122ff.

38 *E. Huber*, Recht und Rechtsverwirklichung, S. 437; *Larenz*, in: FS für Schima, S. 247, 253f.; *Bydlinski*, Grundzüge, S. 124.

erhebliches Sozialverhalten ist schwer vorstellbar. Die erforderliche Parallelität der Willen beider Seiten ist letzten Endes der Natur des Rechtsstreits fremd. Derjenige, der dem Begehren des Anderen außerprozessual nicht freiwillig nachkommt, wird die Hilfe zur Rechtsdurchsetzung des fremden Rechts im Prozess ebenfalls verweigern. Es ist dann realistischer, die erforderliche Rechtsüberzeugung außerhalb des schon vorliegenden Rechtsstreits, also in dessen abstrakt-theoretischer Betrachtung zu suchen.

Obstruktiv wirkt zunächst die Komplexität des Normtatbestands von Aufklärungspflichten.[39] Ferner, obwohl das Problem der Informationsnot verschiedene Arten von Rechtsverhältnissen betrifft, deren Interessenlage gewissermaßen eine gemeinsame ist, dürfte das Problem nur in eng begrenzten Fallkonstellationen, wie insbesondere bei wettbewerbsrechtlichen Streitigkeiten, vor der Entstehung der Rechtsstreitigkeit klar erkennbar sein. Damit wird die Aufklärungspflicht der breiten Akzeptanz beraubt. Das Abstellen auf einen nur beschränkten Beteiligtenkreis, führt zu einem ebenfalls beschränkten Anwendungsbereich ebenjener gewohnheitsrechtlichen Norm, sofern diese tatsächlich ausfindig gemacht werden kann und widerspricht folglich ihrer Geltung für die gesamte ZPO.

Wäre die erforderliche Überzeugung trotzdem zu bejahen, bleibt noch zweifelhaft, ob sich daraus eine (unechte) Aufklärungspflicht, in Form einer Unterart der konkreten Behauptungslast, wie sie die Rechtsprechung behauptet,[40] ergibt. Ob eine gewohnheitsrechtliche Norm entsteht, hängt vom Rechtsempfinden der Beteiligten ab, welches eine innere Wertung des Rechtssubjekts impliziert. Die innere Rechtfertigung des aufklärenden Verhaltens führt dann eher zur Pflichterzeugung, denn sie wird unausweichlich ein entsprechendes Werturteil, d. h. eine Missbilligung abweichenden Verhaltens enthalten.[41] Konsequenter wäre es dann die rechtliche Überzeugung der Partei nicht an die Ausdehnung der konkreten Behauptungslast, sondern an die Erfüllung einer Pflicht zu knüpfen und zwar, um den Vorbehalt des Gesetzes umzugehen,[42] mit unmittelbarer Wirkung zwischen den Parteien; die Verpflichtung muss unmittelbar nur zwischen den Verpflichteten und dem Berechtigten bestehen, also unabhängig von einer gerichtlichen Anordnung und das Gericht kann die Nichterfüllung lediglich nachteilig würdigen.

---

[39] Vgl. §§ 4 und 5. Zur notwendigen Klarheit gewohnheitsrechtlicher Regelungen vgl. *Schumann*, JZ 1973, 311, 315.

[40] Vgl. § 3 A III.

[41] Vgl. § 2 B.

[42] Vgl. § 3 A I.

III. Kritische Betrachtung der Lehre der sekundären Darlegungslast

Aufgrund einer variierenden Heranziehung[43] der §§ 138 Abs. 1 und 2, 275 ff., 282 Abs. 1 ZPO und § 242 BGB wird die Behauptungslast der nicht risikobelasteten Partei nach ständiger Rechtsprechung[44] und unter Zustimmung der Literatur[45] ausgedehnt. Sofern die risikobelastete Partei sich in einer unverschuldeten, in zumutbarer Weise nicht heilbaren und die nähere Fundierung ihrer Behauptungen ausschließenden Unkenntnis befindet, kann ihrem Gegner die Preisgabe der fehlenden Informationen aufgegeben werden, wenn er über die entsprechende Kenntnis verfügt und ihm die Mitteilung auch zuzumuten ist. Die so geschaffene sekundäre Darlegungs- oder Behauptungslast soll einen Unterfall der konkreten Behauptungslast in Form der Substantiierungslast darstellen; die eine Partei muss im Rahmen ihrer Einlassung Tatsachen in den Prozess einführen, hinsichtlich welchen sie weder die Feststellungs- noch die Beweisführungslast trägt, während die andere diese unter Beweis zu stellen hat.[46]

Die Konstruktion der sekundären Darlegungslast ist nicht ohne Schwächen. Ohne die methodologische Ableitung zu rügen, ist folgendes besonders auffällig: Mit der Ausnahme von § 138 Abs. 2 ZPO stellen sämtliche die Grundlage bildenden Vorschriften ohne Zweifel echte prozessuale Pflichten dar. Es ist infolgedessen schwer verständlich, wie aus deutlichen Werturteilen des Gesetzesgebers in Gestalt der Wahrheits-, der Prozessförderungs- und

---

[43] Vgl. *J. Lang*, S. 65. Es wird ferner auf die Verwirklichung der Grundrechte (BVerfG NJW 2000, 1483, 1484) oder auf die Waffengleichheit (*Solmecke/Rüther/Herkens*, MMR 2013, 217, 218 m. w. N.) verwiesen.

[44] St. Rspr. Vgl. § 1 B II 2 a Fall a–h; ferner BGH NJW 1961, 826, 828; NJW 2004, 3623; NJW 2005, 2614, 2615; NJW-RR 2006, 1415; NJW 2008, 371, 372; FamRZ 2009, 849, 851; NJW 2012, 3774, 3775.

[45] *Meyke*, ZIP 1998, 1179, 1180 f.; *Musielak*, in: FS 50 Jahre BGH, S. 193, 194 ff.; *Kiethe*, MDR 2003, 781, 782 f.; *Dölling*, NJW 2013, 3121, 3126; Baumgärtel/*Laumen*, HdB-Grundlagen, Kap. 22 Rdnr. 3; *Jauernig/Hess*, § 50 I; *RSGottwald*, § 109 Rdnr. 15; MünchKommZPO/*Fritsche*, § 138 Rdnrn. 21 f.; *TPReichold*, Vorb. § 284 Rdnrn. 18, 37.

[46] BGH MDR 2005, 1218, 1219 f.; *Mes*, GRUR 2000, 934, 941. Die sekundäre Darlegungslast wirkt sich nicht auf die abstrakte Behauptungslast aus. Obwohl es der Partei von Anfang an frei steht, ihre Behauptungen zu substantiieren, erschöpft sich die abstrakte oder anfängliche Behauptungslast lediglich in der Schlüssigkeit der Behauptungen des Risikobelasteten. Die sekundäre Darlegungslast mildert nicht die Anfangsbehauptungslast, sie soll bei feststehender Informationsnot nur den Inhalt der gegnerischen Einlassung erweitern. Sie bestimmt also, was die sich einlassende Partei vortragen muss, um die gegnerischen Behauptungen wirksam zu bestreiten. Weil sie keine Änderung der Beweislastverteilung verursacht (s. § 4 B), bleibt auch die materielle Rechtslage unverändert. A.A. *Kemper*, S. 224 f.

der Redlichkeitspflicht ein weiterer das Verhalten der Parteien betreffender Rechtssatz erzeugt wird, ohne dass er von derselben wertenden Haltung bzw. von derselben ratio gefärbt wird. Stellt dann das Nachkommen der sekundären Darlegungslast ein wahrheitsmäßiges, prozessförderndes und so redliches Prozessverhalten dar, liegt ihr notwendigerweise ein Werturteil zu Grunde. Der Aufklärungsbeitrag ist nämlich geboten und seine Unterlassung missbilligt. Das ist letztendlich das entscheidende Kriterium für ihre Einordnung als prozessuale Pflicht.[47]

Die fehlerhafte Einordnung als prozessuale Last und die nicht näher fundierte Ableitung werden insofern unkenntlich gemacht, als von einer „anderen Verteilung der Behauptungslast“ gesprochen wird.[48] Jene Ausdrucksweise führt zu einem weiteren Missverständnis: Verteilt werden die abstrakten Lasten bzw. das prozessuale Risiko der Beweislosigkeit, die konkreten Lasten hingegen stellen nur Reaktionen dar, die als Tat- und nicht Rechtsfragen eigentlich nicht verteilt werden können.[49]

B. Beweisbezogene Mitwirkungspflichten der Parteien

Die ZPO sieht eine Vielfalt von Instrumenten vor, die die nicht beweisbelastete Partei zur Herbeischaffung von Beweismitteln zwingen können. Ihren Umfang zu prüfen wird dann benötigt, um die darin enthaltene Aufklärungspflicht genauer zu bestimmen und so ihre Tauglichkeit für die Begründung der sekundären Erklärungspflicht zu klären.

I. Die die aufklärende Richtertätigkeit begleitenden Mitwirkungspflichten

Von den in §§ 141 ff. ZPO vorgesehenen Befugnissen sind die Anordnung der Urkundenvorlage gemäß § 142 ZPO und die sich auf den Augenscheinsowie Sachverständigenbeweis beziehende Anordnung des § 144 ZPO von besonderem Interesse.[50] Anders als die Anordnung des persönlichen Erscheinens (§ 141 ZPO), die eventuell ergänzende Beweisfunktion entfaltet,[51] oder

---

[47] Vgl. § 2 B.

[48] Vgl. *Peters*, in: FS für Schwab, S. 399, 401; *Greger*, BRAK-Mitt 2005, 150, 151; *Schulz*, VersR 2014, 930, 931; *T. Pfeiffer*, ZIP 2017, 2077, 2077; MünchKomm-ZPO/*Fritsche*, § 138 Rdnr. 22.

[49] Vgl. § 1 A II 2 und III.

[50] Richterliche Aufklärungsinitiativen mit variierten Voraussetzungen sind freilich auch außerhalb der ZPO zu finden: z.B. die §§ 102, 258 HGB.

[51] Vgl. § 1 A VII 2.

die Aktenübermittlung (§ 143 ZPO) bringen die §§ 142 und 144 ZPO eine substanzielle Mitwirkung der Parteien mit sich. Ihrem ausdrücklichen Wortlaut nach nehmen sie ohne Rücksicht auf die Beweis- und Beweisführungslast und unabhängig von materiellen Auskunftsansprüchen jede Partei in die Pflicht, Urkunden oder Augenscheinsobjekte vorzulegen sowie den Augenschein zu dulden. Die entgegen der herrschenden Meinung[52] empfohlene Restriktion beider Vorschriften bezweifelt entweder ihre Beweisfunktion[53] oder will sie nach Maßgabe der §§ 422 ff. ZPO einschränken[54].

Es ist vorab zu klären, dass zwischen den §§ 142, 144 ZPO auf der einen Seite und den §§ 422 f. ZPO auf der anderen keine Konkurrenz vorliegt, sodass ein Normwiderspruch kaum in Betracht kommt. Jede Normverflechtung betrifft einen distinkten Sachverhalt und so geraten sie nicht in normlogische Widersprüche; jene Vorschriften gehen von einer amtswegigen gerichtlichen Anordnung aus, während die anderen auf den verbindlichen Beweisantrag der Parteien abstellen. Dennoch besteht ein Wertungswiderspruch. Der Gesetzgeber verwehrt der Partei einen prozessualen Anspruch auf die Mitwirkung ihres Gegners, obschon er dem Richter innerhalb derselben Sach- und Interessenlage eine entsprechende Ermächtigung gewährt. Wertungswidersprüche sind nach dem Optimierungsgebot zu lösen, nur soweit ein Kompromiss möglich ist, denn sie stellen eine doch hinnehmbare Anomalie dar.[55]

Methodologisch könnte das von der Mindermeinung bevorzugte Korrektiv entweder durch die restriktive Auslegung des Normwortlauts oder kraft teleologischer Reduktion erreicht werden. Schon vor der Reform im Jahre 2001 wurden die §§ 142, 144 ZPO als hinreichende Grundlage für eine amts-

---

52 BGH NJW 2007, 155, 155; NJW 2007, 2989, 2991 f.; NJW-RR 2007, 106, 107; *Stürner*, in: FS für Vollkommer, S. 201, 209 f.; *Stadler*, in: FS für Beys, S. 1625, 1639; *Kraayvanger/Hilgard*, NJW 2002, 572, 572; *Zekoll/Bolt*, NJW 2002, 3129, 3129 ff.; *Schlosser*, JZ 2003, 427, 428; *Wagner*, JZ 2007, 706, 709 f.; *Völzmann-Stickelbrock*, ZZP 120 (2007), 512, 520 ff.; *Saenger*, ZZP 121 (2008), 139, 151; *Siegmann*, AnwBl 2008, 160, 161; *Becker*, MDR 2008, 1309, 1311; *Beckhaus*, S. 103 ff.; *Kirchhoff*, WuW 2015, 952, 953; *Roth*, ZZP 129 (2016), 3, 17; *Krapfl/Mann*, in: FS für Schütze, S. 279, 280 f.; Musielak/*Stadler*, § 142 Rdnrn. 1, 7 sowie § 144 Rdnrn. 1, 3; Zöller/*Greger*, § 142 Rdnr. 1, § 144 Rdnr. 1.

53 *Gruber/Kießling*, ZZP 116 (2003), 305, 310 ff., insbesondere 314 f.; nicht streng genommen *Greger*, DStR 2005, 479, 481 f., 483.

54 *Leipold*, in: FS für Gerhardt, S. 563, 581 ff.; *C. Schreiber*, JR 2008, 1, 5; *Gruber/Kießling*, ZZP 116 (2003), 305, 316; *Prütting*, AnwBl 2008, 153, 158; *S. Lang*, Urkundenvorlagepflichten, S. 188 ff., 192, 195; *Brand*, NJW 2017, 3558, 3561; *Althammer*, in: FS für Geimer, S. 15, 17 ff.; *SJAlthammer*, § 142 Rdnr. 21, § 144 Rdnr. 22; *BLAHartmann*, § 142 Rdnr. 6; MünchKommZPO/*Fritsche*, § 144 Rdnrn. 11 f., 25.

55 Vgl. *Engisch*, Einführung, S. 279; *Bydlinski*, Grundzüge, S. 46; *Zippelius*, Methodenlehre, § 10 III c.

wegige Beweisaufnahme betrachtet[56] und davon ging auch der Reformgesetzgeber aus;[57] die §§ 142, 144 ZPO werden sowohl mit der Beweisvereitelung als auch mit dem Ausforschungsbeweis verknüpft. Hierfür bestünde offenbar kein Anlass falls die Anordnungen bloße Mittel der materiellen Prozessleitung wären. Die Verortung der in Frage kommenden Vorschriften reicht nicht aus, um ihnen die Beweisfunktion zu verwehren. Allein die Zuordnung zum allgemeinen Teil der ZPO und die Nachbarschaft zu dem die materielle Prozessleitung betreffende § 139 ZPO stellt kein alleinentscheidendes Argument dar.[58] Vielmehr erklären die §§ 371 Abs. 2 S. 1 Alt. 2 und 428 ZPO den Antrag (besser: die Anregung) auf Erlass der entsprechenden Anordnungen zu einer Form des Beweisantritts. Insofern ergibt sich eine Komplikation in Anbetracht des § 358a S. 2 ZPO:[59] Die Ausführung eines Beweisbeschlusses schon vor der mündlichen Verhandlung ist nur für die in § 358a S. 2 Nr. 1–5 ZPO vorgesehenen Fälle gestattet. Die ausschließlich vorgesehenen Fälle enthalten nicht den Urkundenbeweis, was entsprechende, nicht aber unüberwindbare Probleme für die Beweiserhebung mittels § 142 ZPO bereitet. Die Beweisaufnahme hat nämlich lediglich bis zur mündlichen Verhandlung zu unterbleiben. Die Anordnung dient insofern der Vorbereitung der Beweisaufnahme.[60]

Auch die Einschränkung des Anwendungsbereichs beider Anordnungen nach Maßgabe der §§ 422 f. ZPO gestaltet sich als schwer. Aus dem Satzbau beider Vorschriften lässt sich kein für eine restriktive Auslegung geeigneter Bedeutungsspielraum entnehmen. Beide Male wird die allgemeine Verpflichtung „einer", also jeder Partei festgelegt, die in ihrem Besitz befindlichen Beweismittel aufzugeben.

Was ferner den Weg einer teleologischen Reduktion betrifft, lässt sich dem historischen Hintergrund[61] der §§ 142 und 144 ZPO kein einschränkender Wille entnehmen, eine Folgerung, die insbesondere durch § 429 S. 2 ZPO bestätigt wird. Im 1. Satz sagt § 429 ZPO, dass der Dritte als Besitzer der Urkunde aus denselben Gründen wie der Gegner des Beweisführers zur Vorlegung verpflichtet ist, also nach Maßgabe der §§ 422 f. ZPO. Im 2. Satz aber

---

[56] *Riedel*, NJW 1956, 6, 7; *Schneider*, ZZP 75 (1962), 173, 177; *Stürner*, Aufklärungspflicht, S. 101; *Peters*, Ausforschungsbeweis, S. 106; *ders.*, in: FS für Schwab, S. 399, 402 f.; *ders.*, Hinweispflichten, S. 145 f.

[57] Vgl. BT-Drucks. 14/4722, S. 78 f.; 14/6036, S. 120 f. Später bestätigt durch BT-Drucks. 16/5048, S. 26.

[58] Allgemeiner methodologischer Topos. Vgl. nur *Zippelius*, Methodenlehre, § 10 III d; trotzdem *Gruber/Kießling*, ZZP 116 (2003), 305, 314.

[59] *Gruber/Kießling*, ZZP 116 (2003), 305, 314.

[60] Vgl. *BLAHartmann*, § 142 Rdnr. 2; MünchKommZPO/*Fritsche*, § 144 Rdnr. 1.

[61] BT-Drucks. 14/4722, S. 58, 78 f., 90 f., 92; 14/6036, S. 120 f. vgl. auch *Gruber/Kießling*, ZZP 116 (2003), 305, 309 f.

steht, dass § 142 ZPO (offenbar vom 1. Satz) unberührt bleibt. Die Anordnung des Richters gegenüber dem Dritten ist infolgedessen zulässig, auch wenn dieser nicht zur Vorlegung kraft materiell-rechtlicher Auskunftsansprüche verpflichtet ist. Sofern sogar die Mitwirkungspflicht des Dritten nach Maßgabe des § 142 Abs. 2 ZPO nicht durch §§ 422 f. ZPO begrenzt werden soll, muss das umso mehr für den unmittelbar vom Rechtsstreit betroffenen Prozessgegner gelten. Entsprechendes ist auch für die Schwesterregelung des § 144 ZPO anzunehmen. Der Verweis des § 144 Abs. 3 ZPO auf §§ 371 ff. und 402 ff. ZPO bezieht sich nur auf die Durchführung und nicht auf die Voraussetzungen der Anordnung, während § 371 Abs. 2 S. 2 ZPO sich auf den Beweisantrag im Wege der Anregung der Anordnung bezieht.[62] Eine Anwendung der §§ 422 f. ZPO durch § 371 Abs. 2 S. 2 ZPO auch auf die Anordnung des § 144 ZPO findet demzufolge nicht statt. Der pauschale Einwand der drohenden Ausforschung des Gegners sowie dritter Personen kann in diesem Zusammenhang nicht überzeugen,[63] denn, ob und wann die Ausforschung wünschenswert und zulässig ist, hängt von besonderen, später zu behandelnden Parametern ab.[64] Zumal eine grenzenlose Ausforschung schon nach der gesetzgeberischen Intention nicht Zweck der Vorschriften ist.[65]

Dass die §§ 142, 144 ZPO grundsätzlich unabhängig von entsprechenden Auskunftsansprüchen sind und demzufolge nicht dem §§ 422 f. ZPO nach einzuschränken sind, gibt auch die neue, am 9.6.2017 in Kraft getretene Vorschrift des § 89d Abs. 4 GWB wieder. Zweck des Gesetzgebers hierdurch ist, dass die Vorgaben der §§ 33g und 89c GWB nicht durch andere zivilprozessuale Aufklärungspflichten unterlaufen werden.[66] Für den Bereich des GWB ist infolgedessen die Anwendung von zivilverfahrensrechtlichen Aufklärungsmitteln ausgeschlossen, insofern keine Pflicht auf Vorlage oder Herausgabe kraft Vereinbarung oder kraft § 33g GWB besteht. § 89d Abs. 4 GWB erwähnt die §§ 142, 144 ZPO neben dem § 422 ZPO und erklärt sämtliche als unanwendbar. Dieses Erwähnen nebeneinander wäre überflüssig und hierfür bestünde folglich kein Grund, wenn §§ 142, 144 ZPO schon nach Maßgabe des § 422 ZPO einzuschränken waren.

Die durch die ZPO-Reform bewirkte mittelbare Emanzipation der prozessrechtlichen beweisbezogenen Vorlegungs- und Duldungspflichten vom materiellen Recht harmonisiert besser mit der von der Reform selbst verfolgten

---

62 Auch *TPReichold*, § 371 Rdnr. 6, *TPSeiler*, § 144 Rdnrn. 1, 5.

63 So aber *Dombek*, BRAK-Mitt 2001, 122, 124; *Oberheim*, JA 2002, 408, 412; *Lüpke/Müller*, NZI 2002, 588, 588; *Uhlenbruck*, NZI 2002, 589, 589; *Gruber/Kießling*, ZZP 116 (2003), S. 305, 312, 314.

64 Vgl. § 5 C.

65 BT-Drucks. 14/6036 S. 121.

66 BT-Drucks. 18/10207, S. 105.

umfassenden Sachaufklärung.[67] Es macht schließlich wenig Sinn, wenn der sich in Informationsnot befindenden Partei Linderungen wie insbesondere die sekundäre Darlegungslast des Gegners an die Hand gegeben werden, nicht aber (wenn auch mittelbar, durch richterliche Anordnung) die ihm fehlenden, adäquaten Beweismittel. Denn die sekundäre Erklärungspflicht, wie noch zu zeigen ist, bezieht sich grundsätzlich nicht auf Beweismittel und keinesfalls auf ihre Vorlegung.[68] Der Informationsnot der risikobelasteten Partei wird aber effektiver gedient, wenn neben der Wissenserklärung des Gegners die zuverlässigeren Informationsträger, namentlich Urkunden sowie Augenscheinsobjekte zur Verfügung stehen.

II. Mitwirkungspflichten bei der gegnerischen Beweisführung

Im Vergleich sehen die rein beweisrechtlichen Vorschriften deutlich geringere Mitwirkungspflichten des Beweisgegners vor. Er ist auf Antrag des Beweisführers zur Vorlage der sich in seinem Besitz befindenden Urkunden nur dann gehalten, falls er selbst zu Beweiszwecken darauf Bezug genommen hat (§ 423 ZPO) oder wenn der beweisführungsbelasteten Partei ein diesbezüglicher Anspruch nach materiellem Recht zusteht (§ 422 ZPO). Entsprechendes gilt kraft § 371 Abs. 2 S. 2 ZPO für den Augenscheinbeweis. Eine krasse Abweichung von diesem Motiv enthält § 372a ZPO. Zur Feststellung der Abstammung hat dann jede Person, inklusive der Parteien, erforderlichenfalls mit Anwendung unmittelbaren Zwangs Untersuchungen und insbesondere die Entnahme von Blutproben zu dulden. Von den Einschränkungen der §§ 422 f. ZPO frei, aber von in der Regel minderem Beweiswert[69] und gegenüber den anderen Beweismitteln subsidiär ist die Verpflichtung[70] des Gegners, sich vernehmen zu lassen (§§ 445 ff. ZPO).

---

[67] BT-Drucks. 14/4722, S. 58; s. auch *Schneider*, ZZP 75 (1962), 173, 177; *Stadler*, in: FS für Beys, S. 1625, 1625 f.

[68] Vgl. § 4 B.

[69] Nicht nur ist die Partei der schlechteste Zeuge in eigener Sache, vielmehr trägt die gegenwärtige einseitige Ausgestaltung der Parteivernehmung zur Steigerung ihrer Untauglichkeit bei. Vgl. *Jauernig/Hess*, § 56 V.

[70] Denn die Parteivernehmung dient nicht hauptsächlich dem (Verteidigungs-)Interesse des Vernommenen, sondern der verfahrensförmigen Sachaufklärung im Interesse des sie beantragenden Beweisführers. Vgl. *Jauernig/Hess*, § 56 I; *RSGottwald*, § 122 Rdnr. 2; zur Abgrenzung zwischen prozessualer Lasten und Pflichten vgl. § 2 B.

III. Die Beweisvereitelung

1. Mangels Vollstreckbarkeit (mit der Ausnahme des § 372a Abs. 2 ZPO) werden die voranstehenden Mitwirkungspflichten von dem Institut der Beweisvereitelung ergänzt, einem der umstrittensten des Zivilprozessrechts. Als Beweisvereitelung wird jedes der nicht beweisführungsbelasteten Partei vorwerfbare Verhalten qualifiziert, durch das die gegnerische Beweisführung beeinträchtigt wird, indem die relevanten Beweismittel unterdrückt, vorenthalten, vernichtet oder untauglich gemacht werden.[71] Jeder Grad des Verschuldens, namentlich jede Art der Fahrlässigkeit sowie des Vorsatzes reichen aus.[72] Schuldhaft muss sowohl der Akt des Entzugs als auch das in Anbetracht der Beweisführung vereitelnde Ereignis sein.[73] Markantes Beispiel einer vorprozessualen Beweisvereitelung stellt beim Eintritt eines schadensersatzbegründenden Ereignisses der Ausschluss des anderen Teils von der Feststellung des Schadensausmaßes dar.[74] Ähnliches gilt, wenn der Schadenersatzpflichtige die für die Feststellung des Schadens relevanten Beweismittel entsorgt[75] oder Dokumentations-[76] und Befundsicherungspflichten[77] nicht nachkommt. Auf der Seite der während des Prozesses stattfindenden Beweisvereitelung stehen insbesondere die Nichtbekanntgabe von Zeugen[78], die Nichtentbindung (§ 385 Abs. 2 ZPO) dieser von Schweigepflichten[79] sowie

---

71 BGH NJW 2009, 360, 361; *Laumen*, MDR 2009, 177, 177; Baumgärtel/*Laumen*, HdB-Grundlagen, Kap. 16 Rdnrn. 2 ff., 22 ff., 26 ff.; MünchKommZPO/*Prütting*, § 286 Rdnr. 80.

72 BGH NJW 1986, 59, 60; NJW 1998, 79, 81; MDR 2004, 290, 290; NJW 2009, 360, 362; *Peters*, ZZP 82 (1969), 200, 211; *Baumgärtel*, in: FS für Kralik, S. 63, 70 f.; *Stürner*, Aufklärungspflicht, S. 151 ff.; *Oberheim*, JuS 1997, 61, 62; Baumgärtel/*Laumen*, HdB-Grundlagen, Kap. 16 Rdnrn. 29 ff.; *RSGottwald*, § 114 Rdnr. 20; MünchKommZPO/*Prütting*, § 286 Rdnr. 83; zurückhaltender BGH NJW 1963, 389, 389; a.A. *Schneider*, MDR 1969, 4, 9; *Riezler*, JherJb 89 (1941), 177, 239; Musielak/Voit/*Foerste*, § 286 Rdnr. 63.

73 BGH NJW 1986, 59, 60 f.; NJW 1994, 1594, 1595; NJW 1998, 79, 81; MDR 2004, 290, 290; NJW 2008, 982, 985; NJW 2009, 360, 362; *Gerhardt*, AcP 169 (1969), 289, 311; *Paulus*, AcP 197 (1997), 136, 139; *Laumen*, MDR 2009, 177, 178; Baumgärtel/*Laumen*, HdB-Grundlagen, Kap. 16 Rdnr. 29; Musielak/Voit/*Foerste*, § 286 Rdnr. 65; MünchKommZPO/*Prütting*, § 286 Rdnr. 83; *TPReichold*, § 286 Rdnr. 17; teilweise differenzierend *Taupitz*, ZZP 100 (1987), 287, 302, 305, 309, 312.

74 Vgl. OLG Celle NJW-RR 2002, 1675; BGH NJW 2009, 360, 362.

75 Vgl. OLG Düsseldorf MDR 2003, 215, 216.

76 BGH NJW 1986, 2365.

77 BGH MDR 1987, 573; NJW 1998, 79.

78 BGH NJW 1960, 821, 821; NJW 2008, 982, 984, 985.

79 BGH NJW 1967, 2012; NJW 1972, 1131, 1131; MDR 1984, 48, 48.

die Weigerung des Gegners, sich durch einen medizinischen Sachverständigen untersuchen zu lassen[80].

2. Die ZPO enthält ausdrückliche Regelungen über die Beweisvereitelung: Besteht nach §§ 422 f. ZPO die Pflicht des Beweisgegners, die sich in seinem Besitz befindenden Urkunden vorzulegen, ordnet das Gericht nach Antrag die Vorlegung an, wenn es zu der Überzeugung gelangt, dass sich die Urkunden tatsächlich in seinem Besitz befinden (§§ 424–426 ZPO). Legt der Beweisgegner die Urkunde nicht vor oder ergibt sich aus seiner Vernehmung über den Verbleib, dass er nach ihr nicht sorgfältig geforscht hat, können die Behauptungen des Beweisführers über den Inhalt und die Beschaffenheit der Urkunde, falls er keine Abschrift beigebracht hat, als wahr angenommen werden (§ 427 ZPO). Für den besonderen Fall der Schriftvergleichung, sieht § 441 Abs. 3 ZPO entsprechendes vor. Die §§ 422 ff. ZPO gelten schließlich kraft gesetzlichen Verweises (§ 371 Abs. 2 S. 2 ZPO) auch für den Augenscheinsbeweis.

Die normierten Vorlegungspflichten flankiert die Regelung des § 444 ZPO. Hat eine Partei Urkunden in der Absicht, ihre Benutzung durch den Gegner zu verhindern, beseitigt oder zum Beweis untauglich gemacht, können die gegnerischen Behauptungen über den Inhalt und die Beschaffenheit der Urkunde als bewiesen angesehen werden. Seinem Sinn nach umfasst § 444 ZPO, unabhängig von der Rechtshängigkeit der Streitsache, die Entsorgung von Urkunden, die dem Beweisführer entweder kraft §§ 422 f. geschuldet oder (offenbar) bereits zugänglich waren.[81] Über den Normwortlaut hinaus ist § 444 ZPO auch auf Fälle fahrlässiger Entziehung von Urkunden anwendbar. Nach dem Wortlaut dieser Vorschrift wird die Vorsätzlichkeit der Vereitelung geahndet. Sofern die Gegenpartei hätte erkennen müssen, dass ihr Verhalten den Beweisführer in Beweisnot versetzen würde, ist die Interessenlage im Wesentlichen eine ähnliche. Die Beweisführung wird vorwerfbar erschwert oder sogar unmöglich gemacht und der Beweisgegner genießt die von ihm geschaffenen prozessualen Vorteile. Für diesen Analogieschluss spricht auch die Fassung des jüngeren § 371 Abs. 3 ZPO für den Bereich des Augenscheinsbeweises, der mit § 444 ZPO korreliert und die tatbestandliche Begrenzung auf nur absichtliches Handeln nicht kennt.[82] In den §§ 446, 453 Abs. 2 und 454 Abs. 1 ZPO wird in ähnlicher Weise die fehlende Koopera-

---

80 BGH NJW 1972, 1131, 1131.

81 *Peters*, ZZP 82 (1969), 200, 205; *Konzen*, Rechtsverhältnisse, S. 233; Zöller/*Geimer*/*Greger*, § 444 Rdnr. 2; Musielak/Voit/*Huber*, § 444 Rdnr. 2.

82 BGH NJW 1994, 1594, 1595; *Ordemann*, NJW 1962, 1903, 1904; *Peters*, ZZP 82 (1969), 200, 211 (aber Fßn. 86); *Stürner*, Aufklärungspflicht, S. 156 f.; *BLAHartmann*, § 444 Rdnrn. 1, 5; *TPReichold*, § 444 Rdnr. 1; a.A. *Riezler*, JherJb 89 (1941), 177, 239; *Konzen*, Rechtsverhältnisse, S. 240; *Baumgärtel*, in: FS für Kralik, S. 63, 64.

tion der Gegenpartei im Rahmen der ihr auferlegten Pflicht, sich vernehmen zu lassen, sanktioniert.

3. Wegen des Zusammenhangs zwischen Augenscheins- und Sachverständigenbeweis sowie wegen der Anwendung des § 371 Abs. 3 ZPO kraft § 144 Abs. 3 ZPO auf die amtswegige Anordnung desselben Inhalts lässt im Ergebnis nur noch die Frage nach der Beweisvereitelung hinsichtlich des Zeugenbeweises und des § 142 ZPO offen. Die Behandlung der nicht ausdrücklich geregelten Tatbestände hat zunächst von der schon vorhandenen Regelung auszugehen, bevor methodologisch nachrangige Wege, insbesondere Formen des *honeste procedere*,[83] herangezogen werden.[84] Aus den bisher zitierten Vorschriften lässt sich induktiv[85] folgender zweigliedriger Grundsatz entnehmen, nach welchem die restlichen Fälle der Beweisvereitelung zu behandeln sind:

Die nicht beweisführungsbelastete Partei muss die sich in ihrem Besitz befindenden Beweismittel dem Gegner zur Verfügung stellen, wenn hierfür eine Pflicht materieller oder prozessualer Natur besteht (Argument aus §§ 421 ff., 445 ff. ZPO). Das ist wohl selbstverständlich. Dieser Satz verdient jedoch der Erwähnung, weil er die Unabhängigkeit der Beweisvereitelung vom Vorliegen materiell-rechtlicher Vorlegungs- und Bewahrungspflichten zeigt. Des Weiteren darf die Partei eine an sich mögliche Aufklärung nicht vereiteln, indem sie dem Beweisführer innerhalb oder außerhalb des Prozessrechtsverhältnisses Beweismittel, auf welche er rechtlich oder faktisch Zugriff hat oder haben kann, unbrauchbar macht oder vernichtet oder ihre Entstehung unterdrückt (Argument aus §§ 371 Abs. 3, 444 ZPO).

Es ist in sich widersprüchlich und nicht leicht verständlich, die analoge Anwendung auf die Fahrlässigkeit zu verneinen, um sie dann über § 242 BGB zu sanktionieren. Vgl. *Baumgärtel*, in: FS für Kralik, S. 63, 68, 70f.; *Osterloh-Konrad*, S. 77f.; Baumgärtel/*Laumen*, HdB-Grundlagen, Kap. 16 Rdnrn. 11, 23; im Ergebnis so auch *Gerhardt*, AcP 169 (1969), 289, 312.

[83] BGH NJW 1972, 1131, 1131; ZIP 2000, 2329, 2330; *Baumgärtel*, ZZP 69 (1956), 89, 106; *ders.*, in: FS für Kralik, S. 63, 68; *Schneider*, MDR 1969, 4, 9f.; *Gerhardt*, AcP 69 (1969), 289, 304ff.; *Taupitz*, ZZP 100 (1987), 287, 300, 311 f., 315; *Osterloh-Konrad*, S. 78f.; Baumgärtel/*Laumen*, HdB-Grundlagen, Kap. 16 Rdnr. 22; *Musielak*, in: FS 50 Jahre BGH, S. 193, 223; *Paulus*, Rdnrn. 331, 422.

[84] Für eine Übersicht der verschiedenen Lösungsansätze vgl. *Oberheim*, JuS 1997, 61, 63; *Osterloh-Konrad*, S. 74ff.; Baumgärtel/*Laumen*, HdB-Grundlagen, Kap. 16 Rdnrn. 9ff.

[85] Vgl. auch BGH NJW 1963, 389, 390; (allerdings mit einer unnötigen Erwähnung des § 242 BGB) NJW 1986, 59, 60; im Ergebnis *Schönke*, ZakDR 1939, 193, 193; *Rosenberg*, Beweislast, S. 191; *Peters*, ZZP 77 (1964), 444, 447; *Matthies*, JZ 1986, 959, 960; *Michalski*, NJW 1991, 2069, 2069; *Prütting*, Gegenwartsprobleme, S. 188; a.A. *Paulus*, Rdnrn. 331, 422; *ders.*, AcP 197 (1997), 136, 139; *Osterloh-Konrad*, S. 78.

Darunter lassen sich sowohl die Missachtung der Anordnung gemäß § 142 ZPO als auch die Weigerung des Gegners, Zeugen bekanntzugeben oder sie von ihren Verschwiegenheitspflichten zu entbinden,[86] subsumieren. Obwohl die gerichtlichen Anordnungen gemäß §§ 142, 144 ZPO keine Beweisanträge darstellen (aber: §§ 371 Abs. 2 Alt. 2, 428 ZPO), haben sie eine gewisse Beweisfunktion und werden durch den Parteivortrag angeregt, sodass sie der Beweisanträge sehr nahekommen.[87] Das Verschweigen des Namens oder der Anschrift des Zeugen berauben den Beweisführer der Möglichkeit, ein infolge der Zeugnispflicht ohne Weiteres verfügbares Beweismittel zu benutzen und fällt unter den zweiten Teil des gewonnenen Grundsatzes. Das Gleiche gilt für den Fall, dass der Gegner die Entbindung des Zeugens von Verschwiegenheitspflichten verweigert. Denn insofern die Partei selbst im Rahmen seiner Vernehmung oder seiner Erklärungspflicht die Aufklärung nicht verweigern kann, umso mehr muss sie Dritte, die über die relevante Kenntnis verfügen, zur Verfügung stellen.

Zusammenfassend folgt daraus, dass eine materiell-rechtliche Vorlegungs- oder Bewahrungspflicht keine zwingende Voraussetzung der Beweisvereitelung darstellt.[88] Vielmehr, weil nur die verursachte Beweisnot und die doppelte Vorwerfbarkeit unentbehrlich sind, ist im Prinzip jegliches, die Aufklärung des Sachverhalts hinderndes und auf den Beweisgegner zurückzuführendes Verhalten beachtlich.[89] Die an das beweisvereitelnde Verhalten anknüpfenden Rechtsfolgen reichen zwar von der freien Würdigung, der Herabsetzung des Beweismaßes, der widerlegbaren Fiktion, der Schaffung einer Beweisregel und der Umkehr der Feststellungslast bis zur enigmatischen „Beweiserleichterung bis hin zur Beweislastumkehr".[90] Dogmatisch wie systematisch zutreffender ist aber die Orientierung an den §§ 371 Abs 3, 427, 441 Abs. 3, 444, 446 ZPO.[91] Sofern ausnahmsweise eine kraft

---

86 Vgl. Zöller/*Greger*, § 385 Rdnr. 13; a.A. *Jauernig*/*Hess*, § 53 III 2.

87 Im Ergebnis so auch der Reformgesetzgeber: BT-Drucks. 14/4722, S. 78 f. Aber *Gerhardt*, AcP 169 (1969), 289, 310; *Leipold*, in: FS für Gerhardt, S. 563, 584.

88 *Adloff*, Vorlagepflichten, S. 290. Aber *Gerhardt*, AcP 169 (1969), 289, 297, 302, 304, 308 ff.; *Konzen*, Rechtsverhältnisse, S. 240 ff.; *Musielak*, in: FS 50 Jahre BGH, S. 193, 222 f.; *Leipold*, in: FS für Gerhardt, S. 563, 584.

89 *Baumgärtel*, in: FS für Kralik, S. 63, 68 f. Vgl. auch *Schönke*, ZakDR 1939, 193, 193 f.; *Matthies*, JZ 1986, 959, 961.

90 Für eine Übersicht vgl. *Paulus*, AcP 197 (1997), 136, 139; Baumgärtel/*Laumen*, HdB-Grundlagen, Kap. 16 Rdnrn. 34 ff.; *Laumen*, MDR 2009, 177, 178 f.

91 BGH NJW 1963, 389, 390; *Baumgärtel*, ZZP 69 (1956), 105 f.; *Peters*, ZZP 82 (1969), 200, 215 f.; *Gerhardt*, AcP 169 (1969), 289, 307; *Taupitz*, ZZP 100 (1987), 287, 340; *Laumen*, NJW 2002, 3739, 3745 f.; *ders.*, MDR 2009, 177, 179 f.; Baumgärtel/*Laumen*, HdB-Grundlagen, Kap. 16 Rdnrn. 46 ff.; MünchKommZPO/*Prütting*, § 286 Rdnrn. 90 ff.; Obwohl missverstanden, so auch *Stürner*, Aufklärungspflicht, S. 235 ff.; *ders.*, NJW 1979, 1225, 1229; *ders.*, ZZP 98 (1985), 237, 253 f. Von einem

Rechtsfortbildung ableitbare rechtssatzförmige Beweislastumkehr nicht eingreift, bleibt es dem Richter überlassen, ob er die gescheiterte Beweisführung als erbracht ansehen wird oder nicht. Hierbei handelt es sich um die Ausübung eines Ermessens angesichts missbilligten, zu sanktionierenden Verhaltens;[92] der Richter würdigt nicht das Beweisergebnis (denn die Beweisaufnahme konnte überhaupt nicht stattfinden), sondern die Vereitelung des Beweises.

IV. Ergebnis

Die ZPO enthält eine Vielzahl aufklärungsfördernder Vorschriften, die in Verbindung mit dem Statut der Beweisvereitelung die nicht risikobelastete Partei zur Mitwirkung zwingen und gleichzeitig (durch die §§ 142, 144 und teilweise durch 371 Abs. 3, 444 ZPO) zur Lösung vom materiellen Recht führen. Diese Distanzierung vom materiellen Recht bestätigt die Vermutung, dass heute eine allgemeine prozessuale Aufklärungspflicht naheliegt bzw. im Wege der Rechtsfortbildung zumindest denkbar ist.[93] Denn die Gegenpartei ist bereits nach dem aktuellen Stand des Zivilprozessrechts effektiv zur Vorlage oder Namhaftmachung positiv feststehender Beweismittel gehalten. Zwar unterliegt die Mitwirkung in nicht unerheblichem Maße dem Ermessen des Richters (§§ 142, 144 ZPO), letzteres ist aber in diesem Rahmen überprüfbar.[94] Abstellend auf den Zweck[95] der §§ 142, 144, eine die umfassende Sachaufklärung und die Akzeptanz des Verfahrens verwirklichende Prozessleitung zu ermöglichen, ist ein Ermessensmissbrauch bzw. eine Reduzierung des Ermessens auf null dort anzunehmen, wo trotz bestehender, anderweitig unheilbarer Beweisnot der mit der Beweisführung belasteten Partei und trotz Abwesenheit überwiegender entgegenstehender (Geheimhaltungs-)Interessen

---

Erfahrungsgrundsatz sprechend *Musielak/Stadler*, Grundfragen, Rdnrn. 185 ff., 189; *Musielak*, in: FS für 50 Jahre BGH, S. 193, 220 f. Um eine Beweismaßreduzierung geht es hier nicht. A.A. Musielak/Voit/*Foerste*, § 286 Rdnr. 63.

[92] *Stürner*, Aufklärungspflicht, S. 240–251; *ders.*, NJW 1979, 1225, 1229; *ders.*, ZZP 98 (1985), 237, 253 f.; *Taupitz*, ZZP 100 (1987), 287, 339 ff.; *Greger*, DStR 2005, 479, 481 f.; *Laumen*, MDR 2009, 177, 180; MünchKommZPO/*Prütting*, § 286 Rdnr. 92.

[93] Vgl. auch *Roth*, ZZP 129 (2016), 2, 24. Grundlegend *Peters*, Ausforschungsbeweis, S. 103 ff.; *ders.*, ZZP 82 (1969), 200, 208 ff.; *Stürner*, Aufklärungspflicht, S. 92 ff.; *ders.*, ZZP 98 (1985), 237, 242.

[94] Vgl. *Engisch*, Einführung, S. 205 ff.; *Zippelius*, Methodenlehre, § 17 b; *Greger*, BRAK-Mitt 2005, 150, 152; Zöller/*Heßler*, § 546 Rdnr. 14; *TPReichold*, § 546 Rdnr. 13; Musielak/Voit/*Stadler*, § 142 Rdnr. 1, § 144 Rdnr. 3. Statt Ermessen will *Diakonis* (S. 68 ff., 87 ff.; 117) hinsichtlich §§ 142 ff. ZPO eine Pflicht annehmen.

[95] BT-Drucks. 14/4722, S. 58.

das Gericht die Anordnung unterlässt.[96] Auf der anderen Seite, damit die Systematik des Zivilverfahrens nicht ganz aus den Angeln gehoben wird, macht die amtswegige Beweiserhebung gemäß §§ 142, 144 ZPO gerade nur in diesem Fall einen Sinn, d. h. wenn die Tatsachen streitig sind und die belastete Partei nicht die benötigten Beweismittel im Besitz hat.[97]

Die Lückenhaftigkeit unterstellt, ist der Übergang zu einer sekundären Erklärungspflicht im Wege einer Analogie kraft §§ 142, 144, 371 Abs. 3, 422 ff., 444, 445 ff. ZPO doch verfänglich. Denn jene Vorschriften erlauben höchstens den allgemeinen Schluss, dass der Beweisgegner Beweismittel benennen und vorlegen muss. Die weitere Folgerung, die Partei müsse allgemein bei der Sachverhaltsermittlung helfen,[98] d. h. schon im Rahmen der Sachverhaltsbildung Lücken des gegnerischen Vortrags ergänzen, ergibt sich erst, wenn von dem ersten Schluss willkürlich weiter abstrahiert wird. Dies wird auch von den Anhängern der allgemeinen prozessualen Aufklärungspflicht impliziert; es wird nicht nur auf die bereits normierten beweisrechtlichen Mitwirkungspflichten abgestellt, die Vollständigkeit der Basis für eine Analogie bedarf gleichwohl der Einbeziehung die Bildung des Sachverhalts betreffender Mitwirkungspflichten.[99]

C. Die freie Beweiswürdigung

Der Grundsatz der freien Beweiswürdigung (§ 286 Abs. 1 S. 1 ZPO) gewährt dem Richter weitgehende Freiheit, indem er bei der Würdigung der Verhandlung sowie der Beweisereignisse grundsätzlich nur an Erfahrungssätze, Denk- und Naturgesetze gebunden ist.[100] Das erforderliche Beweismaß wird demzufolge überwiegend durch die Vernunft des erkennenden Richters erreicht. Der Grundsatz, von dem die Rede ist, bietet aber keine Erkenntnis darüber, was die Parteien im Prozess vorbringen sollen. Er regelt weder Fragen der Behauptungs- oder der Beweislast noch schreibt er eine bestimmte Verhaltensweise vor. Insofern aber die verweigerte Aufklärung eine nachteilige Würdigung nach sich ziehen würde, besteht faktischer Zwang mitzuwir-

---

[96] Vgl. *Stadler*, in: FS für Beys, S. 1625, 1644 f., 1646; *Adloff*, Vorlagepflichten, S. 219; *Koch*, S. 172 f.; abweichend *Krapfl/Mann*, in: FS für Schütze, S. 279, 290.

[97] Auch *Braun*, S. 288 ff.

[98] Wie am Beispiel des § 27 Abs. 1 FamFG.

[99] Vgl. *Peters*, Ausforschungsbeweis, S. 106; *ders.*, ZZP 82 (1969), 200, 208.; *Stürner*, Aufklärungspflicht, S. 98 ff.

[100] BGH NJW 2011, 3229, 3230; GRUR 2016, 191, 192; *Walter*, Freie Beweiswürdigung, S. 316 ff., insbesondere 327; *Polyzogopoulos*, Parteianhörung, S, 111 ff.; *Prütting*, Gegenwartsprobleme, S. 75, 86; *ders.*, JA 1985, 313, 315; *Musielak/Stadler*, Grundfragen, Rdnrn. 131 ff.

ken.[101] Dieser unorthodoxe Weg der freien Würdigung des Richters über die Mitwirkung der nicht risikobelasteten Partei setzt die Aufklärungspflicht in der Tat voraus:[102]

Ist die Partei zur gewünschten Aufklärung nicht verpflichtet, genießt sie im Ergebnis die Freiheit, passiv zu bleiben. Wenn die Partei nicht pflichtwidrig handelt, bedarf die nachteilige Würdigung einer anderen Begründung. Unumgänglich ist demzufolge die Erforschung des Motivs hinter der Weigerung der nicht beweisbelasteten Partei, bei der Aufklärung des Sachverhalts mitzuwirken. Eine nachteilige Würdigung verdient die reine Absicht, die Wahrheit zu verschleiern; die Partei entscheidet sich gegen die Mitteilung von prozesserheblichen Informationen, allein weil sie die Wahrheitsfindung erschweren will. Trotzdem ist ein Erfahrungsgrundsatz mit dem Inhalt, die Partei verweigert die Aufklärung, weil die entsprechenden Informationen ihr nur nachteilig sein können,[103] zweifelhaft.[104] Obwohl es durchaus möglich ist, dass die Partei die erheblichen Informationen bösgläubig vorenthält, gibt es für ihre Zurückhaltung auch weitere mögliche Beweggründe. Zunächst kann die Offenbarung vertrauliche Informationen betreffen oder die Partei strafrechtlich verfolgbar machen. Es ist auch denkbar, dass die Partei sich deswegen zurückhält, weil sie den Einfluss der Informationen auf die Überzeugung des Richters nicht vorhersehen kann. Insofern das Zögern der Partei, die Aufklärung zu fördern, auf verschiedenen Gründen und nicht unbedingt auf der Verhüllung eigenen Unrechts beruhen kann, muss der Richter den Grund der Verweigerung im Einzelfall klären. Das Verlangen einer Begründung für die Passivität und die Nachprüfung dieser impliziert aber, dass die Partei zur Aufklärung schon verpflichtet war und so entsteht ein Zirkel.

---

101 *Stürner*, Aufklärungspflicht, S. 85 f.

102 *Peters*, ZZP 82 (1969), 200, 206; *ders.*, in: FS für Schwab, S. 399, 403 f.; *Stürner*, Aufklärungspflicht, S. 87; *ders.*, in: FS für Vollkommer, S. 201, 206; *Brehm*, Bindung, S. 265 ff.

103 BGH NJW 1960, 821, 821; *Schneider*, VersR 1977, 593, 595; *Musielak*, Grundlagen, S. 140, 143 f.; *Musielak/Stadler*, Grundfragen, Rdnr. 189; *M. Huber*, MDR 1981, 95, 98; *Rosenberg*, Beweislast, S. 190 f.

104 *Gerhardt*, AcP 169 (1969), 289, 297 f.; *Stürner*, Aufklärungspflicht, S. 86 f.; Baumgärtel/*Laumen*, HdB-Grundlagen, Kap. 16 Rdnrn. 14 f.

D. Aufklärungsbeitrag der Parteien nach Treu und Glauben

I. Treu und Glauben im Zivilprozess

Unabhängig von der näheren dogmatischen Fundierung ist der Einfluss des Redlichkeitsgebots (§ 242 BGB) im Bereich des Zivilprozessrechts heute unumstritten.[105] § 242 BGB verpflichtet den Schuldner, seine Leistung so zu bewirken, wie es Treu und Glauben mit Rücksicht auf die Verkehrssitte erfordern und bezweckt hiermit den billigen Schutz herausgebildeter Vertrauenserwartungen der an einem bestimmten Schuldverhältnis Beteiligten.[106] Die Anwendung von Treu und Glauben rechtfertigt indes ebenfalls eine rechtliche Sonderverbindung, also jede rechtlich relevante Interessenverknüpfung.[107] Eine derartige Interessenvernetzung findet sich auch innerhalb des Zivilprozesses. Zwischen dem Kläger, dem Beklagten und dem Gericht besteht ein gesetzlich vorgesehenes Dreiecksverhältnis, welches mit der Einreichung (für den Beklagten erst bei Zustellung) der Klage beginnt und mit der rechtskräftigen Entscheidung endet.[108] Schutzwürdiges Vertrauen besteht im Hinblick auf alle Seiten des Prozessrechtsverhältnisses: Im Verhältnis der Parteien zueinander, beim Verhalten der Parteien dem Gericht gegenüber und umgekehrt.[109]

---

[105] BGH NJW 1991, 1176, 1177; OLG Hamm NJW 1987, 138, 138; *Wurzer*, ZZP 48 (1920), 463, 484 ff.; *Lent*, ZZP 67 (1954), 344, 345; *Baumgärtel*, Prozesshandlung, S. 139; *ders.*, ZZP 69 (1956), 89, 90 ff.; *ders.*, ZZP 86 (1973), 353, 353; *Bernhardt*, JZ 1963, 245, 247; *Dölle*, in: FS für Riese, S. 279, 286 ff., insbesondere S. 288 ff.; *Zeiss*, S. 17 ff.; *Konzen*, Rechtsverhältnisse, S. 237; *Schumann*, JA 1976, 637, 640; *Blomeyer*, § 30 IX; *Schilken*, Rdnr. 147; *Paulus*, Rdnr. 330; *RSGottwald*, § 2 Rdnrn. 16 ff.; *SJBrehm*, vor § 1 Rdnr. 222; zurückhaltend *Prütting*, in: FS für Stürner, S. 455, 457 ff.

[106] *Gernhuber*, JuS 1983, 764, 764; *Weber*, JuS 1992, 631, 632 f.; MünchKommBGB/*Schubert*, § 242 Rdnr. 11; Palandt/*Grünenberg*, § 242 Rdnr. 6; Bamberger/Roth/*Sutschet*, § 242 Rdnr. 16; Erman/*Böttcher*/*Hohloch*, § 242 Rdnr. 3.

[107] *Weber*, JuS 1992, 631, 635; MünchKommBGB/*Schubert*, § 242 Rdnrn. 93 ff.; Palandt/*Grüneberg*, § 242 Rdnr. 5; Bamberger/Roth/*Sutschet*, § 242 Rdnrn. 14 f.; s. auch *Looschelders*, Allg. SchuRt, Rdnr. 63.

[108] *Schumann*, JA 1976, 637, 637; *Jauernig*/*Hess*, § 32 I, III; *RSGottwald*, § 2 Rdnrn. 1 ff.

[109] *Baumgärtel*, ZZP 69 (1956), 89 ff., insbesondere S. 106 f.; *ders.*, ZZP 86 (1973), 353, 358; *ders.*, Prozesshandlung, S. 139; *v. Hippel*, Wahrheitspflicht, S. 133 Fßn. 95.

II. Handhabung der prozessualen Redlichkeit

1. Wesen und Funktion des § 242 BGB

Ihrem Inhalt nach ist § 242 BGB eine doppelte Generalklausel; einerseits entfällt die Verknüpfung zu einer Rechtsfolge, anderseits besteht ihr Kerntatbestand ausschließlich aus ausfüllungsbedürftigen Merkmalen. Wertbegriffe beschreiben die Entfernung von einem nur formal gerechten Rechtssystem. Zweck ihrer Setzung ist es, die Rechtsordnung anpassungsfähig, flexibel und langfristig zu machen, indem sie die Tür für im Einzelfall gerechte Ergebnisse offen halten.[110] Treu und Glauben ist dann ein Instrument zur Linderung einer formal gesetzesmäßigen Rechtslage, welche am Rechtsgefühl gemessen versagt.[111]

Voreilig mit Blick auf den Zweck des Zivilprozesses, das wahre (materielle) Recht durchzusetzen,[112] könnte der Schluss gezogen werden, dass das *honeste procedere* mit der Nichterschwerung der Rechts- und Wahrheitsfindung gleichzusetzen sei,[113] sodass die Parteien und das Gericht auf eine ungehinderte Prozessführung und infolgedessen auf eine umfassende Aufklärungspflicht vertrauen dürfen. Bleibt das Verständnis der prozessualen Redlichkeit hier stehen, wird so gut wie nichts gewonnen. Weil der Tatbestand des Redlichkeitsgebots über seinen Wortlaut hinaus weit gefasst wird, sind allgemeingültige Aussagen über seinen Inhalt eher schwierig und nicht besonders einleuchtend.[114] Wertbegriffe haben ihren Sinngehalt externen Wertungskriterien zu verdanken; sie sind „Licht reflektierende" Elemente.[115] Härteausgleich und Vertrauensschutz brauchen infolgedessen einen festen Angelpunkt, durch den sie näher bestimmt und als Verhaltens- und Entscheidungsnorm möglichst nachvollziehbar gemacht werden.[116] Die elementare Rationalität von Wertentscheidungen verwirklicht sich durch die Konkretisierung des Wertbegriffs,[117] und zwar durch die Abgrenzung seines Anwen-

---

110 Erman/*Böttcher*/*Hohloch*, § 242 Rdnr. 5; MünchKommBGB/*Schubert*, § 242 Rdnr. 25.

111 *Wurzer*, ZZP 48 (1920), 463, 484.

112 Vgl. § 2 A I 2 und II 2.

113 Vgl. z. B. *Bernhardt*, ZZP 66 (1953), 77, 88.

114 Bamberger/Roth/*Sutschet*, § 242, Rdnrn. 2 f.; Palandt/*Grünberg*, § 242 Rdnr. 5;

115 *Gernhuber*, JuS 1983, 764, 764; PWW/*Schmidt-Kessel*/*Kramme*, § 242 Rdnrn. 13 ff.; MünchKommBGB/*Schubert*, § 242 Rdnr. 11.

116 *Baumgärtel*, ZZP 69 (1956), 89, 92.

117 *Larenz*, Richtiges Recht, S. 23 ff.; *Larenz*/*Canaris*, S. 309 ff.; *Engisch*, Einführung, S. 223 ff.

dungsbereichs, seine fortschreitende Funktionsbestimmung und die Zersplitterung in Typenreihen.[118]

2. Grundlagen der Argumentation anhand von § 242 BGB

a) Die mittels Treu und Glauben erzielte Sicherung eines billigen Ergebnisses muss dort ihre Schranken finden, wo das Interesse der Rechtsgemeinschaft an Rechtssicherheit enttäuscht wird. Dem Anspruch auf vorhersehbare und überzeugungsfähige Rechtslösungen wird deshalb umso mehr entsprochen, wenn Treu und Glauben die ultima ratio darstellt, weswegen das Prinzip als Auslegungsinstrument selbst im Vergleich mit anderen Prinzipien für subsidiär erklärt wird.[119] Treu und Glauben tritt dementsprechend zurück, sofern Mittel zum Härteausgleich schon vorhanden sind, insbesondere wenn die einschlägigen Vorschriften eine Erwägung nach Treu und Glauben bereits enthalten bzw. sie ausschließen.[120]

Spezial für den Bereich des Zivilprozessrechts sollte das Vorliegen schutzwürdigen Vertrauens mit Vorsicht bejaht werden. Denn den Zivilprozess prägen die erhöhten Anforderungen an einen vorhersehbaren Verfahrensablauf, der gewisse Kampfcharakter des Prozessierens und die notwendige Elastizität der Prozessführung.[121]

b) Obwohl das Prozessrechtsverhältnis verschiedene Pflichten kennzeichnen, wird es trotzdem nicht von Hauptpflichten geprägt. Anders als bei einem Kaufvertrag, wo der Verkäufer den Kaufgegenstand übergeben und übereignen und der Käufer die vereinbarte Geldsumme zahlen muss, haben die Prozessparteien zunächst die ihr Begehren fördernden Anträge zu stellen und dementsprechende tatsächliche Behauptungen darzulegen und zu beweisen, während das Gericht durch seine Entscheidung Rechtsschutz leisten muss. Bei der Beschreibung des Prozessverhältnisses stehen nicht Parteipflichten, sondern vielmehr Parteilasten als die es prägenden Merkmale im Vordergrund. Mangels entsprechender Hauptpflichten lässt das Prozessrechtsverhältnis beschränkten Raum für prozessuale Schutzpflichten kraft Treu und Glaubens zu.[122]

---

118 *Gernhuber*, JuS 1983, 764, 764 ff.

119 *Larenz*, SchuRt Bd. I, § 10 I S. 128 ff., 130; *Looschelders*, Allg. SchuRt. Rdnr. 60; *Brox/Walker*, Allg. SchuRt, § 7 Rdnr. 4.

120 *Gernhuber*, JuS 1983, 764, 767; *Baumgärtel*, ZZP 69 (1956), 89, 92, 96, 98 f.; *ders.*, ZZP 86 (1973), 353, 358 ff., 366; *Schumann*, JA 1976, 637, 641; *Prütting*, in: FS für Stürner, S. 455, 460, 462; *SJBrehm*, vor § 1 Rdnr. 224.

121 Vgl. *Baumgärtel*, ZZP 69 (1956), 89, 96, 120; *ders.*, ZZP 86 (1973), 353, 363; *Prütting*, in: FS für Stürner, S. 455, 460, 464; *Paulus*, Rdnr. 330.

122 Vgl. auch *Stürner*, Aufklärungspflicht, S. 90; *Prütting*, in: FS für Stürner, S. 455, 459 f.; *ders.*, in: FS für Krüger, S. 433, 435.

Fruchtbar für den Bereich des Zivilprozesses erweist sich allerdings die einschränkende Funktion des § 242 BGB. Die anerkannten Falltypen unredlichen Prozessverhaltens erschöpfen sich in der arglistigen Schaffung prozessualer Rechtslagen, im in sich widersprüchlichen Verhalten (venire contra factum proprium) sowie in der Verwirkung und in dem Missbrauch prozessualer Befugnisse.[123] Die erste Fallkonstellation besteht in der Verhinderung oder Erschleichung eines Tatbestands, von welchem die Entstehung einer prozessualen Befugnis oder das Vorliegen einer prozessualen Voraussetzung abhängt.[124] Es handelt sich hauptsächlich um einen Fall der Gesetzesumgehung.[125] Das in sich widersprüchliche Verhalten und die Verwirkung prozessualer Befugnisse beziehen sich auf ein von der Partei geschaffenes Vertrauen,[126] welches sie später enttäuscht. Die Bedeutung beider Falltypen für den Bereich des Zivilprozesses soll aber beschränkt sein.[127] Bei dem Missbrauch prozessualer Befugnisse, trotz mangelnder terminologischer Einstimmigkeit,[128] wird die Zweckentfremdung als wesentlich erachtet. Der Missbrauch eines prozessualen Rechts bzw. der gewährten Befugnis liegt vor, wenn trotz der prima facie ordnungsmäßigen Ausübung diese dem vorgesehenen Zweck widerspricht oder jedenfalls nicht dient.[129]

III. Aufklärungspflicht der Parteien als Folge des Redlichkeitsgebots[130]

Die Überwindung eines Rechtsproblems mit Hilfe des § 242 BGB ist nicht unbedingt eine Korrektur im Einzelfall. Sofern die gebotene Lösung unter

---

123 *Zeiss*, S. 52 ff.; *Baumgärtel*, ZZP 86 (1973), 353, 355; *Schumann*, JA 1976, 637, 642 ff.; *Schilken*, Rdnrn. 148 ff.; *RSGottwald*, § 65 VII; *Paulus* (Rdnr. 331) sieht darüber hinaus in den „Beweiserleichterungen bis hin zur Beweislastumkehr“ eine zusätzliche Unterart des *honeste procedere*.

124 *Baumgärtel*, ZZP 69 (1956), 89, 94, 108 ff.; *ders.*, ZZP 86 (1973), 353, 362 f.; *Zeiss*, S. 52 ff.

125 *Zeiss*, S. 57, 98.

126 Ausnahmsweise reicht auch objektiv widersprüchliches Verhalten aus. Vgl. nur *Looschelders*, Allg. SchuRt, Rdnr. 85.

127 *Baumgärtel*, ZZP 67 (1954), 423, 433 ff., zusammenfassend 448 ff.; *ders.*, ZZP 69 (1956), 89, 120 ff.; *ders.*, ZZP 86 (1973), 353, 363 ff. und 366 ff.

128 Es geht im Prinzip um die Frage, inwiefern sich der Missbrauch mit dem Fehlen des Rechtsschutzbedürfnisses deckt. Vgl. *Blomeyer*, § 30 IX, X; *Baumgärtel*, ZZP 69 (1956), 89, 99 ff., 102 f., 116; *ders.*, ZZP 86 (1973), 353, 368 f.; *Zeiss*, S. 160 ff.; *Schilken*, Rdnr. 152; *RSGottwald*, § 65 Rdnr. 53, § 89 Rdnr. 31.

129 *Zeiss*, S. 153 ff.; *Baumgärtel*, ZZP 69 (1956), 89, 101 ff. und 113 f.

130 Bezüglich der Lehre der sekundären Darlegungslast vgl. nur BGH NJW 1961, 826, 828; NJW 1962, 2149, 2150; NJW 1981, 577, 577; MDR 1994, 766, 767; OLG Hamm NJW-RR 1990, 1286, 1286; *Musielak*, Grundlagen, S. 54, 141 ff.

einen anerkannten Falltypus redlichen Verhaltens fällt, erlangt sie allgemeinen Argumentationswert, indem gleich gelagerte Rechtsfragen ebenso zu entscheiden sind.[131] Die Unredlichkeit der verweigerten Mitwirkung seitens des besser informierten Gegners dürfte zunächst als evident angesehen werden. Hierdurch wird das Mitgefühl für die Partei ausgedrückt, die andernfalls ihr Recht nicht durchsetzen kann. Die Abwesenheit aber einer konkreten Begründung macht die geschaffene Regelung unüberschaubar: Sie lässt nicht nur die Interessenwertung und den Gedanken hinter den ausgelösten Rechtsfolgen und insbesondere den Sanktionen nicht erkennen, sie löst zuvorderst die Fragen über das relevante Rechtsverhältnis, welches die Anwendung von Treu und Glauben veranlasst, und hauptsächlich über das enttäuschte schutzwürdige Vertrauen aus.

1. Sofern die risikobelastete Partei sich in Beweisnot befindet und folglich an der Geltendmachung ihres Rechts gehindert ist, wird ihr Vertrauen auf eine gerechte Rechtsordnung enttäuscht. Der Anspruch auf ein den Erlass gerechter, der Wahrheit entsprechender Entscheidungen ermöglichendes Verfahren stellt ein justizielles Grundrecht dar.[132] Er entstammt keiner Sonderverbindung im Sinne des § 242 BGB, sondern ist dem Rechtsstaat immanent.[133] Anstoß zu den Überlegungen über die Heilung von Informationsdefiziten gibt demzufolge nicht Treu und Glauben, sondern das Wesen des Rechtsstaates, weil andernfalls der Rechtssuchende mittellos bliebe.

Richter und Parteien sind gleichwohl an einer Sonderverbindung, dem Prozessrechtsverhältnis, beteiligt, welche die Heranziehung von § 242 BGB erlaubt. Ob aber eine Erleichterung zugunsten der notleidenden Partei eingreift, ist keine Frage der Treuwidrigkeit gerichtlichen Handelns. Maßgeblich für ihre Bejahung ist die Feststellung eines pathologischen Zustands, nämlich der Beweisnot, welcher unter Abwägung der Sach- und Interessenlage die Erleichterung rechtfertigt. Bei dieser Abwägung entscheidend ist das Verhältnis zwischen den Parteien. Den Zivilprozess prägen hauptsächlich die Parteiinteressen am Verfahrensausgang. Ebenbürtige, eigenständige Interessen Dritter bzw. der Öffentlichkeit kommen in der Regel nicht in Betracht, sodass Beweiserleichterungen (i. w. S.) ihre Wirkungen vornehmlich zwischen den Parteien zeitigen. Weil dem Prozess als Rechtsverhältnis materiellrechtliche Rechtsbeziehungen zugrunde liegen, die durch das gerichtliche Urteil gestaltet werden, müssen vor der Bejahung einer Pflicht zur Aufklärung oder einer anderen Erleichterung auch ihre Wirkungen auf das materielle Recht geprüft werden. Denn der Änderung des Beweismaßes oder der Umkehr der Beweislast folgt gleichzeitig eine Änderung der Haftungs-

---

131 Vgl. MünchKommBGB/*Schubert*, § 242 Rdnrn. 25 ff.

132 *Zippelius/Würtenberger*, § 47 Rdnrn. 10, 24.

133 *Zippelius/Würtenberger*, § 12 Rdnr. 2, § 47 Rdnr. 24.

voraussetzungen,[134] während die Aufklärungspflichten eine Verhältnismäßigkeitsabwägung prägt, bei welcher vorwiegend die Persönlichkeitsinteressen des Aufklärungspflichtigen wichtig sind.[135]

In diesem Kontext hilft das erwähnte Vertrauen auf eine ungehinderte Prozessführung nicht weiter, denn es ist ebenfalls fraglich und somit klärungsbedürftig, wann eine derartige Beschwer vorliegt. Insbesondere, ist die uns betreffende Beweis- bzw. Informationsnot kein Produkt eines darauf abzielenden Verhaltens der Gegenpartei, sondern natürlicher Ausfluss des zu erkennenden materiellen Rechtsverhältnisses. Die risikobelastete Partei befindet sich in einer Informationsnot, die nicht ihrem Gegner zurückzuführen ist. Infolgedessen wäre dic Anknüpfung an die prozessuale Redlichkeit als Fall der arglistigen Schaffung prozessualer Rechtslagen, der Verwirkung oder des venire contra factum proprium unrealistisch.[136] Die einzige, denkbare Möglichkeit stellt die Fallkonstellation des Missbrauchs prozessualer Befugnisse dar.

2. Elementar für die Entwicklung eines jeden Prozesses sind die von den Parteien aufgestellten tatsächlichen Behauptungen. Die Verfahrensfairness und insbesondere der Anspruch auf rechtliches Gehör begründen ein entsprechendes Parteirecht.[137] Die Möglichkeit Behauptungen aufzustellen, erlaubt es, zu den prozessualen Ereignissen Stellung zu nehmen und effektiv den Gang des Verfahrens zur eigenen Interessenwahrung zu beeinflussen. Auf der Grundlage des tatsächlichen Vortrags werden indes nicht nur der Angriff und die Verteidigung der Partei, sondern auch die Bildung des Sachverhalts und mithin die Rechtsfindung vollzogen. Die weitere Analyse, ob in Anbetracht der Informationsnot des Gegners die nicht risikobelastete Partei angesichts einer nur pauschalen Einlassung missbräuchlich auftritt, führt zwangsläufig zu der in der ZPO besonders geregelten (unter §§ 138, 277 Abs. 1 und 282 Abs. 2) Problematik des Mussinhalts tatsächlicher Behauptungen. Folgendes kann vorweggenommen werden: Die Erklärungen der Parteien über Tatsachen sind zwar nicht nur ein Mittel zum Schutz eigener Interessen, die oben erwähnten, vom Gesetzgeber bereits getroffenen Regelungen sollen aber die Heranziehung des § 242 BGB entsprechend verringern. Die Argumentation mit dem prozessualen Redlichkeitsgebot ist überflüssig, sofern sich die schon vorhandenen Vorschriften nicht als unzulänglich erweisen.

---

[134] Vgl. § 1 A II 1 und B II 1 b.

[135] Vgl. § 5 D.

[136] s. auch Baumgärtel/*Laumen*, HdB-Grundlagen, Kap. 22 Rdnr. 27; *Prütting*, in: FS für Krüger, S. 433, 435.

[137] *Schneider*, MDR 1962, 361, 362; *Zeuner*, in: FS für Nipperdey, S. 1013, 1021; *Stürner*, in: FS für Baur, S. 647, 657; *Schilken*, GVR, Rdnrn. 128, 138.

E. Die Prozessförderungspflicht der Parteien

I. Der Sinn der Prozessförderungspflicht

Die Parteien sind gemäß §§ 277 Abs. 1 S. 1 und 282 Abs. 1, 2 ZPO zum zeitigen Vorbringen ihrer Angriffs- und Verteidigungsmittel gehalten, wie es nach der konkreten Prozesslage einer sorgfältigen und auf Förderung des Verfahrens bedachten Prozessführung entspricht. Bezweckt wird indes keine Hinwendung zur Eventualmaxime.[138] Es ist dann nicht erforderlich, dass die Parteien auf einmal alles vorbringen, was für den Prozess erheblich sein könnte. Die sorgfältige und auf das Voranbringen des Verfahrens bedachte Prozessführung bestimmt sich in concreto nach dem gegnerischen Vorbringen sowie den entsprechenden Fragen und Hinweisen des Gerichts (§§ 139, 273 Abs. 2 Nr. 1 ZPO).[139] Den Parteien ist hiermit keine originäre Pflicht zur Aktivität auferlegt, sondern in Wirklichkeit das Vorenthalten und tropfenweise Vorbringen von Informationen verwehrt, die nach dem aktuellen Stand des Prozesses die Entscheidung des Rechtsstreits erkennbar fördern.[140] Die Parteien werden reflexiv zum positiven Tun veranlasst, weil das spätere Vorbringen zurückgewiesen wird oder werden kann.[141]

Die die Parteiprozessförderungspflicht begleitende Präklusion (§ 296 Abs. 1, 2 ZPO) läuft wesentlichen verfahrensrechtlichen Gerechtigkeitsaspekten, namentlich dem Anspruch auf rechtliches Gehör und der Richtigkeit der Entscheidung, zuwider, indem sie verspäteten Prozessstoff vom Verfahren ausschließt.[142] Die innerhalb eines angemessenen Zeitraums erlassene Entscheidung ist indes ebenfalls Element wirksamen Rechtsschutzes; die Rechtsdurchsetzung muss zeitnah erfolgen, damit die Rechtsgewährung überhaupt einen Sinn haben kann.[143] Anderseits darf die Verfahrensökonomie

---

[138] BT-Drucks. 7/2729, S. 38; BVerfG NJW 1980, 1737, 1738; *Grunsky*, JuS 1977, 201, 204; *Leipold*, ZZP 93 (1980), 237, 258 ff.; MünchKommZPO/*Prütting*, § 277 Rdnr. 4, § 282 Rdnr. 2; *SJLeipold*, § 282 Rdnrn. 14 ff.; Zöller/*Greger*, § 282 Rdnr. 1.

[139] *BayVerfGH* NJW-RR 92, 895, 896; BVerfG NJW 1987, 2733, 2734; NJW 1992, 678, 679; NJW 2000, 945, 946; OLG Celle NJW-RR 1998, 499, 500; *Schneider*, MDR 1977, 793, 796; *Deubner*, in: FS für Lüke, S. 51, 59, 63; *ders.* NJW 1977, 921, 924 f.; *ders.*, NJW 1987, 1583, 1585 f.; *Stürner*, Aufklärung, Rdnr. 34; *Baudewin/Wegner*, NJW 2014, 1479, 1481; Zöller/*Greger*, § 282 Rdnr. 3, § 296 Rdnr. 3; *SJLeipold*, § 296 Rdnr. 93.

[140] *Leipold*, ZZP 93 (1980), 237, 240.

[141] *Putzo*, NJW 1977, 1, 4.

[142] BGH NJW 2004, 1458, 1459; BVerfG NJW 1987, 2733, 2734; NJW 2000, 945, 946; *Schneider*, MDR 1977, 793, 796; *Deubner*, NJW 1987, 1583, 1584; *Lenz*, NJW 2013, 2551 ff.; *Jauernig/Hess*, § 28 I Rdnr. 2, II 2 Rdnr. 13, II 3 Rdnr. 15.

[143] *Leipold*, ZZP 93 (1980), 237, 244; *Jauernig/Hess*, § 28 I; *RSGottwald*, § 81 Rdnr. 1.

nicht ernsthaft über die Richtigkeit und Integrität der Entscheidung gestellt werden. Beide Aspekte der Verfahrensgerechtigkeit sind so zu harmonisieren, dass das Spannungsverhältnis zwischen Richtigkeit und Geschwindigkeit nicht zugunsten letzterer geopfert wird.[144]

Aus dem oben Erwähnten ergibt sich, dass die Missbilligung eines prozessualen Verhaltens gemäß der Prozessförderungspflicht von seiner Wirkung auf die Verfahrensdauer abhängt.[145] Ihre Festsetzung will im Ergebnis die Prozessverschleppung verhindern und die Effektivität und Fairness des auf Rechtsschutz angelegten Verfahrens durch die Rationalisierung der Stoffsammlung zeitlich absichern, nicht unbedingt die Vollständigkeit der Urteilsgrundlage herbeiführen. Die darin enthaltene Verhaltensbestimmung besteht als eine echte Pflicht der Parteien, denn die Prozessförderungspflicht konkretisiert den Begriff redlichen Verhaltens dem Gegner und dem Gericht gegenüber.[146]

II. Beitrag der Prozessförderungspflicht zu der Sachverhaltsaufklärung

Die Prozessförderungspflicht orientiert sich an der je nach Prozesslage schnellsten sachgemäßen Beendigung des Prozesses und zwingt die Parteien mittels Präklusion zur Konzentration ihrer Behauptungen. Der weitere Schritt in Richtung eines Aufklärungsbeitrags basiert dann auf folgender Konstruktion:[147] Der zügige Verfahrensablauf bedarf der Förderung des Prozesses durch die Schilderung des Sachverhalts. Jede Sachverhaltsschilderung leistet einen Aufklärungsbeitrag. Welche Tatsachen die Urteilsgrundlage bilden, bestimmen die Parteien. Diese müssen den Prozess fördern.

---

[144] Vgl. *Grunsky*, JZ 1977, 201, 201, 207; *Putzo*, NJW 1977, 1, 5; *Bettermann*, ZZP 91 (1978), 365, 379 ff.; Zöller/*Greger*, § 296 Rdnr. 2.

[145] BT-Drucks. 7/2729, S. 37 f.; BT-Drucks. 7/5250, S. 4; BVerfG NJW 1980, 1737, 1738; *Leipold*, ZZP 93 (1980), 237, 239 f.; *Morhard*, Informationspflicht, S. 110; Zöller/*Greger*, § 296 Rdnr. 1. So im Ergebnis, indem er der Orientierung des Gesetzgebers allein an der Beschleunigung des Verfahrens kritisch gegenübersteht *Putzo*, NJW 1977, 1, 5; s. auch *Bettermann*, ZZP 91 (1978), 365, 379; *Rasehorn*, ZRP 1980, 6, 7 f.

[146] *Leipold*, ZZP 93 (1980), 237, 240 f.; *Lent*, ZZP 67 (1954), S. 344, 353; *Stürner*, Aufklärungspflicht, S. 76; *Zeiss/Schreiber*, Rdnr. 201; Eine prozessuale Last erblickend, obwohl er die Prozessverschleppung ebenfalls als Missbrauchsfall anerkennt (Rdnr. 152) *Schilken*, Rdnr. 385; im selben Sinne *Schumann*, JA 1976, 637, 640; zweifelnd auch *Peters*, in: FS für Schwab, S. 399, 399; s. auch *Goldschmidt*, Rechtslage, S. 121 ff.

[147] Vgl. *Freudenthal*, S. 36; ähnlich *Arens*, ZZP 96 (1983), 1, 5.

Die Überzeugungskraft der Prozessförderungspflicht als Grundlage für eine Aufklärungspflicht bzw. eine sekundäre Darlegungslast wird insofern abgeschwächt, als die die sekundäre Behauptungslast bejahende Rechtsprechung viel älter als die allgemeine Prozessförderungspflicht ist.[148] Zwar wurde § 282 ZPO erst im Jahre 1976 in die ZPO eingeführt. Dieser Umstand führt aber keinesfalls zur dessen Nichtbeachtung bei der dogmatischen Begründung einer sekundären Erklärungspflicht. Denn einerseits wäre das nicht rational, anderseits ist eine den Parteien obliegende Prozessförderungspflicht keine vor dem Jahre 1976 unbekannte Konzeption.[149]

Die Bildung eines vollständigen Sachverhalts hängt zwar mit der Förderung des Verfahrens zusammen, gleichwohl wird dadurch der Sinngehalt der in der ZPO normierten Prozessförderungspflicht axiomatisch weiter gespannt, wenn die Prozessförderungspflicht nun auch als Auskunftspflicht gilt. Die Förderung des Verfahrens verpflichtet nicht schlechthin zur Ergänzung des gegnerischen Vortrags.[150] Müssen die Parteien das Verfahren etwa kooperativ fördern, als ob sie ein gemeinsames Interesse an der schnellstmöglichen vollständigen Ermittlung des Sachverhalts haben? Diese Annahme trifft nicht in jedem Fall zu. Wie noch zu zeigen ist, prägt die verfahrensförmige Aufklärung eine intensive Interessenkonkurrenz.[151] Die so verstandene Förderung, also die wahrheitsgemäße und vollständige Bildung des Sachverhalts und dessen Substantiierung ist anderweitig zu erreichen, durch § 138 ZPO, und gehört nicht zum Regelungsgegenstand der Prozessförderungspflicht der Parteien.[152] Auch die an sie geknüpfte Präklusion hilft nicht weiter. Problematisch bei Informationsnot ist nicht, dass eine Partei, hier die nicht risikobelastete, verspätet vorträgt und so mit ihrem, zumal fremdnützigem, Vortrag ausgeschlossen werden muss. Es wäre praktisch sinnlos, eine Aufklärungspflicht mit Präklusionen zu sanktionieren.[153]

---

148 *Freudenthal*, S. 38.

149 s. Vorspruch zur Novelle 1933 RGBl. Teil 1, S. 780 *Schneider*, MDR 1977, 793, 794; *Deubner*, NJW 1977, 921, 921 f.

150 BVerfG NJW 1980, 1737, 1738; *Weth*, Zurückverweisung, S. 146; *Chudoba*, S. 106; *Kawano*, in: FS für Henckel, S. 411, 416; abweichend *Arens*, ZZP 96 (1983), 1, 5.

151 Näher unter § 5.

152 *Peters* (in: FS für Schwab, S. 399, 399) bezeichnet die Aufklärungspflicht als „inhaltliche Prozessförderungspflicht“ und grenzt sie so von der im § 282 Abs. 1 ZPO enthaltene Prozessförderungspflicht ab. Letztere lässt er für die Analogie zur Begründung der Aufklärungspflicht beiseite (S. 399 und 407); *ders.*, ZZP 82 (1969), 200, 208, 209; vgl. auch *Morhard*, Informationspflicht, S. 110; *Hök*, MDR 1995, 773, 775.

153 *Kawano*, in: FS für Henckel, S. 411, 416.

F. Die Wahrheitspflicht der Parteien

Nach § 138 Abs. 1 ZPO obliegt den Parteien die Pflicht, ihre tatsächlichen Behauptungen vollständig und der Wahrheit gemäß abzugeben. Die Wahrheitspflicht bringt die Intention zum Ausdruck, dass sämtliche am Verfahren Beteiligten geschützt sowie die Rechtsfindung durch redliche Prozessführung erleichtert werden sollen.[154] Die normative Festlegung der Wahrheitspflicht in der ZPO ist praktischer Ausfluss des Verhandlungsgrundsatzes, da hier der Rechtspflege anders als z.B. im Strafverfahren eigene Mittel zur Ermittlung des Sachverhalts fehlen.[155] Die Folgerung aber, dass die Parteien vom betrügerischen Verhalten im Prozess abzusehen haben, ergibt sich schon aus vernünftigem Denken:

Die Erkenntnis des Lebensvorgangs verträgt sich schwerlich mit Verschleierungstaktiken.[156] Im Gegenteil, sofern von den Parteien eine Mitwirkung bei der Sachaufklärung in irgendeiner Form erwartet oder ihnen gestattet wird, die Einführung von Tatsachen nicht ausgenommen, erscheint die Aufforderung zur wahren Aussage logisch zwingend.[157] Ein Widerspruch ergebe sich insbesondere, als die Vorspiegelung falscher Tatsachen das materielle Recht verletzt bzw. materiell-rechtliche Rechtsinteressen enttäuscht, deren Verwirklichung der Prozess aber gerade absichern soll.[158] Darüber hinaus ist der juristische Syllogismus trotz wertender Anteile ein der Logik unterworfener Prozess und, weil er insbesondere auf dem als wahr zugrunde gelegten Sachverhalt zu fußen hat, beansprucht er Wahrheitsgeltung.[159] Rechtsanwender ist der Richter, er vollendet den juristischen Syllogismus und trägt die Verantwortung für die Prämissen, auf welchen sich seine Entscheidung fußt. Aber auch die Parteien „wenden" das Recht „an"; die Behauptung eines Rechts oder das Bestreiten dieser Behauptung setzt voraus, dass der Behauptende oder Bestreitende seine Erklärung nicht von Anfang an als unwahr kennt. Die Parteibehauptungen, mit welchen die Tatsachen geschaffen (oder

---

[154] Gesetz zur Änderung des Verfahrens in bürgerlichen Streitigkeiten vom 27.10.1933, RGBl. Teil 1, S. 780. Den Rechtspflichtcharakter der Wahrheitspflicht schon vor der Novelle befürwortend *Görres*, ZZP 34 (1905), 1, 34 ff.; *Hellwig*, Lehrbuch, S. 40 ff.; *Wurzer*, ZZP 48 (1920), 463 ff.; a.A. *Wach*, Grundfragen, S. 31 ff.; *Goldschmidt*, Rechtslage, S. 125 ff.

[155] Vgl. *Pollak*, Gerichtliches Geständnis, S. 93 f.; *Rosenberg*, ZZP 58 (1934), 283, 287; *Lent*, Wahrheitspflicht, S. 53; *Rüping*, JR 1974, 135, 139; Musielak/*Stadler*, § 138 Abs. 1; *BLAHartmann*, § 138 Rdnr. 2.

[156] *Wurzer*, ZZP 48 (1920), 463, 473, 474; *v. Hippel*, Wahrheitspflicht, S. 46 f.

[157] *Wurzer*, ZZP 48 (1920), 463, 474 f.; *v. Hippel*, Wahrheitspflicht, S. 8 f., 40 ff.; *Rüping*, JR 1974, 135, 139.

[158] *v. Hippel*, Wahrheitspflicht, S. 76, 153; vgl. § 2 A I 2.

[159] *Rödig*, S. 112 ff., 148 ff.; *Koussoulis*, in: FS für Schwab, 277, 280 ff.; *Leipold*, in: FS für Nakamura, 301, 305 f.; *Schnapp*, Logik für Juristen, S. 11 ff., 87.

bestritten) werden und welche den juristischen Syllogismus ermöglichen, stellen dann keine bloße Willens- sondern auch Wissenserklärungen dar. Sie beanspruchen einen gewissen Wissens- und so Wahrheitsgehalt, was die nunmehr ausdrückliche Normierung der Wahrheitspflicht und ferner, allerdings dem § 138 Abs. 2 ZPO immanent, § 138 Abs. 4 ZPO[160] wie auch die Berücksichtigung des Parteivortrags im Rahmen der Verhandlungswürdigung gemäß § 286 Abs. 1 S. 1 ZPO bestätigt.[161]

I. Wahrheitspflicht und Wahrheit

Obwohl sie im Dienste einer weitest möglichen Annäherung an die (materielle) Wahrheit steht, sollte die Wahrheitspflicht nicht allzu streng mit diesem Begriff verbunden werden, denn dies könnte den Anschein eines Anspruchs auf objektiv wahre Erklärungen erwecken. Die Wahrheitspflicht wird hingegen überwiegend als die Pflicht zur subjektiven Wahrheitsäußerung, zur Wahrhaftigkeit verstanden.[162] Es ist insofern vorab klarzustellen, dass Wissenserklärungen der Parteien nicht zwingend der Pflicht zum objektiv wahren Vorbringen unterliegen. Eine wahrhaft abgegebene Behauptung hört nicht auf, Äußerung eines, wenn auch nicht sicheren oder unmittelbaren, eigenen Wissens zu sein.[163] Obwohl das Abstellen auf eine Wahrhaftigkeitspflicht die nachlässige gegenüber der selbstkritischen und vorsichtigen Partei zu beloh-

---

[160] Hierzu § 3 G, § 4 C II.

[161] Zum Hintergrund der Problematik vgl. RGSt 38, 368 (368); *Pollak*, Gerichtliches Geständnis, S. 53 ff., 93 ff.; *Schultze*, ZZP 19 (1894), 341, 343 ff.; *Stein*, ZZP 41 (1911), 417, 422 ff.; *Koffka*, Zugabe Nr. 15 zur JW 1913, 1, 4 f.; *Bokelmann*, JW 1915, 19, 22; *Steinitz*, JW 1915, 132, 133; *Goldschmidt*, Rechtslage, S. 129 auch Fßn. 711b, S. 433; *Rosenberg*, ZZP 58 (1934), 283, 288; *Welzel*, Wahrheitspflicht, S. 21 f.; *Brüggemann*, Wahrheitspflicht, S. 26 f.; *Jonas*, DR 1941, 1697, 1698 f.; *Eisele*, Wahrheitspflicht, S. 24 f.; s. auch *v. Hippel*, Wahrheitspflicht, S. 154; *Rödig*, S. 117; *Brehm*, Bindung, S. 160 ff., 173 ff., 253 ff.; *Braun*, S. 503, 512 f.

Das Geständnis stellt demzufolge als Erklärung über Tatsachen ebenfalls (zum Teil) eine Wissenserklärung dar. Im Gesetz wird jedoch das Willenselement hervorgehoben, indem der Widerruf des unwahren Geständnisses vom Irrtum der es abgebenden Partei abhängig gemacht wird (§ 290 ZPO). Vgl. *Bernhardt*, JZ 1963, 245, 246; s. ferner *Orfanides*, Willensmängel, S. 92 ff.; *Braun*, S. 503, 512 f.

[162] BGH NJW 2004, 2096, 2097; *Welzel*, Wahrheitspflicht, S. 7 ff.; *Volkmar*, JW 1933, 2427, 2429; *Rosenberg*, ZZP 57 (1933), 185, 258; *ders.*, ZZP 58 (1934), 283, 287 f.; *Lent*, Wahrheitspflicht, S. 37; *Bernhardt*, in: FS für Rosenberg, S. 9, 25 f.; *Jauernig*/*Hess*, § 26 II; *Schilken*, Rdnr. 155; *RSGottwald*, § 65 VIII 4; *Blomeyer*, § 30 VII 3; *BLAHartmann*, § 138 Rdnrn. 3, 15; Zöller/*Greger*, § 138 Rdnr. 2; *TPSeiler*, § 138 Rdnr. 3; abweichend *v. Hippel*, Wahrheitspflicht, S. 9 f., 85 ff., insbesondere 89 f., 91 ff.

[163] s. *Brehm*, Bindung, S. 254 („unbestimmtes assertorisches Moment der Behauptung“). Aber *Koffka*, Zugabe Nr. 15 zur JW 1913, 1, 5, allerdings 15; *Goldschmidt*, Rechtslage, S. 129; *Jonas*, DR 1941, 1697, 1698.

nen scheint,[164] lässt sie sich doch reibungsloser in das Verfahrensrecht eingliedern:

Weil das Gericht das letzte Wort darüber hat, ist die Wahrheitsfindung seine Aufgabe, während das Gebot der wahren Aussage sich an die Parteien richtet.[165] Bei eindeutigen Lebensvorgängen stellt die Übereinstimmung der Aussage mit der erfahrenen Realität in der Regel kein allzu großes Problem dar. Lebenssachverhalte sind indes oft komplex und/oder mehrdeutig.[166] Obwohl die Parteien vorprozessual von fast denselben Beweismitteln wie der Richter Gebrauch machen könnten, sollen sie zu diesem aufwendigen Vorgehen nicht gehalten werden. Denn einerseits schließt es die spätere Notwendigkeit der Klage- und Beweiserhebung nicht aus, anderseits bedürfen die streitigen Tatsachen häufig einer Wertung, die ihrerseits eine kritische Introspektion und einen besonnenen Diskurs zwischen den Streitenden voraussetzt. Von den Beteiligten eines pathologischen Rechtsverhältnisses kann die erforderliche Nüchternheit und der Kooperationswille selten ernsthaft erwartet werden.[167] Aus der Natur des Rechtsstreits folgt, dass die Ansichten der Akteure regelmäßig mit unverrückbaren Vorverständnissen behaftet sind, die selbst die einfachsten Schichten eines Sachverhalts vernebeln und die privatautonome Streitbeilegung erschweren. Es ist dann Anliegen des rechtsstaatlichen Verfahrens, die Streitsache zu klären und auf dieser Grundlage Rechtsfrieden zu erzeugen.

Außerdem würde ein Widerspruch hinsichtlich der Wahrheitspflicht bestehen, wenn von der sich außerhalb des erheblichen Geschehensablaufs befindenden Partei sicheres Wissen erwartet und zugleich die Beseitigung ihrer Informationsdefizite im Prozess gefordert wird, zumal wenn das geltend gemachte Recht dem Grunde nach nicht feststeht.[168] Mangels eines informativen Verfahrens, wie am Beispiel des US-amerikanischen *pre-trial discovery*, das schon vor der eigentlichen Antrags- oder Behauptungsdarstellung die Herbeiführung des bestmöglichen Wissensstandes der Parteien bezweckt, entspricht es dem Wesen des von der eigenen Verantwortung der Parteien beherrschten Verfahrens, dass diese kein sicheres, sondern oft nur vermutetes Wissen vortragen. Eine gewisse Unrichtigkeit muss in Kauf ge-

---

164 Vgl. *Brehm*, Bindung, S. 169.

165 *Lent*, Wahrheitspflicht, S. 37; *RSGottwald*, § 65 Rdnr. 57; MünchKomm-ZPO/*Fritsche*, § 138 Rdnr. 1.

166 Insbesondere Tatsachen, die eine besondere Sachkunde voraussetzen oder solche, die subjektive Gegebenheiten wie Verschulden oder Bösgläubigkeit aufzeigen. Vgl. BGH NJW 1995, 1160, 1161; NJW 2004, 2096, 2097.

167 s. auch BGH NJW 1957, 589, 590.

168 Vgl. auch *v. Hippel*, Wahrheitspflicht, S. 213 ff., 219, 220, 223 ff., 406 ff.; *Rosenberg*, ZZP 58 (1934), 288 f.; *Lent*, Wahrheitspflicht, S. 38; *Bernhardt*, in: FS für Rosenberg, S. 9, 25; *Lüderitz*, Ausforschungsverbot, S. 20 f.

nommen werden.[169] Dürften die Parteien nur unzweifelhafte Behauptungen vortragen, wäre das nach dem bisher Gesagten nicht nur unsachgemäß, sondern auch schädlich für die Sammlung des Streitstoffs und folglich für die Rechtsfindung.[170] Die Wahrheitspflicht würde letztlich dem von ihr verfolgten Zweck, dem Richter die Rechtsfindung zu erleichtern, widersprechen.

Der in § 138 Abs. 1 ZPO festgelegten Wahrheitspflicht wird infolgedessen genüge getan, wenn die Partei nicht wissentlich die Wahrheit verschleiert und somit die bewusste Prozesslüge unterlässt.[171] Eine tatsächliche Behauptung darf dann als wahr im Sinne des § 138 Abs. 1 ZPO in den Prozess eingeführt werden, sofern die sie abgebende Partei von ihrer Unwahrheit keine Kenntnis hat oder jedenfalls nicht überzeugt ist. Und umgekehrt darf die Partei gegnerische Behauptungen bestreiten und die Darlegung selbstschädigender Tatsachen unterlassen, an deren Wahrheit sie nicht glaubt.[172] Damit drückt das Verbot der Prozesslüge quasi einen moralischen Wahrheitsbegriff aus.[173] Ein besonderer Hinweis indes, dass die vorgetragenen Tatsachen nur vermutet, für wahrscheinlich oder abwegig gehalten werden, wäre mangels praktischer Relevanz überflüssig, denn das Gesetz macht die Rechtsfolgen von feststehenden Tatsachen, nicht von Wahrscheinlichkeitsvorstellungen der Parteien abhängig.[174] Die nähere Prüfung, inwiefern die Partei von der eigenen Ausführungen überzeugt ist, sowie die Prüfung ihrer Kenntnis ist vielmehr Sache der Parteivernehmung.[175] Auf die rücksichtslose Einführung tat-

---

[169] *Jonas*, DR 1941, 1697, 1699; *Dunz*, NJW 1956, 769, 769.

[170] *Koffka*, Zugabe Nr. 15 zur JW 1913, 1, 5; *Steinitz*, JW 1915, 132, 132; *Welzel*, Wahrheitspflicht, S. 8; *Eisele*, Wahrheitspflicht, S. 31; *Lent*, Wahrheitspflicht, S. 38f.; *Bernhardt*, in: FS für Rosenberg, S. 9, 25; Brehm, Bindung, S. 168, 176; *Peters*, Ausforschungsbeweis, S. 77; *Chudoba*, S. 97.

[171] OLG Hamburg NJW-RR 1990, 63, 63; *Rosenberg*, ZZP 58 (1934), 283, 287f.; *Brüggemann*, Wahrheitsplicht, S. 23; *Lent*, Wahrheitspflicht, S. 37; *Bernhardt*, in: FS für Rosenberg, S. 26; *Brehm*, Bindung, S. 160ff.; *Musielak*, ZZP 103 (1990), 218, 221; *Arens*, ZZP 96 (1983), 1, 5; *Blomeyer*, § 30 VII 3.

[172] BGH NJW 2004, 2096, 2097; *Rosenberg*, ZZP 58 (1934), 283, 287f.; *Welzel*, Wahrheitspflicht, S. 7ff.; *Lent*, Wahrheitspflicht, S. 37; *Bernhardt*, in: FS Rosenberg, S. 9, 25f.; *Jauernig/Hess*, § 26 II; Zöller/*Greger*, § 138 Rdnrn. 2f.

[173] Die moralische Wahrheit beansprucht nicht Konkordanz zwischen Erkenntnis und Wirklichkeit. Sie geht von der Übereinstimmung von Aussage und Überzeugung aus. Vgl. *Olzen*, ZZP 98 (1985), 403, 412.

[174] *Lüderitz*, Ausforschungsverbot, S. 20f.; *Lent*, Wahrheitspflicht, S. 40ff.; Im Gegensatz zu der hier vertretenen Ansicht stellt *v. Hippel* nicht auf die Wahrhaftigkeitspflicht ab, die er als Wortklauberei verwirft. Er vertritt eine Ehrlichkeitspflicht, nach welcher die Parteien zwar nicht objektiv wahres, wohl aber genau darlegen müssen, inwiefern sie von der Richtigkeit der vorgetragenen Behauptungen überzeugt sind. *v. Hippel*, Wahrheitspflicht, S. 9f., 85ff., 89f., insbesondere 91ff., 231ff.

[175] s. auch *Braun*, S. 818.

sächlichen Materials hemmend wirkt das Risiko der Kostenerstattung (§ 91 ff. ZPO) und zwar unabhängig vom Obsiegen (z.B. § 96 ZPO).

II. Ermächtigung zur Inquisition?

Verantwortlich für die Breite des Prozessstoffes und seine Beweisbedürftigkeit sind primär die Parteien. Die Tätigkeit des Richters bei der Ermittlung des Sachverhalts beschränkt sich auf die daran anschließende Prozessleitung und Beweiserhebung von Amts wegen.[176] Obwohl die Wahrheitspflicht den Vortrag sämtlicher die wirkliche Sachlage widerspiegelnder Tatsachen verlangt und so gesehen in möglicher Konkurrenz zur Herrschaft der Parteien steht, gibt sie keinen Anlass zur Neubesinnung dieses Systems.

Vorab muss jeder Versuch verworfen werden, den Richter auf Grundlage der Wahrheitspflicht der Parteien zur Sachverhaltsermittlung von Amts wegen zu ermächtigen. Im Gegenteil, er ist grundsätzlich an Beweisersatzlagen gebunden (§§ 138 Abs. 3, 288 Abs. 1, 331 Abs. 1 ZPO)[177] und hat verspätet eingeführte tatsächliche Behauptungen sowie Beweismittel zurückzuweisen (§ 296 Abs. 1 ZPO). Der weitere Streit, ob einvernehmliches, aber vom Gericht erkannt unwahres Vorbringen prozessuale Wirkungen entfaltet,[178] über-

---

176 Vgl. § 3 B I und § 1 A VII.

177 Diese Bindung wird angezweifelt. Vgl. z.B. *E. Schmidt*, DRiZ 1988, 59, 60.

178 Brennpunkt des Streits ist, ob die der Privatautonomie der Parteien entsprechende Verhandlungsmaxime es ihnen erlaubt, eine neue und das Gericht bindende Wirklichkeit zu schaffen. Nach dieser Ansicht ist selbstschädigendes bzw. einverständliches Parteiverhalten für das Gericht bindend. Den Parteien steht es im Ergebnis mehr oder minder frei, einander von der Wahrheitspflicht zu entbinden. Vgl. *Leser*, BB 1958, 812, 814; *Costede*, ZZP 82 (1969), 438, 443 ff.; *Baur*, in: FS für Bötticher, S. 1, 5 f.; *Grunsky*, Grundlagen, S. 155; *Blomeyer*, § 30 VII 3; *Brehm*, Bindung, S. 25 ff.; *Kawano*, in: FS für Henckel, S. 411, 414 f.; *RSGottwald*, § 65 VIII 5 Rdnr. 67; *Braun*, S. 512; MünchKommZPO/*Prütting*, § 288 Rdnr. 36.

Die Gegenmeinung lehnt diese Betrachtung ab. Sie bezieht sich auf die Würde der Rechtsprechung, ihr Charakter als Rechtsvergewisserungsakt, die eine unbegrenzte Einführung materiell-rechtlicher Wertungen ausschließt, und das sich daraus ergebende elementare öffentliche Wahrheitsinteresse; der Richter darf nicht dazu gezwungen werden, einen im Verfahren schon als unwahr erwiesenen Sachverhalt als wahr zu behandeln, weil es die Parteien wollen. Dazu kommt die missbilligenswerte Ausnutzung der Rechtspflege, insbesondere um das materielle Recht zu umgehen. Eine Disposition der Parteien, die nach der bisherigen Erkenntnis des Gerichts der Wahrheit nicht entspricht, ist ohne Wirkung. Vgl. BGH MDR 1979, 1001, 1001; OLG Düsseldorf NJW-RR 1998, 606, 606; OLG Schleswig NJW-RR 2000, 356, 356; *v. Hippel*, Wahrheitspflicht, S. 76, 182, 277 ff.; *Zettel*, S. 125; *Olzen*, ZZP 98 (1985), 403, 417 ff., 421; *Cahn*, AcP 198 (1998), 35, 38 f.; *Blomeyer*, § 68 IV 1; *Weyers*, in: FS für Esser, S. 193, 202 ff., 208; *Bernhardt*, in: FS für Rosenberg, S. 9, 31 ff.; *ders.*, JZ 1963, 245, 246 f.; *Orfanides*, Willensmängel, S. 92 ff.; *ders.*, NJW 1990, 3174, 3178; *E. Schmidt*, DRiZ 1988, 59, 60; *Reischl*, ZZP 116 (2003), 81, 103.; Muspannt zwar nicht die richterliche Ermittlungstätigkeit. Eine gewisse Entbindung vom Parteivortrag kommt indessen in Betracht, falls dem einvernehmlichen und bei begründetem Verdacht unwahren Parteivorbringen eine zweckwidrige Inanspruchnahme der Rechtspflege zugrunde liegt. Zweckwidrigkeit besteht bei einem Prozessieren nicht um ein Recht durchzusetzen, sondern um einen Scheinprozess zu führen, also zwingende Rechtsnormen zu beugen sowie Dritten Schaden zuzufügen oder die Rechtspflege auf andere Weise auszunutzen.[179] Weil insoweit das Rechtsschutzbedürfnis fehlen wird und die Zulässigkeit des Verfahrens als Ganzes betroffen ist,[180] hat das Gericht im Rahmen der Prüfung von Amts wegen die den Verdacht erweckenden Tatsachen in den Prozess einzuführen, ohne an Beweisersatzlagen gebunden zu sein.[181] Zu bekennen ist jedoch, dass die Wahrheitspflicht an sich den Anlass für dieses Vorgehen nicht gibt.[182] Maßgeblich für das Fehlen des Rechtsschutzbedürfnisses ist nicht die Verletzung der Wahrheitspflicht, sondern die Bejahung der zweckfremden Klageerhebung, die die Partei durch Lügen verdecken will. Vergegenwärtigt man, dass die Nichtbeachtung des als unwahr erwiesenen Vortrags selbstverständlich ist und nicht aus der Verletzung der Wahrheitspflicht ergibt,[183] und zieht man ferner in Betracht, dass die Möglichkeit der Strafverfolgung, der Restitutionsklage (§ 580 Nr. 4 ZPO) als auch der Schadensersatzverpflichtung (§ 823 Abs. 2 S. 1 BGB) aufgrund unwahren Vortrags sich schon aus § 263 StGB (Prozessbetrug) ergibt, erschöpft sich die Wahrheitspflicht des § 138 Abs. 1 ZPO eher in einer Deklaration.[184] Mit der ausdrücklichen Festsetzung der Wahrheitspflicht in der ZPO wird lediglich die Schaffung eines Mindestmaßes an Vertrauen zwischen dem Kläger, dem Beklagten und dem Gericht durch die Klarstellung

---

sielak/Voit/*Huber*, § 288 Rdnr. 9; *SJLeipold*, § 288 Rdnrn. 32 f.; *TPReichold*, § 288 Rdnrn. 6 f.

Es liegt ferner nicht weit, die Einschränkungen über ein erkennbar unwahres oder unmögliches Geständnis auch für das Anerkenntnis anzunehmen. Denn, obwohl sie nicht die Überzeugung des Richters beeinflusst, bedeutet die Hinnahme des gegnerischen Anspruchs mittelbar auch die Hinnahme der Erfüllung des entsprechenden, vom Gegner skizzierten Normtatbestands. Zur Parallele zwischen Geständnis und Anerkenntnis vgl. auch *Baur* in: FS für Bötticher, S. 1, 3, 4 f.; *Braun*, S. 92, 93 f.

179 Vgl. *v. Hippel*, Wahrheitspflicht, S. 74; *Costede*, ZZP 82 (1969), 438, 439; *Brehm*, Bindung, S. 23.

180 Vgl. *v. Hippel*, Wahrheitspflicht, S. 71 ff.; *Bernhardt*, in: FS für Rosenberg, S. 9, 31 ff.; *Baumgärtel*, ZZP 69 (1956), S. 89, 101 ff.; *Zeiss*, S. 46 ff.; a.A. *Costede*, ZZP 82 (1969), 439, 445 ff.

181 Vgl. *Grunsky*, Grundlagen, S. 171 ff.; *Zettel*, S. 93; *Blomeyer*, § 14 IV; *RSGottwald*, § 78 VI 1, 2.

182 *Bernhardt*, in: FS für Rosenberg, S. 9, 36; *Baumgärtel*, ZZP 69 (1956), 89, 105; *Lent*, Wahrheitspflicht, S. 44 f.

183 *Grunsky*, Grundlagen, S. 156; *Blomeyer*, § 30 VII 3.

184 Schon *Wurzer*, ZZP 48 (1920), 463, 507.

bezweckt, dass die Lüge kein zulässiges Angriffs- oder Verteidigungsmittel darstellt.

III. Wahrheitspflicht und Aufklärungspflicht

§ 138 Abs. 1 ZPO ist Anknüpfungspunkt fast jeden Versuchs, eine sekundäre Erklärungspflicht durch die nicht risikobelastete Partei zu begründen. Schon aber die Abfassung der Vorschrift gebietet Vorsicht. Die gesetzgeberische Entscheidung für die Nebeneinandersetzung von Vollständigkeit und Wahrheit tatsächlicher Behauptungen zieht die Frage nach sich, wie die Beziehung beider Begriffe ist. Entspricht es dem Sinn des Gesetzes, Wahrheit und Vollständigkeit als eine Einheit zu behandeln oder ist die Vollständigkeits- im Vergleich zu der Wahrheitspflicht ein Aliud? Je nach ausgewählter Alternative gestaltet sich die Argumentation mit § 138 Abs. 1 ZPO in die Richtung auf eine Aufklärungspflicht unterschiedlich.

1. Bei Einheitlichkeit von Wahrheit und Vollständigkeit

Die herrschende Meinung sieht in der Vollständigkeit einen bloßen Unterfall der Wahrheitspflicht, nämlich die wahrheitsmäßige Vollständigkeit.[185] Die Halbwahrheit kommt der Prozesslüge gleich. Um gesetzesmäßig zu handeln, muss die erklärende Partei alles vorbringen, was für die wahre Erkenntnis erheblich ist, inklusive der selbstschädigenden Aspekte des Lebensvorgangs. Insofern ist der Begriff „vollständig“ in § 138 Abs. 1 ZPO überflüssig, denn er stellt nur eine selbstverständliche Ausprägung der Wahrheitspflicht dar. Die Ableitung einer Aufklärungspflicht aus § 138 Abs. 1 ZPO würde dann zwangsläufig zu der Gleichsetzung der Wahrheitspflicht mit der Aufklärungspflicht führen. Auf den ersten Blick mag die Aussage, die Partei verstoße gegen die ihr obliegende Wahrheitspflicht, wenn sie die Informationsnot des Gegners bestehen lasse, aus sich selbst heraus überzeugend und ethisch korrekt scheinen. Dass aber die Partei die gegnerischen Behauptungen vervollständigen muss, weil sie sich darüber wahrheitsmäßig erklären muss, macht nach einem zweiten Blick wenig Sinn.

---

[185] BGH NJW 1961, 826, 828; NJW 1999, 2804, 2805; *Rosenberg*, ZZP 58 (1934), 283, 286f.; *v. Hippel*, Wahrheitspflicht, S. 94ff., insbesondere 98f.; *Lent*, Wahrheitspflicht, S. 46f.; *Bernhardt*, in: FS für Rosenberg, S. 27f.; *Grunsky*, Grundlagen, S. 157; *Welzel*, Wahrheitspflicht, S. 14 (s. aber S. 7); *Anhalt*, Ausforschungsbeweis, S. 53f.; *Zettel*, S. 119; *Arens*, ZZP 96 (1983), 1, 5; *Blomeyer*, § 30 VII 3; *RSGottwald*, § 65 VIII 3; *SJKern*, § 138 Rdnr. 7; Zöller/*Greger*, § 138 Rdnr. 3; Musielak/Voit/*Stadler*, § 138 Rdnr. 5; *BLAHartmann*, § 138 Rdnr. 18. Die Sinnlosigkeit dieses Streits rügt *Brüggemann*, Wahrheitspflicht, S. 24f.

Jene Vermengung der Wahrheits- und der Aufklärungspflicht führt zu antinomischen Ergebnissen:[186] Auf der einen Seite ist die Wahrheitspflicht ihrem Wesen nach eine Pflicht zur Passivität; die Partei muss vom bewusst unwahren bzw. halbwahren Vortrag fernhalten.[187] Auf der anderen Seite obliegt das Gebot, keine Lüge vorzutragen, den Parteien automatisch und unbedingt.[188] Dass die Parteien gelegentlich unwahre Behauptungen aufstellen dürfen, ist kein vernünftiges Ergebnis. Das Gegenteil widerspricht zunächst der Eigenschaft des Erkenntnisverfahrens als logischer Vorgang.[189] Weil die Wahrheit einer Behauptung erst nach der Beweisaufnahme feststellbar ist, würde eine nur umständliche Verpflichtung darüber hinaus den, Wert des § 138 Abs. 1 ZPO aufheben.[190] Das Mindestvertrauen auf das wahrhaftige Verhalten der Parteien könnte nicht aufrechterhalten werden, weil die Lüge doch zulässig ist und sie sowie ihre Rechtfertigung ohnehin ex ante nicht feststellbar sind.[191] Aus diesem Grund ist jede Andeutung zurückzuweisen, dass die wahre Aussage von einer Zumutbarkeitsabwägung abhängt.[192]

Die Aufklärungspflicht hingegen besteht aus verschiedenen Elementen. Sie stellt zunächst eine Pflicht zur Aktivität dar, d.h. die Partei muss einen Beitrag leisten.[193] Die Aufklärungspflicht kann ferner nicht ohne Schranken gelten.[194] Hier muss die Wertung der Verhältnismäßigkeit eingreifen. Denn es wäre heikel für die aufklärungsfähige Partei, wenn die unbeschränkte Offenlegung ihrer persönlichen Informationen angeordnet werden könnte, nur

---

186 *v. Hippel*, Wahrheitspflicht, S. 8 f., 40 ff., 148 ff.; zustimmend *Jonas*, DR 1941, 1697, 1703.

187 *Hellwig*, Lehrbuch, S. 41; *v. Hippel*, Wahrheitspflicht, S. 8, 40 f., insbesondere 110 ff., s. aber 103 ff.

188 *Rosenberg*, ZZP 58 (1934), 283, 289; *v. Hippel*, Wahrheitspflicht, S. 75 ff.; *Brüggemann*, Wahrheitspflicht, S. 23 f.; *Welzel*, Wahrheitspflicht, S. 9 f.; MünchKommZPO/*Fritsche*, § 138 Rdnr. 14; s. auch *Peters*, Ausforschungsbeweis, S. 83.

189 Vgl. § 3 F vor I.

190 s. auch *Wurzer*, ZZP 48 (1920), 463, 478; *Rosenberg*, ZZP 58 (1934); 283, 289 f.

191 Nach einer Ansicht ist die Prozesslüge nicht zu beanstanden, wenn die wahre Aussage selbst zu keinen gerechten Ergebnissen führt (näher *Koffka*, Zugabe Nr. 15 zur JW 1913, 1, 5 f.; *v. Hippel*, Wahrheitspflicht, S. 77 ff. zurückhaltend *Wurzer*, ZZP 48 (1920), 463, 477 ff.). Weil aber die Wahrheitspflicht für sich genommen keine Rechtsfolgen zeitigt und hauptsächlich ein Vertrauen durchsetzen will, ist die Diskussion über die Rechtfertigungsgründe der Lüge insofern kontraproduktiv. Ihre Bedeutung als Motive erhalten sie insofern, als ein Schadensersatzanspruch oder die Strafbarkeit als Folge der erkannten Lüge in Betracht kommt und nur in diesem Rahmen.

192 Aber BGH JZ 2003, 630, 632; BVerfGE 56, 37 (44) = NJW 1981, 1431, 1431; *LG Koblenz* MDR 1975, 766, 766; *Bernhardt*, in: FS für Rosenberg, S. 27; *Blomeyer*, § 30 VII 3; *Peters*, Ausforschungsbeweis, S. 83 f.; *Gaul*, ZZP 83 (1970), 234, 237.

193 *v. Hippel*, Wahrheitspflicht, S. 8, 40 f., 287 ff.

194 *v. Hippel*, Wahrheitspflicht, S. 284 ff., insbesondere S. 306 ff.

weil ein vom prozessual Schwächeren geltend gemachtes Recht verifiziert werden muss.[195] Die Diskrepanz zwischen Aufklärungs- und Wahrheitspflicht bestätigt auch die Unabhängigkeit der Wahrheit einer Aussage von der Dichte des vorgetragenen Stoffs.[196] Dass die Parteien aber lügen könnten, ist schließlich ein allgemeines und vielleicht unlösbares Problem aller Verfahren. Die Komplexität der Informationsnot und ihrer Bewältigung besteht nicht darin, dass der Gegner oder auch die risikobelastete Partei selbst lügt (was allerdings der Fall sein kann), sondern, dass er gezwungen werden muss, nähere Details über den Sachverhalt offenzulegen.

2. Bei Uneinheitlichkeit von Wahrheit und Vollständigkeit

Die auf einer gesonderten Vollständigkeitspflicht basierende Aufklärung hat den Vorzug, dass sie keine Vermengung der Aufklärungs- und der Wahrheitspflicht verursacht und so die dargestellte Antinomie vermeidet. Für ihre Selbstständigkeit spricht der Pleonasmus, wenn die Vollständigkeit mit der bereits im Begriff der Wahrheit enthaltenen wahrheitsmäßigen Vollständigkeit gleichgesetzt wird.[197] Die Vollständigkeitspflicht gemäß § 138 Abs. 1 ZPO hat sich insofern in eine Pflicht zur Aktivität zu verwandeln.[198]

So verstanden, muss die Partei sämtliche ihr bekannten Details des Sachverhalts schildern. Um die Regelung des § 138 Abs. 1 ZPO nicht vom Garanten redlicher Prozessführung zum Wächter redlicher Lebensführung zu machen, muss zwischen Einwendungen und Einreden (nach dem bürgerlichen Recht) zwingend unterschieden werden; rechtshemmende Tatsachen muss der Berechtigte selbst vortragen.[199] Auch die Möglichkeit des Geständnisses muss aufrechterhalten werden. Die Partei trifft keine Vollständigkeitspflicht, sofern sie die gegnerischen Behauptungen zugesteht. Übrigens bleibt diese Konzeption der Vollständigkeitspflicht nicht ohne Einwände. Ihre Annahme bewirkt, dass jede Partei ohnehin ihr gesamtes Wissen einführen muss und entfernt sich von der herrschenden Konzeption über die Stoffsammlung durch Initiative und Gegeninitiative der Parteien. Die Vollständigkeit des eigenen Vortrags würde dann keine Voraussetzung für die substantiierte Einlassung des Gegners darstellen. Das heißt, sofern die beweisbelastete Partei zur vollständigen Schilderung unfähig oder überhaupt bereitwillig ist, wird allein

---

195 Näher unter § 5 D.

196 *Rosenberg*, ZZP 57 (1933), 185, 257; *ders.*, ZZP 58 (1934), 283, 286; *v. Hippel*, Wahrheitspflicht, S. 97, 102 f.

197 Vgl. *Chudoba*, S. 105. Andernfalls macht es keinen Sinn, von einer Unterscheidung zu sprechen. Aber *Heß*, Wahrheitspflicht, S. 22, 25 ff.

198 Vgl. *v. Hippel*, Wahrheitspflicht, S. 95 ff., 344 ff.

199 Vgl. *Lent*, Wahrheitspflicht, S. 49; *Peters*, Ausforschungsbeweis, S. 81.

der Gegner mit der Rekonstruktion des Lebensvorgangs belastet. Einer besonderen Begründung bedarf dies nicht, denn beide Seiten sind gleichzeitig zur Vollständigkeit ihres Vortrags verpflichtet. Im Ergebnis haben die Parteien eine gemeinsame Pflicht je nach eigenen Kräften zu erfüllen, was an ein weitgehend interessenneutrales, arbeitsgemeinschaftliches oder an ein durch ein überbetontes öffentliches Aufklärungsinteresse geprägtes Prozessverständnis verdächtig macht.[200] Ein solches Prozessverständnis hält von Anfang an beide Parteien, also auch die notleidende für aufklärungspflichtig. Dadurch wird aber der Übergang zur Auskunftspflicht der nicht beweisbelasteten Partei vollzogen.

Sofern man sich hingegen zur Rechtfertigung der Befreiung der anfänglich behauptungsbelasteten und unfähigen Partei gedrängt fühlt,[201] muss folgendes beachtet werden: Gleichzeitig wird stillschweigend angenommen, dass die Aufklärung dem Grundsatz nach diskursiv geschehen muss, insofern die Pflicht der nicht anfangsbehauptungsbelasteten Partei zum vollständigen Vortrag von der vollständigen Erklärung des Anfangsbehauptungsbelasteten abhängt. Dem § 138 Abs. 1 ZPO lässt sich freilich so was nicht entnehmen. Nach § 138 Abs. 1 ZPO müssen beide Parteien allgemein, also ohne Differenzierung nach der Dichte des gegnerischen Vortrags, vollständig vortragen.

Würde aber § 138 Abs. 1 ZPO nicht nur das Gebot zum wahrhaften Behaupten und Bestreiten enthalten aber auch die Dichte tatsächlicher Erklärungen bestimmen, dann bliebe für § 138 Abs. 2 ZPO ein ganz enger Anwendungsbereich. Weil die Regelung des § 138 Abs. 2 keine Verhandlungs- bzw. Verteidigungspflicht ausdruckt, würde sie lediglich die Parteien verpflichten anzugeben, ob und inwiefern der gegnerische Vortrag bestritten wird, was freilich schon aus § 138 Abs. 3 ZPO herauszulesen ist. Systematisch geboten und zutreffender ist indessen, dass die Norm, die die Notwendigkeit der Erwiderung (einfaches Bestreiten) auf das tatsächliche Vorbringen der anderen Partei festlegt, auch die Substantiierung der Einlassung zum Gegenstand hat. Die Normierung des § 138 Abs. 2 ZPO nur dann erscheint nachvollziehbar, wenn sie (auch) die Dichte tatsächlicher Behauptungen bestimmt.

3. Rechtstheoretischer Ansatz

Aus rechtstheoretischer Sicht gestaltet sich das Verhältnis zwischen der Aufklärungs- und der Wahrheitspflicht wie folgt: Die Bejahung einer Aufklärungspflicht der Parteien setzt die Wahrheitspflicht logisch voraus. Denn es ist undenkbar, dass derjenige, der die Sachlage erhellen muss, irreführende

---

200 Vgl. § 2 A II 3 b bb.

201 Vgl. z. B. *Hackenberg*, S. 64 ff., 68 ff., zusammenfassend 102.

Behauptungen aufstellen darf. Dieses logische Abhängigkeitsverhältnis gilt aber nicht in beide Richtungen. Die Annahme einer Wahrheitspflicht macht hingegen die Aufklärungspflicht nicht logisch zwingend. Zur Aufklärungspflicht zwingt aber die Funktionalität der Wahrheitspflicht. Kann die eine Partei passiv bleiben, also steht die Nichteinlassung dem Bestreiten gleich und muss der Gegner seine Behauptungen beweisen, kann die passiv bleibende Partei ihrer Wahrheitspflicht effektiv entgehen. Denn, indem die Partei sich zu einer vom Gegner eingeführten Tatsache, die sie als wahr erkennt, überhaupt nicht äußert, verschleiert sie nicht die Wahrheit. Weder hat sie eine wahrheitswidrige Erklärung abgegeben noch eine wahrheitswidrige Erklärung zu eigenen Gunsten gelten lassen. Muss sie aber erklären, ob und vielmehr warum sie bestreitet und hat sie sich ferner gegebenenfalls vernehmen zu lassen oder weitere Beweismittel zur Verfügung des Gerichts zu stellen, wird sie zur Erfüllung der Wahrhaftigkeitspflicht unausweichlich gezwungen. Dass die Wahrheitspflicht zur optimalen Erreichung ihres Zieles,[202] der Aufklärungspflicht bedarf, schafft zwar keine Rechtsgrundlage für die letztgenannte,[203] wohl aber ein systematisch-teleologisches Argument.

G. Die Erklärungsflicht der Parteien gemäß § 138 Abs. 2–4 ZPO

Die Partei, die die Rechtspflege in Anspruch nimmt, muss sich zunächst für die Bestimmtheit und die Schlüssigkeit der Klage sorgen. Verteidigt sich die Gegenpartei, indem sie den gegnerischen Vortrag in Frage stellt, greift ihre Erklärungspflicht ein. Die Regelung der Erklärungspflicht der Parteien wird in den Absätzen 2 bis 4 des § 138 ZPO enthalten. Nach Absatz 3 sind Tatsachen, die nicht ausdrücklich bestritten werden, als zugestanden anzusehen, wenn nicht die Absicht, sie bestreiten zu wollen, aus den übrigen Erklärungen der Partei hervorgeht. Die Partei muss dann klar machen, welche vom Gegner behaupteten Tatsachen bestritten werden. Absatz 4 gestattet ihrerseits eine Erklärung mit Nichtwissen über Tatsachen, die weder eigene Handlungen der Partei noch Gegenstand ihrer eigenen Wahrnehmung gewesen sind. Weil das Bestreiten trotz fehlenden Wissens keine Rechtsverletzung im Sinne des § 138 Abs. 1 ZPO darstellt,[204] macht § 138 Abs. 4 ZPO nur als Befreiung von einer Substantiierungspflicht Sinn.[205] § 138 Abs. 2 ZPO legt keine Erklärungspflicht im Sinne einer Verteidigungspflicht fest. Mit § 138

---

202 Vgl. ferner *v. Hippel*, Wahrheitspflicht, S. 8 f., 218 ff., 277 ff., 283 f.

203 *v. Hippel*, Wahrheitspflicht, S. 10, 376.

204 Vgl. § 3 F I, § 4 C II.

205 Vgl. § 4 C II.

Abs. 2 ZPO wird die Pflicht begründet, zu erklären, ob und was genau bestritten wird, woran § 138 Abs. 3 ZPO anknüpft. Die Erklärungspflicht im Absatz 2 übernimmt ferner die Rolle der vom Absatz 4 stillschweigend vorausgesetzten Substantiierungspflicht.[206]

Die in § 138 Abs. 2 ZPO festgelegte Verpflichtung, sich über die von dem Gegner behaupteten Tatsachen zu erklären, stellt infolgedessen das Substrat für die Erwartung dar, dass das Bestreiten der Detaillierung des gegnerischen Vortrags zumindest entsprechen muss.[207] Überflüssig und nach dem bisher Gesagten irreführend ist hingegen die Ableitung des Grundsatzes der substantiierten Einlassung zusätzlich aus den §§ 138 Abs. 1, 277 Abs. 1 und 282 Abs. 1 ZPO oft in Verbindung mit der Verhandlungsmaxime.[208] Zwar gibt die Herrschaft der Parteien über das Verfahren Anlass für die Normierung weiterer, das Parteiverhalten kanalisierender Regelungen, sie selbst ist aber zu vage, um konkrete Gebote und Verbote daraus zu gewinnen. Die Wahrheits- und die Prozessförderungspflicht auf der anderen Seite stellen gewisse Anforderungen an den Inhalt des Parteivortrags, dienen aber hauptsächlich anderen Funktionen als der Bestimmung seiner Dichte.

I. Über den Pflichtcharakter

Der herrschenden Auffassung nach und trotz der ausgewählten Ausdrucksweise des Gesetzgebers soll die Erklärung über den gegnerischen Vortrag eine prozessuale Last darstellen,[209] während nur vereinzelt[210] von einer echten prozessualen Pflicht gesprochen wird.

1. Entscheidend bei prozessualen Lasten ist, ob die belastete Partei ihrer Obliegenheit nachkommt. Gelingt ihr es nicht, ist für die daran anknüpfen-

[206] § 138 Abs. 4 ZPO darf in der Tat verfehlt sein, weil sie einen Erfahrungssatz ausdruckt, der eigentlich bei der Parteivernehmung in Betracht kommt (vgl. § 4 C II und § 6 B II). Diese Ausführung wäre allerdings nicht die einzige vertretbare, falls der Ansicht gefolgt wird, die in der Wahrheitspflicht die Verpflichtung sieht, auch den genauen Überzeugungsgrad anzugeben. Insofern könnte damit argumentiert werden, dass § 138 Abs. 4 ZPO auch die Wahrheitspflicht abschwächt. Über den Inhalt der Wahrheitspflicht vgl. § 3 F I.

[207] Vgl. RG JW 1911, 184, 184f.; *Hahn*, Materialien. S. 214; *Sauer*, Allgemeine Prozessrechtslehre, S. 159; *Schneider*, MDR 1962, 361, 363; *Gremmer*, MDR 2007, 1172, 1172.

[208] *Lange*, DRiZ 1985, 247, 249, 251; *Frohn*, JuS 1996, 243, 247 (aber in S. 248); *Seibel*, DRiZ 2006, 361, 361; *Mertins*, NJ 2009, 441, 443.

[209] Vgl. nur *Lüke*, JuS 1986, 2, 3; *Lindacher*, WRP 2000, 950, 952 auch Fßn. 24; *Prütting*, in: FS für Krüger, S. 433, 435; *TPSeiler*, § 138 Rdnr. 12.

[210] *Schneider*, MDR 1962, 361, 362; *Stürner*, Aufklärungspflicht, S. 11f.; *Braun*, S. 24, 506f.

den Rechtsfolgen der Grund für die Nichterfüllung, anders als bei prozessualen Pflichten, ohne Bedeutung. Es wird nicht weitergeprüft, ob die Partei für die Nichterfüllung ihrer Obliegenheit verantwortlich ist. Doch bleibt die Nichterfüllung der Erklärungspflicht sanktionslos, sofern sie die relevanten Tatsachen nicht wahrnehmen konnte (§ 138 Abs. 4 ZPO). Die Erklärung mit Nichtwissen ist ein Indiz für den Pflichtcharakter des § 138 Abs. 2 ZPO, indem sie wiedergibt, wann die sich verteidigende Partei die Verletzung des § 138 Abs. 2 ZPO nicht zu vertreten bzw. zu verantworten hat.

Obwohl der oben eingeführte Ausgangssatz nicht falsch ist, muss folgender Punkt berücksichtigt werden: Es gibt zwei distinkte Fragen. Zum einen, ob die Sanktion von der persönlichen Fähigkeit, d. h. von der Verantwortlichkeit des Belasteten abhängig ist.[211] Zum anderen, ob die Entscheidung für eine bestimmte Lastenverteilung auf die grundsätzlich gegebene Fähigkeit des Belasteten abstellt, das geforderte Verhalten vorzunehmen. Im letzten Fall ist die Erfüllungsmöglichkeit ein rechtspolitisches Motiv der entsprechenden Regelung und nicht Voraussetzung für die Sanktion. Die Verteilung der objektiven Beweislast bildet diesen Einfluss ab, insbesondere wenn die einschlägige Beweislastnorm inhaltliche Prinzipien wie die Beweisnähe oder die Gefahrenbereichslehre zum Ausdruck bringt. In bestimmten Fällen, in denen die eine Seite des Rechtsstreits im Regelfall keinen Zugang zum Beweismaterial hat, weicht der Gesetzgeber vom Angreiferprinzip[212] ab und bürdet die Beweislast der Partei auf, die grundsätzlich über die Beweismittel verfügt.[213] Darüber hinaus gibt die Beweisnot Anlass zu einer Fülle von Erleichterungen für den Beweisführungsbelasteten, um effektiven Rechtsschutz zu garantieren.[214]

Im Ergebnis ist dem Grund für die Nichterfüllung bei prozessualen Lasten ebenfalls Rechnung zu tragen.[215] Das Auferlegen einer Last ist nicht schon deswegen sinnlos, weil der Belastete sie nicht wahrnehmen kann. Denn genau dies ist die Funktion einer Risikozuweisung, eine Gefahr unabhängig vom Verschulden bzw. von der Abwendungsmöglichkeit einem der Teile zu-

---

211 Die Verantwortlichkeit setzt voraus, dass der Pflichtige zur Einhaltung seiner Pflicht fähig ist. Die Unfähigkeit, die Pflichtverletzung abzuwenden, schließt das voluntative Element des Vorsatzes (wollen) sowie das der Fahrlässigkeit (Vermeidbarkeit) aus.

212 Vgl. § 1 B II a. a. E.

213 Gemäß § 280 Abs. 1 S. 2 BGB zum Beispiel obliegt dem Schadensersatzpflichtigen der Nachweis, dass er die Pflichtverletzung nicht zu vertreten hat. In ähnlicher Weise muss der Geschäftsherr nach § 832 Abs. 1 S. 2 BGB den Beweis führen, dass er bei der Bestellung des Verrichtungsgehilfen die erforderliche Sorgfalt beobachtet hat und falls nicht, dass der entstehende Schaden in jedem Fall unvermeidbar war.

214 Vgl. § 1 B II.

215 Auch *Freudenthal*, S. 42.

zuordnen. Es ist trotzdem zu prüfen, ob es dem Sinn der Regelung entspricht, sie auch dann aufrechtzuerhalten, wenn der Betroffene seiner Obliegenheit typischerweise nicht nachkommen kann.

2. Eckpunkt der Unterscheidung zwischen einer Erklärungspflicht und einer Erklärungslast ist vielmehr die Erkenntnis, warum die Partei sich (substantiiert) einlassen muss. Die Antwort auf diese Frage kann selbstverständlich nicht die drohende Geständnisfiktion von § 138 Abs. 3 ZPO sein. Maßgeblich ist nicht die Sanktionierung oder ihre Art und Weise, sondern der Grund dafür.[216]

Die Gegenüberstellung der Parteivorträge dient der Festlegung der erheblichen und beweisbedürftigen Tatsachen. Die Anforderung, auf jede tatsächliche Ausführung zu erwidern, ist kein bloßer Zufall. Die gegnerischen Behauptungen zu ignorieren oder einfach zu bestreiten ist ein Leichtes. Wäre dies auch zulässig, müsste nur noch die Beweisaufnahme stattfinden. Schlichtes Ignorieren des gegnerischen Vortrags kann ihn nie beweisbedürftig machen und das einfache Bestreiten reicht nicht aus, um den substantiierten Behauptungen der Gegenseite zu begegnen, weil ein solches Verhalten zu Lasten der anderen Prozessbeteiligten und der Rechtspflege geht:

a. Das Beweisverfahren verwickelt das Gericht, die Parteien und gegebenenfalls die benannten Zeugen tiefer in einen psychisch-, kosten- und zeitaufwendigen Rechtsstreit.[217] Die Ausforschung im Rahmen des Beweisverfahrens ist zwar dem Wesen des Prozesses immanent, sofern aber die sich verteidigende Partei im Vergleich zu ihrem Gegner den eigenen Rechtsschutz nicht aktiv fördert, obwohl sie dazu befähigt ist, ist es nicht Aufgabe der Rechtspflege, dieses hauptsächlich private Interesse durch Beweiserhebung wahrzunehmen. Auch die gelegentlich benannten Zeugen müssen erscheinen, aussagen und die ihnen gestellten Fragen beantworten. Zwar stehen ihnen Zeugnisverweigerungsrechte zur Verfügung, die dem Eingriff Grenzen setzten und sie werden für ihren Aufwand kompensiert (§ 401 ZPO, §§ 19 ff. JVEG), doch können ihre psychischen Anstrengungen nicht ausgeglichen werden.

Infolgedessen muss die Partei, die die Behauptungen der anderen Seite in Frage stellen will, klar machen, ob und genau welche Teile des gegnerischen Vortrags sie bestreitet. Die beweisbelastete Partei darf nicht dazu gezwungen werden, ihren gesamten Vortrag zu beweisen, wenn die Gegenseite sich hierauf nicht äußert.[218]

---

216 Vgl. § 2 B.

217 Auch *Nicoli*, JuS 2000, 584, 584; *Meyke*, NJW 2000, 2230, 2230.

218 Auch *Braun*, S. 24 ff., insbesondere S. 26 f.

b. Problematisch ist nicht nur der Aufwand und die Ausforschung der Prozessbeteiligten, die die Gleichgültigkeit des eigentlichen Trägers dieses Verteidigungsinteresses verursacht. Nicht unterschätzt werden darf zuletzt das immer bestehende Risiko einer fehlgeschlagenen Beweisaufnahme.[219] Insbesondere bei schwer aufklärbaren Sachverhalten, besteht die erhöhte Gefahr, dass entweder der Beweisführer, der Sachverständige, der aussagende Zeuge oder der erkennende Richter selbst einen Fehler begeht und die Qualität des Beweisergebnisses herabsetzt. Es wäre zu einseitig, wenn die risikobelastete Partei aufgrund der pauschalen Einlassung des Gegners diesem dem Beweisverfahren immanenten Risiko ausgesetzt würde, wenn sie selbst begründet vorgetragen hat. Die Aufforderung zur substantiierten Einlassung bezweckt die möglichst umfangreiche Einsicht in den erheblichen Lebensvorgang.[220] Obwohl eine Beweisaufnahme oft die Enthüllung weiterer Facetten des Sachverhalts bewirkt, ist es wünschenswert, dass der möglichst vollständige Sachverhalt schon vor der Beweiserhebung bekannt ist. Diese Verfahrensentwicklung ist nicht nur wegen der Vorbereitung des Richters und des Verfahrens geboten. Die vollständige Bildung der Urteilsgrundlage möglichst vor der Beweisaufnahme erlaubt es, sich auf die einzelnen zu beweisenden Punkte zu konzentrieren.[221] Letzten Endes kann eine Beweisaufnahme nicht immer von sich aus alle Seiten des Lebensvorgangs erhellen, ohne dass schon vorher danach spezifisch gefragt wird.

Hier greift die Erklärungspflicht in Form der Pflicht zur substantiierten Einlassung, um das Streitprogramm festzulegen.[222] Die sich einlassende Partei muss nicht nur genau angeben, was sie bestreitet, sie muss ferner eine positive Gegendarstellung vornehmen, sofern ihr Bestreiten eine von dem gegnerischen tatsächlichen Vortrag abweichende Wirklichkeit impliziert. Das ist insbesondere der Fall, wenn ein näher geschilderter tatsächlicher Umstand nur einfach bestritten wird, denn hieraus ergibt sich die weitere Frage des genaueren Umfangs der Uneinigkeit zwischen den Parteien.

c. Was bisher unter 3. a. und 3. b. gesagt wurde, veranschaulicht ein Beispiel: Der Kläger verlangt vom Beklagten die Zahlung eines Betrags in Höhe von 100 Euro aufgrund eines zwischen ihnen abgeschlossenen Kaufvertrags.

Variation 1: Der Kläger begnügt sich mit dem schlüssigen aber pauschalen Vortrag des „Kaufs“. Der Gegner kann den Kauf einfach bestreiten, da der Kläger ihn nicht näher geschildert hat. Das einfache Bestreiten des Beklagten führt insofern nicht zu der weiteren Frage, wie sich die Verhandlungen ent-

---

[219] Auch *Nicoli*, JuS 2000, 584, 584.

[220] *TPSeiler*, § 138 Rdnr. 12; Musielak/Voit/*Stadler*, § 138 Rdnr. 9.

[221] *Brehm*, Bindung, S. 63 f.

[222] *Stürner*, Aufklärungspflicht, S. 11; *Brehm*, S. 63 f., 85 ff., 88 ff.

wickelt haben, denn der Kläger hat keine eigene diesbezügliche Ansicht dargestellt. Offensichtlich braucht der Beklagte zu dem verlangten Kaufpreis keine Stellung zu beziehen, wenn bereits der Abschluss des Vertrags in Frage gestellt wird. Greift der Beklagte den Kaufvertrag nicht an, sondern lediglich die Richtigkeit des geforderten Kaufpreises, dann muss sie auch die eigene – alternative – Vorstellung über den richtigen Preis angeben. Der Abschluss des Vertrags gilt als zugestanden gemäß § 138 Abs. 3 ZPO.

Variation 2: Der Kläger gibt den Ort, die Zeit und den konkreten Inhalt der Verhandlungen an, die zum Abschluss des Kaufvertrags geführt haben. Bestreitet die Partei schon die Angaben des Orts und der Zeit, indem sie jeden Kontakt mit dem Kläger verneint, ist ihr die Verteidigung gelungen. Offensichtlich muss sie sich nicht speziell auf den Inhalt der Verhandlungen einlassen. Diese sollen nicht einmal stattgefunden haben. Angaben darüber, wo er sich in der vom Kläger angegebenen Zeit befand, muss der Beklagte nicht machen. Die Behauptung, dass er nicht anwesend war, reicht als alternative Schilderung aus, weil das Beweisthema schon klar umrissen ist. Bestreitet aber der Beklagte nur den Abschluss des Vertrags, muss er auch den eigenen – alternativen – Grund angeben, warum die Verhandlungen gescheitert sind.

d. Nicht zu verkennen ist zum Schluss der systematische Zusammenhang zu der Wahrheitspflicht. § 138 Abs. 1 ZPO stellt eine Pflicht zur Passivität dar, das Verbot, eine Lüge in den Prozess einzuführen. Es ist dann durchaus möglich, dass eine Partei sich nicht zum Vortrag des Gegners äußert, ohne dadurch dem § 138 Abs. 1 ZPO zuwiderlaufen. Der Zwang, sich zu erklären und sich gegebenenfalls substantiiert einzulassen, zwingt auch zur Beachtung der Pflicht zum wahrhaftigen Vortrag.[223] Die Erklärungspflicht stellt die notwendige Ergänzung der Wahrheitspflicht dar, damit letztere ihr Ziel erreichen kann.

3. Die substantiierte Stellungnahme dient in Wirklichkeit nicht hauptsächlich eigenen Interessen:[224] Obwohl die sich verteidigende Partei ebenfalls ein Interesse an der Vollständigkeit des Sachverhalts hat, bezweckt die Festsetzung ihrer Erklärungspflicht nicht die Wahrung dieses (Verteidigungs-)Interesses. Die mündige Partei braucht nicht verpflichtet werden, sich sachdienlich zu verteidigen. Die Erklärungspflicht orientiert primär am Schutz der vom Prozess erfassten Persönlichkeiten sowie des Gerichts vor unnötiger Belastung und maximiert die Güte des Beweisverfahrens bzw. des Beweisergebnisses. Sie zielt zuvorderst auf die Effizienz und Effektivität der Rechtsgewährung ab und stellt demzufolge eine echte prozessuale Pflicht dar.

---

[223] Vgl. § 3 F III 3; s. auch *Braun*, S. 27; *Gomille*, Informationsproblem, S. 50f.

[224] s. auch *Lange*, DRiZ 1985, 247, 250.

Eine Abgrenzung ist noch vorzunehmen: § 138 Abs. 2–4 ZPO statuiert nur die besondere Pflicht, sich auf die tatsächlichen Behauptungen des Gegners einzulassen, sofern sich die Partei gegen diesen wehren will. Sind sie substantiiert, muss auch die Erwiderung substantiiert sein. Stellte § 138 Abs. 2 ZPO eine wortwörtliche Einlassungspflicht auf die gegnerischen Behauptungen dar, würde dies auch bedeuten, dass die Parteien generell zum Verhandeln bzw. zur Verteidigung verpflichtet wären. Eine so gedachte Erklärungspflicht der Parteien sollte mit dem Verweis auf die Verhandlungs- und Verteidigungsfreiheit der Parteien abgelehnt werden, will man dem hinter dem Dispositions- und Verhandlungsgrundsatz stehenden Denken treu bleiben.[225] Der Partei steht es frei, ob sie sich gegen den gegnerischen Vortrag wehren will; sie darf passiv bleiben, anerkennen (§ 307 ZPO) oder zugestehen (§ 288 Abs. 1 ZPO). Will sie aber den gegnerischen Vortrag in Frage stellen, d.h. ihn beweisbedürftig machen, muss sie bestreiten und zwar so detailliert, wie ihr Gegner vorgetragen hat. Die Freiheit, sich zu verteidigen, wird nicht angezweifelt, wenn die Passivität als Form wirksamer Verteidigung abgesprochen wird.

§ 138 Abs. 2–4 ZPO vereint dann nicht zwei unterschiedliche Regelungen, nämlich eine Erklärungslast und eine -pflicht. Die Last, sich zu verteidigen bzw. die Initiative des Bestreitens zu ergreifen, ist Reflexwirkung der Verteilung der Beweislast;[226] die Partei, die die Richtigkeit der gegnerischen Behauptungen anzweifelt, wird möglicherweise die eigene Auffassung und die für den Gegenbeweis erforderlichen Mittel vorbringen. Die Regelung durch§ 138 Abs. 2–4 ZPO hingegen drückt die Missbilligung dafür aus, dass durch passives-desinteressiertes Verhalten im Hinblick auf die eigenen Angelegenheiten die Beweisbedürftigkeit und das daran anschließende aufwendige und mehr oder minder riskante Erkenntnisverfahren veranlasst wird.

II. Die Substantiierungspflicht als Aufklärungspflicht der nicht risikobelasteten Partei

1. Die Erklärungspflicht nach § 138 Abs. 2 ZPO begründet ein System der diskursiven, schrittweisen Bildung der Urteilsgrundlage. Sie bestimmt anders als die Wahrheits- und die Prozessförderungspflicht den eigentlichen Inhalt der parteilichen Behauptungen und besagt, dass eine detaillierte Behauptung eine substantiierte Erwiderung verlangt.[227] Als substantiiert gilt demnach das Bestreiten, wenn hiernach nur noch die Frage nach der Wahrheit des gegne-

---

225 Vgl. § 1 A I und § 2 A II 4.

226 Vgl. § 1 A III.

227 Vgl. BGH NJW 1962, 1394, 1395; NJW 1984, 2888, 2889; NJW 1999, 1404, 1405f.; OLG Hamburg NJW-RR 1990, 63, 63; *Stürner*, ZZP 98(1995), 237, 251; *Freudenthal*, S. 11.

rischen Vortrags übrig bleibt. Als nicht substantiiert und insofern pflichtwidrig gilt die unbegründete Einlassung. Diese löst die zusätzliche Frage nach den konkreten Aspekten des Lebensvorgangs aus, auf welche sich das Bestreiten stützen mag.

Ist die risikobelastete Partei nicht in der Lage, ihre tatsächlichen Behauptungen zu substantiieren, darf der sich Einlassende bei einem ersten Blick auf § 138 Abs. 2 ZPO ebenfalls pauschal bestreiten und der prozessuale Diskurs kommt zu einem frühen Ende. Die weitere Prozessführung ist jedoch nicht aussichtslos. Möglich ist zunächst die Geltendmachung materieller Auskunftsansprüche oder die Stellung eines ausforschenden Beweisantrags, sofern die Beweismittel vorgelegt (gegebenenfalls mittels §§ 142 ff. ZPO) oder benannt werden können. Die Suche nach einer sekundären Darlegungspflicht erscheint demzufolge überflüssig, insbesondere weil der Zugriff auf das Wissen des Gegners durch seine, wenn auch der Basis eines nicht substantiierten Beweisthemas, Vernehmung immer möglich ist. Trotzdem erweist sich eine auf dem Prozessrechtsverhältnis beruhende Mitwirkungspflicht der nicht risikobelasteten Partei zumindest als zweckmäßiger im Vergleich zu materiellen Informationsleistungspflichten oder sogar als die einzige ersichtliche Lösung, falls die in Betracht kommenden Auskunftsansprüche ein vorliegendes, aber im Prozess gerade streitiges Hauptrechtsverhältnis voraussetzen.[228] Die sekundäre Erklärungspflicht trägt ferner zu einer effizienteren Gestaltung des Verfahrens bei und macht die Problematik des ausforschenden Beweisantrags weitgehend obsolet.[229]

2. § 138 Abs. 2 ZPO will zwar die Parteien zum gegenseitigen Informationsaustausch veranlassen. Dass aber die nicht risikobelastete Partei näher am Geschehen steht, kann nicht der entscheidende Grund für die intensivere Substantiierung ihrerseits sein,[230] will man über den pauschalen Verweis auf soziale und öffentliche Aufklärungsinteressen hinausgehen. Zur substantiierten Verteidigung gemäß § 138 Abs. 2 ZPO ist ein fundierter Angriff notwendig. Denkbar ist zunächst, dass die begründete Einlassung erwartet werden kann, wenn eine zuvor fehlende Substantiierung nachgeholt wurde. Diese Aufgabe könnten tatsächliche Behauptungen erfüllen, die den Sachverhalt anreichern, nicht indem sie ihn näher zergliedern (denn die risikobelastete Partei ist dazu gerade wegen ihrer Informationsnot nicht fähig), sondern indem sie ihn mittelbar nachvollziehbar und insofern plausibel machen. Ver-

[228] Vgl. § 6 B II 2 b.

[229] Vgl. § 6 B I.

[230] So wird aber impliziert, wenn trotz der gleichen Dichte der entgegengesetzten tatsächlichen Behauptungen und ohne näher begründete Heranziehung des § 138 Abs. 2 ZPO die erweiterte Substantiierung festgelegt wird. Vgl. BGH JR 1999, 329, 330.

nünftig ist dieses Ergebnis aber nicht. Obwohl beides, sowohl die Detaillierung des behaupteten Vorgangs als auch seine Begleitung von sogenannten Anhaltpunkten, ihn nachvollziehbar machen, dienen letztere nur zum mittelbaren Beweis. Sie sind als Ersatz fehlender Substantiierung untauglich. Mit den Anhaltspunkten führt die Partei Indiztatsachen und zwar von schwacher Beweiskraft in den Prozess ein, die die für die Subsumption maßgeblichen (Haupt-)Tatsachen zwar plausibel keinesfalls aber substantiiert darstellen können. Die Behauptung, die Beklagte verfügt nicht über eine alte ostpreußische Gewerbetradition, substantiiert nicht die für die Verurteilung maßgebliche Behauptung, die Beklagte stellt kein traditionelles Bärenfang-Likör her, sie trägt aber, sofern erwiesen, als Indiz zu ihrer Plausibilität bei.[231] Das substantiierte Bestreiten einer Behauptung setzt aber nach § 138 Abs. 2 ZPO voraus, dass diese selbst substantiiert ist. Anhaltspunkte geben demzufolge Anlass nur für ihre Bekämpfung, will die Gegenpartei sie als Indizien nicht unbestritten (§ 138 Abs. 3 ZPO) gelten lassen, sodass die Verpflichtung zur substantiierten Stellungnahme für die übrigen Teile des Vortrags auf andere Weise begründet werden muss.

Dem § 138 Abs. 2 ZPO kann aber folgendes entnommen werden: Die sich erklärende Partei muss im Interesse der am Prozess beteiligten Personen und eines effektiven Erkenntnisverfahrens substantiiert vortragen, sofern die Prozesslage (bedingt durch den Vortrag des Gegners) dies veranlasst. Die Einlassung zu den gegnerischen Ausführungen muss in Zusammenhang mit ihnen ein umfassendes Bild der Ansichten beider Seiten über die streitige Sache bilden. Im Normalfall verfügen beide Seiten mehr oder minder über die gleiche Möglichkeit, ihre Ansichten mit der für den Prozesserfolg erforderlichen Sorgfalt dem Richter zu übermitteln und werden es auch tun. Das ist das Wesen der verantwortungsbewussten und diskursiven Bildung des Sachverhalts und diesen Normalfall spiegelt der Satzbau des § 138 Abs. 2 ZPO wieder. Die risikobelastete Partei wird von sich aus oder nach Anregung durch das Gericht (§ 139 Abs. 1 ZPO) substantiiert vortragen. Die Gegenpartei muss sich dann eingehend erklären, sofern sie das eigene Verteidigungsinteresse wahrnehmen will und so wird das Beweisverfahren entweder besser vorbereitet oder unnötig gemacht.[232] Liegt eine unüberwindbare Informationsnot der risikobelasteten Seite vor, ist das Ziel des § 138 Abs. 2 ZPO, einen Diskurs zwischen den Parteien über die streitigen Tatsachen herzustellen, nicht mehr erreichbar. Denn die Grundprämisse, die risikobelastete Partei könnte den Sachverhalt substantiiert schildern, trifft nicht zu. Um den vom Gesetzgeber gewünschten Diskurs lebendig zu halten, muss die nicht risikobelastete Partei in Fällen tatsächlicher Unmöglichkeit der risikobelasteten,

---

231 § 1 B II 2 Fall a.

232 Vgl. § 6 B I 2.

einen begründeten Vortrag zu leisten, trotzdem begründet erwidern, falls sie bestreitet. Andernfalls kommt die Partei ihrer Pflicht, sich über die von dem Gegner behaupteten Tatsachen zu erklären, nicht nach. Das lässt sich schon aus dem Merkmal „sich erklären" mit Blick auf der Zwecksetzung des § 138 Abs. 2 ZPO ableiten. Der Vortrag von Anhaltspunkten seitens des Risikobelasteten, anders als die schlüssige Darstellung des geltend gemachten Rechts, ist demzufolge hierfür keine zwingende Bedingung.[233] Das substantiierte Bestreiten stellt in diesem Fall einen deutlichen Aufklärungsbeitrag dar, denn die Einlassung enthält Details über die streitigen Tatsachen, die die risikobelastete Partei selbst nicht darlegen könnte. Diese besondere Erscheinungsform des substantiierten Bestreitens kann der in der Rechtsprechung verfestigten Terminologie folgend als sekundäre Darlegungs-, Erklärungs- oder Substantiierungspflicht begriffen werden.

H. Ergebnis

Die Unfähigkeit der risikobelasteten Partei, Details über tatsächliche Ereignisse in den Prozess einzuführen, die häufig der mangelhaften Kenntnis der Partei von dem maßgeblichen Lebensvorgang zu verdanken ist, stellt ein Problem dar, welches die Möglichkeit einen substantiierten Sachverhalt darzustellen, eine zielführende Beweiserhebung zu beantragen und folglich den effektiven Rechtsschutz erheblich mindert. Das Problem sowie das bewährte Heilmittel sind seit Jahrzehnten anerkannt; Informationsdefizite einer Partei über Tatsachen können am besten durch einen Aufklärungsbeitrag des Gegners beseitigt werden, falls er über die entsprechenden Informationen verfügt. Sich auf die §§ 138 Abs. 1 und 2, 275 ff., 282 Abs. 1 ZPO und § 242 BGB stützend leitet die ständige Rechtsprechung eine sekundäre Darlegungslast der nicht risikobelasteten Partei ab. Durch diesen Umstand obliegt der sich einlassenden Partei die Aufgabe, den pauschalen Vortrag des Gegners substantiiert zu bestreiten. Reflexiv leistet sie eine Aufklärung durch die Einlassung. Obwohl begrüßenswert, leidet dieser Lösungsansatz an einer dogmatisch vagen Konstruktion.

Auf der Suche nach der normativen Grundlage ist es empfehlenswert, sich auf die Vorschriften zu konzentrieren, die die Ausformung des Sachverhalts beeinflussen und sich nicht auf beweisrechtliche Mitwirkungspflichten beziehen. Zweifelsohne enthalten die §§ 142, 144, 372 Abs. 2 und 3, 372a Abs. 1, 422 f. 441 Abs. 3, 444 und 445 ff. ZPO Mitwirkungspflichten der nicht beweisbelasteten Partei, die die Ermittlung des Sachverhalts betreffen. Daraus ergibt sich aber nur eine Pflicht, Beweismittel in den Prozess einzuführen oder ihre Einführung nicht zu hindern. Die besondere Verpflichtung, Details

---

233 Vgl. § 5 C.

über den Lebensvorgang schon im Rahmen des Behauptens und Bestreitens mitzuteilen, liegt einen kleinen jedoch nicht einwandfrei mit diesen Mitteln zu überbrücken Schritt weiter. Auch die Heranziehung der Wahrheits- sowie der Prozessförderungspflicht der Parteien hat zu unterbleiben, denn sie führt entweder zu Antinomien oder zwangsweise zu der Auseinandersetzung mit der speziell in § 138 Abs. 2–4 ZPO geregelten Erklärungspflicht. Ihre Benutzung als Basis für die weitere Argumentation ist demnach überflüssig, wenn nicht unbedenklich.

In § 138 Abs. 2–4 ZPO ist eine nicht ganz klare Regelung der Erklärungspflicht enthalten. Absatz 2 legt ohne ausdrückliche inhaltliche Anforderungen die Pflicht jeder Partei fest, sich auf die von dem Gegner behaupteten Tatsachen zu erklären. Die darin enthaltene Aufforderung wird durch die weiteren Absätze des § 138 konkretisiert. Aus dem Absatz 3 ergibt sich die Pflicht, genau anzugeben, welche von den gegnerischen tatsächlichen Behauptungen bestritten werden. Aus Absatz 4 wird hergeleitet, dass die sich einlassende Partei nicht nur den Willen zu bestreiten deutlich machen muss. Impliziert wird vielmehr, dass eine detaillierte Wissenserklärung in Betracht kommt. Die vom Absatz 4 stillschweigend vorausgesetzte Erklärungspflicht im Sinne einer Pflicht zur substantiierten Einlassung ist aus Absatz 2 herauszulesen. Die Erklärungspflicht gemäß § 138 Abs. 2 ZPO besagt, dass jede Partei sich über die von dem Gegner behaupteten Tatsachen zu erklären hat. Mit anderen Worten: Eine substantiierte Behauptung verlangt eine substantiierte Einlassung. Das ist nur logisch, denn der detaillierte Tatsachenvortrag enthält Einzelheiten der geschilderten Tatsache. Die Einlassung muss sich auf den gesamten Vortrag, also auch auf die vorgetragenen Einzelheiten beziehen. Der Sinn der in § 138 Abs. 2 ZPO enthaltenen Pflicht zur substantiierten Einlassung gilt dem Zustandekommen eines prozessualen Diskurses zwischen den Streitenden. Bezweckt wird die Effektivitäts- sowie die Effizienzerhöhung des Zivilverfahrens durch substantiierte Behauptungen der Parteien, indem die genau zu prüfenden streitigen Punkte des Rechtsverhältnisses möglichst vor dem Beweisverfahren feststehen. Weil die risikobelastete Partei im Regelfall von sich aus substantiiert behaupten wird, konzentriert sich § 138 Abs. 2 ZPO darauf, die Pflicht zur ebenfalls substantiierten Einlassung festzusetzen. In Fällen tatsächlicher Unfähigkeit des Risikobelasteten, den Diskurs zu initiieren, weil er nicht substantiiert behaupten kann, besteht kein Grund auf die substantiierte Einlassung der Gegenseite zu verzichten, sonst liefe der Zweck des § 138 Abs. 2 ZPO leer. Vorbehaltlich der weiteren Problematik des missbräuchlichen Ausforschungsbeweises, die später behandelt wird, ist neben der Mindestvoraussetzung der schlüssigen Behauptung des geltend gemachten Rechts die weitere Angabe konkreter Anhaltspunkte seitens der unfähigen Partei unnötig. Dieser besondere Fall des substantiierten Bestreitens kann als sekundäre Erklärungspflicht bezeichnet werden.

§ 4 Die Physiognomie der sekundären Erklärungspflicht

A. Sachlicher und persönlicher Anwendungsbereich

Die sekundäre Erklärungspflicht wird direkt aus § 138 Abs. 2 ZPO herleitet und bildet eine besondere Erscheinungsform substantiierten Bestreitens. Der Anwendungsbereich der sekundären Erklärungspflicht stimmt demzufolge mit demjenigen des § 138 Abs. 2 ZPO überein. Zur Erklärung wird dann derjenige verpflichtet, an welchen das von der anderen Seite geltend gemachte Recht gerichtet ist, d. h. die Gegenpartei. Diese muss sich selbst bzw. durch ihren Vertreter auf den Vortrag des Gegners substantiiert einlassen, um ihn wirksam zu bestreiten. § 138 Abs. 2 ZPO zählt zu den allgemeinen Vorschriften und ist zunächst auf die gesamte Regelungsbreite der ZPO anwendbar. Er begründet die diskursive Bildung des Sachverhalts nach Initiative und Gegeninitiative der Parteien. Sein Eingriff bedarf infolgedessen eines kontradiktorischen, von der Parteiherrschaft geprägten Verfahrens. Das muss in Erwägung gezogen werden, falls eine entsprechende Anwendung der Regelung fraglich ist.

B. Erklärung über Tatsachen

I. Die Auskunftsmitteilung durch die nicht risikobelastete Partei geschieht, indem sie dem unbegründeten gegebenenfalls mit Anhaltspunkten begleiteten Vortrag eine begründete Einlassung entgegensetzt. Die sich einlassende Partei hat demzufolge dem Gegner unbekannte Informationen nur soweit zu offenbaren, als diese für das wirksame Bestreiten erforderlich sind. Der Gegner erlangt hingegen keinen prozessualen „Anspruch“ auf bestimmte, von ihm erwünschte Informationen, obwohl die substantiierte Einlassung diese je nach der besonderen Gestaltung der Lage ermitteln kann:

Wird zum Beispiel wegen irreführender Werbung geklagt und behauptet der Kläger, die sich erst aus betriebsinternen Informationen ergebenden Werbeangaben träfen nicht zu, muss der Beklagte begründet erwidern, d. h. nachvollziehbar darstellen, warum die Angaben nicht irreführend sind.[1] Unaus-

[1] Vgl. § 1 B II 2 a Fall d.

weichlich müssen dann die entsprechenden betriebsinternen Informationen offenbart werden, die dem Kläger nicht bekannt sind.

Oder aber, wird die Partei wegen angeblicher Verletzung von Verwertungsrechten im Wege rechtswidrigen Filesharings in Anspruch genommen,[2] muss sie diejenigen substantiierte Behauptungen aufstellen, die den Umgang mit dem Internetanschluss erhellen. Erforderlich kann sein, dass die sich einlassende Partei die Sicherheitsstandards ihres Netzwerkanschlusses angibt, sowie, ob und welche andere Personen Zugang zum Internetanschluss hatten.[3] Den ihr als den eigentlichen Rechtsverletzer Bekannten namhaft zu machen, muss sie nicht.[4] Diese Information geht über die Schilderung des Sachverhalts und die eigene Verteidigung hinaus. Die Partei würde dadurch Zeugnis gegen einen Dritten leisten und insofern im eigenen Prozess wie ein Zeuge agieren.

Unter Umständen kann aber eine geschickte Partei ihrer sekundären Erklärungspflicht entgehen oder diese zumindest zurückstellen. Wird auf Herausgabe wegen ungerechtfertigter Bereicherung geklagt, behauptet der Kläger eine Vermögensverschiebung ohne rechtliche causa.[5] Die sekundäre Erklärungspflicht des Beklagten greift ein, weil die Behauptung sowie der Nachweis des Fehlens jeglichen rechtlichen Grundes zu schwierig sind. Der Beklagte hat dann genau den Grund anzugeben, nach welchem er die Bereicherung behalten darf. Es ist aber durchaus möglich, dass der Beklagte bereits die Vermögensverschiebung bestreitet. Diese muss aber feststehen, damit die Frage nach dem rechtlichen Grund gestellt wird, hinsichtlich welchem die Partei sekundär erklärungspflichtig ist.

II. Es ist auch nicht notwendig, dass die erweiterte Substantiierungspflicht automatisch eingreift. Sofern die Angabe von Anhaltspunkten wider der hier vertretenen Ansicht erforderlich erscheint,[6] darf sich die pflichtige Partei statt der substantiierten Erklärung mit dem (auch) die Anhaltspunkte umfassenden Bestreiten begnügen. Anhaltspunkte sind letztendlich ebenfalls tatsächliche Behauptungen. Sie helfen nicht, den Sachverhalt zu substantiieren, sondern haben stattdessen eine schwache Indizwirkung und machen erst hierdurch den Vortrag nachvollziehbar. Sind sie streitig, wird die an sie geknüpfte Funktion, zweckwidrige Ausforschungsgesuche zu verhindern, beeinträchtigt.[7] Nur, wenn ihr Vorliegen entweder tatsächlich oder auf Grund einer

[2] Vgl. § 1 B II 2 a Fall h.

[3] BGH MMR 2017, 473, 475 ff.; NJW 2018, 65, 65; NJW 2018, 68, 69.

[4] BGH NJW 2017, 1961, 1962; a.A. BGH NJW 2018, 65, 67.

[5] Vgl. § 1 B II 2 a Fall c.

[6] Vgl. § 5 C II 2–4.

[7] Vgl. *Kegel*, JZ 1952, 657, 658; *Hertz-Kleptow*, DRiZ 1953, 103; *Büttner*, ZZP 67 (1954), 73, 90; *D. Lang*, DRiZ 1962, 232; *Lüderitz*, Ausforschungsverbot, S. 22 f., 39;

Fiktion (§ 138 Abs. 3 ZPO) feststeht, sollte den Gegner eine sekundäre Erklärungspflicht (im Hinblick auf den restlichen Vortrag) treffen.[8]

III. Behaupten und Beweisen stehen in einem symbiotischen Verhältnis.[9] Die erklärungspflichtige Partei hilft einerseits, das Beweisthema zu bilden, und erleichtert oder sogar ermöglicht die Beweisführung, wenn die erteilte Auskunft gleichzeitig Beweismittel bekannt macht und diese für den Beweisantritt ausreichen.[10] Es muss aber klar sein, dass die sekundäre Erklärungspflicht die materielle Beweislast kaum beeinflusst.[11] In dem möglichen Prozessverlust wegen Nichterfüllung dieser Mitwirkungspflicht eine die Wertungen des materiellen Rechts zuwiderlaufende Änderung des Prozessrisikos zu erblicken, ist verwirrend.[12] Zwar trägt die pflichtige Partei zur Abwendung des *non liquet* bei, indem sie die Ermittlung des Sachverhalts fördert, die Unerwiesenheit der erheblichen Tatsachen geht jedoch nicht zu ihren Lasten. Dass sie ferner bei Verletzung ihrer Erklärungspflicht den Prozess verlieren kann, ist Folge einer Sanktion wegen Pflichtwidrigkeit und nicht Folge einer Beweislastentscheidung.

Eine Umkehr der Beweisführungslast findet dementsprechend ebenfalls nicht statt.[13] Davon könnte nur gesprochen werden, sofern die anfangs beweisführungsbelastete Partei, namentlich der notleidende und das Risiko der Beweislosigkeit tragende Gegner, den Hauptbeweis bereits erfolgreich geführt hat. Wer hingegen behauptet, die pflichtige Partei habe schon vor der erfolgreichen Beweisführung des risikobelasteten Gegners Beweise für ihre im Rahmen des substantiierten Bestreitens eingeführten Behauptungen

---

Peters, Ausforschungsbeweis, S. 43, 70, 74 f.; *G. Esser*, Ausforschungsbeweis, S. 200 f.; *Arens*, ZZP 96 (1983), 1, 14, 16 f.; *T. Pfeiffer*, ZIP 2017, 2077, 2082.

[8] A.A. *Büttner*, ZZP 67 (1954), 73, 91; *Stürner*, Aufklärungspflicht, S. 127: *Osterloh-Konrad*, S. 103; *Dölling*, NJW 2013, 3121, 3124.

[9] Vgl. § 1 A III 1; auch Baumgärtel/*Laumen*, HdB-Grundlagen, Kap. 9 Rdnr. 66.

[10] Vgl. *Arens*, ZZP 96 (1983), 1, 18; *K. Schreiber*, JR 1991, 415, 415; *Lindacher*, WRP 2000, 950, 952 f.; *Prütting*, Gegenwartsprobleme, S. 137. Nur insofern ist der Begriff „sekundäre Beweislast" statthaft. Vgl. RG GRUR 1941, 233, 235; BGH NJW 1962, 2149, 2150 (impliziert); NJW 1974, 1822, 1822 f.; *Kiethe*, MDR 2003, 1325, 1326; *Semler*, in: FS für Schütze, S. 535, 537.

[11] BGH GRUR 2016, 191, 194; NJW 2018, 65, 65; *Borck*, WRP 1963, 191 ff.; *Musielak*, Grundlagen, S. 145; *Peters*, in: FS für Schwab, S. 399, 407 f.; *K. Schreiber*, JR 1991, 415, 416; *Kiethe*, MDR 2003, 781, 783 f.; *Waterstraat*, ZZP 118 (2005), 359, 474; Baumgärtel/*Laumen*, HdB-Grundlagen, Kap. 22 Rdnr. 4; *Prütting*, in: FS für Krüger, S. 433, 436; *SJKern*, § 138 Rdnr. 32; Zöller/*Greger*, vor § 284 Rdnr. 34.

[12] So aber *K. Schreiber*, JR 1991, 415, 416; *Arens*, ZZP 96 (1983), 1, 16, 18; *Prütting*, in: FS für Bartenbach, S. 417, 422 f.

[13] Auch BGH GRUR 2016, 191, 194; *Lindacher*, WRP 2000, 950, 952 f.; *Völzmann-Stickelbrock*, in: FS für Schilken, S. 541, 547, 549 f.; Baumgärtel/*Laumen*, HdB-Grundlagen, Kap. 22 Rdnr. 4.; *Prütting*, in: FS für Krüger, S. 433, 436.

zu erbringen,[14] obwohl die Beweislastverteilung gleich bleibt, schafft eine seltsame Prozesslage. Die erklärungspflichtige Partei muss den Gegenbeweis führen, obwohl der Hauptbeweis unterblieben ist. Würde die erklärungspflichtige Partei keine Beweise anbieten, hätte sie prozessuale Nachteile zu tragen und würde möglicherweise den Prozess verlieren, obwohl sie nicht einmal abstrakt beweisführungsbelastet war. In dieselbe Richtung geht die Auffassung, dass die Einlassung der erklärungspflichtigen Partei ernsthaft in Betracht kommen muss.[15] Nicht ernsthaft soll die Einlassung sein, deren Wahrheitsgehalt mehr als zweifelhaft erscheint.[16] In der Ernsthaftigkeit der Gegendarstellung versteckt sich die Gefahr einer Umkehr der Beweisführungslast. Denn kommt das Gericht zum Ergebnis, die Gegendarstellung ist haltlos bzw. nicht ernsthaft und lässt sie unberücksichtigt, muss die sich einlassende Partei jetzt Beweise anbieten, damit sie keinen Nachteil erleidet.

In engem Zusammenhang mit dem oben Erwähnten steht die Frage, ob diese Art der Aufklärung auch zur Bekanntgabe oder Vorlage von Beweismitteln verpflichtet.[17] Die Unkenntnis über Tatsachen zeigt oft auch den fehlenden Zugang zu adäquaten Beweismitteln. Hat die sekundäre Erklärungspflicht den Sinn, die die Rechtsdurchsetzung hindernden Informationsdefizite zu beseitigen, liegt die Annahme nahe, dass auch die Nachprüfung der vom Erklärungspflichtigen vorgebetrachten Tatsachen ermöglicht werden muss. Die Substantiierung will aber lediglich die vollständige Abbildung des Sachverhalts erreichen, § 138 Abs. 2 ZPO bezieht sich nicht auf den Beweis.[18] Der Zugang zu bestehenden Beweismitteln ist folglich anderenorts zu suchen. Ob das substantiierte Bestreiten Informationen über bestehende Beweismittel enthält, bleibt daher eine Frage des Einzelfalls und hängt davon ab, ob sie für die substantiierte Einlassung erforderlich sind oder nicht.

---

[14] RG GRUR 1941, 233, 235; BGH NJW 1962, 2149, 2150; NJW 1974, 1822, 1822 f.; *Musielak*, Grundlagen, S. 143 f.; *Reischl*, JR 1997, 404, 409.

[15] BGH NJW 2018, 65, 65 f.; NJW 2018, 68, 69; *Kehrberger*, EWiR 2017, 675, 675; *Schaub*, NJW 2018, 17, 18.

[16] *Solmecke/Rüther/Herkens*, MMR 2013, 217, 220.

[17] Bejahend: RG GRUR 1941, 233, 235; BGH NJW 1962, 2149, 2150; NJW 1974, 1822, 1822 f.; *Musielak*, Grundlagen, S. 143 f.; *Lindacher*, WRP 2000, 950, 952.

Ablehnend: BGH NJW-RR 1993, 746, 747; NJW 2007, 2989, 2991 f.; WM 2008, 112, 114; NJW 2008, 982, 984; *Freudenthal*, S. 86; *Koch*, S. 149, 187; *Völzmann-Stickelbrock*, in: FS für Schilken, S. 541, 547; Baumgärtel/*Laumen*, HdB-Grundlagen, Kap. 22 Rdnr. 4; *T. Pfeiffer*, ZIP 2017, 2077, 2079; grundsätzlich so auch *BLAHartmann*, § 138 Rdnr. 30.

[18] Vgl. § 3 G.

C. Sanktion

I. Prozessuale Aufklärungspflichten können vollstreckbar, also erzwingbar mithilfe von unmittelbarer Gewalt, Ordnungsgeld sowie Ordnungshaft, oder lediglich von Prozessnachteilen begleitet sein. Was die sekundäre Erklärungspflicht betrifft, scheidet die Vollstreckbarkeit mangels entsprechender ausdrücklicher Regelung gleich aus. Die Anwendung von Gewalt wie am Beispiel des § 372a Abs. 2 ZPO bedarf einer formellen Ermächtigungsgrundlage (Art. 2 Abs. 2 S. 3 GG). Unter strengem Gesetzesvorbehalt (Art. 2 Abs. 2 S. 3 verstärkt durch den Parlamentsvorbehalt des Art. 104 Abs. 1 S. 1 GG) steht die Anordnung von (Ordnungs-)Haft. Für die Sanktionierung durch Ordnungshaft oder Ordnungsgelder, dem § 390 Abs. 1 S. 2 ZPO entsprechend, kann des Weiteren das Analogieverbot des Art. 103 Abs. 2 GG und des § 3 OWiG in Betracht kommen.[19] Die Annahme solcher Sanktionsmöglichkeiten lässt sich letzten Endes mit den vorfindenden Wertungen des Gesetzgebers nicht vereinbaren. Es wäre systemwidrig, die Verletzung der sekundären Erklärungspflicht intensiver als die Aussageverweigerung durch die vernommene Partei oder die Verletzung der „einfachen" Erklärungspflicht zu ahnden.

Auf der anderen Seite stellt die Androhung des fiktiven Geständnisses gemäß § 138 Abs. 3 ZPO weder die einzig vertretbare noch die sachgerechte Lösung dar.[20] Die Strenge der Wahrheitsfiktion gemäß § 138 Abs. 3 ZPO missbilligt die schlichte Untätigkeit der Partei als Verteidigungstaktik, namentlich das Fehlen jeglicher Einlassung oder die nicht klare Angabe, welche von den mehreren Angaben des gegnerischen Vortrags bestritten werden. Bei dem hier problematischen Fall aber nicht nur kann der Beweisbelastete nicht einmal substantiierten Behauptungen (bestenfalls Anhaltspunkte) machen, die Gegenpartei hat jedenfalls (was von Bedeutung für den Eingriff des § 138 Abs. 3 ZPO ist) den klaren Willen zu bestreiten erklärt und ferner angegeben, was genau bestritten wird. Es wäre heikel, beide Situationen gleich zu behandeln. Vorzugswürdig ist die Orientierung an den minder schweren §§ 446 und

---

[19] Die Bejahung dieser Frage hängt allerdings davon ab, ob die Sanktion des § 390 Abs. 1 ZPO vergeltenden Charakter hat bzw. ob sie eine Ordnungswidrigkeit im Sinne des § 1 OWiG sanktioniert.

[20] So aber *BAG* NJW 1994, 3244, 3246; BGH NJW 1961, 826, 828; NJW 1996, 315, 317; NJW 2008, 982, 984; NJW 2018, 65, 67; BVerfG NZG 2011, 1379, 1381; OLG Hamm NJW-RR 1990, 1286, 1286; *Lindacher*, WRP 2000, 950, 952; *Mes*, GRUR 2000, 934, 939; *Bischoff*, JA 2010, 532, 534; *Koch*, S. 187; *Semler*, in: FS für Schütze, S. 535, 537; *Völzmann-Stickelbrock*, in: FS für Schilken, S. 541, 547; *SJKern*, § 138 Rdnr. 34; MünchKommZPO/*Fritsche*, § 138 Rdnr. 21; Zöller/*Greger*, § 138 Rdnr. 8b und vor § 284 Rdnr. 34c.

453 Abs. 2 ZPO.[21] Die unterbliebene Substantiierung wird dann wie die verweigerte Parteiaussage behandelt; der Richter hat nach der eigenen Überzeugung insbesondere unter Berücksichtigung der Intensität der Nichterfüllung zu entscheiden, ob er die behauptete Tatsache als erwiesen ansehen will.[22]

Die Ansicht, dass die Wahrheitsfindung als Anliegen des Verfahrens und folglich die Aufklärungspflichten sich mit fingierenden Sanktionen nicht vertragen, fußt auf einem Missverständnis.[23] Durch das Auferlegen von Aufklärungspflichten wird zwecks Durchsetzung die Findung der Wahrheit beabsichtigt. Sofern vom Prozess vorwiegend private Interesse betroffen werden, was bei bürgerlichen Streitigkeiten grundsätzlich der Fall ist, gilt die Sachaufklärung vorwiegend dem Interesse der Streitenden. Aus Gründen der Ökonomie und Wirtschaftlichkeit des Verfahrens können die prozessrechtlichen Aufklärungspflichten effektiv auch durch Prozessnachteile sanktioniert werden. Nur wenn die Erwirkung des Aufklärungsbeitrags für die Rechtsdurchsetzung unverzichtbar ist, d. h., wenn die Partei an Informationsdefiziten über den Inhalt des von ihr geltend gemachten Rechts leidet, muss die Aufklärungspflicht auch vollstreckbar sein. Die (sekundäre) Erklärungspflicht der Partei kommt aber in Betracht, erst nachdem der Gegner ein bestimmtes und schlüssiges Begehren dargetan hat. Zweck der Erklärungspflicht ist die möglichst vollständige Zusammensetzung des streitigen Sachverhalts zur Optimierung des Beweisverfahrens und nicht die Verschaffung von Gewissheit über den Inhalt des geltend gemachten Rechts. Sie kann infolgedessen allein durch prozessuale Nachteile sanktioniert werden.

II. Die hier vorgeschlagene Sanktionierung unterbliebener Substantiierung im Rahmen der sekundären Erklärungspflicht macht die Annährung der in § 138 Abs. 2 ZPO festgelegten Aufklärungspflicht an die Parteivernehmung erkennbar. Der seltene Fall, dass die erklärungspflichtige Partei sich auf eigene Unkenntnis beruft und demzufolge mit Nichtwissen (§ 138 Abs. 4 ZPO) erklärt, veranschaulicht dies noch deutlicher:

1. Die ZPO erlaubt eine Erklärung mit Nichtwissen, welche in der Rechtsnatur dem Bestreiten gleichkommt,[24] sofern die entsprechenden Tatsachen weder Gegenstand eigener Handlung noch Gegenstand eigener Wahrnehmung

---

[21] Vgl. RG GRUR 1941, 233, 235; *W. Esser*, WRP 1963, 44, 45 f.; *Gottwald*, BB 1979, 1780, 1783.

[22] Es handelt sich weder um eine bloße Würdigung im Rahmen des § 286 Abs. 1 ZPO noch um eine Fiktion stricto sensu. Vgl. § 3 B III 3.

[23] s. z. B. *v. Mohrenfels*, Informationsleistungspflichten, S. 213.

[24] *Brehm*, Bindung, S. 90 Fßn. 129, S. 91; *Nicoli*, JuS 2000, 584, 584 f.; *Braun*, S. 517 f.; *TPSeiler*, § 138 Rdnr. 21; *SJKern*, § 138 Rdnr. 41; differenziert *Hackenberg*, S. 87 ff., 100; ihm folgend *Dötsch*, MDR 2014, 1363, 1363 f.

der sich einlassenden Partei gewesen sind.[25] Der Tatbestand der Vorschrift wird jedoch teils eingeschränkt und teils ausgedehnt. Der erklärungspflichtigen Partei ist die Berufung auf § 138 Abs. 4 ZPO insofern verwehrt, als die relevanten Tatsachen zwar Gegenstand fremder Handlungen oder Wahrnehmungen gewesen sind, sich aber innerhalb des Herrschafts- bzw. Verantwortungsbereichs des Erklärungspflichtigen abgespielt haben und demzufolge die Kenntnisnahme nicht ausgeschlossen ist.[26] Auf der anderen Seite wird die Erklärung mit Nichtwissen vorbehaltlich einer entsprechenden Informationsmöglichkeit sowohl bei fehlender Erinnerung[27] als auch bei schuldhaftem Nichtwissen bzw. Nicht-Mehr-Wissen[28] eingeräumt, auch wenn die in Frage kommenden Tatsachen Gegenstand eigener Handlung oder Wahrnehmung gewesen sind.

Obwohl die vom Gesetzgeber gewählte Ausdrucksweise („eine Erklärung mit Nichtwissen ist *nur* über Tatsachen zulässig") für den Ausnahmecharakter des § 138 Abs. 4 ZPO spricht und die erwähnten Analogieschlüsse erschwert, sind diese zu begrüßen. Die teleologische Reduktion der Vorschrift, falls der Partei die Kenntnisnahme noch zuzumuten ist, weil der relevante Vorgang innerhalb des eigenen Herrschaftsbereichs abgespielt hat und einholbar ist, kann man relativ leicht begreifen. Unabhängig von dem Wegfall des Parteieids in 1933 ist die Erstreckung des § 138 Abs. 4 auf den Fall des schuldhaften Nichtwissens und ferner auf die Erinnerungsunfähigkeit, obwohl die maßgeblichen Informationen Gegenstand eigener Wahrnehmung gewesen sind, zutreffend.[29] Die Gleichsetzung des schuldhaften Nichtwissens mit der schuldhaften Verletzung der Erklärungspflicht ist misslungen, weil sie zwei zusammenhängende aber doch verschiedene Fragen vermengt. Die Erklärung mit Nichtwissen soll dann selbstverständlich ein Unwerturteil nach sich ziehen, wenn die Partei über entsprechende Kenntnis verfügt oder diese

---

[25] BGH, NJW 1989, 161, 162; NJW-RR 2009, 1666, 1667; *Nicoli*, JuS 2000, 584, 586; *SJKern*, § 138 Rdnr. 41; *TPSeiler*, § 138 Rdnr. 19; *Morhard*, Informationspflicht, S. 67; a.A. *Hackenberg*, S. 138ff.

[26] BGH NJW 1995, 130, 131; NJW 1999, 53, 54; NJW-RR 2009, 1666, 1667; *Lange*, NJW 1990, 3233, 3234ff.; *Nicoli*, JuS 2000, 584, 589; *Foerste*, ZZP 108 (1995), 283, 284; *RSGottwald*, § 65 VIII 3; *SJKern*, § 138 Rdnr. 43; *TPSeiler*, § 138 Rdnr. 20; Zöller/*Greger*, § 138 Rdnr. 16.

[27] Vgl. BGH NJW 1990, 453, 454; NJW 1995, 130, 131; NJW-RR 2002, 612, 613; *Brehm*, Bindung, S. 90; *RSGottwald*, § 65 VIII 3; *Lange*, NJW 1990, 3233ff.; *Nicoli*, JuS 2000, 584, 587; *SJKern*, § 138 Rdnr. 42; Zöller/*Greger*, § 138 Rdnr. 14; *TPSeiler*, § 138 Rdnr. 20.

[28] *Nicoli*, JuS 2000, 584, 589f.; Zöller/*Greger*, § 138 Rdnr. 14; abweichend *Lange*, NJW 1990, 3233, 3239.

[29] Näher zu dem systematischen Zusammenhang mit dem Parteieid *Foerste*, ZZP 108 (1995), 283, 284 Fßn. 6; *Hackenberg*, S. 35f., 69; *Morhard*, Informationspflichten, S. 6, 8, 14f., 60; *Nicoli*, JuS 2000, 584, 587.

erlangen kann, dies aber nicht tut. Wenn sie sich aber nicht (mehr) substantiiert erklären kann, muss weiter differenziert werden. Diese Unfähigkeit kann ihr vorwerfbar sein, was der Fall sein wird, wenn die pflichtige Partei die entsprechenden Informationsträger, wie z. B. Urkunden, vernichtet und den Vorgang nicht mehr in Erinnerung hat. Dies allein bedeutet aber noch keine Verletzung der Erklärungspflicht. Maßgeblich ist vielmehr, ob die Partei die drohende Nichterfüllung der Erklärungspflicht ebenfalls erkannt hat oder hätte erkennen müssen.[30] Im Fall des Nichtwissens wird die Erklärungspflicht erst dann verletzt, wenn die pflichtige Partei im konkreten Zeitpunkt schuldhaft ihre Informationsnot verursacht hat und zugleich ihr die innerprozessuale Folge, d. h. die Nichterfüllung der Substantiierungspflicht gemäß § 138 Abs. 2 ZPO ebenfalls vorwerfbar ist.[31]

Die Wahrheitspflicht spielt hingegen für die Ausdehnung des § 138 Abs. 4 ZPO überhaupt keine Rolle. Die Partei agiert wahrheitswidrig, wenn sie Tatsachen behauptet, deren Unwahrheit sie kennt bzw. davon überzeugt ist oder, wenn sie Tatsachen trotz ihrer gegenteiligen Überzeugung bestreitet.[32] Meint die sich verteidigende Partei entweder aufgrund entsprechender Kenntnis oder nicht, dass die gegnerischen tatsächlichen Ausführungen nicht wahr sind, macht es für die Wahrheitspflicht keinen Unterschied, ob sie einfach oder mit Nichtwissen bestreitet.[33] Beide Male wird die Wahrheit der gegnerischen Behauptung in gleichem Maße in Zweifel gestellt und muss nun nachgewiesen werden.

So gesehen stellt der ausdrückliche Wortlaut des § 138 Abs. 4 ZPO nicht die einzige Ausnahme vom § 138 Abs. 2 ZPO dar. Er wiedergibt den Grundsatz, wann eine substantiierte Erklärung der sich einlassenden Partei nicht mehr zuzumuten ist.[34] Mehr als das ist dem § 138 Abs. 4 ZPO nicht zuzuschreiben. Die Informationspflicht der sich einlassenden Partei, also die Pflicht, vorhandene und zumutbare Erkenntnisquellen auszuschöpfen, bevor

---

30 s. auch *Lange*, NJW 1990, 3233, 3239.

31 Vgl. BGH NJW-RR 2002, 612, 613. Erkennbar ist insofern eine Vorwirkung der Erklärungspflicht. Denn der Einzelne muss in Anbetracht eines möglichen Rechtsstreits auf die Erfüllung seiner Pflicht Bedacht nehmen. Dass aber das Prozessrechtsverhältnis keine Vorwirkung außerhalb des Prozesses entfalten kann, ist ein Axiom ohne rechtliche Stütze (S. aber *Morhard*, Informationspflichten, S. 135; bejahend *Nicoli*, JuS 2000, 584, 590; Baumgärtel/*Prütting*, HdB-Grundlagen, Kap. 22 Rdnrn. 8, 18).

32 Vgl. § 3 F I.

33 s. aber BGH NJW 1990, 453, 454; *E. Schmidt*, DRiZ 1988, 59, 60; *Lange*, NJW 1990, 3233, 3234, 3238; *Hackenberg*, S. 70 f., 103; *Nicoli*, JuS 2000, 584, 587; *Bischoff*, JA 2010, 532, 534; *Dötsch*, MDR 2014, 1363, 1363 ff., 1367; *Wach/Bücheler*, in: FS für Geimer, S. 765, 768; *Jauernig/Hess*, § 44 V; *SJKern*, § 138 Rdnr. 43.

34 *Brehm*, Bindung, S. 90; *Hackenberg*, S. 69 f.; ähnlich *Morhard*, Informationspflicht, S. 66.; *Lange*, NJW 1990, 3233, 3234.

eine wirksame Erklärung mit Nichtwissen abgegeben wird, setzt eine Aufklärungs- bzw. Erklärungspflicht logisch voraus. Die Partei muss ihr eigenes Unwissen beseitigen, weil von ihr ein Beitrag bei der Aufklärung erwartet wird. Da die entsprechende Erklärungspflicht bereits durch § 138 Abs. 2 ZPO vorgegebenen ist, ist die zusätzliche Heranziehung des § 138 Abs. 4 für die Begründung der Pflicht zur substantiierten Einlassung überflüssig.[35]

Sofern das schuldhafte Nichtwissen zur Verletzung der Erklärungspflicht führt, also, wenn diese der Partei erkennbar oder vermeidbar war, kann der Richter daraus negative Schlüsse ziehen. Sanktioniert wird aber stricto sensu gerade die Verletzung der Substantiierungspflicht und nicht die freilich uno actu stattfindende aber später in Betracht kommende Vereitelung der gegnerischen Beweisführung.[36] Das fiktive Geständnis des § 138 Abs. 3 ZPO kommt als Sanktion nicht in Betracht, denn § 138 Abs. 3 knüpft an die Verletzung der Pflicht der klaren Angabe, ob und inwiefern bestritten wird, nicht hingegen an der in § 138 Abs. 2 ZPO enthaltenen und in Form der Substantiierungspflicht auftretenden Aufklärungspflicht der sich einlassenden Partei.

2. Bereits mit der Verpflichtung, substantiiert zu bestreiten, wird zaghaft die Prüfung des Wissensstandes der nicht beweisbelasteten Partei erlaubt. Denn die Partei muss dem Bestreiten die eigene alternative Vorstellung über den Geschehensablauf beifügen. Vollzogen wird aber der Übergang zur Wissensprüfung, wenn die Anwendung des § 138 Abs. 4 ZPO in Betracht kommt. Bestreitet die Partei mit Nichtwissen, muss das Nichtwissen feststehen; greift der in § 138 Abs. 4 ZPO enthaltene Erfahrungssatz nicht oder nicht ohne Weiteres ein, muss die Partei ihr fehlendes Wissen näher belegen.[37] Von nun an wird die Grenze zwischen Parteibehauptung und Parteiaussage potenziell unüberschaubar. Der Richter prüft, dem § 446 i. V. m. § 453 Abs. 2 ZPO ähnlich, ob die von der Partei angegebenen Gründe zutreffen und würdigt danach, ob gemäß § 138 Abs. 4 ZPO eine Entlastung von der Erklärungspflicht stattfindet. Dass an der Überzeugung des Richters (freilich ohne konkrete gesetzliche Begründung aber sofern ersichtlich den §§ 372a Abs. 2 S. 1 und 386 Abs. 1 ZPO entsprechend) ein niedriger Überzeugungsmaßstab angelegt wird,[38] macht keinen wesentlichen Unterschied. Die Annäherung an die Parteivernehmung wird nicht beseitigt.

---

[35] Vgl. auch § 3 G I; s. aber *Morhard*, Informationspflicht, S. 74, 94 ff.

[36] Eine Sanktionierung über die Beweisvereitelung befürwortend *Lange*, NJW 1990, 3233, 3239; *Nicoli*, JuS 2000, 584, 589 f.; *Morhard*, Informationspflichten, S. 135; *RSGottwald*, § 65 VIII 3; Zöller/*Greger*, § 138 Rdnr. 14. Im Hinblick auf die Beweisvereitelung vgl. § 3 B III 3.

[37] BGH NJW 1995, 130, 131; *Dölling*, NJW 2013, 3121, 3125; Zöller/*Greger*, § 138 Rdnr. 14; s. auch *Lange*, NJW 1990, 3233, 3239 f.

[38] Glaubhaftmachung vgl. BGH NJW 1995, 130, 131; NJW-RR 2002, 612, 613; ablehnend (zum Teil) *Dötsch*, MDR 2014, 1363, 1366.

§ 5 Voraussetzungen und Grenzen der sekundären Erklärungspflicht

A. Einleitung: Die Interessenlage

Die Aufklärung durch den Gegner ist einerseits instrumental für die Durchsetzung des geltend gemachten Rechts, anderseits betrifft sie Informationen, an welchen oft Geheimhaltungsinteressen bestehen. Die Konzeption der Verfahrensfairness ist nicht einseitig. Obwohl der Prozess zwecks Durchsetzung des wahren materiellen Rechts notwendigerweise eine Ausforschung der daran beteiligten Personen mit sich zieht, ebenso viel wiegt der Schutz der vom Prozess erfassten Persönlichkeiten, wie auch der Schutz der Rechtspflege vor ihrer Ausnutzung. Das Aufklärungs- und Durchsetzungsinteresse der einen Partei ist auf der einen Seite gegen das Persönlichkeitsinteresse (in Form des Geheimhaltungsinteresses) der anderen Beteiligten sowie gegen das öffentliche Interesse an der redlichen Anrufung der Rechtspflege abzuwägen. Auf der anderen Seite darf die Berufung auf das Geheimhaltungsinteresse nicht die Durchsetzung eines in der Tat bestehenden Rechts verhindern. Ob aber das geltend gemachte Recht besteht und (nur) insofern, ob die Nutzung des Verfahrens und die damit verbundene Ausforschung zweckmäßig waren, ergibt sich meistens erst nach der Beweisaufnahme. Das Aufklärungsinteresse erstarkt folglich desto mehr, je wahrscheinlicher das Obsiegen des Rechtssuchenden erscheint und darf dementsprechend intensivere Eingriffe in das Privatleben des Gegners sowie der Zeugen rechtfertigen.[1]

Sofern den Rechtsstreit hauptsächlich private Interessen prägen und infolgedessen das Verfahren der Parteiherrschaft unterliegt, ist es Sache der jeweils mit der Prozessführung belasteten, mündigen Partei, die Tatsachen und Beweismittel anzubieten, die die Aufklärung erfordert. Die Prozessführung in eigener Verantwortung besagt, dass eine Hilfeleistung nur bei Notlagen zur Verfügung steht. Damit sich ein von Natur aus kontradiktorisches Verfahren nicht in eine interessenneutrale Gemeinschaft verwandelt, darf die Aufhebung des Verantwortungsequilibriums bei der Zusammensetzung des Prozessstoffs nur unter Voraussetzungen stattfinden. Ein Umkippen des Gleichgewichts ist zu vermeiden. Rechtsprechung und Literatur reflektieren

---

[1] Vgl. im Ergebnis *Lüderitz*, Ausforschungsverbot, S. 28; *Stürner*, JZ 1985, 453, 458; *Ahrens*, GRUR 2005, 837, 839; *Beckhaus*, S. 366.

im Prinzip, was sich in der knappen Schilderung der maßgeblichen Interessenlage andeutet;[2] die sekundäre Erklärungspflicht der nicht risikobelasteten Partei ist bei kumulativem Vorliegen folgender Bedingungen zu fordern: Die risikobelastete Partei befindet sich in einer Informationsnot und kann keine substantiierten Behauptungen aufstellen, wobei der Gegner über die fehlenden Informationen verfügt (B). Die hilfsbedürftige Partei hat ferner bei Gelegenheit Anhaltspunkte vorzubringen, welche den im Übrigen pauschalen aber schlüssigen (nicht schlicht abstrakten) Vortrag untermauern (C), während die Auskunft der nicht risikobelasteten Partei zumutbar sein muss (D).

B. Die schutzwürdige Informationsnot der risikobelasteten Partei

I. Die Informationsnot

Diese Voraussetzung ist wohl selbstverständlich. Denn für die erweiterte Erklärungspflicht des Gegners besteht kein Grund, wenn die risikobelastete Partei die relevanten Details selbst einführen kann. Die die sekundäre Erklärungspflicht auslösende Informationsnot wird im Regelfall als die Unkenntnis der Partei über die Details des Lebensvorgangs konkretisiert. Eine Definition von Unkenntnis wird allerdings selten vorgenommen. Stattdessen wird auf Fallkonstellationen abgestellt, bei welchen diese typisch ist; es kommen die Tatbestände des Geschäftsbereichs, sowie des Sphären-, des Verantwortungs- und des Wahrnehmungsbereichs, wie auch häufig des Geschehensablaufs und der negativen Tatsachen in Betracht. Die erwähnten Falltypen überschneiden sich. Der Geschehensablauf ist Synonym für Lebensvorgang, er beschreibt nichts anderes als die Geschehnisse und Zustände, die sich ereignet haben sollen. Die Partei wird dann geschützt, wenn sie am maßgeblichen tatsächlichen Ereignis kaum beteiligt war. Hiermit eng verwandt ist der Wahrnehmungsbereich, denn die sinnliche Wahrnehmung setzt die mittelbare oder unmittelbare Teilnahme am Geschehensablauf voraus. Die Kriterien des Sphären-, des Geschäfts- und des Verantwortungsbereichs sind Unterfälle des Wahrnehmungsbereichs und stellen die weitere Frage nach dem Vertretenmüssen der Unkenntnis in den Vordergrund.[3]

---

[2] RG GRUR 1941, 233, 235; BGH NJW 1961, 826, 828; NJW 1962, 2149; NJW 1974, 1822; NJW 1990, 3151; NJW 1992, 1817; NJW-RR 1992, 848; NJW-RR 1993, 746; NJW-RR 1996, 1211; DStR 2002, 1275, 1276; NJW 2007, 2989; WM 2008, 112; GRUR 2013, 316, 318; VersR 2013, 1395, 1396 f.; NJW-RR 2016, 1360, 1362; OLG Hamm NJW-RR 1990, 1286, 1286; *Meyke*, Darlegen, Rdnrn. 130 ff.; *Kiethe*, MDR 2003, 781, 783; *Freudenthal*, S. 17; Baumgärtel/*Laumen*, HdB-Grundlagen, Kap. 22 Rdnr. 30 ff.; *T. Pfeiffer*, ZIP 2017, 2077, 2078.

[3] Vgl. BGHZ 100, 190 (196).

Eine Definition der Unkenntnis ist jedoch leicht möglich. Die (Er-)Kenntnis realer Gegenstände ist Produkt eines kognitiven Prozesses, der die unmittelbare oder mittelbare sinnliche Erfahrung des zu erkennenden Gegenstandes voraussetzt. Die verfahrensrechtlich relevante Unkenntnis ist im Umkehrschluss dann gegeben, wenn die Partei die näheren Einzelheiten des Lebensvorgangs auf zumutbare Weise nicht (mehr) erfahren kann, weil ihr entsprechende adäquate Informationen bzw. leicht zugängliche Informationsträger (Beweismittel) fehlen. Sie ist dementsprechend als das endgültige Fehlen von leicht erreichbaren, zuverlässigen Informationen über den tatsächlichen Vorgang zu bezeichnen.[4] Hieraus ergibt sich dann auch, wann die Kenntnis der aufklärungspflichtigen Partei zu bejahen ist und wann eine Erklärung mit Nichtwissen gemäß § 138 Abs. 4 ZPO in Betracht kommt.[5]

Einen Sonderfall der Informationsnot stellt der Beweis von negativen Tatsachen dar. Negative (oder: verneinende) Tatsachen betreffen Geschehnisse und Zustände, die eine alternative Realitätsgestaltung ausschließen.[6] Diese sind nicht unbedingt der Wahrnehmung der beweisbelasteten Partei verborgen, ihr Nachweis aber erweist sich gelegentlich als schwer, indem sie vom erkennenden Richter nur im Umkehrschluss zum Bestehen anderer Tatsachen festgestellt werden können.[7] Diese Schwierigkeit ist besonders groß, wenn der Schluss auf das Fehlen einer tatsächlichen Entwicklung einer breiten, nicht leicht bestimmbaren Indizienbasis bedarf.[8] Der Bereicherungsanspruch, § 812 BGB gemäß, dient als Schulbeispiel; den Anspruchsgläubiger trifft der Nachweis des Fehlens jeglichen rechtlichen Grundes, was schwer darstellbar sein kann, obwohl er dem maßgeblichen Geschehensablauf doch beigewohnt hat.

Eine beachtliche Informationsnot, die die sekundäre Erklärungspflicht des Gegners auslösen kann, liegt dann vor, wenn die risikobelastete Partei keine nähere Schilderung des eigenen Vortrags vornehmen kann. Die Partei kann keine Informationen in den Prozess einführen, die der Substantiierung ihres tatsächlichen Vortrags dienen. Diese Unfähigkeit kann Folge der fehlenden Wahrnehmungsmöglichkeit oder -fähigkeit der risikobelasteten Partei sein. Sie kann aber auch Folge des Aufbaus des zu beweisenden und folglich zu

---

[4] BGH NJW-RR 1988, 1529, 1530; DStR 2002, 1275, 1276; auch *Beckhaus*, S. 45.

[5] Vgl. auch § 4 C II.

[6] *Mitsopoulos*, ZZP 91 (1978), 113, 123f.; *Stieper*, ZZP 123 (2010), 27, 30; *T. Pfeiffer*, ZIP 2017, 2077, 2082; „negative Tatsachenurteile" vgl. Baumgärtel/*Laumen*, HdB-Grundlagen, Kap. 20 Rdnr. 2.

[7] BGH NJW 1999, 579, 580; NJW-RR 1999, 1152, 1152; NJW 2017, 2819, 2820; *Rosenberg*, Beweislast, S. 331; *Stieper*, ZZP 123 (2010), 27, 30f.; *T. Pfeiffer*, ZIP 2017, 2077, 2082; *Baumgärtel/Laumen*, HdB-Grundlagen, Kap. 20 Rdnr. 4.

[8] *Baumgärtel/Laumen*, HdB-Grundlagen, Kap. 20 Rdnrn. 4f.; *Stieper*, ZZP 123 (2010), 27, 31.

behauptenden Normtatbestandes sein, welcher so hohe Anforderungen an den Sachvortrag stellt, dass die risikobelastete Partei überfordert wird.

II. Die Vorwerfbarkeit der Informationsnot

Die Unkenntnis bzw. die Informationsnot wird gelegentlich von den Worten „ohne Schuld“ begleitet.[9] Die Aufklärung des Sachverhalts und demzufolge auch die Durchsetzung des geltend gemachten Rechts werden dann mit der Vorwerfbarkeit der Informationsnot verbunden. Schon auf den ersten Blick befremdet diese Schuldbezogenheit. Das tritt besonders hervor, wenn der geltend gemachte Anspruch dem Grunde nach feststeht und nur sein Inhalt offen bleibt; einem gewährten Recht muss gedient werden. Auch wenn das Vorliegen des Anspruchs streitig ist, gilt dasselbe. Die durch den Prozess zu erreichende Verwirklichung des materiellen Rechts erfordert die Aufklärung des Sachverhalts. Ob das geltend gemachte Recht tatsächlich vorliegt, ist eine von der Informationsnot und ihrer Vorwerfbarkeit unabhängige Frage.

Auf dieser Basis ist der Vorwurf zu würdigen, die Partei habe eine zumutbare Informationsmöglichkeit selbst verhindert. Selbst wenn die Informationsnot die Merkmale der Beweisvereitelung aufweist, also wenn die Schuld sich sowohl auf die Unmöglichkeit der Kenntnisnahme als auch auf die Verhinderung der eigenen Prozessführung bezieht, bedarf es prinzipiell keiner anderen Wertung. Eine Pflicht der Parteien, Informationsquellen angesichts der eigenen Prozessführung zu bewahren, besteht letztendlich nicht. Hierfür besteht auch kein Grund, denn ein solches Verhalten auf der Seite des eigenverantwortlich Rechtssuchenden wäre absurd. Die Erschwerung der eigenen Prozessführung mag dumm, nicht aber missbilligenswert sein. Die Pflicht gegenüber sich selbst, also die Last, den Prozess sachdienlich zu führen, hat insofern einen Sinn, als die Partei im maßgeblichen Zeitpunkt die entsprechende Initiative ergreifen kann, das aber nicht tut. Die Verteilung der Beweislast dient der Verfahrensgerechtigkeit, indem sie den Entscheidungsinhalt bei Unaufklärbarkeit von vornherein bestimmt. Im Idealfall wird der Sachverhalt aber aufgeklärt, wozu eine umfassende tatsächliche Prüfung erforderlich ist. Können die Streitenden die sich aus der Beweislastverteilung unmittelbar (abstrakte Beweisführungs- und Behauptungslast) oder nur mittelbar (die entsprechenden konkreten Lasten) ergebenden Verhaltensanweisungen nicht befolgen und ist ihre Unfähigkeit heilbar, bedeutet das starre Bestehen auf den prozessualen Lasten den Verzicht auf die doch mögliche richtige Erkenntnis der Sachlage.[10]

---

[9] Vgl. BGH NJW-RR 1993, 746, 747; MDR 2003, 215, 216.

[10] Wenn man wie *Brehm* (Bindung, S. 197 ff., 201) im Rahmen der Beweislastverteilung neben der Überwindung des *non liquet* die Verhaltensanweisung an die Par-

Es wäre auf der anderen Seite eine nicht zu beanstandende Folge, müsste die Gegenpartei aufgrund fremden und zwar vorwerfbaren Verhaltens Einbußen erleiden. Die schuldhafte Informationsnot stellt die aufklärungspflichtige Partei nicht schlechter als die nicht schuldhafte. Die prozessuale Risikoverteilung, namentlich die Verteilung der Feststellungslast, oder das Beweismaß ändern sich nicht und unangetastet bleibt ferner die Beweisführungslast.[11] Auch die Aufklärungspflicht wird nicht intensiver aufgrund der schuldhaften Informationsnot. Ob eine vertrauliche Information mitgeteilt werden muss, ist letzten Endes keine Frage der Schutzwürdigkeit der Informationsnot, sondern der Zumutbarkeit der Auskunftsmitteilung. Freilich kann die Vorwerfbarkeit der Informationsnot dabei mitberücksichtigt werden, es machte aber wenig Sinn, eine ansonsten zumutbare Auskunft deswegen zu verweigern. Dies gilt umso mehr, weil die durch die risikobelastete Partei selbst schuldhaft beseitigten Informationen ihr bereits bekannt oder allerdings zugänglich waren.

Die mit der Gewährung fairen Rechtsschutzes verbundene Sachaufklärung macht im Ergebnis jede Informationsnot schutzwürdig. Die Verfolgung subjektiver Rechte darf nicht daran scheitern, dass die Partei keinen, wenn auch selbst verschuldeten Zugang zu Informationen hat.[12] Einer Unterscheidung zwischen Vorsatz und Fahrlässigkeit bedarf es grundsätzlich nicht. Unter Umständen ist es aber denkbar, dass die vorsätzliche Vereitelung der eigenen Prozessführung das geltend gemachte Recht abschwächt (objektiv widersprüchliches Verhalten, § 242 BGB) oder als stillschweigender Rechtsverzicht gilt.[13] Freilich ist die Überprüfung der Vorwerfbarkeit praxisfremd, denn die vorkommenden typischen Anwendungsfälle schließen die schuldhafte Informationsnot grundsätzlich aus.

---

teien in Form einer Beweissicherungsobliegenheit mitberücksichtigt, gibt es die Tendenz, Beweiserleichterungen (i. w. S.) im Fall einer selbstverschuldeten Informations- bzw. Beweisnot nicht zuzulassen. Die Regelung der Beweislast hat dann den Sinn, Streitigkeiten abzuwenden oder beilegen zu lassen, indem den Parteien aufgegeben wird, Beweise zu sichern. Obwohl dieses ein gut vertretbares Argument gegen eine Beweislastumkehr oder gegen eine Beweismaßabänderung ist, kann es die zumutbare Ausschöpfung vorhandener Aufklärungsmittel nicht verhindern.

[11] Vgl. § 4 B II.

[12] Baumgärtel/*Laumen*, HdB-Grundlagen, Kap. 22 Rdnr. 30; hinsichtlich materiell-rechtlicher Auskunftsansprüche *Osterloh-Konrad*, S. 196 ff., insbesondere 200 ff.; anschließend *Beckhaus*, S. 331 f.; *Gottwald*, in: FS für Stürner, S. 301, 312.

[13] Für den Bereich materieller Auskunftsansprüche vgl. *Osterloh-Konrad*, S. 204.

C. Die Angabe von Anhaltspunkten

I. Begriffliches

Wortwörtlich verlangt die ZPO den Vortrag von Anhaltspunkten in § 520 Abs. 3 Nr. 3 ZPO. Die sich auf die Unrichtigkeit oder Unvollständigkeit der erstinstanzlichen Tatsachenfeststellungen beziehende Berufung ist zulässig, wenn ihre Begründung konkrete Anhaltspunkte für den gerügten Fehler enthält. Mit der Berufung werden die Überprüfung und Korrektur der in der ersten Instanz ergangenen Entscheidung angestrebt, sie stellt jedoch nicht mehr eine Wiederholung des erstinstanzlichen Verfahrens dar.[14] Die Begründung hat nach dem neuen Rechtsmittelrecht die Beschleunigung und Zusammenfassung des Rechtsstreits für die zweite Instanz zu leisten.[15] Der Umfang und Grund der Anfechtung müssen sich aus ihr für das Gericht und den Berufungsbeklagten klar werden, sodass der gerügte Fehler erkennbar wird.[16] Sofern der Berufungskläger die Fehlerhaftigkeit der festgestellten Tatsache begründen will, sind Ausführungen, die eine abweichende Realität ersichtlich machen und die Unrichtigkeit aufzeigen, die einzige Option. Obwohl sie der Berufung Plausibilität verleihen, scheidet bei den Anhaltspunkten eine Wahrscheinlichkeitsprüfung aus.[17]

Im Hinblick auf die sekundäre Erklärungspflicht haben die Anhaltspunkte nichts mit der Zulässigkeit des Prozessbegehrens zu tun. Von der Partei werden Verdachtsgründe hinsichtlich der Richtigkeit ihres Begehrens verlangt, um den Aufklärungsbeitrag des Gegners in Gang zu erzwingen. Im Übrigen ist die Natur und Funktion der im Rahmen der sekundären Erklärungspflicht und der in § 520 Abs. 3 Nr. 3 ZPO geforderten Anhaltspunkte gleich. Sie sind ebenfalls tatsächliche Behauptungen, welche den erheblichen Sachverhalt betreffen, diesen aber nicht näher zergliedern, sondern wegen des Zusammenhanges mit ihm plausibel machen.[18] Sofern die Anhaltspunkte nicht der Substantiierung des Tatsachenvortrags dienen, aber dazu geeignet sind, ihn mittelbar nachvollziehbar zu machen, haben sie, wenn erwiesen, aus beweisrechtlicher Sicht eine in aller Regel schwache[19] Indizienfunktion.[20]

---

[14] BT-Drucks. 14/4722, S. 61, 64, 100; BT-Drucks. 14/6036, S. 123; *Greger*, in: FS für Beys, S. 459, 468 ff.; *Reischl*, ZZP 116 (2003), 81, 81 f.; *Jauernig/Hess*, § 73 III; *RSGottwald*, § 136 Rdnr. 42.

[15] Zöller/*Heßler*, § 520 Rdnr. 33a.

[16] BGH NJW 1990, 2628, 2628; NJW 2000, 590, 591; NJW-RR 2004, 1716, 1716.

[17] BGH NJW-RR 2003, 1580, 1580.

[18] *G. Esser*, Ausforschungsbeweis, S. 149 ff.; *Peters*, Ausforschungsbeweis, S. 39; *Gaul*, ZZP 83 (1970), 234, 235; *Gamp*, DRiZ 1982, 165, 168.

[19] Begründeten die Anhaltspunkte die Überzeugung des Richters, würden sie zur Umkehr der Beweisführungslast führen. Vgl. z. B. BGH ZZP 71 (1958), 364, 365.

II. Die Gliederung der Anhaltspunkte

1. Ausforschende Beweisanträge

Historisch gesehen ist die Forderung nach Anhaltspunkten mit dem nach wohl herrschender Meinung[21] unzulässigen ausforschenden Beweisantrag und dem im selben Kontext erwähnten Ausforschungsbeweis oder Beweisermittlungsantrag verbunden. Was die Begriffsbildung betrifft,[22] muss Einigkeit darüber bestehen, dass der Ausforschungszweck, also die Absicht durch Beweiserhebung prozesserhebliche und gegebenenfalls der weiteren Prozessführung dienende Informationen zu erlangen, das prägende Merkmal dieses Phänomens darstellt.[23] Verzichtet man hierauf, indem erst andere Merkmale den Begriffsinhalt wiedergeben, ist die Verwendung des Terminus unpräzise.[24] Der Ausforschungszweck als Ausgangspunkt hat freilich keinen besonderen Erkenntniswert, denn eine Ausforschung wohnt jedem Beweis inne.[25] Das aufgezeigte Bestreben ergibt sich jedoch aus dem entsprechenden Beweisantrag. Denn will der Beweisführer aus dem Beweisergebnis nähere für den Prozesssieg notwendige Kenntnisse erlangen, ist es nur logisch, dass ein oder beide Definitionselemente des Beweisantrags, das Beweisthema und die Beweismittel, nicht konkret bezeichnet sind.

Es versteht sich von selbst, dass sowohl das Beweisthema als auch die Beweismittel einen gewissen Bestimmtheitsgrad aufweisen müssen, damit die Beweisaufnahme durchführbar ist.[26] Weil bei Unklarheit des Mittels die Beweisführung faktisch ausgeschlossen ist,[27] leidet der ausforschende Be-

---

20 *Büttner*, ZZP 67 (1956), 73, 82 f. Fßn. 51; *Lüderitz*, Ausforschungsverbot, S. 28; *Lange*, DRiZ 1985, 247, 248; *Kiethe*, MDR 2003, 1325, 1329.

21 St. Rspr. vgl. nur BGH NJW 2012, 2427, 2431; NJW-RR 1988, 1529; *Musielak/Stadler*, Grundfragen, Rdnrn. 30 f.; *Jauernig/Hess*, § 51 III 1 Rdnr. 10; *RS-Gottwald*, § 116 II; Zöller/*Greger*, vor § 284 Rdnr. 8c; *BLAHartmann*, Einf. § 284 Rdnrn. 27 ff.

22 Für einen detaillierten Hintergrund vgl. *Chudoba*, S. 18, 21 ff.; *Peters*, Ausforschungsbeweis, S. 11 ff.

23 BGH NJW 1958, 1491, 1492; NJW 1964, 1414, 1414; NJW 1964, 1179, 1179; JZ 1985, 183, 184; NJW-RR 1991, 888, 890 f.; NJW 1995, 1160, 1161; *Stückrath*, MDR 1950, 30; *Jessen*, MDR 1956, 263, 263; *Anhalt*, Ausforschungsbeweis, S. 79 ff.; *Peters*, Ausforschungsbeweis, S. 15 f.; *Stürner*, Aufklärungspflicht, S. 107; *Arens*, ZZP 96 (1983), 1, 4 f.; *Musielak/Stadler*, Grundfragen, Rdnr. 31; *Chudoba*, S. 61 f.; *Paulus*, Rdnr. 376; *BLAHartmann*, Einf. § 284 Rdnr. 27.

24 Vgl. BGH NJW 1989, 2947, 2948; *Büttner*, ZZP 67 (1954), 73, 83 ff.; *Haußer*, NJW 1959, 1811, 1812; *Schneider*, VersR 1977, 593, 601; *Gamp*, DRiZ 1982, 165, 171.

25 *Peters*, Ausforschungsbeweis, S. 55.

26 *Teplitzky*, JuS 1968, 71, 71; *Peters*, Ausforschungsbeweis, S. 12 f.

27 *Peters*, Ausforschungsbeweis, S. 12.

weisantrag eigentlich an einem mangelhaften, im Sinne von unbestimmten oder haltlosen, Beweisthema.[28] Die Haltlosigkeit und die Unbestimmtheit als Ursachen werden zum Teil unterschieden, weil hinter jedem eine eigene dogmatische Argumentation stehen kann.[29] Ihre Abgrenzung gestaltet sich aber als schwer: Kennzeichnet die haltlose die schwer ableitbare, d.h. die nicht nachvollziehbare Behauptung, sind die sie unterscheidenden Merkmale unüberschaubar. Eine unbestimmte Behauptung ist gleichzeitig haltlos, denn je detaillierter, desto einsichtiger ist sie. Sofern auf der anderen Seite die Haltbarkeit eine echte Wahrscheinlichkeitsprüfung bedeutet,[30] gelingt zwar die Unterscheidung, diese Gleichstellung öffnet aber den Weg zur problematischen Beweisantizipation. Die Haltlosigkeit schließt demzufolge die Unbestimmtheit zumindest mit ein. Der problematische Fall des Ausforschungsbeweises besteht im Ergebnis darin, dass der Beweisführer durch den haltlosen Beweisantrag ihm unbekannten Informationen für die weitere Prozessführung erlangen will und ist somit eine besondere Ausprägung der jedem Beweisverfahren immanenten Ausforschung.

2. Der Bestand eines Ausforschungsverbots

Die ZPO kennt kein ausdrückliches Verbot ausforschender Beweisanträge. Sie enthält nicht einmal einen ihr gleichkommenden Begriff. Ganz im Gegenteil steht den Parteien ein dem Justizgewährungsanspruch entstammendes Recht auf Beweis zu,[31] dessen Beschneidung der Begründung bedarf.[32]

---

[28] BGH NJW 1958, 1491, 1492; NJW 1964, 1179, 1179f.; NJW 1964, 1414, 1414; NJW 1986, 246, 247; NJW-RR 1988, 1529, 1529f.; NJW 1988, 60, 63; NJW-RR 1991, 888, 890f.; NJW 1995, 1160, 1161; NJW-RR 1999, 361, 361; MDR 2003, 1365, 1366; *Bernhardt*, in: FS für Rosenberg, S. 26f.; *Schönke*, in: FS für Rosenberg, S. 217, 217f.; *Stückrath*, MDR 1950, 30; *Riedel*, NJW 1956, 6, 6; *Dunz*, NJW 1956, 769ff.; *D. Lang*, DRiZ 1962, 229, 229; *Peters*, Ausforschungsbeweis, S. 13; *Blomeyer*, § 74 I 1.; *Baumgärtel*, MDR 1995, 987; *Jauernig/Hess*, § 51 Rdnr. 10; *TPReichold*, § 284 Rdnr. 3; *SJLeipold*, § 284 Rdnr. 42.

[29] Vgl. BGH NJW 1964, 1179, 1179; *Riedel*, NJW 1956, 6; *Dunz*, NJW 1956, 769ff.; *Lüderitz*, Ausforschungsverbot, S. 5ff.; *Musielak/Stadler*, Grundfragen, Rdnr. 31; *Blomeyer*, § 74 II 1; *RSGottwald*, § 116 II 2.

[30] So *Meyke*, Darlegen, Rdnrn. 112ff.

[31] *Schwab*, ZZP 81 (1968), 412, 417; *Walter*, Freie Beweiswürdigung, S. 301f.; *Habscheid*, ZZP 96 (1983), 306, 308; auch MünchKommZPO/*Prütting*, § 284 Rdnr. 18; *SJLeipold*, § 284 Rdnr. 53; Außer des Justizanspruchs wird oft auch der Anspruch auf rechtliches Gehör, als besondere Ausprägung effektiven Rechtsschutzes, herangezogen. Vgl. BVerfG NJW 1990, 3259, 3260; *E. Schneider*, MDR 1998, 997, 999; *Schilken*, GVR, Rdnrn. 128, 138; *Paulus*, Rdnr. 363; ablehnend *Diakonis*, S. 68ff. Eine knappe Übersicht bietet *Störmer*, JuS 1994, 238, 240f.

[32] BVerfG NJW 1990, 3259, 3260; *Willms*, JZ 1974, 224, 225; *Stürner*, NJW 1979, 2334, 2336; *Walter*, Freie Beweiswürdigung, S. 302, 314; *Habscheid*, ZZP 96 (1983), 306, 308; MünchKommZPO/*Prütting*, § 284 Rdnr. 18.

a) Die Beweiserhebung hat den Sinn, den vorgetragenen und streitigen Sachverhalt aufzuklären, um eine richtige Entscheidung des Rechtsstreits zu erlauben. Unzulänglich ist es dann, einfach auf den Schutz der vom Beweisverfahren betroffenen Personen abzustellen, um einen Ausforschungsverbot zu begründen.[33] Die Unversehrtheit der Persönlichkeit umfasst zwar das private Leben, innerhalb dessen die Person vor fremder Zudringlichkeit und Ausforschung geschützt werden muss.[34] Festzustellen ist ferner auch, dass die Grundrechte keine bloßen Abwehrrechte darstellen. Sie verkörpern zugleich eine objektive Wertordnung,[35] die sämtliche rechtspolitischen Erwägungen, diejenigen des Zivilprozessrechts nicht ausgenommen, prägt.[36] Ein effektives Rechtsgewährungssystem, welches ohne umfangreiche tatsächliche Überprüfung undenkbar wäre, muss jedoch die grundrechtliche Freiheit bis zu einem gewissen Grad durchbrechen können. Zumal der Anspruch auf Rechtsschutz des Beweisführers ebenfalls Ausdruck der Persönlichkeitsentfaltung ist. Jedes Abstellen auf ein allgemeines Ausforschungsverbot steht letzten Endes dem überholten *nemo tenetur*-Grundsatz gleich.[37]

b) Zweck des Zivilprozesses ist (auch) die Durchsetzung des (wahren) materiellen Rechts.[38] Anders als bei Verfahren mit Untersuchungsmaxime entfällt bei dem vom Verhandlungsgrundsatz geprägten Verfahren ein selbstständiges, öffentliches Aufklärungsinteresse. Deswegen ist die Verfolgung des eigenen Interesses hauptsächlich eigene Angelegenheit.[39] Sofern die Partei ein eigenes Rechtsschutzinteresse verfolgt, muss die Anrufung der Rechtspflege genau diesem Zweck dienen, nämlich der Durchsetzung des geltend gemachten Rechts oder der Abwehr gegnerischer Ansprüche. Dementsprechend muss Zweck des Beweisantrags sein, den Richter vom Vorliegen der erheblichen Tatsachen zu überzeugen bzw. diese Annahme zu erschüttern.[40] Es liegt dann ein Missbrauch des Verfahrens vor, wenn der Beweis nur zwecks Ausforschung des Gegners beantragt wird.[41]

---

33 Vgl. *Dunz*, NJW 1956, 769, 773; *Stürner*, Aufklärungspflicht, S. 114 f.

34 Vgl. § 5 D II 1.

35 BVerfGE 7, 198 (205); BVerfG NJW 1979, 1925, 1929; *Lorenz*, NJW 1977, 865, 866; *Benda/Weber*, ZZP 96 (1983), 285, 299; *Di Fabio*, JZ 2004, 1 ff.

36 *Stürner*, Aufklärungspflicht, S. 29; *ders.*, NJW 1979, 2334, 2335 ff.; *ders.*, in: FS für Baur, S. 647, 648 f.; *Schumann*, in: FS für Schwab, S. 449, 449, 454; *Lorenz*, NJW 1977, 865, 868, 869 ff.; *Benda/Weber*, ZZP 96 (1983), 285, 299.

37 *Lüderitz*, Ausforschungsverbot, S. 16; *Schlosser*, NJW 1992, 3275, 3277. Vgl. auch § 2 A II 3 und III.

38 Vgl. § 2 A.

39 Vgl. § 2 A II 4.

40 *Teplitzky*, JuS 1968, 71, 72.

41 BGH NJW 1964, 1414, 1414; NJW 1989, 2947, 2948; NJW-RR 1991, 888, 891; NJW 1992, 1967, 1968; NJW 1995, 2111, 2112; NJW-RR 1999, 361 f.; MDR 2003,

Diese Aussage bedarf der Erläuterung. Sofern die Partei im Rahmen ihrer Wahrheitspflicht auch bloß vermutete Tatsachen behaupten darf, darf sie auch unter Beweis stellen. Problematisch ist weder, dass die Beweispersonen ausgeforscht werden müssen, noch, dass durch die Beweisaufnahme weitere Aspekte des Lebensvorgangs oder auch weitere Beweismittel an die Oberfläche kommen, denn beide Male wird mittels Sachaufklärung dem Rechtsschutz gedient. Der Beweis wird beantragt, um die streitige Tatsache zu klären und hoffentlich die günstige Überzeugung des Richters zu gewinnen. Es ist aber nicht zwingend, dass das günstige Ergebnis erreicht wird. Die Benutzung des Beweisverfahrens ist erst zu missbilligen, wenn über die Beweistatsachen bewusst gelogen wird und folglich nur aufgestellt wurde, um die Ausforschung in Gang zu setzen.[42] Die sich daraus ergebenden Auskünfte fördern nicht den Zweck der Rechtsdurchsetzung, sondern richten sich, damit die aufwendige Ausforschung überhaupt einen Sinn hat, nur auf eine außerprozessuale Verwendung möglicherweise zu Lasten des Ausgeforschten. Danach ist die Problematik des unzulässigen Ausforschungsbeweises von der bloßen Prozesslüge doch abgrenzbar. Nicht die Wahrheitsvernebelung an sich wird beabsichtigt, sondern die Ausforschung, wenn auch auf der Basis einer Lüge.

1365, 1366; NJW 2012, 2427, 2431; *Büttner*, ZZP 67 (1954), 73, 83; *Anhalt*, Ausforschungsbeweis, S. 81; *Stürner*, Aufklärungspflicht, S. 114; *ders.*, JZ 1985, 183, 186; *Gottwald*, AcP 183 (1983), 201, 206; *Prütting*, in: Lüke/Prütting-Lexikon, S. 48; *Wagner*, ZEuP 2001, 441, 473; *Kiethe*, MDR 2003, 781, 784; *Mertins*, NJ 2009, 441, 445; *Blomeyer*, § 74 II 1; *RSGottwald*, § 116 II 2 c; *SJLeipold*, § 284 Rdnr. 48.

Es wird erwähnt, dass sich das Problem ausforschender Beweisanträge im Rahmen der Untersuchungsmaxime nicht stellt. Das öffentliche Wahrheitsinteresse zwingt zur Ausschöpfung aller verfügbaren Beweismöglichkeiten, um den Sachverhalt aufzuklären (vgl. z.B. § 244 Abs. 2 StPO), was Ausforschungsbeweise ausschließen soll (vgl. *BVerwG* ZZP 70 (1957), 364, 365; *Büttner*, ZZP 67 (1954), 73, 77; *Riedel*, NJW 1956, 6, 7; *Jessen*, MDR 1956, 263, 263; *Lüderitz*, Ausforschungsverbot, S. 40f.; *Brehm*, Bindung, S. 75; *Schneider*, ZZP 75 (1962), 173, 179; *Arens*, ZZP 96 (1983), 1, 4; *Musielak/Stadler*, Grundfragen, Rdnr. 31; *Chudoba*, S. 181ff.; *RSGottwald*, § 116 II 2 a; *SJLeipold*, § 284 Rdnr. 42). Die Problematik des haltlosen Beweisantrags im Rahmen des Untersuchungsgrundsatzes stellt sich infolgedessen nur in Form des unzweckmäßigen, verschleppenden Beweisantrags. Gebraucht wird der Begriff Beweisermittlungsantrag (vgl. *Stürner*, Aufklärungspflicht, S. 129f.; *Roxin/Schünemann*, § 45 Rdnrn. 8ff.). Diese Ungleichbehandlung ist verfehlt, denn sowohl im Rahmen des Untersuchungs- als auch im Rahmen des Verhandlungsgrundsatzes dient die Beweiserhebung der Wahrheitsfindung (vgl. *Büttner*, ZZP 67 (1954), 73, 87f.; *Riedel*, NJW 1956, 6, 7; *Peters*, Ausforschungsbeweis, S. 50f., 101ff.; *Gaul*, ZZP 83 (1970), 234, 235f.; *Anhalt*, Ausforschungsbeweis, S. 77f.; *Prechtel*, DRiZ 2014, 262, 264), in dem einen Fall aufgrund eines öffentlichen und im anderen aufgrund eines privaten Interesses an der Wahrheit. Es scheint willkürlich zu behaupten, dass nur das öffentliche und nicht das private Aufklärungsinteresse den Missbrauch ausschließt.

[42] s. auch *Wach/Bücheler*, in: FS für Geimer, S. 765, 768.

Infolgedessen handelt es sich bei den sogenannten Beweismittelermittlungsanträgen nicht unbedingt um missbilligten Ausforschungsbeweis. Als solcher wird der Antrag bezeichnet, der den Schluss auf weitere Beweismittel, nicht aber auf die erhebliche und beweisbedürftige Tatsache erlaubt;[43] zum Beispiel, wenn die Aussage des Zeugen weitere Beweismittel enthüllen oder eine Ortsbesichtigung bessere Beurteilungsmöglichkeiten gewähren kann.[44] Es muss allenfalls um einen die Aufklärung des dargestellten Beweisthemas fördernden mehrgliedrigen Beweis gehen. Nach der üblichen Vorstellung über den Beweis wird Nachweis der Beweistatsache unmittelbar durch das benannte Beweismittel erwartet. Dem Zweck der Aufklärung des Beweisthemas wird aber ebenfalls gedient, wenn das im Beweisantrag benannte oder vorgelegte Mittel den Sachverhalt nicht selbst klären kann, aber dazu geeignet ist adäquate Beweismittel aufzudecken. Die Befragung des Zeugen, um andere existierenden Zeugen namhaft zumachen oder anzugeben, ob überhaupt andere Zeugen existieren, widerspricht dem Zweck des Beweises nicht. Denn hierdurch werden die Aufklärung der Beweistatsache und die Rechtsschutzgewährung nur gefördert.

c) Nach dem bisher Gesagten ist die missbilligte Ausforschung denkbar nur im Sinne der hypothetischen Verfolgung prozessfremder Zwecke; die zu beweisenden Tatsachen sollen nicht ernst gemeint sein, was allerdings ex ante schwer feststellbar ist und sollen lediglich anderweitige Interessen des Beweisführers befriedigen.[45] Wer diese Konstruktion nicht zulässt, muss ohne Zögern jede streitige und erhebliche Behauptung unter Beweis stellen lassen. Wenig überzeugt die Erwiderung, ein Verbot ausforschender Beweisanträge mache ohne entsprechendes Verwertungsverbot wenig Sinn.[46] Es ist nicht notwendig, dass der Verstoß gegen ein Erhebungsverbot immer ein Beweisverwertungsverbot nach sich zieht.[47] Eine Informationsmitteilung kann nicht rückgängig gemacht werden. Der Richter kann das ihm mitgeteilte nicht einfach vergessen. Die Verwertung soll deshalb nur dann ausgeschlossen sein, wenn durch die Verwertung das Recht weiter verletzt wird. Was den ausforschenden Beweisantrag betrifft: Die Ausforschung soll unzulässig sein, weil das Verfahren missbraucht wird. Die Be-

---

43 *Dunz*, NJW 1956, 769, 770.

44 Vgl. *Dunz*, NJW 1956, 769, 770; Von einem pflichtgemäßen Ermessen des Gerichts ausgehend *Schönke*, in: FS für Rosenberg, S. 217, 218.

45 Steht hingegen die Unwahrhaftigkeit bzw. Unwahrheit der zu beweisenden Behauptung schon fest, in diesem Fall unterbleibt die Beweiserhebung nicht wegen der drohenden Ausnutzung des Beweisverfahrens, sondern wegen fehlender Beweisbedürftigkeit.

46 So *Peters*, Ausforschungsbeweis, S. 52.

47 BGH NJW 2006, 1657, 1659; *Peters*, ZZP 76 (1963), 145 ff.; *Sax*, JZ 1965, 1, 6; Zöller/*Greger*, vor § 284 Rdnr. 11, § 286 Rdnr. 15a. Aber *Braun*, S. 762.

weiserhebung muss unterbleiben, damit eine „grundlose" Ausforschung nicht stattfindet. Findet die Beweisaufnahme statt, wird der Schutzzweck des verletzten Erhebungsverbotes, eine nicht benötigte Ausforschung abzuwenden, nicht mehr berührt.[48] Wenn sich die erlangten Kenntnisse als erheblich erweisen, wäre ihre Nichtberücksichtigung alles andere als rational.[49] Zumal, weil der ausforschende Beweisantrag keinen Eingriff darstellt, der über die ansonsten ordnungsmäßige Beweisaufnahme hinausgeht.

3. Die Rechtfertigung der Anhaltspunkte

a) Gegenstand des Beweises sind grundsätzlich Tatsachen[50] (§§ 286 Abs. 1 S. 1, 359 Abs. 1 und 2, 371 Abs. 1 S. 1, 373, 404a Abs. 3, 424 Nr. 2, 445 ZPO), also Aussagen über innere oder äußere und von Dritten wahrnehmbare Vorgänge.[51] Nicht jede Tatsache muss bewiesen werden. Von den beweisbe-

---

[48] Über den Schutzzweck der verletzten Norm als Kriterium BGH JZ 2003, 630, 631 f.; *Peters*, ZZP 76 (1963), 145, 164; *Habscheid*, ZZP 96 (1983), 306, 322 f.; *Prütting*, in: Lüke/Prütting-Lexikon, S. 48; *Leipold*, JZ 2003, 632, 633 f.; Baumgärtel/*Laumen*/*Prütting*, HdB-Grundlagen, Kap. 6 Rdnr. 5; kritisch *Störmer*, JuS 1994, 334, 338.

[49] Vgl. BGH NJW 2006, 1657, 1659; *Peters*, ZZP 76 (1963), 145, 157; *Adloff*, Vorlagepflichten, S. 250; Zöller/*Greger*, § 286 Rdnr. 15h.

[50] Terminologisch zutreffender, aber nicht üblich, ist allerdings der Begriff Tatsachenurteil. Bevor das Gericht von der Behauptung überzeugt wird, gilt diese nicht als Tatsache. Bis zu diesem Zeitpunkt ist die Parteibehauptung stricto sensu nur eine Beurteilung des mit ihr vorgetragenen Geschehens.

[51] *Paulus*, Rdnr. 364; *Jauernig*/*Hess*, § 49 V. Gelegentlich dürfte es schwer sein, festfestzustellen, ob eine Behauptung als Tatsache zu qualifizieren und so, ob sie des Beweises fähig ist. Entscheidendes Kriterium soll die Prüfung der Schlüssigkeit sein, also die Möglichkeit der Wahrunterstellung. Es wäre grotesk, eine bestrittene Behauptung unter Beweis zu stellen, wenn bei Säumnis des Gegners keine günstige Entscheidung ergehen kann (§ 331 Abs. 1 S. 1, Abs. 2 ZPO). Die bloße Wiedergabe von Rechtsbegriffen ohne eindeutigen Vorstellungsinhalt wie die Treuwidrigkeit oder die Fahrlässigkeit qualifiziert nicht als Tatsache, denn sie stellt eine eigene rechtliche Wertung des Behauptenden dar. Die Partei übermittelt dem Gericht nicht die eigene Auffasssung über den tatsächlichen Vorgang, sondern einen eigenen Subsumptionsschluss. Allgemeinübliche Rechtsbegriffe wie Kauf und Eigentum verweisen hingegen auf eine bestimmte Vorstellung über den Sachverhalt und werden den reinen Tatsachenbehauptungen gleichgestellt. Vgl. *Brose*, MDR 2008, 1315, 1316; *Oberheim*, Rdnrn. 358 f.; *Braun*, S. 504 und dort auch Fßn. 7. Die Behauptung, der Beklagte sei zur Geschäftsführung persönlich und sachlich unfähig (vgl. BGH, NJW 1958, 1491), kann trotz ihres wertenden Inhalts des Beweises fähig sein. Denn einerseits enthält sie keine rechtliche Wertung, anderseits und mit Blick auf die Aufgabe, die der Beklagte zu erfüllen hat, kann daraus geschlossen werden, über welche bestimmten Qualitäten er verfügen muss, die der Kläger in Frage stellt. Die Prüfung seiner Fähigkeit durch einen Sachverständigen mittels Fragen ist daher nicht abwegig.

dürftigen kommt es nur auf die erheblichen Tatsachen an.[52] Eine Bestimmtheit ist dann erforderlich, damit die Beweisaufnahme faktisch möglich[53] und die Erheblichkeit der Tatsachen feststellbar ist.[54] Hierfür bedarf es indes keiner allzu großen Detaillierung;[55] einerseits erfordert die Durchführung des Beweises die bloße Erkennbarkeit des zu Beweisenden, anderseits gilt jede Tatsache als erheblich, welche den Inhalt der Entscheidung mittelbar oder unmittelbar beeinflussen kann, also jede Behauptung, von deren Aufklärung die tatbestandliche Verwirklichung der Rechtsnorm abhängt.[56]

Gewiss hängen das Interesse an der sachgemäßen Durchführung des Beweises und insbesondere seine Ökonomie eng mit der Prägnanz des Beweisthemas zusammen.[57] Über ein Mindestmaß an Klarheit des zu Beweisenden hinaus, damit die Beweisaufnahme überhaupt durchführbar ist, können und sollen an den Beweisbelasteten auf dieser Basis keine höheren Anforderungen gestellt werden. Weil die Sachdienlichkeit des gestellten Beweisantrags letztendlich auch eigene Interessen betrifft, ist nur zu erwarten, dass der Beweisführer die Präzisierung nach Kräften anstreben wird. Mit diesem Zweck vertragen sich die Anhaltspunkte allenfalls schwer, denn sie sind von Natur aus nicht im Stande Modalitäten des behaupteten Sachverhalts zu präzisieren.[58]

b) Die Anhaltspunkte auf die Wahrheitspflicht zurückzuführen,[59] und demzufolge die haltlose mit derjenigen Behauptung gleichzustellen, die die

---

52 *Paulus*, Rdnr. 365; *Jauernig/Hess*, § 49 VI 1.

53 Z.B.: Die vernommene Partei oder der Zeuge muss wissen, worüber sie sich äußern und gegebenenfalls Eid (§§ 391, 452 ZPO) leisten sollen.

54 Vgl. BGH JZ 1985, 183, 184; NJW-RR 1991, 888, 890; NJW 1991, 2707, 2709; NJW 1992, 1967, 1968; NJW 1992, 3106, 3106; *Schönke*, in: FS für Rosenberg, S. 217, 218; *Teplitzky*, JuS 1968, 71, 71.

55 s. BGH NJW 1964, 1179, 1179; NJW-RR 1988, 1529, 1529f.; NJW 1992, 1967, 1968; NJW-RR 2012, 977, 978; NJW-RR 2013, 296, 296f.; *Lüderitz*, Ausforschungsverbot, S. 8ff., 12ff.; *Peters*, Ausforschungsbeweis, S. 64; *Dölling*, NJW 2013, 3121, 3123.

56 BGH JZ 1985, 183, 184; NJW 1991, 2707, 2709; NJW 1992, 3106, 3106; *Teplitzky*, JuS 1968, 71, 72, 74; *Schneider*, MDR 1998, 997, 998; *Paulus*, Rdnr. 365; *Jauernig/Hess*, § 49 V Rdnr. 27; Zu den erheblichen Tatsachen zählen auch die sogenannten Hilfstatsachen des Beweises zu, namentlich Bezugspunkte auf die Beweiskraft oder auf die Zulässigkeit eines Beweismittels. Vgl. *Teplitzky*, JuS 1968, 71, 72; *Hansen*, JuS 1992, 327, 328.

57 *Lüderitz*, Ausforschungsverbot, S. 8ff.; *Stürner*, Aufklärungspflicht, S. 113; *Seutemann*, MDR 1997, 615, 617; *Meyke*, NJW 2000, 2230, 2230.

58 Vgl. § 5 C I.

59 BGH NJW 1986, 246, 247; NJW 1988, 60, 63; NJW-RR 1991, 888, 891; NJW 1995, 2111, 2112; NJW-RR 1999, 360, 360; MDR 2002, 1270; OLG Hamburg, NJW-RR 1990, 63, 63; *Welzel*, Wahrheitspflicht, S. 8; *Volkmar*, JW 1933, 2427, 2429; *Rosenberg*, ZZP 58 (1934), 283, 289; *Brüggemann*, Wahrheitspflicht, S. 23; *Lent*, Wahr-

Wahrheit vernebelt, fußt auf einer Überspannung der Wahrheitspflicht.[60] Die Parteien sind kraft § 138 Abs. 1 ZPO lediglich dazu verpflichtet, keine bewusste Lüge vorzutragen.[61] Jedes Behaupten ist durchaus zulässig, sofern die Partei von dessen Unwahrheit nicht überzeugt ist. Das zusätzliche Erfordernis wahrscheinlicher oder nachvollziehbarer Behauptungen kann dem § 138 Abs. 1 ZPO ernstlich nicht entnommen werden.[62] Eine plausibel aufgestellte Behauptung kann bewusst erlogen sein, während eine haltlose durchaus wahrhaft vorgetragen sein kann. Die Anhaltspunkte können aber die Wahrhaftigkeit des Vortrags schwer aufzeigen. Zunächst können sie selbst unwahrhaftig, also bewusst erlogen sein.[63] Weil sie ferner zum Schluss nur schwache Indizien sind, können sie keinen befriedigenden Grad an Überzeugung über die Wahrheit des Vortrags, auf welchen sie sich beziehen, gewähren, auch wenn sie als wahr feststehen.

c) Fraglich ist, ob die Anhaltspunkte auf der Grundlage der Beweisantizipation verlangt werden dürfen. Als Beweisantizipation wird die Vorwegnahme des Werts des Beweismittels oder die vorgezogene Würdigung des Beweisergebnisses qualifiziert.[64] Grundsätzlich darf die Beweiserhebung nicht durch Vermutungen über das, was die Beweisaufnahme ergeben könnte, ersetzt werden.[65] Ausnahmsweise rechtfertigen die offenbare Zwecklosigkeit des Beweises[66] oder die Besonderheit des Verfahrens die Abkehr vom Grundsatz.[67]

---

heitspflicht, S. 39; *Bernhardt*, in: FS für Rosenberg, S. 26 f.; *Dunz*, NJW 1956, 769, 772; *Haußer*, NJW 1959, 1811, 1812; *Weyers*, in: FS für Esser, S. 193, 215; zum Teil auch *G. Esser*, Ausforschungsbeweis, S. 202 (denn er verlangt zumindest „zweifelhafte" Anhaltspunkte); unklar *Stückrath*, MDR 1950, 30; *Störmer*, JuS 1994, 238, 242.

[60] BGH ZZP 71 (1958), 364, 365; *Büttner*, ZZP 67 (1954), 73, 79 ff., 83; *Anhalt*, Ausforschungsbeweis, S. 41 ff.; *Lüderitz*, Ausforschungsverbot, S. 20 ff.; *Peters*, Ausforschungsbeweis, S. 76 f.; *Gamp*, DRiZ 1982, 165, 168; *Hök*, MDR 1995, 773, 773.

[61] Vgl. § 3 F I.

[62] Allerdings: Im Vorfeld der Normierung des § 138 Abs. 1 ZPO wurde vornehmlich aus der Seite der Richterschaft die Ansicht vertreten, auch die nur vermuteten, haltlosen Behauptungen seien mit einer Wahrheitspflicht unvereinbar. *Brehm*, Bindung, S. 160 ff. m. w. N.

[63] Vgl. *Peters*, Ausforschungsbeweis, S. 70, 74 f.; *G. Esser*, Ausforschungsbeweis, S. 200; *Lüderitz*, Ausforschungsverbot, S. 22 f., 39; *Arens*, ZZP 96 (1983), 1, 14; zurückhaltend auch *Henckel*, ZZP 92 (1979), 100, 106.

[64] *Dunz*, NJW 1956, 769, 771; *Schneider*, MDR 1998, 997, 999.

[65] BGH NJW 1984, 2888, 2889; NJW 1999, 143, 143; *Dunz*, NJW 1956, 769, 770, 771; *Gehrlein*, ZZP 110 (1997), 451, 469; *Schneider*, ZZP 75 (1962), 173, 190; *ders.*, VersR 1977, 593, 598; *ders.*, MDR 1998, 997, 999; *Gottwald*, AcP 183 (1983), 201, 206; *Seutemann*, MDR 1997, 615, 619; *Orfanides*, in: FS für Prütting, S. 455 ff.

[66] Bei völliger Wertlosigkeit bzw. bei evidenter Ungeeignetheit, eine Überzeugung herbeizuführen oder eine bereits gewonnene zu erschüttern.

Ein repräsentatives Beispiel zulässiger Beweisantizipation stellt das Prozesskostenhilfeverfahren dar.[68] Ziel der Regelung ist auch dem Mittellosen die Anrufung der Rechtspflege zu ermöglichen. Allerdings wird die Hilfeleistung des Staates davon abhängig gemacht, dass die beabsichtigte Rechtsverfolgung oder Verteidigung eine hinreichende Aussicht auf Erfolg hat und nicht mutwillig erscheint (§ 114 S. 1 ZPO). Diese Voraussetzung wird erfüllt, wenn das Gericht den Rechtsstandpunkt des Antragstellers aufgrund seiner Sachdarstellung und der vorhandenen Unterlagen zumindest für vertretbar hält und von der Möglichkeit der Beweisführung überzeugt ist.[69] Die Beweiserhebung muss ernsthaft in Betracht kommen und es dürfen keine konkreten Anhaltspunkte dafür bestehen, dass das Ergebnis mit großer Wahrscheinlichkeit negativ sein wird.[70] Die Prozesskostenhilfe will zwar den Grundgedanken des sozialen Rechtsstaats verwirklichen, indem sie Waffengleichheit herstellt.[71] Es wäre aber unbillig und aus staatswirtschaftlicher Seite verfehlt, nur wegen der Mittellosigkeit eine oder auch beide Parteien finanziell zu unterstützen.[72] Zusätzlich muss dafür gesorgt werden, dass die Prozesskostenhilfe dem tatsächlich im Recht stehenden gewährt wird. Diesem Zweck dient die Beweisantizipation.

Eine nicht bloß die Gewährung finanzieller Hilfe, sondern die Zulässigkeit der Beweiserhebung selbst betreffende Wahrscheinlichkeitskontrolle ist abzulehnen.[73] Nicht nur ist die Bestimmung des erforderlichen Wahrscheinlichkeitsmaßstabs schwer.[74] Ein Erkenntnisverfahren, das auf der Basis einer Prognose seines Ergebnisses die Schmälerung der Urteilsgrundlage zulässt,

---

67 Näher *Schneider*, ZZP 75 (1962), 173, 188 ff.; *ders.*, MDR 1969, 268 f.; *ders.*, VersR 1977, 593, 599; auch BGH NJW-RR 2010, 1217, 1218; *Störmer*, JuS 1994, 238, 241; *Orfanides*, in: FS für Prütting, S. 455, 458 ff.

68 BVerfG NJW 2003, 2976, 2977; NJW-RR 2005, 140, 141; *Schneider*, MDR 1987, 22, 22.

69 BVerfG NJW 2003, 2976, 2977; NJW-RR 2005, 140, 141.

70 BVerfG NJW 2003, 2976, 2977; NJW-RR 2005, 140, 141; Zöller/*Geimer*, § 114 Rdnr. 26.

71 *Albers*, in: GS für Martens, S. 283, 283 f.; *RSGottwald*, § 1 Rdnr. 28.

72 s. auch *Peters*, Ausforschungsbeweis, S. 72; *Schneider*, MDR 1987, 22, 22.

73 Aber *Sauer*, S. 149 ff. *Sauer* beruft sich nicht nur auf § 114 ZPO. Er stellt ferner auf § 331 Abs. 1 S. 1, Abs. 2 ZPO ab, obwohl bei der Schlüssigkeitsprüfung eine Wahrunterstellung und keine Wahrscheinlichkeitsprüfung stattfindet, wie auch auf § 331a ZPO, der ebenfalls keine Prüfung der Wahrscheinlichkeit, sondern Entscheidungsreife erfordert. Darüber hinaus will *Sauer* auch die wegen der strukturellen Unterschiede des Zivilprozesses vom Strafverfahren wenig verwertbaren §§ 170, 203 StPO heranziehen. In ähnlicher Weise auf § 331 ZPO und ferner auf § 42 Abs. 2 VwGO abstellend *Stürner* (Aufklärungspflicht, S. 117), obwohl er keine Beweisantizipation annimmt.

74 *D. Lang*, DRiZ 1962, 229, 232; *Peters*, Ausforschungsbeweis, S. 39 ff., 43.

widerspricht sich. Die nicht substantiierten Beweisanträge sind darüber hinaus von den zwecklosen, prozessverschleppenden Beweisanträgen zu unterscheiden.[75] Ausforschungsbeweise werden von der Informationsnot der Partei vorgezeichnet; die Flucht des Beweisführers in solch eine hoffnungslose[76] und darüber hinaus potenziell kostensanktionierte Taktik (§ 96 ZPO) zielt nicht auf die Verschleppung des Verfahrens, sondern auf den Zugang zu adäquaten, die Aufklärung fördernden Beweismitteln ab.[77] Demzufolge ist für die Beachtlichkeit des Beweisantrags die Substantiierung des Vortrags von seiner Wahrscheinlichkeit klar zu unterscheiden.[78]

d) Die missbräuchliche Ausnutzung des Beweisverfahrens ist wie jeder Missbrauch untersagt. Das ist ja selbstverständlich. Zur Vermeidung eines möglichen Missbrauchs könnte neben der Erheblichkeit auch die Nachvollziehbarkeit des streitigen Sachvortrags, also der Zusammenhang zwischen den tatsächlichen Ausführungen und der Abbildung der Wirklichkeit, auf welche sie sich beziehen, berücksichtigt werden. Die Substantiierung würde mithin ein Gleichgewicht zwischen Aufklärung und Schutz vor Ausnutzung des Beweisverfahrens herstellen, sodass bei ihrem Fehlen die Beweiserhebung unterbleiben müsste.[79] Die Partei würde insofern kein Recht auf Beweis haben.[80] Könnte die Partei die für die Substantiierung notwendigen Einzelheiten nicht vorbringen, dürfte sie sich auf den Schutzzweck der Substantiierung ausgleichenden Anhaltspunkte verlassen, sodass ihre Informationsdefizite der Sachaufklärung nicht gänzlich im Wege stehen würde. Der Vortrag könnte infolgedessen entweder direkt im Wege einer an sich substantiierten Behauptung oder indirekt mittels Anhaltspunkten nachvollziehbar gemacht werden.

Dass der Substantiierung insofern gleichsam eine gewisse Plausibilitätsfunktion zugesprochen wird, sollte trotzdem nicht verwundern. Eine näher geschilderte Behauptung ist plausibler als eine pauschale oder zumindest scheint es so. Eine Beweisantizipation soll aber hierin nicht enthalten sein.[81]

---

75 Aber *Lüderitz*, Ausforschungsverbot, S. 37 ff.; *Meyke*, NJW 2000, 2230, 2231 f.

76 *Meyke*, NJW 2000, 2230, 2231.

77 *Chudoba*, Ausforschungsbeweis, S. 157; auch *Schneider*, MDR 1969, 268, 269.

78 *Gremmer*, MDR 2007, 1172, 1175.

79 *W. Esser*, WRP 1963, 43, 46; *Stürner*, Aufklärungspflicht, S. 112 ff.; *ders.*, JZ 1985, 185, 186; zustimmend *Schlosser*, ZZP 94 (1981), 369, 379 f.; *Gottwald*, AcP 183 (1983), 201, 206.

80 BGH NJW 1958, 1491, 1492; NJW 1964, 1414, 1414; NJW-RR 1991, 888, 890 f.; NJW 1991, 2707, 2709; NJW-RR 1999, 361, 361 f.; MDR 2003, 1365, 1366; NJW 2012, 2427, 2431.

81 BGH NJW 1964, 1179, 1179 f.; NJW 1984, 2888, 2889; *Stürner*, Aufklärungspflicht, S. 112 ff., insbesondere 116 f.; *ders.*, JZ 1985, 183, 186; *ders.*, ZZP 98 (1985), 237, 252; unklar *Meyke*, NJW 2000, 2230, 2231 f.

Der Richter muss keine, nicht einmal eine geringe Wahrscheinlichkeitsprüfung vornehmen. Es geht vielmehr um die bloße Feststellung, dass das Gefüge der dargelegten Tatsachen dem vernünftig denkenden Menschen eine rationale Schlussfolgerung auf den Lebensvorgang ermöglicht und nur die weitere Frage der Beweisbarkeit aufwirft.[82] Der Beweis wird somit erhoben, wenn eine gedanklich nachvollziehbare und beweisbedürftige Tatsache vorliegt, nicht aber muss diese Tatsache zusätzlich auch wahrscheinlich erscheinen.[83]

Man muss jedoch bekennen, dass die so begründete Forderung nach Anhaltspunkten gewisse Schwäche aufweist:

Der Ausforschungsbeweis kann nur als ein nicht der Rechtsdurchsetzung, sondern ausschließlich dem Erwerb von Informationen dienende Prozessverhalten begriffen werden; die Partei will nicht eine für wahr (richtiger: für nicht unwahr) erachtete Behauptung unter Beweis stellen, sie will nur Auskünfte erhalten, um sie sukzessiv außerprozessual zu eigenen Gunsten und möglicherweise Lasten des Ausgeforschten zu verwenden (andernfalls macht der Aufwand eines solchen Vorgehens keinen Sinn). Die vom Beweisführer vorgetragenen Tatsachen, werden nicht wahrhaft gemeint. Anders indes als bei evidenter Unzulänglichkeit des Beweismittels oder bei evidenter Verschleppungsabsicht, beruht das Ausforschungsverbot auf einem hypothetischen Ereignis. Dass der Beweisführer das Verfahren auf diese Weise ausnutzt, steht nicht fest und kann ex ante nur selten hinreichend präzis vermutet werden. Die geforderten Anhaltspunkte, auch wenn sie wahr sind, haben eine nur beschränkte Indizienfunktion und stellen keine ausreichende Garantie für die Vermeidung einer missbräuchlichen Ausforschung dar. Der Beweis hat letzten Endes den Sinn, eine Hypothese zu Überprüfen und nicht den Sinn die Behauptung des Beweisführers auf jeden Fall zu bestätigen. Mit anderen Worten, das Ergebnis des Erkenntnisverfahrens ist vor der Beweisaufnahme noch offen. Der Grund, mit dem das Recht der Parteien auf Beweis und die Erkenntnismöglichkeit durch den Richter beschränkt, muss dann evident und nicht nur vermutlich sein.

Des Weiteren hängt der ausforschende Beweisantrag eng mit dem Bestehen wie auch dem Umfang einer Aufklärungspflicht des Gegners zusam-

---

82 *Stürner*, Aufklärungspflicht, S. 119ff.; *Kiethe*, MDR 2003, 1325, 1329.

83 BGH, NJW 1964, 1179, 1179f.; NJW 1986, 246, 246f.; NJW-RR 1991, 888, 890f.; NJW 1992, 3106, 3106; *Stürner*, Aufklärungspflicht, S. 119ff. Die Abgrenzung des nachvollziehbaren vom völlig abwegigen Vortrag impliziert doch eine Beweisantizipation. Denn die Beurteilung, dass eine tatsächliche Behauptung völlig aus der Luft gegriffen ist, bedeutet die Würdigung, dass sich der behauptete Geschehensablauf keinesfalls zugetragen haben kann. Der Richter nimmt folglich und ohne Beweis das Gegenteil von dem, was behauptetet worden ist, an.

men.[84] Denn ist eine, egal ob näher aufgegliederte, erhebliche Tatsache vorgetragen und das Beweismittel präsent, macht es wenig Sinn von einem unzulässigen Ausforschungsgesuch zu sprechen.[85] Der notleidende Beweisführer hat im Gegenteil keinen freien bzw. keinen leichten Zugang zu adäquaten Beweismitteln, sonst könnte er in der Regel das Beweisthema in größerer Detaillierung wiedergeben. Er stellt vielmehr auf die Mitwirkung des besser Informierten Gegners und insbesondere auf die Vorlage von Urkunden und Augenscheinsobjekten oder auf seine Vernehmung ab.[86] Da dieser Aufklärungsbeitrag unter dem Vorbehalt der Zumutbarkeit steht, welche freilich eine echte Wahrscheinlichkeitsprüfung zulässt,[87] sind die Chancen für einen Missbrauch erheblich reduziert. Dies gilt umso mehr, wenn ein Geheimverfahren in Betracht kommt.[88]

4. Anhaltspunkte und sekundäre Erklärungspflicht

Wenn man, trotz der erhobenen Bedenken, die Konstruktion des unzulässigen Ausforschungsbeweises akzeptiert, ist es nur folgerichtig, das Eingreifen der sekundären Erklärungspflicht von Anhaltspunkten abhängig zu machen. Die zweckwidrige Ausnutzung des Verfahrens droht bereits in dieser Prozesslage.[89] Die in § 138 Abs. 2 ZPO enthaltene Substantiierungspflicht stellt eine Projizierung der Parteivernehmung auf das Stadium des Behauptens und Bestreitens dar. Es reicht dann nicht aus, eine Tatsache zu bestreiten. Von der Partei wird je nach dem Vortrag des Gegners eine nähere Darlegung ihres Wissens erwartet. Darf die Aufklärung durch den Beweis nur aufgrund eines plausiblen, d. h. substantiierten oder von Anhaltspunkten begleitenden Beweisthemas stattfinden, muss auch der Aufklärungsbeitrag, den die Partei durch die substantiierte Einlassung leistet, unter dieselben Bedingungen gestellt werden. Die Substantiierung des Bestreitens wird infolgedessen entweder durch die substantiierte Behauptung oder die zwar nicht substantiierte, aber mittels Indiztatsachen haltbar gemachte Behauptung ausgelöst.

---

84 Repräsentativ BGH NJW 1989, 2947, 2948.

85 Vgl. BGH MDR 1995, 407, 408.

86 *Arens*, ZZP 96 (1983), 1, 4 f.; *Lüderitz*, Ausforschungsverbot, S. 20.

87 Vgl. § 5 D.

88 Vgl. § 6 B III.

89 Auch *Stürner*, ZZP 98 (1985), 237, 252; *T. Pfeiffer*, ZIP 2017, 2077, 2078.

D. Die Zumutbarkeit der Auskunftsmitteilung

I. Definition der Zumutbarkeitsprüfung

Da der Akt der Rechtssetzung unvermeidbar zweckorientiert ist, ist er zugleich interessenbedingt.[90] Zur Existenzbedingung und Kernaufgabe rechtlicher Regelung gehört der Ausgleich kollidierender Interessen.[91] Die rechtsstaatliche Interessenabwägung wird anhand des Verhältnismäßigkeitsgrundsatzes vollzogen.[92] Dieser ist ein allgemeiner, über die Grundrechtsdogmatik hinaus greifender Grundsatz des Rechts, welcher dem Rechtstaatsprinzip, dem Gleichheitsgrundsatz und schließlich dem Wesen des Rechts selbst entstammt.[93]

Die Verhältnismäßigkeitsprüfung erfolgt in verschiedenen Stufen: Die Legitimität des verfolgten Zwecks und ferner die Legitimität und Geeignetheit des eingesetzten Mittels, diesen Zweck zu verwirklichen, selbstverständlich vorausgesetzt,[94] muss der verursachte Eingriff in die Rechte des Betroffenen der weiteren Kontrolle der Erforderlichkeit und der Zumutbarkeit standhalten.[95] Während die Erforderlichkeit vor übermäßigen Benachteiligungen schützt (Übermaßverbot, Prinzip des schonendsten Mittels), richtet sich die Zumutbarkeit (Abwägung, Verhältnismäßigkeit i. e. S.) auf die sachliche Angemessenheit: sie besagt, dass die dem Eingriff folgenden Nachteile durch die daraus entstehenden Vorteile zumindest ausgeglichen werden müssen.[96] Die Zumutbarkeit ist folglich personenbezogen und stellt auf die Persönlichkeit und das Vertrauen des Betroffenen ab.[97]

Aus dem Wesen des Prinzips folgt ein Zweifaches: Zunächst ist der Zumutbarkeitsgedanke bei der Auslegung oder Ergänzung positiven Rechts immer zu beachten und zwar unabhängig davon, ob der Gesetzgeber dies explizit vorsieht oder nicht. Er stellt ferner keine Voraussetzung für das Ent-

---

90 *Rüthers/Fischer/Birk*, Rechtstheorie, Rdnr. 718; *Zippelius*, Wesen, S. 41 ff.

91 *Hubmann*, AcP 155 (1956), 85, 125 f.; *Zippelius*, Wesen, S. 46 ff., 82; *ders.*, Methodenlehre, § 3 I a, § 10 V.

92 *Larenz*, Richtiges Recht, S. 124 ff.; *Zippelius*, Methodenlehre, § 10 V, § 17 b; *ders.*, Wesen, S. 82 ff.

93 *Larenz*, Richtiges Recht, S. 124 ff.; *Zippelius*, Wesen, S. 82 ff.; *ders.*, Methodenlehre, § 10 V, § 17 b.; *Bleckmann*, JuS 1994, 177 ff.; *Zippelius/Würtenberger*, § 12 Rdnrn. 84 f.; restriktiv *Huster*, NJW 1995, 112, 112 f.

94 *Zippelius*, Wesen, S. 85; *ders.*, Methodenlehre, § 10 V.

95 *Klatt/Meister*, JuS 2014, 193, 194 ff.; *Sodan/Ziekow*, § 24 Rdnrn. 34, 44 ff.; *Zippelius/Würtenberger*, § 12 Rdnrn. 84 ff.

96 *Klatt/Meister*, JuS 2014, 193, 196 f.; *Zippelius/Würtenberger*, § 12 Rdnr. 89; *ders.*, Methodenlehre, § 10 V.

97 *Zippelius*, Methodenlehre, § 17 b; *Zippelius/Würtenberger*, § 12 Rdnr. 89.

stehen von Pflichten dar, sondern dient der Beschränkung einer schon bejahten Verpflichtung.[98]

II. Entscheidungsanalyse

Den ersten Bezugspunkt für die Zumutbarkeitsabwägung stellt der mit der Auskunft verbundene Aufwand dar, nämlich das Geld und die Zeit, welche die Partei (zunächst die risikobelastete, sonst steht ihr Informationsnot noch nicht fest und nachträglich die aufklärungspflichtige) einsetzen muss, um die erheblichen Informationen einzuholen. Gewichtiger sind indessen prinzipiell die Art der verlangten Information und die damit zusammenhängende Gefährdung schutzwürdiger Interessen des Pflichtigen. Jede Aufklärungspflicht macht den Konflikt zwischen dem Aufklärungsinteresse des Rechtssuchenden und dem entsprechenden Geheimhaltungsinteresse seines Gegners spürbar. Die Entschärfung dieses Interessengegensatzes stößt von Anfang an auf das Problem der allgemeinen Gleichwertigkeit beider Interessen. Zum einen muss dem Einzelnen ein privater Lebensraum zur Entfaltung seiner Persönlichkeit eingeräumt werden. Zum anderen ist die Rechtsdurchsetzung ebenfalls Form der Persönlichkeitsentfaltung.[99] Das Geheimhaltungsinteresse stellt schließlich die Kehrseite des Anspruchs auf Rechtsschutzgewährung dar.[100] Sofern die konkurrierenden Interessen allgemein keine als vorzugswürdig erscheinen lassen, müssen die besonderen Rechtsgüter, auf welche sich diese beziehen, berücksichtigt werden. Muss die erklärungspflichtige Partei dem Gegner eine ihm anderweitig nicht zugängliche Information offenbaren, ist es denkbar, dass die Auskunft entweder die Persönlichkeit des Aufklärenden beeinträchtigt und insbesondere vertrauliche Informationen betrifft und/oder, dass sie ihn strafrechtlich verfolgbar macht.[101]

Auf der anderen Seite sollte die Wichtigkeit des gegnerischen Begehrens (Wert des Streitgegenstandes), das die Aufklärung veranlasst, prinzipiell nicht näher geprüft werden. Das gerichtliche Verfahren muss gewährleisten, dass jedes Rechtsbegehren geprüft wird, damit das Selbsthilfeverbot einen Sinn hat. Die Aufklärung des Sachverhalts im Erkenntnisverfahren ist in gleicher Maße gerechtfertigt, auch wenn ein nur minderwertiges rechtliches Interesse geltend gemacht wird. Weil aber das Ergebnis des Verfahrens offen

[98] *Musielak*, in: FS 50 Jahre BGH, S. 193, 197 f.; *Osterloh-Konrad*, S. 226 f.

[99] BVerfGE 113, 29 (47); *Chudoba*, Ausforschungsbeweis, S. 166.

[100] BVerfGE 101, 106 (129); 115, 205 (239 f.); *Chudoba*, Ausforschungsbeweis, S. 169; *Stadler*, ZZP 123 (2010), 261, 267 f.

[101] *Stürner*, Aufklärungspflicht, §§ 12–14; *Freudenthal*, S. 21 ff.; *Beckhaus*, Informationsdefizite, S. 365 ff.

ist und erst am Ende feststellen lässt, ob insofern das Aufklärungsinteresse gerechtfertigt war (zumindest Teilobsiegen), kann ausnahmsweise eine krasse Unverhältnismäßigkeit zwischen der Wichtigkeit bzw. dem Wert des Streitgegenstandes und der Intensität des Eingriffs in die schutzwürdigen Interessen des Gegners doch von Bedeutung sein.

1. Das allgemeine Persönlichkeitsrecht

Das Recht auf die freie Entfaltung der Persönlichkeit (Art. 2 Abs. 1 GG), nach überwiegender Ansicht die Freiheit im ganzen Umfang persönlicher Betätigung beliebig zu handeln,[102] in Verbindung mit Art. 1 Abs. 1 GG verdichtet die Wertentscheidung der Menschenwürde zum allgemeinen Persönlichkeitsrecht.[103] Man muss sich vergegenwärtigen, dass beide Grundrechte nicht unauflösbar zusammengefasst werden. Die Verbindung beider Garantien bedeutet, dass die Elemente des allgemeinen Persönlichkeitsrechts sich sowohl aus der allgemeinen Handlungsfreiheit als auch aus der Menschenwürde ergeben, wobei letztere die Grundbedingungen des Rechts zum Ausdruck bringt.[104] Das allgemeine Persönlichkeitsrecht garantiert als Auffangtatbestand die grundrechtliche Freiheitssicherung.[105]

a) Der soziale Geltungsanspruch

Der soziale Geltungsanspruch steht rufschädigenden Verhaltensweisen entgegen, die den Einzelnen in seiner sozialen Identität verletzen oder die Integrität seiner personalen Identität, d. h. die persönliche Ehre schmälern.[106] Die soziale Identität tangieren vornehmlich unwahre Behauptungen; für eine Verletzung der persönlichen Ehre werden ferner herabsetzende Äußerungen und Verhaltensweisen, also Kränkungen, Herabwürdigungen und Missach-

---

102 BVerfGE 6, 32 (36 ff.); 80, 137 (152 ff.); *Degenhart*, JuS 1990, 161, 161 ff.; *Zippelius / Würtenberger*, § 22 Rdnrn. 2 ff.; *Murswiek / Rixen*, in: Sachs, GG Art. 2 Rdnrn. 42 ff.

103 BVerfGE 34, 269 (281); *Degenhart*, JuS 1992, 361, 361; *Kunig*, Jura 1993, 595, 603; *Zippelius / Würtenberger*, § 22 Rdnr. 7. Dieses besteht sowohl als Grundrecht wie auch als privates Recht (vgl. *Hubmann*, JZ 1957, 521, 522).

104 BVerfGE 34, 269 (281); 54, 148 (152 f.); 72, 155 (170); 79, 256 (268); 80, 367 (373); *Degenhart*, JuS 1992, 361, 361, 366 ff.; *Zippelius*/Würtenberger, § 21 Rdnrn. 9, 27 f.; *Starck*, in: v. Mangoldt/Klein/Starck, GG Art. 2 Rdnr. 89; *Murswiek/ Rixen*, in: Sachs, GG Art. 2 Rdnr. 63.

105 BVerfGE 54, 148 (152 f.); 72, 155 (170); 79, 256 (268); *Degenhart*, JuS 1990, 161, 165; *ders.*, JuS 1992, 361, 368; *Zippelius / Würtenberger*, § 21 Rdnr. 29.

106 *Zippelius / Würtenberger*, § 21 Rdnr. 30; *Murswiek / Rixen*, in: Sachs, GG Art. 2 Rdnrn. 74, 123 ff.

tungen des berechtigten[107] Geltungsanspruchs verlangt.[108] Im Hinblick auf die Frage, ob die Erklärungspflicht nach § 138 Abs. 2 ZPO den sozialen Geltungsanspruch beeinträchtigt, sind zwei Punkte maßgeblich. Der soziale Geltungsanspruch ist zunächst sozialbezogen. Der Einzelne hat kein einseitiges Bestimmungsrecht über seinen Inhalt, wenn er sich im gesellschaftlichen Raum bewegt.[109] Darüber hinaus kommt eine Verletzung desto weniger in Betracht, als die beanstandete Äußerung einem objektiven Bild über die Person des Betroffenen näher kommt.[110] Er ist dann auch wahrheitsbezogen.

Die Chancen, dass die erklärungspflichtige Partei eine Rufschädigung begeht sind effektiv minimiert. Der Wahrheitspflicht gemäß hat sie wahre bzw. wahrhafte Behauptungen einzuführen.[111] Es ist absurd und höchst unwahrscheinlich, dass die im Prozess aussagende Partei ihre eigene Persönlichkeit oder die eines anderen durch unwahre Behauptungen angreifen will, denn bei einem solchen Verhalten läuft sie die Gefahr, sich selbst schadensersatzpflichtig (§ 823 Abs. 1 BGB) und strafbar (§§ 185 ff. StGB) zu machen. Ein Interessenkonflikt scheidet somit aus. Die erklärungspflichtige Partei hat auch keinen berechtigten Anspruch auf die Nichtmitteilung wahrer Tatsachen, von denen die Definition der sozialen Identität durch die Gesellschaft abhängt.[112] Maßgeblich für die Bejahung einer Zwangslage des Pflichtigen ist deshalb nicht der soziale Geltungsanspruch, sondern die Intensität des Eingriffs in die gleich darzustellende Geheimsphäre des Pflichtigen.[113] Die Frage, ob zur Unehre gereichenden Tatsachen offenbart werden müssen,[114] trifft infolgedessen nicht zu.

b) Die Geheimsphäre

Geheimnis ist jede Tatsache, die nur einem eng begrenzten, überschaubaren Personenkreis zugänglich, also nicht offenkundig ist und nach dem wirklichen oder mutmaßlichen Willen des Geheimnisträgers nicht weiter veröf-

---

107 Hier ist insbesondere das Vorverhalten des Betroffenen maßgeblich. *Murswiek/Rixen*, in: Sachs, GG Art. 2 Rdnr. 124.

108 *Degenhart*, JuS 1992, 361, 364; *Maas*, S. 62 ff.; *Zippelius/Würtenberger*, § 21 Rdnr. 30; *Murswiek/Rixen*, in: Sachs, GG Art. 2 Rdnr. 124.

109 *Murswiek/Rixen*, in: Sachs, GG Art. 2 Rdnr. 125.

110 BVerfG NJW 1989, 3269, 3269; *Murswiek/Rixen*, in: Sachs, GG Art. 2 Rdnr. 125.

111 Vgl. *Freudenthal*, S. 22; *Stürner*, Aufklärungspflicht, S. 194.

112 *Stürner*, Aufklärungspflicht., S. 199; *Freudenthal*, S. 22.

113 *v. Mohrenfels*, Informationsleistungspflichten, S. 98.

114 BVerfGE 56, 37 (44); BGH JZ 2003, 631 m. Anm. *Leipold*; *Balthasar*, JuS 2008, 35, 38.

fentlicht werden soll.[115] Unentbehrlicher Aspekt der freien Persönlichkeitsentfaltung ist die Gewährung eines Ruhebereichs, über welchen der Einzelne beliebig disponieren kann und innerhalb dessen seine Privatheit von Zudringlichkeiten frei bleibt.[116] Unabhängig von der spezifischen Zuordnung etwaiger Abwehrinteressen zu den herausgearbeiteten Schutzkreisen[117] des Persönlichkeitsrechts ist festzuhalten, dass jeder gegenüber der Enthüllung des eigenen Persönlichkeitsraums schutzwürdig ist. Davon wird jede unfreiwillige Aufdeckung persönlicher Informationen erfasst, nämlich die öffentliche Verbreitung sowie die Preisgabe gegenüber Dritten.[118]

Der Schutzraum der persönlichen Lebenssphäre ist dennoch beschränkbar. Sofern Art. 1 Abs. 1 GG nicht eingreift, zieht Art. 2 Abs. 1 GG mit den Schranken der freien Persönlichkeitsentfaltung gleichzeitig die Schranken des allgemeinen Persönlichkeitsrechts und benennt als solche die verfassungsmäßige Ordnung, die Rechte Dritter sowie das Sittengesetz. Wegen der praktischen Bedeutungslosigkeit[119] jener zwei letzten Einschränkungen gibt Art. 2 Abs. 1 GG effektiv die selbstverständlichen verfassungsimmanenten Schranken der Grundrechte wider.[120] Gegen das Aufklärungsinteresse kann folglich nicht allein auf den Geheimhaltungswillen angeführt werden, vielmehr ist ein objektives Geheimhaltungsinteresse erforderlich.

---

115 MünchKommZPO/*Zimmermann*, § 172 GVG Rdnr. 6; *Kissel/Mayer*, GVG, § 172 Rdnr. 38.

116 BVerfGE 27, 1 (6); 54, 148 (152 f.); 79, 256 (268); 80, 367 (373); 95, 255 (260 f.); BVerfG NJW 1973, 1226, 1227= BVerfGE 35, 202; *Degenhart*, JuS 1990, 161, 161; *ders.*, JuS 1992, 361, 361, 363; *Sodan/Ziekow*, § 27 Rdnrn. 6 f.; *Starck*, in: v. Mangoldt/Klein/Starck, GG Art. 2 Rdnr. 85.

117 Vgl. *Degenhart*, JuS 1990, 161; *ders.*, JuS 1992, 361, 363 ff.; *Sodan/Ziekow*, § 27 Rdnr. 7.; *Zippelius/Würtenberger*, § 21 Rdnrn. 30 ff.; *Starck*, in: v. Mangoldt/Klein/Starck, GG Art. 2 Rdnrn. 86 ff., 171 ff.; *Murswiek/Rixen*, in: Sachs, GG Art. 2 Rdnrn. 68 ff.

118 BVerfGE 54, 148 (155).

119 *Degenhart*, JuS 1990, 161, 164 f.; *Zippelius/Würtenberger*, § 22 Rdnrn. 18 f.; s. aber *Murswiek/Rixen*, in: Sachs, GG Art. 2 Rdnrn. 89 ff.

120 BVerfGE 6, 32 (38); 80, 137 (153); *Degenhart*, JuS 1990, 161, 164; *Zippelius/Würtenberger*, § 23 Rdnrn. 13 f.

Die verfassungsmäßige Ordnung enthält alle formell und materiell mit dem Grundgesetz vereinbaren Normen. Die verfassungsimmanenten Schranken der Grundrechte ergeben sich primär aus der systematischen Interpretation der Verfassung und so aus einer Abwägung miteinander, während die verfassungsgemäßen Normen, die gegen das allgemeine Persönlichkeitsrecht abgewogen werden müssen, die Grundrechte wiederspiegeln, insofern sie von grundrechtlichen Werten geprägt sind, also verfassungsrechtliche Wertungen enthalten und gegebenenfalls diese zur Geltung bringen. Vgl. *Zippelius/Würtenberger*, § 17 Rdnr. 20, § 18 Rdnrn. 14 ff., § 19 Rdnr. 51.

aa) Obwohl die Unterteilung keine trennscharfe Abgrenzung für sich selbst beansprucht,[121] erweist sich die vom BVerfG entwickelte Sphärentheorie als hilfreich.[122] Danach wird der Schutzraum des allgemeinen Persönlichkeitsrechts in die intime, die private und die soziale Sphäre unterteilt. Die Intimsphäre kommt dem Menschenwürdegehalt des allgemeinen Persönlichkeitsrechts gleich und bezeichnet den innersten Bereich menschlicher Freiheit, welcher sich jeder Verhältnismäßigkeitsabwägung entzieht.[123] Hierzu gehört die Freiheit der seelischen und geistigen Entfaltung des Einzelnen, also Ausdrucksformen mit beschränktem Sozialbezug; Tagebuchaufzeichnungen, Äußerungen innerster Gefühle und Gespräche mit engsten Vertrauten, wie mit Familienmitglieder.[124] Den weiteren, der Öffentlichkeit entzogenen, Bereich privater Lebensgestaltung umfasst die Privatsphäre, in welchen aufgrund überwiegender Allgemeininteressen oder grundrechtlich geschützter Interessen Dritter und bei strikter[125] Anwendung des Verhältnismäßigkeitsgrundsatzes eingegriffen werden darf.[126] Hierzu gehören etwa die Einsicht in Wohnräume oder Vermögensverhältnisse, Informationen über den Gesundheitszustand sowie Aufzeichnungen zum Privatgebrauch, welche nicht die innere Entfaltung der Persönlichkeit betreffen.[127] Die Sozialsphäre, innerhalb derer das Individuum wissentlich in Kontakt mit der Öffentlichkeit tritt, genießt einen noch lockereren Schutz. Die Verhältnismäßigkeitsprüfung wird hier

---

[121] Nicht nur kann die terminologische oder inhaltliche Abgrenzung zwischen den darzulegenden Sphären streitig sein, dieselbe Informationsart wird ferner nicht immer gleich gewürdigt. Als maßgebliche Kriterien werden die Intensität des sozialen Bezugs und die Intensität der sozialen Bedeutung der vertraulichen Information angeführt. Vgl. BVerfGE 80, 367 (374 f.); 109, 279 (319) = NJW 2004, 999, 1003; *Scholz*, AöR 100 (1975), 265, 266; *Degenhart*, JuS 1992, 361, 363 f.; *Kunig*, Jura 1993, 595, 602 f.; *Maas*, Information, S. 23 ff.; *Baldus*, JZ 2008, 218, 222 ff.; *Murswiek/Rixen*, in: Sachs, GG Art. 2 Rdnr. 105.

[122] Grundlegend BVerfGE 6, 32 (40 ff.).

[123] BVerfGE 6, 32 (41); 27, 1 (6); 34, 238 (245); 80, 367 (373 f.); BVerfG NJW 2004, 999, 1002; NJW 2009, 3357, 3359; *Degenhart*, JuS 1992, 361, 363 f.; *Kunig*, Jura 1993, 595, 602; *Hofmann*, in: Schmidt-Bleibtreu/Hofmann/Henneke, GG Art. 2 Rdnr. 19; *Murswiek/Rixen*, in: Sachs, GG Art. 2 Rdnr. 104; s. aber *Baldus*, JZ 2008, 218, 224 ff.

[124] BVerfGE 27, 344 (351); 109, 279 (319); *Dünnebier*, MDR 1964, 965, 965; *Sax*, JZ 1965, 1, 1 ff.; *Maas*, Information, S. 23; *Zippelius/Würtenberger*, § 21 Rdnrn. 22 ff.

[125] Gemeint wird damit die strenge Beachtung sämtlicher Elemente (Geeignetheit – Erforderlichkeit – Zumutbarkeit) des Verhältnismäßigkeitsgrundsatzes.

[126] BVerfGE 27, 1 (7 f.); 27, 344 (351); 32, 373 (379); 33, 367 (376 f.) = NJW 1972, 2214; 34, 238 (246); 80, 367 (374, 375); BVerfG NJW 1973, 1226, 1228; *Scholz*, AöR 100 (1975), 265, 267; *Kunig*, Jura 1993, 595, 602; *Murswiek/Rixen*, in: Sachs, GG Art. 2 Rdnr. 104.

[127] *Stürner*, Aufklärungspflicht, S. 200; *Osterloh-Konrad*, S. 258 f.

gänzlich oder teilweise nicht streng vorgenommen.[128] Die Sozialsphäre kennzeichnet nicht der begrenzte Kommunikationsgehalt in Form der Kommunikation des Einzelnen zu seinen Mitmenschen, sondern eine Betätigung mit intensiveren Sozialbezug, also im gesellschaftlichen Verkehr.[129]

bb) Übertragen auf die Erklärungspflicht des § 138 Abs. 2 ZPO bewirkt die Dreiteilung deren Ausschluss in Bezug auf den unantastbaren innersten Bereich der Persönlichkeit, nämlich die intime Geheimsphäre.[130] Freilich ist die Erheblichkeit solcher Geheimnisse für die Rechtsdurchsetzung in der Praxis gering, sodass es zu ihrer Offenbarung prinzipiell nicht kommen wird.[131] Der äußerste Persönlichkeitsbereich, die Sozialsphäre, auf der anderen Seite hat im Gegensatz zur intimen Geheimsphäre kein Gewicht. Eine darauf bezogene Befreiung würde Aufklärungspflichten gänzlich ineffektiv machen;[132] als Basis für ein *argumentum a minore ad maius* würde sie jedenfalls die Enthüllung noch tiefgreifenden Aspekten des Geheimbereichs ausschließen.

Die Privatsphäre betrifft zwar Facetten, die nicht grundlegende Auskunft über die Eigenart der Persönlichkeit geben, trotzdem besteht ein Abwehrinteresse des Geheimnisträgers, weil sie nicht zur bedingungslosen Kenntnisnahme bestimmt sind. Sofern solche Informationen für die Rechtsdurchsetzung von Bedeutung sind, muss das Geheimhaltungs- dem Aufklärungsinteresse grundsätzlich weichen.[133] Könnte hingegen die Geltendmachung privater Geheimnisse die Sachaufklärung im Prinzip verhindern, würde die Rechtsfindung gelähmt. Problematisch ist allerdings die Interessenlage, falls die mitzuteilende Auskunft das Ansehen der Person schmälern kann, insbesondere wenn sie die Enthüllung abnormalen Verhaltens nach sich zieht, wie bei der Feststellung des psychologischen Zustandes oder der fachlichen und persönlichen Eignung.[134] Hier auch hat das Geheimhaltungs- gegenüber dem Aufklärungsinteresse prinzipiell zurückzutreten. Im Einzelfall dürfen jedoch weitere Gesichtspunkte berücksichtigt werden; falls zwischen Anspruchsgegenstand und den bedrohten Belangen eine krasse Unverhältnismäßigkeit besteht, kann zusätzlich auf die Wahrscheinlichkeit des geltend gemachten Rechts abgestellt werden.[135] Diese Antizipation bezieht sich nicht auf die

---

[128] BVerfGE 35, 202 (220); 80, 367 (373); *Scholz*, AöR 100 (1975), 265, 280f.; *Kunig*, Jura 1993, 595, 602; *Murswiek/Rixen*, in: Sachs, GG Art. 2 Rdnr. 104.

[129] PWW/*Prütting*, § 12 Rdnr. 36.

[130] *Stürner*, Aufklärungspflicht, S. 202; *v. Mohrenfelds*, Informationsleistungspflichten, S. 98; *Osterloh-Konrad*, S. 258.

[131] *v. Mohrenfels*, Informationsleistungspflichten, S. 98; *Freudenthal*, S. 23.

[132] *Osterloh-Konrad*, S. 258.

[133] BGH NJW 2008, 982, 984; *Stürner*, Aufklärungspflicht, S. 200.

[134] *Peters*, ZZP 82 (1969), 200, 223; *Stürner*, Aufklärungspflicht, S. 200f.

[135] Vgl. *Stürner*, Aufklärungspflicht S. 201f.

Frage, ob Beweise zu erheben sind, sie steckt nur die Grenzen der Aufklärungspflicht ab und ist trotz verständlicher Zweifel an ihrer Zweckmäßigkeit durchaus zulässig. Sie wird vom am Anfang des Kapitels erwähnten Gedanken geleitet, dass je gerechtfertigter das Aufklärungsinteresse der einen Partei erscheint, desto leichter das entgegengesetzte Interesse geopfert werden darf. Vorzugswürdiger ist indes, dass in diesen Grenzfällen das Gericht nach §§ 171b und 174 Abs. 3 GVG hinter geschlossenen Türen verhandelt und den anwesenden Personen die Geheimhaltung zur Pflicht macht.[136]

c) Insbesondere die gewerblichen Geheimnisse

aa) Gewerbliche Geheimnisse sind nicht offenkundige Tatsachen technischer[137] oder kaufmännischer[138] Art, bezüglich welcher neben dem Geheimhaltungswillen ein berechtigtes Geheimhaltungsinteresse des Betriebsinhabers besteht.[139] Die Integrität gewerblicher Geheimnisse ist ohne Zweifel Ausprägung der Persönlichkeitsentfaltung, ihre Bewahrung ist indes Gegenstand der spezielleren Berufsfreiheit. Dem Schutz der freien Wahl und der freien Ausübung des Berufs nach Maßgabe des Art. 12 Abs. 1 GG entstammt auch das Recht auf die Vertraulichkeit der beruflich-gewerblichen Betätigungssphäre.[140] Soweit gewerbliche Geheimnisse als Bestandteile des Gewerbebetriebs vermögenswerte private Rechte darstellen, die dem Einzelnen zur ausschließlichen privaten Nutzung und Verfügung zugeordnet sind, werden sie auch durch Art. 14 GG geschützt.[141] Einfachrechtlich gilt ihr Schutz hauptsächlich den §§ 1, 17, 18, 19 UWG, §§ 823 Abs. 1, 826 BGB und §§ 203 f. StGB.

bb) Obwohl sie keinesfalls allgemein abwägungsfest sind, wird die Preisgabe gewerblicher Geheimnisse im Verfahren grundsätzlich abgelehnt werden.[142]

---

[136] s. auch BGH NJW 2008, 982, 984.

[137] Auch Betriebsgeheimnisse genannt, betreffen Vorgänge und Verfahren wie Konstruktionszeichnungen, Modelle, Versuchsanlagen, Rezepturen und Herstellungsverfahren wie auch Maschinen und Geräte.

[138] Sogenannte Geschäftsgeheimnisse, wie Kunden- und Lieferantenlisten, Preiskalkulationen, Werbemethoden, etwaige Verhandlungen sowie Informationen über die Auftrags-, Absatz- und Finanzlage des Unternehmens.

[139] BGH GRUR 2010, 318, 320; BVerfGE 115, 205 (230 f.); *Kraßer*, GRUR 1977, 177, 178 f.; *Gottwald*, BB 1979, 1780, 1781; *Stürner*, JZ 1985, 453, 453; *Maas*, Information, S. 94; *Götz*, S. 16 ff., 19 ff.

[140] BVerfGE 115, 205 (229 ff.); *Zippelius/Würtenberger*, § 30 Rdnr. 4.

[141] Streitig. Befürwortend: *Schoch*, Jura 1989, 113, 118; *Krapfl/Mann*, in: FS für Schütze, S. 279, 286 m. w. N.; *Sodan/Ziekow*, § 42 Rdnr. 10; *Zippelius/Würtenberger*, § 31 Rdnr. 19.

[142] BGH NJW 1961, 826, 828; NJW 1962, 2149, 2150; NJW 1992, 1817, 1819; Musielak/Voit/*Huber*, ZPO, § 446 Rdnr. 1; Zöller/*Greger*, ZPO, vor § 284 Rdnr. 34 b.

Die Abwägung wird durch die nachvollziehbare Sorge um den Missbrauch der erteilten Informationen geprägt, insbesondere wenn die sie begehrende Partei in einem wirtschaftlichen Konkurrenzverhältnis zu dem Aufklärungspflichtigen steht.[143] Abweichungen sind dennoch denkbar: Bei Prozessen über irreführende Werbung wird widersprüchliches Verhalten (venire contra factum proprium, § 242 BGB) angenommen, sofern der in Anspruch Genommene zwar mit der Angabe von Betriebsinterna geworben hat, im anschließenden Prozess aber die Mitteilung der entsprechenden Auskünfte mit Berufung auf das Geheimhaltungsinteresse verweigert.[144] Entsprechendes hat zu gelten, falls die Rechtsverletzung dem Grunde nach (entweder weil unstreitig oder rechtskräftig bzw. durch Grundurteil entschieden) feststeht.[145] In beiden Fällen muss aber die Gefährdung weiterer in dem konkreten Rechtsstreit unerheblicher Geheimnisse mitberücksichtigt werden.

Die prinzipielle Zurückhaltung ist Folge der im Vergleich zu den üblichen der privaten Sphäre entstammenden Geheimnissen komplexeren Interessenlage. Obwohl die Vertraulichkeit des gewerblichen Geheimnisses instrumental für die Überlebensfähigkeit des Unternehmens im Wettbewerb ist, liegt der Schutz der gewerblichen Tätigkeit nicht nur im Interesse des Betriebsinhabers. Davon hängt außerdem das Auskommen seiner Angestellten und Arbeiter, Mitarbeiter und Lieferanten ab. Letztendlich können Welleneffekte bis zur staatlichen Wirtschaftspolitik reichen. Weil die Aufrechterhaltung des gesunden Wettbewerbs eine Grundlage des wirtschaftlichen Wachstums bildet, entfaltet der Schutz der gewerblichen Leistung weitreichende mikro- und makroökonomische Auswirkungen und bringt ein selbstständiges öffentliches Interesse an Geheimhaltung zum Ausdruck.[146] Deswegen wäre die Heranziehung einer Wahrscheinlichkeitsprüfung über die Richtigkeit der unter Beweis gestellten Behauptungen in diesem Fall nicht ausreichend, um die Preisgabe zu rechtfertigen. Hier zeigt sich die Notwendigkeit eines Geheimverfahrens besonders nachdrücklich, um Geheimnisschutz und Aufklärung zueinander in Ausgleich zu bringen. Allerdings reicht der Ausschluss der Öffentlichkeit gemäß §§ 171b, 174 Abs. 3 GVG in diesem Fall nicht aus, denn hier stellt die Erfahrung des Geheimnisses durch den Prozessgegner die größte Gefahr.

---

143 Vgl. BGH NJW 1992, 1817, 1819; *Stürner*, Aufklärungspflicht, S. 219 f.; *Lachmann*, NJW 1987, 2206, 2206 f.; *v. Mohrenfels*, Informationsleistungspflichten, S. 105; *Stadler*, Unternehmensgeheimnis, S. 14.; *dies.*, NJW 1989, 1202, 1202; *Osterloh-Konrad*, S. 257.

144 BGH NJW 1962, 2149, 2150; *W. Esser*, WRP 1963, 43, 46; *Lüderitz*, Ausforschungsverbot, S. 31; *Gottwald*, BB 1979, 1780, 1783.

145 Vgl. *Stürner*, JZ 1985, 453, 458; *Mes*, GRUR 2000, 934, 940; *Götz*, S. 22.

146 *Stürner*, Aufklärungspflicht, S. 216 f.; *ders.*, JZ 1985, 453, 454; *Dannecker*, BB 1987, 1614, 1614; *G. Pfeiffer*, in: FS für Nirk, S. 861, 865; *Mayen*, NVwZ 2003, 537, 541; *Osterloh-Konrad*, S. 254 f.; *Götz*, S. 4 ff.

Die Einschränkung der Parteiöffentlichkeit steht aber in Konkurrenz zu dem Anspruch auf rechtliches Gehör.[147]

2. Die Gefahr strafrechtlicher Verfolgung

Im Strafverfahren genießt der Angeklagte bzw. Beschuldigte das Recht auf Passivität. Obwohl er Adressat intensiver Ermittlungs- und freiheitbeschränkender Maßnahmen sein kann (§§ 81 ff., 94 ff. und 112 ff., 134, 163a Abs. 3, 230 Abs. 2 StPO), gibt es keinen Aussagezwang (§§ 136 Abs. 1 S. 2, 163a Abs. 3, 243 Abs. 4 S. 1 StPO flankiert von § 136a Abs. 1 und 3 StPO). Der Schutz vor unfreiwilliger Selbstüberführung (*nemo tenetur se ipsum accusare*) ist der nach wohl herrschender Meinung Menschenwürde immanent und genießt Verfassungsrang.[148] Es ist nur die logische Konsequenz zu fragen, ob der strafverfahrensrechtliche *nemo tenetur*-Grundsatz im Zivilprozess eine Vorwirkung entfaltet und dem Aufklärungspflichtigen ein entsprechendes Weigerungsrecht gewährt; kann die Partei im Zivilprozess die Aufklärung ohne Nachteile verweigern, weil sie dadurch eine eigene Straftat offenbaren müsste?

Die oben gestellte Frage verdient eine negative Antwort.[149] Die Interessenlage im Rahmen der Erklärungspflicht gemäß § 138 Abs. 2 ZPO prägt die Kollision zwischen dem Rechtsschutzinteresse der risikobelasteten Partei und dem Schutz ihres Gegners vor Selbstüberführung auf der Basis einer von Nachteilen begleiteten zivilprozessualen Aufklärungspflicht. Das Strafverfahren prägt hingegen der Gegensatz zwischen dem staatlichen Strafanspruch und den Grundfreiheiten der Partei.[150] Kraft der Unschuldsvermutung und der Besonderheit, dass der Strafanspruch nicht die Befriedigung von gescheiterten privaten Interessen, sondern den Rechtsgüterschutz zum Ziel hat,[151] wird ersichtlich, dass ein strafverfahrensrechtliches Schweigerecht niemandem direkte Nachteile verursacht.[152] Ein entsprechendes Recht im Zivilver-

---

[147] s. § 6 B III.

[148] BVerfG NJW 1981, 1431, 1431; NJW 2002, 1411, 1412; BGH NJW 2007, 3138, 3140; *Peters*, ZZP 76 (1963), 145, 152; *Wessels*, JuS 1966, 169, 171 f.; *Stree*, JZ 1966, 593, 595 f.; *Rüping*, JR 1974, 135, 136 f.; *Stürner*, NJW 1981, 1757, 1757 f.; *Roxin/Schünemann*, § 25 Rdnr. 1; *Hofmann*, in: Schmidt-Bleibtreu/Hofmann/Henneke, GG Art. 2 Rdnr. 14.

[149] BGH NJW 1964, 1469, 1471; *Stürner*, Aufklärungspflicht, S. 180 ff.; *ders.*, NJW 1979, 1225, 1229; *ders.*, NJW 1981, 1757, 1759 f. *Henckel*, ZZP 92 (1989), 100, 106; *Wagner*, JZ 2007, 706, 716; zögernd *Peters*, ZZP 82 (1979), 200, 223; a.A. *LG Koblenz* MDR 1975, 766, 766; *Uhlenbruck*, JR 1971, 445, 446; *Schneider*, NJW 1977, 428; Musielak/Voit/*Huber*, § 446 Rdnr. 1.

[150] *Rüping*, JR 1974, 135, 135; *Roxin/Schünemann*, § 1 Rdnrn. 2 ff.

[151] *Heinrich*, Strafrecht AT, Rdnrn. 3 ff.

[152] Vgl. auch *Stürner*, Aufklärungspflicht, S. 184; *ders.*, JZ 1976, 320, 321.

fahren, würde den Individualrechtsschutz verhindern und zusätzliches Unrecht schaffen; denn die begangene Straftat, auf welche sich die Partei selbst beruft, würde auch den leichten Ausweg aus der zivilrechtlichen Haftung darstellen.[153] Der Verzicht auf den Aufklärungsbeitrag durch den Angeklagten – Beschuldigten im Strafverfahren kann zudem durch die dort vorgesehenen Ermittlungsmaßnahmen ausgeglichen werden.[154] Weil, wie erwähnt, das Strafverfahren sich nicht mit gescheiterten privaten Interessen, sondern mit angegriffenen oder beeinträchtigten Rechtsgütern befasst, ist es von einem eigenständigen öffentlichen Interesse an Wahrheitsfindung geprägt und demzufolge von besonders tiefgreifenden Ermittlungsmaßnahmen begleitet. Historisch betrachtet stellt das *nemo tenetur*-Prinzip den notwendigen Schutz vor staatlicher Ausnutzung dieser Maßnahmen dar.[155] Für den Zivilprozess, wo vergleichbare Ausforschungsmöglichkeiten nicht gegeben sind, besteht hingegen keine entsprechende Gefahr der Missachtung der Persönlichkeit.[156] Letztendlich würde die Verweigerung der Auskunft unter Berufung auf die mögliche Strafbarkeit gleichwohl zum unerwünschten Ergebnis führen, nämlich zu dem die staatanwaltliche Ermittlung bzw. die Anzeige auslösenden Verdacht.[157]

Sofern der strafverfahrensrechtliche Schutz vor Selbstbezichtigung in das Zivilprozessrecht unübertragbar ist, wäre es auch inkonsistent die Zumutbarkeit der Auskunft durch die erklärungspflichtige Partei von der Schwere der angeblichen Straftat abhängig zu machen.[158]

3. Beeinträchtigte Interessen Dritter

Wird von der aufklärungspflichtigen Partei sogar die Preisgabe eigener vertraulicher Informationen und die Offenbarung von Tatsachen erwartet, die ihre Strafverfolgung auslösen können, muss sie umso mehr zur Auskunft über entsprechende Verhältnisse Dritter angehalten sein.[159] Anders gesagt: Der Umfang der Aufklärungspflicht über eigene steckt zugleich die Grenzen

[153] BGH NJW 1964, 1469, 1471; JZ 1976, 318, 320; allein auf die Insolvenz bezogen, obwohl die Interessenlage im Zivilprozess im Wesentlichen eine ähnliche ist BVerfGE 56, 37 (48 ff.); *Stürner*, Aufklärungspflicht, S. 185; *Stauder*, GRUR Int. 1982, 226, 231; *Wagner*, JZ 2007, 706, 716.

[154] *Stürner*, Aufklärungspflicht, S. 185; *Schlosser*, JZ 1991, 599, 604.

[155] *Wessels*, JuS 1966, 169, 170; *Rüping*, JR 1974, 135, 136 f.; *Roxin/Schünemann*, § 25 Rdnr. 1.

[156] *Stürner*, Aufklärungspflicht, S. 188 ff.

[157] *Bosch*, DRiZ 1951, 107, 109 f.; *Stürner*, Aufklärungspflicht, S. 181, 191.

[158] Vgl. auch *Stürner*, Aufklärungspflicht, S. 182, 187 f.

[159] *Stürner*, Aufklärungspflicht, S. 191 f., 205 ff., 229 ff.; *v. Mohrenfels*, Informationsleistungspflichten, S. 99, 102, 106; *Osterloh-Konrad*, S. 280 ff.; a.A. *Koch*, S. 201.

der Auskunft über fremde Angelegenheiten ab. Dieser Ausgangspunkt bedarf der Verfeinerung:

a) Beweisrechtlich behandelt das Gesetz die Aussage der Partei und die des Zeugen unterschiedlich. Die vernommene Partei trifft keine vollstreckbare Aussagepflicht. Sie steht vor den Alternativen, sich entweder vernehmen zu lassen oder die Vernehmung im Ganzen oder im Einzelnen zu verweigern und mögliche prozessuale Nachteile zu erleiden. Dem Zeugen hingegen obliegt eine öffentlich-rechtliche Erscheinungs- und Zeugnispflicht, welche mit vollstreckbaren Mitteln erzwungen werden kann (§§ 380, 390 ZPO).[160] Er hat sich wahrheitsgemäß zu dem Beweisthema sowie zu den darauf bezogenen weiteren Fragen zu äußern (§ 395 ZPO) und bei verweigerter Mitwirkung mit Sanktionen, insbesondere mit Ordnungsgeld oder -haft zu rechnen (§ 390 ZPO). Freilich liegt der Unterschied nicht in der herbeigeführten Zwangslage, die in beiden Fällen vergleichbar ist. Sie besteht vielmehr in der Privilegierung des Zeugen, indem er unter bestimmten Voraussetzungen das Zeugnis oder die Aussage, ohne Nachteile zu erleiden, verweigern kann. Zwar kann auch die Partei die Aussage bei Unzumutbarkeit ohne Nachteile verweigern. Das Gesetz trifft aber eine im Vergleich großzügigere Zumutbarkeitsabwägung zugunsten des Zeugen und gewährt ihm ein viel weiter reichendes Verweigerungsrecht:

Der Zeuge darf die Aussage verweigern, wenn diese ihm einen unmittelbaren Schaden, die Herabsetzung seiner Persönlichkeit oder seine Verfolgung wegen einer Straftat oder Ordnungswidrigkeit verursachen würde (§ 384 Abs. 1 und 2 ZPO). Das Verweigerungsrecht hinsichtlich eigener sowie fremder[161] Kunst- und Gewerbegeheimnisse (§ 384 Nr. 3 ZPO) bezweckt den eigenen Schutz sowie den Schutz vor möglicher Strafverfolgung (§ 203 StGB) und gegebenenfalls zivilrechtlicher Haftung. In §§ 383 Abs. 1 Nr. 1–3, 384 Abs. 1 und 2 ZPO verwirklicht sich der schon verfassungsrechtlich (Art. 6 Abs. 1GG) gebotene Schutz des familiären Bündnisses.[162] Was ferner die Offenbarung vertraulicher Informationen betrifft, welche dem Zeugen aufgrund seines Berufs anvertraut worden sind (§ 383 Abs. 1 Nr. 4–6 ZPO), dient die Weigerung nicht hauptsächlich der Befreiung von einer Zwangslage, sondern der Aufrechterhaltung des mit der Berufsausübung verbundenen sozialen Interesses.[163] Dies macht die Regelung des § 383 Abs. 3 ZPO

---

[160] *Jauernig/Hess*, § 53 II; Schilken, Rdnr. 521; *RSGottwald*, § 119 Rdnr. 10.

[161] *Stadler*, ZZP 123 (2010), 261, 263; Zöller/*Greger*, § 384 Rdnr. 7; *TPReichold*, § 384 Rdnr. 5.; a.A. *Koch*, S. 198; Nach einer Auffassung fallen fremde Kunst- und Gewerbegeheimnisse unter dem Schutzumfang des § 383 Abs. 1 Nr. 4–6 ZPO. Vgl. *SJBerger*, § 384 Rdnrn. 15ff.

[162] *Habscheid*, ZZP 96 (1983), 306, 317.

[163] BVerfG NJW 1972, 2214, 2215; *Stürner*, Aufklärungspflicht, S. 204 Fßn. 55, 205; *Habscheid*, ZZP 96 (1983), 306, 317f.; *Stadler*, ZZP 123 (2010), 261, 263;

deutlich; unabhängig von der Berufung auf das entsprechende Weigerungsrecht darf die Fragestellung nicht zu der Offenbarung derartiger Geheimnisse führen.

Kriterium für die Privilegierung kann nicht bloß die formelle Bezeichnung als Zeuge oder Partei sein. Obwohl das gerichtliche Verfahren auch auf Nichtparteien wirken kann, dürfen die vom Prozess im Rahmen ihrer Zeugnispflicht reflexiv berührten Personen, ihr Rechtskreis sowie ihre schutzwürdigen persönlichen Beziehungen nicht beeinträchtigt werden.[164] Denn der Zeuge ist eine dritte Person, die in den fremden Rechtstreit gewaltsam hineingezogen wird, er muss deswegen weniger einsetzten als die Parteien.[165] Diese Wertung entspricht gleichzeitig der Qualitätssicherung, also der Zuverlässigkeit der Zeugenaussage.[166] Könnte sich die Partei insbesondere auf §§ 383 Abs. 1 Nr. 1–3 und 384 Abs. 1 und 2 ZPO berufen, wäre jede Auferlegung einer Aufklärungspflicht aussichtslos.[167]

b) Im Rahmen der sekundären Erklärungspflicht ist es unwahrscheinlich, dass der Aufklärungspflichtige eine dem Zeugen vergleichbare Position im eigenen Rechtsstreit dadurch erlangt, dass die von ihm verlangten Informationen nicht der Durchsetzung eines gegen ihn gerichteten Rechts dienen. Nur dann würde die entsprechende Anwendung von Zeugnisverweigerungsrechten auf die erklärungspflichtige Partei in Betracht kommen.[168] Seine Aus-

---

Rühl, ZZP 125 (2012), 25, 29; *Krapfl/Mann*, in: FS für Schütze, S. 279, 285; MünchKommZPO/*Damrau*, § 383 Rdnr. 2; *SJBerger*, § 383 Rdnr. 28.

164 BGH JZ 2003, 630, 632 m. Anm. *Leipold*; NJW 2007, 155, 156; *Habscheid*, ZZP 96 (1983), 306, 319f.; *Stadler*, ZZP 123 (2010), 261, 264.

165 BVerfGE 56, 37 (44f.); BGH NJW 2007, 155, 156; *Peters*, ZZP 82 (1969), 200, 222; *Stürner*, Aufklärungspflicht, S. 60, 190; *ders.*, JZ 1976, 320, 321; *ders.*, NJW 1981, 1757, 1760; *Gottwald*, BB 1979, 1780, 1781; *Stadler*, in: FS für Beys, S. 1625, 1631; *Koch*, S. 201; *Jauernig/Hess*, § 56 III Rdnr. 13.

166 *Habscheid*, ZZP 96 (1983), 306, 317ff.

167 Vgl. *Stürner*, Aufklärungspflicht, S. 192, 206f. *Pfeiffer* (ZIP 2017, 2077, 2080) erlaubt der erklärungspflichtigen Partei mittelbar Vorteile aus dem Zeugnisverweigerungsrecht zu ziehen, indem er annimmt, dass die Partei die Erklärung verweigern kann, weil die in Betracht kommenden Zeugen (und Angestellten der pflichtigen Partei) über ein entsprechendes Zeugnisverweigerungsrecht verfügen. Ähnlich *Althammer*, in: FS für Geimer, S. 15, 21.

168 In seinem Urteil vom 30.3.2017 (NJW 2018, 65, 66f.) hat der BGH aber die Beklagten im Rahmen ihrer sekundären Erklärungspflicht aufgefordert, den Namen ihres volljährigen Kindes preiszugeben, das rechtwidrig Musiktitel zum Herunterladen angeboten hat. In diesem Fall hat der BGH zunächst die sekundäre Darlegungspflicht fälschlicherweise überspant, weil er den Vortrag von Informationen verlangt hat, die sich über die Begründung des Bestreitens erstrecken und allein die Rechtsverletzung durch eine Nicht-Partei belegten. Die Beklagten mussten nicht nur ihre Auffassung über den erheblichen und streitigen Geschehensablauf schildlern. Im Ergebnis verpflichtete der BGH die Beklagten Zeugnis zu leisten, welche von ihren drei voll-

kunft wird aber erwartet, gerade weil sie für den aktuellen Prozess erheblich ist. Sie kann soweit ersichtlich einen dem Prozess total fremden Rechtskreis nicht betreffen. Ein Durchbrechen der Absage einer entsprechenden Anwendung der Zeugnisverweigerungsrechte auch auf die erklärungspflichtige Partei und demzufolge die Annahme eines entsprechenden Verweigerungsrechts ist hinsichtlich der sich in § 383 Abs. 1 Nr. 4–6 ZPO widerspiegelnden Fällen geboten, sonst liefe das mit der Ausübung dieser Berufen verknüpfte Vertrauen leer.[169]

Obwohl die Partei gelegentlich private sowie gewerbliche Geheimnisse Dritter offenbaren muss, darf ferner die ihr auferlegte Erklärungspflicht nicht zur Verfolgung oder Haftung wegen Beeinträchtigung solcher Geheimnisse führen. Prinzipiell soll das oben gewählte Verweigerungsrecht nach § 383 Abs. 1 Nr. 4–6 ZPO die Gefahr, sich selbst strafbar (z.B. §§ 203 f. StGB, 17 UWG) und demzufolge schadensersatzpflichtig (§ 823 Abs. 2 BGB) zu machen, erheblich mindern. Auf der anderen Seite kann die Offenbarung zum Zweck der sachgemäßen Verteidigung oder in Erfüllung einer gesetzlichen Aufklärungspflicht insbesondere nach Ausschluss der Öffentlichkeit und in Verbindung mit der Anordnung der Verschwiegenheit der Beteiligten (§§ 172, 174 Abs. 3 S. 1 GVG) die Tatbestandserfüllung der angedeuteten Haftungstatbeständen verhindern und vertragliche Geheimhaltungspflichten entsprechend einengen.[170] Sind gewerbliche Geheimnisse eines Dritten betroffen und besteht die Gefahr der Kenntnisnahme durch einen Konkurrenten, muss das Gericht, sofern die Preisgabe nicht ohne Weiteres zumutbar ist,[171] sich um ein die Parteiöffentlichkeit ausschließendes Geheimverfahren bemühen.[172]

E. Synthese

I. Auslöser der sekundären Erklärungspflicht ist die Informationsnot der risikobelasteten Partei, also die mit zumutbaren Mitteln nicht mehr zu beseiti-

jährigen Kindern die Rechtsverletzung begangen hat, sodass die Zeugnisverweigerungsrechte analog anzuwenden waren. Vgl. auch BGH NJW 2017, 1961, 1962 f.; *Schaub*, NJW 2018, 17, 18.

[169] *Stürner*, Aufklärungspflicht, S. 205, 229 f.; *ders.*, JZ 1985, 453, 460; *Stadler*, Unternehmensgeheimnis, S. 124; *v. Mohrenfelds*, S. 109 f.; *Konrad*, NJW 2004, 710, 712; *Osterloh-Konrad*, S. 281; *S. Lang*, Urkundenvorlagepflichten, S. 228 f.; *Beckhaus*, S. 368 f.; *Koch*, S. 201 f.

[170] Vgl. *G. Pfeiffer*, in: FS für Nirk, S. 861, 872 f.; *Stürner*, Aufklärungspflicht, S. 230; *ders.*, JZ 1985, 453, 460; eine strengere Haltung nimmt *Stadler*, Unternehmensgeheimnis, S. 124.

[171] Vgl. § 5 D II c bb.

[172] Vgl. *Stürner*, Aufklärungspflicht, S. 230; *ders.*, JZ 1985, 453, 460.

gende Unfähigkeit, Details über den Lebensvorgang in das Verfahren einzuführen. Die Heranziehung der Gegenseite nur im Fall unheilbarer Informationsnot des Belasteten entspricht dem kontradiktorischen Charakter des Verfahrens und vermeidet die Annahme eines wirklichkeitsfremden Interessengleichlaufs in Gestalt einer Arbeitsgemeinschaft zwischen den Parteien oder die Annahme eines eigenständigen öffentlichen Wahrheitsinteresses.

Die weitere Frage nach der Vorwerfbarkeit der Informationsnot erweist sich als überflüssig. Typischerweise gerät die Partei in solche Schwierigkeiten beim Beweis negativer Tatsachen bzw. bei solchen, die sich außerhalb ihres Wahrnehmungsbereichs abgespielt haben, sodass ein Verschulden von Natur aus ausgeschlossen sein dürfte. Darüber hinaus sind Bestehen und Durchsetzbarkeit eines geltend gemachten Rechts nicht mit der Informationsnot zu vermengen. Auch wenn der Rechtssuchende dafür verantwortlich ist, muss eine gewährte Rechtsposition verwirklicht werden und zwar, sowohl wenn die Schuld sich auf die Informationsnot allein bezieht als auch, wenn die Partei ihre Relevanz für den Rechtsstreit vorgesehen hat oder vorsehen könnte. Solche Entwicklungen sind nicht missbilligenswert, denn eine Pflicht, die Vereitelung der eigenen Prozessführung zu unterlassen, ist schwer begründbar, zumal der Erklärungspflichtige daraus keine zusätzlichen Nachteile erleidet; weder die Beweis- noch die Beweisführungslast kehren sich um, während der Aufklärungsbeitrag Auskünfte betrifft, die dem Gegner vorher bekannt oder zugänglich waren. Beeinträchtigt aber die Aufklärung weitere, in dem aktuellen Prozess unerhebliche vertrauliche Informationen, steht die Mitwirkung wie sonst unter dem Vorbehalt der Zumutbarkeit. Im Fall der eher unrealistischen vorsätzlichen Selbstvereitelung bedarf es allerdings einer näheren Prüfung, ob ein objektives venire contra factum proprium oder ein Rechtsverzicht anzunehmen sind.

II. Das Bestehen auf Anhaltspunkte seitens der risikobelasteten Partei, obwohl plausibel, ist nicht ohne Schwächen. Die Anhaltspunkte stellen ebenfalls tatsächliche Behauptungen dar, enthalten aber keine Details über den vorgetragenen Sachverhalt, sondern stehen nur in Zusammenhang mit diesem und agieren demnach als schwache Indizien für seine Richtigkeit. Sie sollen die fehlende Substantiierung und die mit ihr verbundene Funktion, detektivische Ausforschungen zu verhindern, ausgleichen, um den Gegner und das Gericht vor einem möglichen Missbrauch des Verfahrens bereits im frühen Stadium der Sachverhaltsbildung zu bewahren.

Von einer derartigen Ausnutzung des zivilprozessualen Instrumentariums kann die Rede sein, wenn die beweisbelastete Partei anscheinend nicht ihre Rechtsdurchsetzung, sondern speziell die Ausforschung beabsichtigt. Die erlangten Informationen sollen dann prozessfremden Zwecken dienen, namentlich der außerprozessualen Verwendung zu eigenem Gunsten und möglicherweise zu Lasten des Ausgeforschten. Das ist nur auf der Basis eines nicht wahrhaften Vortrags möglich. Denn ist der Vortrag wahrhaftig vorgetragen, will die Partei die Überzeugung des Richters über eine streitige und erhebliche Tatsache gewinnen. Das ist dann der Zweck jeden Beweises. Will man allerdings der Schutzfunktion der Anhaltspunkte treu bleiben, müssen sie als wahr feststehen, denn sie könnten ebenfalls gelogen sein. Stehen sie nicht als wahr fest, können sie keine Indizwirkung entfalten und machen den Vortrag nicht nachvollziehbar. Auch wenn erwiesen, stellen sie dennoch keine zuverlässigen Mittel für die Abwendung von Missbrauch dar, denn wegen ihrer schwachen Beweiskraft zeigen sie nicht die Wahrhaftigkeit des restlichen Vortrags an. Aus demselben Grund zeigt das Fehlen von Anhaltspunkten oder ihre Unerwiesenheit, selbst ihre Fehlerhaftigkeit, nicht unbedingt die Unwahrhaftigkeit des restlichen Vortrags an und so entsteht ein Widerspruch; der Vortrag muss beachtlich bleiben, weil seine Unrichtigkeit noch nicht feststeht, das darauf gestützte Aufklärungsgesuch (obwohl anderweitige Ablehnungsgründe wie die Verschleppungsabsicht nicht ersichtlich sind) aber nicht. Sofern vom Gegner eine Mitwirkung erwünscht wird, können die Anhaltspunkte bei der Prüfung der Zumutbarkeit der Aufklärung ohne Probleme berücksichtigt werden. Selbst eine echte Wahrscheinlichkeitsprüfung wäre hier zulässig. Es ist aber nicht zweckmäßig, eine ihrer Art nach zumutbare Auskunft nur aufgrund fehlender Nachvollziehbarkeit oder Wahrscheinlichkeit des Rechtsschutzantrags abzulehnen.

III. Die (sekundäre) Erklärungspflicht zwingt die nicht risikobelastete Partei zu einem Aufklärungsbeitrag in Gestalt einer Wissenserklärung. Wie jede Aufklärungspflicht muss sie das Aufklärungsinteresse der einen mit dem Geheimhaltungsinteresse der anderen Seite optimal zum Ausgleich bringen. Weil beide Interessen den Rechtsschutzanspruch widerspiegeln, keiner von ihnen kann als allgemein vorrangig bezeichnet werden. Die Interessenabwägung im Einzelfall prägen folgende Grundwertungen:

Je wahrscheinlicher die Behauptungen der risikobelasteten Partei sind, desto gewichtiger erscheint das Aufklärungsinteresse. Denn die Berufung auf das Geheimhaltungsinteresse darf nicht die Durchsetzung eines bestehenden Rechts verhindern. Der Streitgegenstandswert bildet keinen entscheidenden Faktor. Auch Bagatellforderungen beanspruchen Rechtsschutz und zwar den gleichen wie hochwertigere. Gravierender ist demzufolge die Berücksichtigung der konkreten schutzwürdigen Interessen, die die Aufklärungspflicht beeinträchtigt, und zwar die Aufopferung vertraulicher und die Enthüllung inkriminierender Informationen. Zumutbar ist ohne Weiteres jede Auskunft, die eine Tätigkeit mit starkem gesellschaftlichem Bezug betrifft (Sozialsphäre) als auch solche, die den Pflichtigen der Gefahr der Strafverfolgung aussetzen. Jeder Abwägung hingegen entgeht die Intimsphäre, also Formen der innersten Entfaltung der Persönlichkeit. Im Übrigen sind private Geheimnisse grundsätzlich preiszugeben, es sei denn zwischen Anspruchsgegenstand und der verlangten Auskunft besteht eine krasse Unverhältnismäßigkeit. Insofern bietet eine Wahrscheinlichkeitsprüfung oder besser die Alternative eines Verfahrens unter Ausschluss der Öffentlichkeit begleitet von der Verschwiegenheitsverpflichtung der Anwesenden einen Ausweg. Diese Verfahrensart greift allerdings im Hinblick auf die gewerblichen Geheimnisse zu kurz. Weil die mikro- sowie die makroökonomische Resonanz gewerblicher Betätigung ihrer Offenbarung, auch nach einer Wahrscheinlichkeitsprüfung, prima facie entgegensteht, erforderlich ist vielmehr auch der physische Ausschluss des Gegners vom Verfahren, sofern die Kenntnisnahme durch ihn eine Missbrauchsgefahr ersichtlich macht.

Eine eventuelle gleichzeitige Gefährdung von Nicht-Parteien ist hinzunehmen. Soweit die Partei eigene Interessen aufopfern muss, gilt es umso mehr für fremde, sofern sie für den aktuellen Prozess erheblich sind. Handelt es sich indes um Informationen, auf welche sich der Anwendungsbereich des § 383 Abs. 1 Nr. 4–6 ZPO erstreckt, kann die pflichtige Partei, genau wie ein Zeuge, die Aufklärung ohne Nachteile verweigern.

Die dargestellten Fallgruppen stellen einen für die Bedürfnisse dieser Arbeit methodologisch befriedigenden Wegweiser dar, so dass die Auseinandersetzung mit besonderen Geheimnisarten (wie z.B. dem Bankgeheimnis) nicht müßig ist.

Was die Regelung prozessualer Aufklärungspflichten allgemein betrifft: Geheimhaltungsinteressen sind in entsprechender Anwendung von §§ 372a Abs. 2 S. 1, 386 Abs. 1 ZPO glaubhaft zu machen.[173] Die Berufung auf das Geheimhaltungsinteresse ist allerdings ausgeschlossen, falls die Partei sich auf die entsprechenden Informationen bezogen hat (Argument aus § 423 ZPO).[174] Freilich ist der Nachweis der Geheimhaltungsbedürftigkeit nicht unproblematisch, wenn gerade zu diesem Zweck die Offenlegung vertraulicher Informationen unabdingbar ist. Schon zu diesem Zeitpunkt wird die Durchführung eines Geheimverfahrens relevant.[175] Insbesondere für die Erklärungspflicht gemäß § 138 Abs. 2 ZPO muss vom Grundsatz des Nachweises des geltend gemachten Geheimhaltungsinteresses abgewichen werden.[176]

---

[173] *Peters*, ZZP 82 (1969), 200, 223 f.

[174] *Peters*, ZZP 82 (1969), 200, 224.

[175] § 6 B III.

[176] Vgl. § 6 B I.

§ 6 Systematische Eingliederung der sekundären Erklärungspflicht

Die Informationsnot der risikobelasteten Partei veranlasst bereits am Anfang der Sachverhaltsbildung einen Aufklärungsbeitrag der anderen Seite, indem die nicht substantiierten Behauptungen nur im Wege substantiierter Einlassung wirksam bestritten werden können. Aus der Festlegung solch einer echten prozessualen Aufklärungspflicht ergeben sich systematische Zusammenhänge in zweierlei Hinsicht, die bisher nur angedeutet wurde: Die widerspruchslose Eingliederung der sekundären Erklärungspflicht in das geltende Zivilprozessrecht sowie ihre funktionelle Optimierung.

A. Potenzielle Hindernisse

I. Rechtssicherheit

Die sekundäre Erklärungspflicht ist mit der Zumutbarkeit der Aufklärung und trotz der hier erhobenen Bedenken nach wohl herrschender Meinung mit der Angabe von Anhaltspunkten seitens der notleidenden Partei verbunden.[1] Sowohl die Zumutbarkeit als auch die Anhaltpunkte sind Begriffe, die keinen eindeutigen Sinngehalt haben. Als unbestimmte, normative Begriffe bedürfen sie vielmehr der Konkretisierung durch den Rechtsanwender.[2] In dieser Ausfüllungsbedürftigkeit wird zum Teil ein Widerspruch zum sicheren und vorhersehbaren Prozessablauf gesehen.[3]

Das Abstellen auf Anhaltspunkte, obwohl es insbesondere im Hinblick auf seine Zweckmäßigkeit fraglich ist, ist doch verständlich. Die Anhaltspunkte sollen anstelle der fehlenden Substantiierung treten, um Ausforschungsgesuche ohne Rücksichtnahme auf die anderen Verfahrensbeteiligten sowie auf die Rechtspflege zu verhindern. Von der risikobelasteten Partei wird wegen ihrer Informationsnot nicht mehr die Substantiierung erwartet, sondern lediglich Tatsachen, die auf die pauschale Behauptung hinweisen können. Die

---

[1] Vgl. § 5 C und D.

[2] Vgl. *Larenz/Canaris*, S. 109; *Engisch*, Einführung, S. 193 ff., 197.

[3] *Arens*, ZZP 96 (1983), 1, 14; *Lüke*, JuS 1986, 2, 3; *K. Schreiber*, JR 1991, 415, 416; *Messer*, in: FS 50 Jahre BGH, S. 67, 78; *Freudenthal*, S. 68; *Beckhaus*, S. 142; Baumgärtel/*Laumen*, HdB-Grundlagen, Kap. 22 Rdnr. 38.

Nachvollziehbarkeit, die die Substantiierung der zu beweisenden Tatsachen verleiht, und die die anschließende Beweiserhebung rechtfertigt, wird bei Informationsnotlagen mittels Indiztatsachen erreicht. Weil die Anhaltspunkte als Indizien Nachvollziehbarkeit nur dann herbeiführen können, wenn sie wahr sind, müssen sie entweder bewiesen oder (auch fiktiv, § 138 Abs. 3 ZPO) zugestanden sein.[4] Die eventuelle Verlangsamung des Verfahrens, falls die Anhaltspunkte bewiesen werden müssen, stellt das notwendige Übel dar, um eine Ausnutzung des Verfahrens möglichst zu verhindern.[5] Trotzdem wird das Verfahren dadurch nicht weniger prozessökonomisch als bei der Geltendmachung materiellen Auskunftsansprüchen gemacht.

Der Ermessensspielraum, den ausfüllungsbedürftige Merkmale dem Rechtsanwender überlassen, ist für eine auf Dauer gedachte, funktionsfähige Regelung menschlichen Verhaltens unerlässlich. Einen Verzicht auf die Rationalität und Kontrollierbarkeit der gerichtlichen Entscheidung enthalten sie nicht. Vielmehr folgt ihre Konkretisierung festen Kriterien und Maßstäben.[6] Insbesondere die Zumutbarkeit gilt als ein allgemeines, immer zu prüfendes Prinzip.[7] Rechtssicherheit ist letzten Endes nicht nur in Begriffen zu suchen, sondern auch und vielleicht zuvorderst in der Konsistenz gerichtlicher Entscheidungen.

II. Einfallstor für die Ausforschung

Die Ausforschung ist Bestandsmerkmal jedes Erkenntnisverfahrens. Hinter ihrer zaghaften Zulassung im Rahmen sogenannter ausforschender Beweisanträge versteckt sich in Wirklichkeit die Hemmung, eine prozessuale Aufklärungspflicht der Gegenseite anzunehmen.[8] Lässt man den in der ZPO keine Stütze mehr findenden *nemo tenetur*-Grundsatz hinter sich und gelingt ferner die dogmatische Verankerung der entsprechenden Pflicht, besteht nur noch die Gefahr, dass dieses Instrument wie jedes andere missbraucht werden kann. Das missbräuchliche Ausforschungsgesuch liegt nur bei vermutetem unwahrem Vortrag des Beweisbelasteten vor und ist im Gegensatz zu verschleppenden Beweisanträgen nur sehr schwer erkennbar.[9] Trotzdem kann

---

4 Vgl. § 4 B I.

5 Aber *Arens*, ZZP 96 (1983), 1, 16f.

6 *Zippelius*, Methodenlehre, §§ 16 III und 17; *ders.*, Wesen, S. 72ff.; *Larenz/Canaris*, S. 112ff.

7 Vgl. § 5 D I.

8 *Peters*, Ausforschungsbeweis, S. 16; s. auch § 5 C II 3 d. Zum Begriff ausforschender Beweisanträge vgl. § 5 C II 1.

9 Vgl. § 5 C II 2.

die anschließende Zumutbarkeitsprüfung,[10] insbesondere wenn sie mit einem Geheimverfahren verbunden wird,[11] jene unerwünschte Nebenwirkung vermeiden. Eine vorbehaltlose Ausforschung aufgrund der sekundären Erklärungspflicht findet jedenfalls nicht statt, denn diese greift erst bei Informationsnot des Gegners ein und nur, wenn der entsprechende Aufklärungsbeitrag der Gegenpartei auch zuzumuten ist.

III. Vereinbarkeit mit dem Verhandlungsgrundsatz

Eine denkbare Diskrepanz zwischen einer Erklärungspflicht und dem Verhandlungsgrundsatz fußt auf zwei eng verwandten Säulen; entweder sieht man in letzterem die Quintessenz des Kampfes um das Recht und/oder die schrankenlose Verfügungsmacht jeder Partei über die Urteilsgrundlage. Dass der Prozess keinen echten Kampf darstellt, wurde gezeigt.[12] Im Hinblick auf die Verfügungsmacht der Parteien über den Sachverhalt gestaltet sich das Spannungsverhältnis so: Sofern nur die Parteien Tatsachen in den Prozess einführen dürfen, würde die Macht des Richters, den Vortrag zu erzwingen und zwar kraft ausfüllungsbedürftiger Merkmale, insbesondere nach Erwägungen der Zumutbarkeit, die Parteiherrschaft obsolet machen.[13] Dieser Einwand ist zweifach abzulehnen:

Den Verhandlungsgrundsatz darf man zunächst nicht als rigoroses und allentscheidendes Dogma des Zivilprozesses ansehen, will man sich nicht der Kritik einseitigen Denkens aussetzen.[14] Dieser stellt einen unter mehreren teleologischen Argumenten dar. In der ZPO wird keine Geltung der Verhandlungsmaxime in reiner Form vorgesehen. Das Prozessrechtsverhältnis prägen nicht nur Parteiechte sondern auch Pflichten. Mitwirkungspflichten der Parteien bei der Bildung und Ermittlung des Sachverhalts widersprechen nicht dem Grundsatz freiheitlichen Rechtsdurchsetzung. Auslöser der Anordnung der sekundären Erklärungspflicht durch den Richter, über § 139 Abs. 1 ZPO, ist nicht sein Wille zur Inquisition. Zur sekundären Erklärungspflicht zwingt vielmehr die erhebliche und vor allem zwischen den Parteien streitige Tatsache. Darüber hinaus liegt die Festlegung einer sekundären Erklärungs-

---

[10] Vgl. § 5 D und E III.

[11] Näher unter § 6 B III.

[12] Vgl. § 2 A II 3 b.

[13] *Arens*, ZZP 96 (1983), 1, 18 ff., 21; *Lüke*, JuS 1986, 2, 3 f.; *K. Schreiber*, JR 1991, 415, 415; *Vorwerk*, MDR 1996, 870, 870; *Messer*, in: FS 50 Jahre BGH, S. 67, 78; *Brehm*, Bindung, S. 27.

[14] Vgl. *Henckel*, in: GS für Bruns, S. 111, 126; *Leipold*, JZ 1982, 441, 448; *Cahn*, AcP 198 (1998), 35, 39.; *Lorenz*, ZZP 111 (1998), 35, 40; *Gottwald*, in: FS für Stürner, S. 301, 306.

pflicht nicht im freien Ermessen des Gerichts. Zwar besteht der Normtatbestand der Erklärungspflicht aus normativen Begriffen, die der Ausfüllung bedürfen. Der Ermessensspielraum, den normative Begriffe gewähren, ist aber nur in eng begrenzten Ausnahmefälle frei.[15] Sofern nicht die Inquisition oder die Willkür des Richters die sekundäre Erklärungspflicht veranlasst, bleibt die Essenz der friedlichen Wahrung eigener Interesse im Verfahren, die sich in dem Verhandlungsgrundsatz widerspiegelt, im Ergebnis intakt.[16]

IV. Die richterliche Hinweispflicht

Dem § 139 ZPO gemäß muss der Richter das Parteiverhalten in Richtung auf einen zügigen und sachgemäßen Verfahrensablauf aktiv steuern, insbesondere durch Anregungen zur Ergänzung des Vortrags. Ein Spannungsverhältnis zwischen der Erklärungspflicht der Parteien und der richterlichen Hinweispflicht würde vorliegen, falls der Richter bei fehlender Substantiierung statt der entsprechenden Anregung zur Erfüllung der Erklärungspflicht die Sanktionierung des pflichtwidrigen Verhaltens ahnden müsste.[17] Es gibt aber kein Grund, warum § 139 ZPO nicht zur Erfüllung einer prozessualen Aufklärungsflicht beitragen kann. Die richterliche Hinweispflicht orientiert sich an dem auf Wahrheitsermittlung gerichteten zügigen Verfahren.[18] Die Erleichterung der Wahrheitsfindung ist ebenfalls Anliegen der Erklärungspflicht des § 138 Abs. 2 ZPO. Es besteht vielmehr eine Interessenkongruenz; der Richtigkeit der Entscheidung wird besser gedient, wenn der Richter die Erfüllung der Erklärungspflicht anregt, als wenn er eine geschmälerte Tatsachenbasis würdigen müsste.[19] Es ist ferner für die Parteien nicht leicht feststellbar, ob die Partei im Einzelfall aufklärungspflichtig ist und insbesondere in welchem Umfang, sodass das Gericht erhöhte Anforderungen an den Sachvortrag nicht ohne vorherigen Hinweis stellen darf.[20]

---

15 *Engisch*, Einführung, S. 220 ff.

16 *Peters*, in: FS für Schwab, S. 399, 408; *Lorenz*, ZZP 111 (1998), 35, 62; *Reischl*, ZZP 116 (2003), 81, 104; *Waterstraat*, ZZP 118 (2005), 459, 473.

17 *Arens*, ZZP 96 (1983), 1, 15.

18 *Peters*, Hinweispflichten, S. 118; *Frohn*, JuS 1996, 243, 244 f.; Musielak/Voit/*Stadler*, § 139 Rdnr. 1.

19 Zur möglichen Sanktionen bei Verletzung der sekundären Erklärungspflicht vgl. § 4 C.

20 BGH NJW 2008, 1742, 1743; *Deubner*, NJW 1982, 1710, 1711; *Stürner*, Richterliche Aufklärung, Rdnrn. 61, 62; *Peters*, Hinweispflichten, S. 117 f.; *Schlosser*, in: FS für Großfeld, S. 997, 1012; *Seutemann*, MDR 1997, 615, 619.

V. Abwandlung der zivilprozessualen Lasten

Die prozessuale Lastenverteilung reflektiert eine rechtstechnische Entscheidung des Gesetzgebers sowie eine Wertung mit Blick auf die Verfahrensfairness und zwar auch mit Blick auf die Wahrheitsfindung.[21] Die Verteilung der Beweislast, welcher das gesamte System von Initiativen und Gegeninitiativen der Parteien entspringt, ist notwendig, damit die Rechtsanwendung nachvollziehbar wird.[22] Darüber hinaus stellt die Beweislastverteilung eine sekundäre Haftungsordnung dar.[23] Sie enthält die Entscheidung, dass trotz Unmöglichkeit der Wahrheitsfindung eine Entscheidung zu Lasten einer Partei doch gerecht sein soll. Die Beweislastentscheidung stellt aber eine ultima ratio der Verfahrensfairness dar, wenn der Idealfall der Erkenntnis der wahren Sachlage sich nicht verwirklicht. Eine prozessuale Aufklärungspflicht der nicht risikobelasteten Partei bei Informationsnot ihres Gegners lässt sich doch mit dem System zivilprozessualer Lasten vereinbaren.[24] Der Inhalt der Pflicht, also, ob sie nur eine Wissenserklärung oder darüber hinaus die Bekanntmachung und die Vorlegung von Beweismitteln fordert, ist nebensächlich. Die aufklärungspflichtige Partei erleichtert die Beweisführung des Gegners, sie trägt zur Abwendung des *non liquet* bei, was schließlich auch dem Ultima-ratio-Charakter der Beweislastentscheidung entspricht. Aufklärungspflichten kehren hingegen nicht die Feststellungslast um, sodass die abstrakte Behauptungs- und Beweisführungslast ebenfalls unberührt bleiben. Die notleidende Partei hat wie bisher eine bestimmte sowie schlüssige Klage zu erheben und den Richter von der Richtigkeit ihres Vortrags zu überzeugen.

Änderungen ergeben sich im Hinblick auf die konkrete Behauptungslast. Diese wird im Rahmen des Bestreitens wie auch beim Gegenbeweis aktuell; die Einlassung auf die gegnerischen Behauptungen sowie die Erschütterung des Hauptbeweises bedürfen der Darlegung von Tatsachen, die sich gegen den bisherigen tatsächlichen Vortrag des Gegners richten. Ob und welche Tatsachen die Partei zu ihrer Verteidigung vorträgt, steht ihr frei. Insofern erfährt die konkrete Behauptungslast keine Wandlung. Anders ist die Frage zu beantworten, ob schlichte Passivität eine legitime Verteidigung darstellt sowie wie detailliert das Bestreiten sein muss, denn die Präzisierung dient

---

21 *Schneider*, DRiZ 1966, 281, 284; *Baumgärtel*, in: FS für Habscheid, S. 1, 3; *Prütting*, Gegenwartsprobleme, S. 86.

22 Vgl. § 1 B 1.

23 Vgl. § 1 B 1.

24 Aber *Arens*, ZZP 96 (1983), 1, 18; *Lüke*, JuS 1986, 2, 3; *Prütting*, Gegenwartsprobleme, S. 138; *ders.*, in: FS für Bartenbach, S. 417, 421 f.; *ders.*, AnwBl 2008, 153, 157; Baumgärtel/*Prütting*, HdB-Grundlagen, Kap. 22 Rdnr. 8.

nicht mehr hauptsächlich dem eigenen Interesse.[25] Es handelt sich um eine Erklärungs- und Substantiierungspflicht. Die Bejahung einer echten (sekundären) Erklärungspflicht macht insofern den Begriff Substantiierungslast als Teil der konkreten Behauptungslast obsolet, nicht aber, wenn der gegnerische tatsächliche Vortrag die Substantiierung noch nicht erforderlich macht. Sofern eine Partei die Einführung von näheren Details erwägt, ohne dass sie hierzu wegen des gegnerischen Vortrags gehalten ist, kommt in der Tat eine Substantiierungslast in Betracht.

B. In Zusammenhang stehende Fragen

I. Der „zulässige" Ausforschungsbeweis, die Parteivernehmung

1. Vorbehaltlich der bereits erhobenen Bedenken gegen die Annahme eines Ausforschungsverbots, ist äußeres Kennzeichen ausforschender Beweisanträge die fehlende Substantiiertheit des Beweisthemas.[26] Weil Grund dafür prinzipiell die Ferne der beweisbelasteten Partei vom Geschehensablauf ist, billigt die Rechtsprechung der Partei die Erleichterung zu, dass sie anstelle der Substantiierung Anhaltspunkte vortragen darf, die die zu beweisenden Tatsachen nachvollziehbar machen können. Dadurch sollen die Belange der Rechtspflege, des Gegners und der möglicherweise benannten Zeugen in Einklang gebracht werden. Der Ausforschungsbeweis ist dann mit der Aufklärungspflicht des Gegners eng verknüpft;[27] die notleidende Partei begehrt den Beitrag des Beweisgegners, indem letzterer die Einsichtnahme duldet, Beweisgegenstände vorlegt oder sein Wissen zur Verfügung stellt. Kraft der sekundären Erklärungspflicht findet eine Verschiebung der Problematik der missbräuchlichen Ausforschung mit der Folge statt, dass der ausforschende Beweisantrag weitgehend überholt wird: Die detaillierte Erklärung des Pflichtigen bringt dem Gegner bisher verborgene Tatsachen zur Kenntnis und macht nun die Stellung eines hinreichend substantiierten Beweisantrags möglich. Ist hingegen die Auskunft im Rahmen der Erklärungspflicht nicht zumutbar, wird die im Wege des Ausforschungsbeweises beantragende Aufklärung durch den Gegner ebenfalls keinen Erfolg haben, weil die Bewertung der Zumutbarkeit hier nicht anders ausfallen kann.

2. In § 138 Abs. 2 ZPO ist die Pflicht zur substantiierten Einlassung enthalten. Die Annahme einer Pflicht zum substantiierten Bestreiten führt dazu, dass die sich verteidigende Partei nicht nur klar zu erkennen geben muss, ob

25 Vgl. § 3 G.

26 Vgl. § 5 C II 1.

27 Vgl. § 5 C II 3 d.

und was sie bestreitet. Sie muss darüber hinaus die eigene Auffassung über den erheblichen Lebensvorgang schildern. Das Behaupten und Bestreiten sind Willenserklärungen in Gestalt von Wissenserklärungen und ferner Prozesshandlungen, sodass bei Verfahren mit Anwaltszwang auch die Postulationsfähigkeit beachtet werden muss.[28] Die Parteibehauptungen dienen zunächst der Bildung des Untersatzes, indem die Parteien dem Gericht verdeutlichen, was sie als Tatsache berücksichtigt und gegebenenfalls unter Beweis gestellt wissen wollen. Sie enthalten zugleich die Erklärung, dass die Partei nicht wider besseres Wissen vorgetragen bzw. bestritten hat. Sofern die klare Angabe, was bestritten wird, nicht mehr ausreicht und die Partei ihr Bestreiten auch begründen muss, wird das Wissenselement betont und das Willenselement zurückgedrängt. Die nähere Prüfung des Wissensstandes der Partei ist Gegenstand der Parteivernehmung, in der die Partei als Beweismittel auftritt. In dieser zielt die Partei mit ihren Äußerungen nicht mehr hauptsächlich auf die Bildung des Sachverhalts und auf die Einleitung des Beweisverfahrens ab, sondern sie will primär die Überzeugung des Richters herbeiführen. Die Partei leistet Zeugnis in eigener Sache und muss demzufolge ihren Kenntnisstand genau überprüfen lassen.

Zwischen Parteibehauptung und Parteiaussage ist dann streng zu unterscheiden. Beide werden von verschiedenen Wertungen geprägt und sind ebenfalls unterschiedlich ausgestaltet. Die Parteivernehmung unterliegt strengen Voraussetzungen. Sie ist insbesondere gegenüber anderen Beweismitteln subsidiär (§§ 445 Abs. 1, 448, 450 Abs. 2 ZPO). Die Prüfung des Wissens der Partei und somit die Schüsse hieraus sowie aus der Verweigerung der Aussage sind nur dann möglich, wenn die bisherigen Beweise zu keiner Überzeugung geführt haben. Die Parteivernehmung bedarf ferner eines Beschlusses, der die Rolle der Partei als Beweismittel klarstellt und wird als Gegenbeweis nicht zugelassen (§ 445 Abs. 2 ZPO). Wegen ihrer reinen Beweisfunktion wird sie von einer anderen Wahrheitspflicht geprägt (§§ 451, 395 Abs. 1 ZPO). Während die Partei gemäß § 138 Abs. 1 ZPO ohne Weiteres bestreiten darf, was sie nicht für wahr hält, muss sie jetzt auch genau angeben, inwiefern sie von der Unrichtigkeit der bestrittenen Behauptung und somit von der Richtigkeit der eigenen Ausführungen überzeugt ist.[29] Als Beweismittel ist die Partei ferner unersetzbar, während die Partei sowohl bei dem tatsächlichen Vortrag wie bei ihrer Anhörung (§ 141 Abs. 3 ZPO) nicht unbedingt persönlich auftreten muss. Die Erklärungspflicht der Parteien darf folglich nicht mit der Parteivernehmung vermengt werden und insbesondere sie nicht ersetzen.[30] Denn dadurch

---

[28] *Polyzogopoulos*, Parteianhörung, S. 106 ff.; *Brehm*, Bindung, S. 259 ff.; s. auch § 3 F vor I.

[29] *Brehm*, Bindung, S. 252; *Braun*, S. 818.

[30] Auch *Braun*, S. 819.

würde ein normlogischer Widerspruch entstehen; § 138 Abs. 2 ZPO gegebenenfalls in Verbindung mit § 141 ZPO würde dem Richter ohne Weiteres gestatten, was ihm die §§ 445 ff. ZPO nur unter Voraussetzungen erlauben.

Mit der Pflicht zur substantiierten Einlassung gemäß § 138 Abs. 2 ZPO findet zwar eine Annäherung an eine Wissensprüfung der Parteien statt. Die befürchtete Vermengung mit der Parteivernehmung tritt aber noch nicht ein. Zwar muss die bestreitende Partei effektiv über ihre Kenntnis hinsichtlich des vom Gegner Behauptete berichten. Insofern wird sich an § 396 Abs. 1 ZPO angenähert. Eine Befragung gemäß §§ 396 Abs. 2 f., 397 f. ZPO findet aber nicht statt. Anders ist aber die Lage zu würdigen, wenn die Partei ihre Pflicht nicht erfüllt und jetzt der Grund der Nichterfüllung erforscht werden muss. Wenn die Partei ihre Weigerung begründen und den Richter von dem Grund überzeugen muss, wird so ähnlich wie bei §§ 446, 453 Abs. 2 ZPO verfahren, dass es ein Unterschied zur Parteivernehmung nicht mehr gibt und die hierfür vorgesehenen, strengen Anforderungen des Gesetzes umgegangen werden. Das ist nicht nur der Fall, wenn die Partei sich auf Geheimhaltungsinteressen beruft, die sie glaubhaft machen muss.[31] Auch wenn die Partei sich mit Nichtwissen erklärt gilt dasselbe Problem. Denn der Richter muss genau prüfen, ob ein Nichtwissen vorliegt und aus welchen Gründen.[32]

Für die möglichst systemkonforme Handhabung der Pflicht zur substantiierten Einlassung ist folgendes zu beachten. Die nähere Prüfung des Wissens der Partei sowie die Verwertung ihrer Erklärungen über Tatsachen muss im Rahmen der Vernehmung stattfinden (§§ 451, 396 ff. ZPO). Kommt die Parteivernehmung in Betracht, kann nach dem Grund für die Nichterfüllung der Erklärungspflicht nicht gefragt werden. Insofern hat die Feststellung, ob die Partei aus gutem Grund die Mitteilung ihres Wissens verweigert, gleichzeitig mit derjenigen über eine verweigerte Vernehmung oder Aussage zu geschehen und führt möglicherweise zu der Feststellung einer additiven Pflichtenverletzung. Es ist indes denkbar, dass die verweigerte Mitwirkung im Rahmen des § 138 Abs. 2 ZPO besonders schwerwiegend ist; die Partei verweigert die substantiierte Einlassung, obwohl sie dazu fähig ist und kein Entlastungsgrund ersichtlich ist oder geltend gemacht wird. Insofern kann der Richter im Rahmen der §§ 446 und 453 Abs. 2 ZPO und wegen der Intensität der Pflichtverletzung die Behauptungen der Partei wohl für wahr erachten. Eine zusätzliche Parteivernehmung macht dann in aller Regel keinen Sinn. Hat die risikobelastete Partei aber weitere Beweise beantragt (offenbar: andere als die Parteivernehmung), müssen diese im Geist der §§ 445 Abs. 1, 448, 450 Abs. 2 ZPO zunächst erschöpft werden. Weil die Ausforschung des Wissens der Partei nach dem geltenden Recht ergänzend hinzutritt, wäre das

[31] Vgl. § 5 D II und E III.

[32] Vgl. § 4 C II.

Übergehen dieser Aufklärungsmöglichkeiten bei offensichtlich ungerechtfertigter, böswilliger Nichterfüllung der Substantiierungspflicht nicht gänzlich willkürlich, würde aber gewissermaßen der gesetzgeberischen Grundkonzeption der Gestaltung des Beweisverfahrens sprengen. Der Richter sollte demzufolge abwarten und die angebotenen Beweisen erheben bevor er zusätzlich vom Ermessen der §§ 446 und 453 Abs. 2 ZPO Gebrauch macht.

II. Die materiellen Auskunftsansprüche

1. Überblick

Die Wertung, dass gewährte Rechtspositionen nicht an bloßen Informationsdefiziten des Rechtsinhabers bzw. des Berechtigten scheitern dürfen, hat im deutschen Recht eine lange materiell-rechtliche Tradition, die zahllose anspruchsbezogene Informationsleistungspflichten erzeugt hat. Für die Bedürfnisse dieser Arbeit reicht die Unterscheidung in Auskunftsansprüche, die ein nachgewiesenes (Haupt-)Rechtsverhältnis zwischen dem Auskunftsgläubiger und dem Schuldner des Hauptanspruchs voraussetzen[33] und solche, die auf ein nur wahrscheinliches abstellen,[34] aus.[35] Für Fallkonstellationen, die sich trotz der großzügigen[36] Handhabung der bereits normierten Auskunftsansprüche nicht gerecht lösen lassen, wurde von der Rechtsprechung der nach mehrheitlicher[37] Auffassung als Gewohnheitsrecht anerkannte allge-

---

[33] Z.B. §§ 469 Abs. 1 S. 1, 666, 809 Alt. 1, 2314 BGB, § 87 c HGB.

[34] Z.B. §§ 809 Alt. 2, 810, 2028 Abs. 1 BGB, § 840 Abs. 1 ZPO, insbesondere immaterialgüterrechtliche Vorschriften zur Umsetzung der Art. 6 und 8 RL 2004/48/EG: § 140c Abs. 1 PatG, § 24c Abs. 1 GebrMG, § 19a Abs. 1 MarkenG, § 101a Abs. 1 UrhG, § 46a Abs. 1 GeschmMG, § 37c Abs. 1 SortSchG und § 9 Abs. 2 HalblSchG i.V.m. § 24c Abs. 1 GebrMG zum Art. 6 und § 140b Abs. 2 S. 1 Nr. 1–4 PatG, § 24b Abs. 1 S. 2 Nr. 1–4 GebrMG, § 19 Abs. 2 S. 1 Nr. 1–4 MarkenG, § 101 Abs. 2 S. 1 Nr. 1–4 UhrG, § 46 Abs. 2 S. 1 Nr. 1–4 GeschmMG, § 37b Abs. 2 S. 2 Nr. 1–4 SortSchG und § 9 Abs. 2 HalblSchG i.V.m. § 24b Abs. 2 S. 1 Nr. 1–4 GebrMG zum Art. 8.

[35] Eine detaillierte Darstellung der weiteren Gruppen in *Lorenz*, JuS 1995, 569, 570ff.; *Beckhaus*, S. 7ff., 12ff. Es ist freilich nicht notwendig, dass der Auskunftsschuldner auch Schuldner des Anspruchs ist, dessen Durchsetzung die Auskunft ermöglichen soll.

[36] *Stürner*, Aufklärungspflicht, S. 293ff.; *Peters*, in: FS für Schwab, S. 399, 405; *Reischl*, JR 1997, 404, 404f.; *J. Lang*, S. 54; *Yoshida*, S. 34f.; *Beckhaus*, S. 36ff.

[37] *Stauder*, GRUR Int. 1982, 226, 230; *Köhler*, NJW 1992, 1477, 1480; *Lorenz*, JuS 1995, 569, 572f.; *v. Hartz/Schuster*, VersR 2003, 1366, 1367; *Kiethe*, MDR 2003, 781, 783; MünchKommBGB/*Krüger*, § 260 Rdnr. 12; Palandt/*Grüneberg*, § 260 Rdnr. 4; Staudinger/*Bittner*, § 260 Rdnr. 19; a.A. *Osterloh-Konrad*, S. 185; Staudinger/*Looschelders/Olzen*, § 242 Rdnr. 606.

meine Auskunftsanspruch aus § 242 BGB abgeleitet.[38] Vorausgesetzt ist danach, dass der die Auskunft Fordernde (also der Gläubiger des Hauptanspruchs) sich entschuldbar in auf zumutbarer Weise nicht mehr zu beseitigenden Unwissen über Bestehen oder Umfang seines Rechts befindet, während der in Anspruch Genommene (Schuldner des Hauptanspruchs) die entsprechende Auskunft unschwer erteilen kann.[39]

Der Umfang materieller Auskunftsansprüche ist nicht einheitlich. Er kann von der bloßen schriftlichen Wissenserklärung bis zu intensiven Besichtigungs- und Vorlagepflichten reichen.[40] Obwohl selbstständig einklagbar, erfolgt ihre Geltendmachung vornehmlich im Wege der Stufenklage (§ 254 ZPO). Diese Vorgehensweise schreibt die Prozesswirtschaftlichkeit sowie die andernfalls drohende Verjährung des Hauptanspruchs (§ 204 Abs. 1 Nr. 1 BGB) vor,[41] setzt aber voraus, dass der Auskunftsanspruch die Bestimmtheit des Klageantrags betrifft. Materielle Auskunftsansprüche sind im Ergebnis auch vollstreckbar (§§ 883, 887 f., 890 ZPO), sodass bei nicht freiwilliger Erfüllung Zwangsgeld oder Zwangshaft verhängt werden können.[42]

2. Die Beziehung zur sekundären Erklärungspflicht

a) Gemeinsamkeiten

Materiell-rechtliche Auskunftsansprüche dienen ebenfalls der Durchsetzung subjektiver Rechte, sie werden in der Regel im Rahmen eines Rechtsstreits aktuell und entfalten vielerlei prozessuale Wirkung (vgl. nur §§ 371 Abs. 2 S. 2, 422, 429 ZPO).[43] Auskunftsansprüche sind zwar tatbestandlich unterschiedlich gestaltet, weisen aber dieselbe Grundstruktur auf, die der allgemeine Auskunftsanspruch nach § 242 BGB reflektiert:

---

38 Vgl. BGH NJW 1990, 3151, 3152; NJW 2002, 3771, 3771; NJW 2007, 1806, 1807; *Lüke*, JuS 1986, 2, 5; *Lorenz*, JuS 1995, 569, 572; MünchKommBGB/*Krüger*, § 260 Rdnr. 12; für eine Rechtsanalogie *Stürner*, Aufklärungspflicht, S. 296 ff.; *ders.*, JZ 1976, 320.

39 BGH NJW 1990, 3151, 3152; *Schlosser*, JZ 1991, 599, 606; *Lorenz*, JuS 1995, 569, 572; *J. Lang*, S. 55; *Beckhaus*, S. 40 ff.

40 Vgl. *Locher*, NJW 1968, 2324, 2324; *Lüke*, JuS 1983, 2, 6; *Schilken*, Jura 1988, 525 ff.; *J. Lang*, S. 59 f.; *Reischl*, JR 1997, 404, 406.

41 *Pietzner*, GRUR 1972, 151, 157; *Lüke*, JuS 1986, 2, 6; *Reischl*, JR 1997, 404, 408; *Schilken*, Jura 1988, 525, 527; *Lorenz*, JuS 1995, 569, 575; MünchKommBGB/*Krüger*, § 259 Rdnr. 19; Soergel/*Forster*, § 259 Rdnrn. 14, 20, § 260 Rdnr. 4; Palandt/*Grüneberg*, § 259 Rdnr. 11.

42 *Lüke*, JuS 1986, 2, 6; *Schilken*, Jura 1988, 525, 527, 531; *Lorenz*, JuS 1995, 569, 575; *Reischl*, JR 1997, 404, 406 f.; *Freudenthal*, S. 50 f.; *C. Schreiber*, JR 2008, 1, 4.

43 *Schlosser*, in: FS für Großfeld, S. 997, 998.

Motiv für die Festlegung einer materiell-rechtlichen Aufklärungspflicht ist ebenfalls die Informationsnot des Rechtssuchenden, wobei die Vorwerfbarkeit dieser richtigerweise nur vereinzelt beachtlich werden sollte.[44] Denn die Gefahr der missbräuchlichen Ausforschung des Auskunftsschuldners, mit welcher die schuldhaft herbeigeführte Informationsnot gelegentlich verbunden wird, besteht erst, wenn der Auskunftsanspruch zu anderen Zwecken als dem der Rechtsdurchsetzung geltend gemacht wird. Bereits die Anspruchsbezogenheit materieller Auskunftsansprüche soll die erwähnte Gefahr mindern. In der Regel wird der notleidenden Partei ein Auskunftsanspruch dann zustehen, wenn das Hauptrechtsverhältnis bzw. die relevante Sonderverbindung zwischen ihm und dem Schuldner nachgewiesen ist. Gelegentlich steht der notleidenden Partei ein sich auf den Verdacht des materiellen Hauptrechtsverhältnisses beziehender Auskunftsanspruch oder die ähnliche aber im Einzelfall bedenkliche praktische Handhabung des aus § 242 BGB abgeleiteten allgemeinen Auskunftsanspruchs zur Seite.[45] Die Anknüpfung an ein zumindest vermutetes Hauptrechtsverhältnis soll einen auf dem bloßen sozialen Kontakt beruhenden Eingriff in die schutzwürdigen Interessen des anderen Teils verhindern.[46] Darin liegt auch vielleicht die wichtigste Schwäche des Systems materiell-rechtlicher Auskunftsansprüche: Einerseits verhindert die Informationsnot den Nachweis des Hauptverhältnisses,[47] anderseits besteht keine Einheitlichkeit über den erforderlichen Wahrscheinlichkeitsgrad.[48]

---

44 *Osterloh-Konrad*, S. 196 ff., insbesondere 200 ff.; *Beckhaus*, S. 331 f.; a.A. die wohl herrschende Meinung vgl. nur BGH NJW 1986, 127, 128; NJW-RR 1987, 1521, 1521; NJW 1990, 3151, 3152; ferner *Stürner*, Aufklärungspflicht, S. 338; *ders.*, JZ 1976, 320, 321; *v. Hartz/Schuster*, VersR 2003, 1366, 1368; Palandt/*Grüneberg*, § 260 Rdnr. 7; Soergel/*Forster*, § 260 Rdnr. 29. Vgl. die Argumentation im Rahmen prozessualer Aufklärungspflichten unter § 5 B II. Weil materielle Auskunftsansprüche ihre Bedeutung angesichts eines Rechtsstreits erlangen und ebenfalls bei der Verwirklichung des wahren materiellen Rechts helfen, gestaltet sich die Argumentation bei ihnen entsprechend.

45 Steht die Sonderverbindung nicht fest, ist fraglich, welcher Interessenbeziehung den Eingriff von § 242 BGB eigentlich rechtfertigt. Vgl. *Speckmann*, NJW 1973, 1869, 1869; *Stürner*, JZ 1976, 320, 320; *Paulus*, ZZP 104 (1991), 397, 403 f.; *v. Mohrenfels*, Informationsleistungspflichten, S. 44 ff., 48; *ders.*, NJW 1987, 2557, 2558; *Chudoba*, S. 138; *J. Lang*, S. 57; *Bornkamm*, in: FS für Ullmann, S. 893, 897; *Koch*, S. 145; a.A. *Osterloh-Konrad*, S. 214 ff.

Die Bejahung eines Auskunftsanspruchs nach § 242 BGB über Bestehen und Umfang einer Vertragspflichtverletzung ist nicht abwegig, sofern die vertragliche Beziehung feststeht und sich die Vertragswidrigkeit vermuten lässt. In diesem Fall sind die Interessenbeziehung und der sich daraus ergebende Vertrauensschutz gegeben (vgl. BGH NJW 1993, 2737; NJW-RR 2001, 705; NJW 2002, 3771, 3771 f.; NJW 2007, 1806, 1807).

46 *Stürner*, Aufklärungspflicht, S. 318; *ders.*, JZ 1976, 320, 320 f.; *v. Mohrenfelds*, Informationsleistungspflichten, S. 44 ff.; *Lüke*, JuS 1986, 2, 5; *Lorenz*, JuS 1995, 569, 573; *Haedicke*, in: FS für Leipold, S. 53, 57.

Zum Schluss findet wie bei den prozessualen Aufklärungspflichten auch bei den Auskunftsansprüchen eine auf denselben Prämissen fußende Zumutbarkeitsprüfung statt.[49] Besonders tritt sie bei dem Auskunftsanspruch gemäß § 242 BGB hervor, wohnt aber jedem Auskunftsanspruch inne. Im Vergleich zu prozessualen Aufklärungsmöglichkeiten, wo der Anspruch auf rechtliches Gehör die Rechtslage komplexer macht, gestalten sich die Auskunftsansprüche flexibler. Der Weg zur Heilung von Informationsdefiziten über das materielle Recht erlaubt eine aus dogmatischer Sicht leichter zu verwirklichende Harmonisierung der gegenüberstehenden Interessen an Aufklärung und Geheimhaltung durch die Einschaltung eines neutralen und zur Verschwiegenheit verpflichteten Dritten wie am Beispiel des § 87c HGB.[50]

b) Symbiotisches Verhältnis

Die Pflicht zum substantiierten Bestreiten sowie die materiell-rechtlichen Aufklärungsmechanismen teilen im Grunde genommen übereinstimmende Wertungen und Voraussetzungen miteinander. Es stellt sich die Frage, ob eine Art dieser Aufklärungsmechanismen den Vorrang haben soll. Eine generelle Nachrangigkeit des verfahrensrechtlichen Ansatzes könnte darauf beruhen, dass das Prozessrecht nur komplementären Charakter haben soll.[51] Weil der Prozess der Durchsetzung materiellen Rechts dient, muss die materielle Rechtslage ausgeschöpft werden, bevor das Verfahrensrecht ergänzend eingreift. Freilich ist dieses absolute Rangverhältnis mit dem Gesetz schwer zu begründen und wenig zweckmäßig, denn wichtig ist es, dass subjektive Rechte durchsetzbar gemacht werden. Ob die Bewältigung von Informationsdefiziten auf der Basis des Prozessrechtsverhältnisses oder materiell-rechtlicher Verhältnisse geschieht, macht keinen Unterschied. Ebenfalls ist es schwer, den Vorrang der sekundären Erklärungspflicht zu begründen.[52] Auskunftsansprüche sind Bestandteile der materiell-rechtlichen Regelung, die sie zu verwirk-

---

[47] *Olzen*, ZZP 98 (1985), 403, 424 f.; *Stürner*, ZZP 98 (1985), 237, 245; *Schlosser*, JZ 1991, 599, 606 f.; *Paulus*, ZZP 104 (1991), 397, 404; *Hackenberg*, S. 132; *J. Lang*, S. 56 ff.; *Katzenmeier*, JZ 2002, 533, 535; *Waterstraat*, ZZP 118 (2005), 459, 478; *Stürner*, in: FS für Vollkommer, S. 201, 212; *Gottwald*, in: FS für Stürner, S. 301, 313.

[48] Insbesondere am Beispiel des § 809 BGB vgl. BGH JZ 1985, 1096, 1099 m. Anm. *Stürner/Stadler* (strenge Anforderungen); JZ 2003, 423, 425 f. (abgemilderte Anforderungen).

[49] Vgl. nur *Osterloh-Konrad*, S. 226 f., 247 ff.; *Beckhaus*, S. 50 ff.

[50] Zur Problematik des Geheimverfahrens vgl. § 6 B III.

[51] Vgl. BGH, VersR 2013, 1395, 1396 f.; *Schulz*, VersR 2014, 930, 932; Baumgärtel/*Laumen*, HdB-Grundlagen, Kap. 22 Rdnr. 30.

[52] Aber *Kiethe*, MDR 2003, 781, 781, 782 f.; *Freudenthal*, S. 70 f.

lichen helfen und stellen ebenfalls subjektive Rechte dar. Die Geltendmachung gewährter subjektiver Rechte soll nicht durch das Prozessrecht bedingt sein. Die Auskunftsansprüche beabsichtigen zumindest dieselbe Leistung, namentlich eine Wissenserklärung oder den verlässlicheren unmittelbaren Zugang zum Informationsträger. Dass die an Auskunftsansprüche geknüpften Erzwingungsmöglichkeiten intensiver sind (Vollstreckbarkeit durch Zwangsmaßnahmen) ist unerheblich, denn die in Anspruch genommene Partei kann ihrer Pflicht nachkommen und die Sanktionen dadurch vermeiden. Zu bejahen ist vielmehr grundsätzlich nur ein Ergänzungsverhältnis:[53]

1. Der Auskunftsanspruch kann zunächst die Stellung eines bestimmten Klageantrags ermöglichen. Der ZPO ist ein Verfahren, das die Partei erst und nur über den Inhalt ihres Rechts informiert, fremd. Voraussetzung ordnungsmäßiger Klageerhebung ist die Angabe eines bestimmten Antrags (§ 253 Abs. 2 Nr. 2 ZPO). Die Partei muss ihr Begehren bestimmt angeben. Eine sekundäre Erklärungspflicht kann keine Hilfe leisten, wenn die Klage mangels bestimmten Antrags unzulässig ist. Die Partei ist dann prinzipiell auf materiell-rechtliche Auskunftsansprüche angewiesen, wobei die Stufenklage gemäß § 254 ZPO die weniger aufwendige Lösung zur Häufung des Auskunftsantrags mit dem Hauptanspruch darstellt.[54]

Der materiell-rechtliche Auskunftsanspruch ist auch die einzige Option, falls die sich in Informationsnot befindende Partei nicht blindlings klagen und das Verfahrensrisiko besser einzuschätzen lernen will. Eine Einschätzung ist aber effektiv nur im Wege des selbstständigen Auskunftsanspruchs möglich, was eventuell zu einer Verfahrensverdopplung und zur Kostenerhöhung für die tatsächliche Rechtsdurchsetzung führt. Die Alternative der Stufenklage scheidet hingegen aus, wenn der Auskunftsanspruch nicht die Bestimmtheit des Klageantrags betrifft, sondern erst Gewissheit über das Bestehen des Hauptanspruchs und das Verfahrensrisiko verschaffen soll. Des Weiteren bedeutet die bei der Stufenklage erforderliche Angabe einer Betragsvorstellung (§§ 40, 44 GKG),[55] dass die Partei dem Risiko des (Teil-) Unterliegens und der daraus entstehenden Kosten nicht völlig entgeht.

---

[53] Vgl. auch *Stürner*, in: FS für Vollkommer, S. 201, 212; *Beckhaus*, S. 284, 363.

[54] Über § 254 ZPO hinaus lässt die Rechtsprechung freilich eine Klage ohne bezifferten Antrag unter Umständen auch dann zu, wenn die Angabe des bestimmten Antrags dem Kläger unmöglich oder unzumutbar ist. Unstreitig ist diese Erleichterung, wenn die Bestimmung des Betrags durch das Gericht geschehen muss (vgl. z.B. § 253 Abs. 2 BGB). Unzulässig ist die unbezifferte Klage, wenn die Bezifferung aufgrund erkennbarer Beweisnot und zur Vermeidung des Kostenrisikos unterlassen wird. Allerdings betrifft die Abweichung vom Grundsatz des bestimmten Antrags nur Zahlungsansprüche und ferner verlangt die Zulässigkeit eines solchen Antrags neben der Angabe von Schätzungstatsachen auch die Angabe einer Betragsvorstellung. Vgl. *Braun*, S. 447 f.; *Oberheim*, Rdnrn. 1066 ff.; *Schellhammer*, Rdnr. 58; MünchKomm-ZPO/*Becker-Eberhard*, § 253 Rdnrn. 117 ff. m. w. N.

Materiell-rechtliche Auskunftsansprüche können ferner Beweiszwecken dienen. Ist Gegenstand des Auskunftsanspruchs die Beschaffung von Beweismitteln, brauchen sie nicht selbstständig eingeklagt werden, denn sie begründen ebenfalls eine entsprechende prozessuale Aufklärungspflicht des Gegners (vgl. §§ 371 Abs. 2, 422, 425 aber im Hinblick auf Dritte § 429 Abs. 1 ZPO). Die sekundäre Erklärungspflicht hingegen bezieht sich nicht auf den Beweis und begründet weder Vorlegungs- noch Duldungspflichten.[56] Ziel der sekundären Erklärungspflicht ist die Mitwirkung des besser informierten Gegners bei der frühen Bildung des Sachverhalts und so die Vorbereitung des Beweisverfahrens.

Aufklärungspflichten des materiellen Rechts haben ferner den Vorteil, dass sie, gegebenenfalls mittels Sicherungsmaßnahmen (§§ 485 ff., 935 ff. ZPO), vollstreckbar sind. Anders als prozessuale Nachteile, die den prozessrechtlichen Aufklärungspflichten immanent sind und, die zur rascheren Abwicklung des Rechtsstreits führen, ist die Erzwingung mit Vollstreckungsmitteln die geeignete Lösung, wenn sich die Informationsleistung als unersetzbar erweist. Das ist der Fall sowohl, wenn die Partei nur Gewissheit über Bestand und Umfang des Anspruchs erreichen will, als auch, wenn sie den Inhalt ihres Anspruchs gar nicht kennt.

2. Auf der anderen Seite kann der materiell-rechtliche Auskunftsanspruch tatbestandsmäßig kurz greifen. Es ist insbesondere schwer, materiell-rechtliche Aufklärungspflichten zu erzeugen, die die Gegenpartei zur Duldung der körperlichen wie auch psychischen Untersuchung oder zur Bekanntgabe von Zeugen und deren Entbindung von Verschwiegenheitspflichten zwingen.

Was es insbesondere die sekundäre Erklärungspflicht betrifft, diese zwingt zu einer Aufklärungspflicht schon im Rahmen der Zusammensetzung des Sachvortrags. Sie trägt zur Verfahrensvorbereitung wie zur effizienter Gestaltung des Beweisverfahrens bei und kann ferner der Partei die Erhebung von Auskunftsansprüchen ersparen. Weil sie der Prozessrechtsverhältnis entstammt, überwindet die sekundäre Erklärungspflicht zunächst das Problem des Nachweises eines bestehenden – wahrscheinlichen Hauptrechtsverhältnisses, das den Auskunftsansprüchen immanent ist. Wird richtigerweise auf Anhaltspunkte als Voraussetzung der sekundären Erklärungspflicht verzichtet, gestaltet sich letztere als deutlich prozessökonomischer, weil sie dem Richter die Einleitung eines Zwischenverfahrens über die Richtigkeit der Anhaltspunkte erspart.[57]

---

55 OLG Schleswig MDR 2014, 494; *Oberheim*, Rdnrn. 1127, 1135 ff.

56 Vgl. § 4 B.

57 Vgl. § 4 B I, § 6 A I.

III. Das Geheimverfahren

1. Begriff und Realisierbarkeit des Geheimverfahrens

a) Vertrauliche Informationen einer oder beider Parteien sind häufig und insbesondere bei Informationsnotlagen unerlässlich für die richtige Entscheidung des Rechtsstreits. Des Weiteren kann die hierfür erforderliche Ausforschung nicht nur die prozesserheblichen, sondern auch weitere mit diesen im Zusammenhang stehende, vertrauliche Informationen beeinträchtigen, die für den konkreten Rechtsstreit unerheblich sind und an deren Geheimhaltung ebenfalls ein berechtigtes Interesse besteht. Die optimale Konkordanz zwischen Aufklärung und Geheimnisschutz kann ein Prozessverfahren gewähren, welches den Kreis der die vertraulichen Informationen wahrnehmenden Personen einengt.

Die Verhandlung, die Beweisaufnahme (sofern diese Teil der mündlichen Verhandlung nach § 370 Abs. 1 ZPO ist) und die Verkündung von Urteilen und Beschlüssen sind öffentlich (§ 169 GVG).[58] Obwohl Bestandteil rechtsstaatlicher und demokratischer Rechtsschutzgewährung, ist die Öffentlichkeit des Verfahrens unter anderen zum Schutz beeinträchtigter Geheimhaltungsinteressen der Prozessbeteiligten sowie Dritter einschränkbar (§§ 171b ff. GVG). Die Durchführung des Verfahrens hinter geschlossenen Türen reicht offensichtlich nicht aus, wenn die Kenntnisnahme durch die andere Partei die größte Beeinträchtigung des Geheimhaltungsinteresses darstellt. Benötigt wird dann der zusätzliche Ausschluss des Gegners vom Verfahren. Die Beschränkung der Parteiöffentlichkeit führt grundlegend zur Kollision mit dem Anspruch der Parteien auf rechtliches Gehör und seinen einfachrechtlichen Ausprägungen (§§ 137 Abs. 4, 279 Abs. 3, 285, 286 Abs. 1 S. 2, 299 Abs. 1, 313 Abs. 3, 357, 397 Abs. 1 und 2 ZPO).[59] Der Ausschluss des Richters hin-

---

[58] *BLAHartmann*, § 169 GVG Rdnr. 3.

[59] Die Verpflichtung zur Verschwiegenheit (§ 174 Abs. 3 S. 1 GVG flankiert von § 353d Nr. 2 StGB) trifft auch den Gegner, falls er anwesend ist, sodass im arbeitsteilig organisierten Unternehmen die Verwertung gewerblicher Geheimnisse, denen das Interesse des Geheimverfahrens hauptsächlich gilt, unmöglich ist, ohne pflichtwidrig zu handeln. Trotzdem wird die Beeinträchtigung dadurch nicht effektiv gemindert, wenn die vertrauliche Information einem Konkurrenten offenbart wird. Es ist weniger realistisch zu erwarten, dass dieser das ihm Mitgeteilte überhaupt nicht verwertet. Vgl. *Leppin*, GRUR 1984, 695, 697; *Lachmann*, NJW 1987, 2206, 2207 f.; *Stadler*, NJW 1989, 1202, 1202.

Über den Anspruch auf rechtliches Gehör hinaus kann auf den Anspruch auf effektiven Rechtsschutz oder auf weitere besondere Aspekte fairen Rechtsschutzes, wie die Waffengleichheit abgestellt werden (z. B. *Prütting/Weth*, AuR 1990, 269, 275; *Walker*, in: FS für Schneider, S. 147, 170). Die Gelegenheit jeder Partei, auf das Verfahren Einfluss zu nehmen, tangiert aber die spezielle Garantie rechtlichen Gehörs. Die gegen, durch Bindung an das vom Sachverständigen festgestellte ohne eigene Beurteilung, ist von vornherein streng abzulehnen, da ansonsten über § 286 Abs. 1 ZPO hinaus eine verfassungswidrige (Art. 92 GG) Delegation der Entscheidungspflicht auf Nichtrichter, also auf den Sachverständigen stattfindet.[60]

Das traditionell für Beweiszwecke vorgesehene Geheimverfahren greift zu kurz, wenn schutzwürdige Informationen aufgrund der sekundären Erklärungspflicht schon vorher, im Rahmen des prozessualen Diskurses offenbart werden können. Denkbar ist einerseits, dass die sekundäre Erklärungspflicht wegen Unzumutbarkeit der Auskunft eingeschränkt wird; die erklärungspflichtige Partei kann einfach Bestreiten und dem Gericht (im Rahmen etwaiger Beweisbeschaffungspflichten) die relevanten Beweismittel vorlegen.[61] Die andere Alternative stellt die Ausdehnung des Geheimverfahrens dar.[62] Beide Lösungen sind akzeptabel. Jedoch dient die Erstreckung des Geheimverfahrens auch auf die Parteibehauptungen besser dem Ziel, die Effizienz der Beweisaufnahme durch einen möglichst vollständigen Sachverhalt und folglich durch ein im Einzelnen geschildertes Beweisthema zu erhöhen.

b) Jedem von der richterlichen Entscheidung in seinen rechtlichen Interessen Betroffenen muss Gelegenheit gegeben werden, sich am Gang des Verfahrens zu beteiligen und das Prozessergebnis tatsächlich zu beeinflussen. Hierfür ist es nicht nur notwendig, dass alle Seiten gehört werden, sondern auch, dass jede Partei zu den Ausführungen der Gegenseite sowie zu etwaigen Prozessereignissen Stellung beziehen kann, was Einsicht in das Verfahren voraussetzt. Der diese Gedanken verkörpernde Anspruch auf rechtliches Gehör ist unentbehrliche Bedingung für die Herstellung von Rechtsfrieden und Grundpfeiler der Verfahrensgerechtigkeit, indem er das Verfahren verlässlich macht. Obwohl bereits aus dem Rechtsstaatsprinzip und dem Justizanspruch ableitbar, ist er ausdrücklich in Art. 103 Abs. 1 GG aufgenommen und ferner in Art. 6 Abs. 1 EMRK sowie in Art. 47 Abs. 2 und 42 Abs. 2 lit. a der Europäischen Grundrechte-Charta (GRC) enthalten.[63] Weil letztendlich das Recht auf rechtliches Gehör garantiert, dass die Parteien keine

---

Feststellung ob und inwiefern das rechtliche Gehör einschränkbar ist, wird demzufolge auch die Entscheidung über die allgemeine Fairness und die Gleichbehandlung der Parteien miteinbeziehen.

[60] Vgl. BVerfGE 115, 205 (238); NJW 1992, 1817, 1819; *Bornkamm*, in: FS für Ullmann, 893, 902 f., 905; auch *Schlosser*, in: FS für Großfeld, S. 997, 1009; *Prütting/Weth*, NJW 1993, 576, 577.

[61] *Stadler*, NJW 1989, 1202, 1203; *Wagner*, ZZP 108 (1995), 193, 210; a.A. *Prütting/Weth*, DB 1989, 2273, 2276 f.

[62] *Stürner*, JZ 1985, 453, 459.

[63] *Jauernig/Hess*, § 29 I; *RSGottwald*, § 82 Rdnr. 1.

bloßen Objekte des Verfahrens sind, ist darin auch ein Menschenwürdegehalt zu erblicken.[64]

Der Anspruch auf rechtliches Gehör kann jedoch zurücktreten. Dem Betroffenen wird in Verfahren, die auf ein Überraschungsmoment angelegt sind (wie beim einstweiligen Rechtsschutz oder beim selbstständigen Beweisverfahren), regelmäßig kein rechtliches Gehör gewährt, bevor die gegen ihn gerichtete Maßnahme getroffen wird. Sowohl der Geheimnisschutz als auch das rechtliches Gehör sind verfassungsrechtlich geschützt, sie stellen besondere Aspekte des Anspruchs auf ein faires Verfahren dar und können gegeneinander abgewogen werden.[65] Die Verwehrung der Einsichtnahme in die Prozessereignisse anlässlich des Geheimnisschutzes darf aber nicht bloß anfänglich sein, sondern muss prinzipiell mindestens bis zur rechtskräftigen Entscheidung dauern und kann potenziell endgültig sein. Denn die Weitergabe des Geheimnisses ist vom Ausgang des Prozesses abhängig. Setzt sich die sich in Informationsnot befindende Partei mit ihrem Recht zumindest teilweise durch, besteht grundsätzlich kein objektives Geheimhaltungsinteresse mehr. Die Berufung auf den Geheimnisschutz ist missbräuchlich, wenn sie den Sinn hat, begangenes Unrecht zu verdecken. Die Geheimhaltung ist umgekehrt gerechtfertigt und die nachträgliche Einsichtnahme ausgeschlossen, wenn das Begehren der notleidenden Partei keinen Erfolg hat.

Weil auf der anderen Seite die Kenntnisnahme des Prozessinhalts und die Einflussnahme darauf Kernpunkte der Verfahrensfairness sind, können sie nicht gänzlich eingeschränkt werden, ohne dass das Verfahren an Fairness verliert. Der totalen Verwehrung des rechtlichen Gehörs steht vielmehr sein Menschenwürdegehalt entgegen. Das persönliche Ausbleiben der Parteien muss deshalb ausgeglichen werden, indem ein verschwiegenheitspflichtiger Anvertrauter bzw. ihr Anwalt tritt, um so die Interessen der ausgeschiedenen Partei zu bewahren.[66] Da es um die Wahrung von Interessen der ausgeschiedenen Partei und letztendlich um ihr Vertrauen auf die Fairness des Verfah-

---

[64] BVerfGE 65, 171 (174 f.); *Zippelius/Würtenberger*, § 21 Rdnr. 8 und § 47 Rdnr. 20; *Zeuner*, in: FS für Nipperdey, S. 1013, 1015; *ders.*, in: FS für Beys, S. 1787, 1799; *Prütting/Weth*, AuR 1990, 269, 274; *Schilken*, GVR, Rdnr. 130; *Braun*, S. 108; *RSGottwald*, § 82 Rdnr. 1; *Starck* in: von Mangoldt/Klein/Starck, Art. 1 Abs. 1 GG Rdnr. 72.; zurückhaltend *Blomeyer*, § 16 I 2.

[65] BVerfGE 101, 106 (129); 115, 205 (239 f.); *Stürner*, Aufklärungspflicht, S. 227; *Stadler*, NJW 1989, 1202, 1204; *Gaier*, in: FS für Scharf, S. 201, 203 ff., 205; *Ahrens*, in: FS für Kerameus, S. 1, 16, 17.

Jegliche Einschränkung des rechtlichen Gehörs ablehnend *Baumgärtel*, in: FS für Habscheid, S. 1, 8; *Lachmann*, NJW 1987, 2206, 2210; *Prütting/Weth*, DB 1989, 2273, 2278; *dies.*, NJW 1993, 576, 577; *Prütting*, in: FS für Bartenbach, S. 417, 425.

[66] *Leppin*, GRUR 1984, 695, 697; *Stadler*, NJW 1989, 1202, 1204; *dies.*, ZZP 123 (2010), 261, 280; *Ahrens*, GRUR 2005, 837, 839; *Spindler/Weber*, MMR 2006, 711, 714; abweichend *Stürner*, Aufklärungspflicht, S. 223 f.; *ders.*, JZ 1985, 453, 459;

rens geht, muss ihr grundsätzlich die freie Wahl des Vertreters überlassen werden, es sei denn der ausgewählte Vertreter gerät in konkreten Verdacht der Weitergabe des Geheimnisses. Ist letzteres der Fall, sollte die ausscheidende Partei einen anderen Vertreter wählen oder eine gerichtliche Bestellung stattfinden.[67] Die der Verschwiegenheitspflicht entsprechend eingeschränkte Kommunikation zwischen Mandant und Mandanten widerspricht zwar den berufsständischen und vertraglichen Pflichten des Anwalts, dies ist aber im Dienste effektiven Rechtsschutzes nicht zu beanstanden. Der Rechtsanwalt ist letztendlich nicht bloßer Vertreter der Partei, sondern auch unabhängiges Organ der Rechtspflege.[68]

Aufgrund der Bedeutung des rechtlichen Gehörs für die Fairness des Verfahrens und infolgedessen für die Zuverlässigkeit und Akzeptanz des Prozessergebnisses ist Zurückhaltung beim Rückgriff aufs Geheimverfahren geboten.[69] Es ist lediglich bei Grenzfällen der Abwägung zwischen Aufklärungs- und Geheimhaltungsinteresse anzuwenden. Sofern das Aufklärungsinteresse deutlich überwiegt, gibt es keinen Grund, die Beteiligung am Verfahren zu reduzieren. Gleichwohl darf beim deutlich überwiegenden Geheimhaltungsinteresse kein Geheimverfahren angeordnet werden, denn die Kenntnisnahme durch die Mitglieder des Gerichts, den Anvertrauten und den gegebenenfalls bestellten Sachverständigen stellt gleichwohl eine Beeinträchtigung der vertraulichen Information dar. Angewandt auf die Ergebnisse des § 5 D (zusammenfassend unter § 5 E III) ergibt sich folgendes Bild:

Weil die Auskunft über vertrauliche Informationen aus der privaten Geheimsphäre in der Regel zumutbar ist, sollte die Durchführung des Geheimverfahrens für den gewerblichen Geheimbereich vorbehalten bleiben. Die Interessenlage erweist sich bei den privaten Geheimnissen als unkompliziert, denn die offenbarten Informationen können grundsätzlich nicht im selben Maße missbraucht werden. Den verursachten Schaden aufgrund der Weitergabe von privaten Geheimnissen ist leichter auszugleichen, weil er geringfügiger und leichter kontrollierbar ist. Die die gewerblichen Geheimnisse betreffenden Informationen hingegen, falls missbraucht, bedrohen die finanzielle Existenz des gewerblich Tätigen und der von ihm abhängigen Personen sowie die Bedingungen gesunden Wettbewerbs. Eine Erstreckung des Ge-

---

Schlosser, NJW 1992, 3275, 3277; *ders.*, in: FS für Großfeld, S. 997, 1010; *Mayen*, AnwBl 2002, 495, 502; *ders.*, NVwZ 2003, 537, 543.

67 Vgl. *Stadler*, NJW 1989, 1202, 1204; *dies.*, ZZP 123 (2010), 261, 280; *Ahrens* (GRUR 2005, 837, 839) hingegen hält die freie Auswahl des Vertreters für unsachgemäß.

68 Vgl. BGH GRUR 2010, 318, 320; a.A. *Mayen*, AnwBl 2002, 495, 502.

69 Vgl. BVerfGE 115, 205 (Sondervotum Gaier: 258); *Stürner*, Aufklärungspflicht, S. 223; *Schlosser*, in: FS für Großfeld, S. 997, 1005; *Mayen*, AnwBl 2002, 495, 502; *ders.*, NVwZ 2003, 537, 543; *Koch*, S. 251.

heimverfahrens auch auf private Geheimnisse sollte für Sonderfälle vorbehalten sein, sofern die in §§ 169 ff. GVG vorgesehenen Maßnahmen ausnahmsweise nicht ausreichen, sonst würde das Recht auf rechtliches Gehör ausgehöhlt werden.

2. Notwendigkeit der ausdrücklichen Normierung

a) Sofern nach der Gewichtung der kollidierenden Aufklärungs- und Geheimhaltungsinteressen kein es sich als deutlich vorrangig erweist, stellt das in-camera-Verfahren die optimale Harmonisierung prozessualer Gerechtigkeitsaspekte dar.[70] In Abwesenheit einer normativen Grundlage, die Entsprechendes vorsieht, hängt die Beschränkung des rechtlichen Gehörs vom nicht unbedenklichen vorigen Verzicht des Betroffenen hierauf ab, bzw. auf die einfachrechtlichen Vorschriften wie die §§ 285, 397 ZPO, die Art. 103 Abs. 1 GG umsetzen.[71] Wegen des drohenden Prozessverlustes wird zwar die notleidende Partei bereit sein, im Voraus auf das rechtliche Gehör gänzlich zu verzichten oder sich auf die Einsichtnahme durch einen neutralen Dritten zu verlassen. Der Anspruch auf rechtliches Gehör stellt ein (justizielles) Grundrecht dar.[72] Der Grundrechtsverzicht setzt voraus, dass der Verzichtende sich im Klaren über dessen Umfang ist.[73] Mit dem rechtlichen Gehör erlangt die Partei die Gelegenheit, durch Prozesshandlungen Prozessstoff einzuführen sowie zu den Ergebnissen und den Prozesshandlungen der anderen Beteiligten Stellung zu beziehen, was auch eine Kenntnisnahme von ihnen voraussetzt. Zwar betrifft der frühe Verzicht auf die Einsicht einen konkreten Rechtsstreit und einen konkreten Streitgegenstand, ohne die Kenntnis über die etwaigen Prozessereignisse und gegnerischen Handlungen

---

70 Vgl. BVerfGE 115, 205 (Sondervotum Gaier: 251 ff.); *Gaier*, in: FS für Scharf, S. 201, 205.

71 BGH GRUR 2010, 318, 321; *Leppin*, GRUR 1984, 695, 697 f.; *Stürner*, Aufklärungspflicht, S. 224 f.; *ders.*, JZ 1985, 453, 459; *Stürner/Stadler*, JZ 1985, 1101, 1104; *Stadler*, Unternehmensgeheimnis, S. 238 ff.; *dies.* NJW 1989, 1202, 1204; *Baumgärtel*, in: FS für Habscheid, S. 1, 6; Baumgärtel/*Prütting*, HdB-Grundlagen, Kap. 7 Rdnrn. 8 ff.; *Schlosser*, in: FS für Großfeld, S. 997, 1015; *Spindler/Weber*, MMR 2006, 711, 713; im Ergebnis auch *Bornkamm*, in: FS für Ullmann, S. 893, 911; *Walker*, in: FS für Schneider, S. 147, 171, 173; a.A. *Gaier*, in: FS für Scharf, S. 201, 206.

Insofern wird auch das Unterrichtungsrecht gegenüber dem Anwalt entsprechend abgeschwächt. Vgl. *Schlosser*, in: FS für Großfeld, S. 997, 1010; *Bornkamm*, in: FS für Ullmann, S. 893, 904.

72 *Zippelius/Würtenberger*, § 47 Rdnrn. 10, 20.

73 *Henckel*, ZZP 77 (1964), 321, 338 ff.; *Baumgärtel*, in: FS für Habscheid, S. 1, 7; *Zippelius/Würtenberger*, § 19 Rdnr. 101; s. auch *SJKern*, vor § 128 Rdnr. 103; Zöller/*Greger*, § 295 Rdnr. 5.

besteht jedoch keine Klarheit über den uno actu bewirkten Verzicht sich darauf zu äußern.[74]

Die Abhängigkeit des Geheimverfahrens vom Parteiverzicht bereitet weitere Schwierigkeiten, wenn beide Parteien vom Verfahren ausgeschlossen werden müssen, also wenn auch die beweisbelastete Partei Geheimhaltungsinteressen geltend macht.[75] Der entsprechende Verzicht seitens des Gegners des Beweisführers ist dann unwahrscheinlich, denn dadurch wird seine Verteidigung erschwert. Zu erwarten ist das Scheitern des Geheimverfahrens mit der Folge des Prozessverlustes oder der Ungleichbehandlung der Streitenden.[76]

b) Was im internationalen Vergleich angeregt oder schon zivilprozessuale Realität ist,[77] bleibt auf deutschen Ebene effektiv noch ungeregelt. Für den Zivilprozess hat der Gesetzgeber ein entsprechendes Verfahren in der ZPO oder im GVG ausdrücklich nicht normiert. Die §§ 171b ff. GVG regeln nicht den Ausschluss der Parteien, sondern den der Öffentlichkeit. Hiervon bleiben die Parteirechte auf Beteiligung am und Einsichtnahme in das Verfahren unangetastet.

Die Notwendigkeit eines vorsichtigen Zugangs zu prozesserheblichen, und vertraulichen Informationen spiegeln indessen materiell-rechtliche Vorschriften wider. In Betracht kommen zunächst die zahlreiche Auskunftsansprüche zur Umsetzung der *Enforcement*-Richtlinie 2004/48/EG, wie § 140c Abs. 1 S. 3, Abs. 3 S. 2 PatG, § 19a Abs. 1 S. 3, Abs. 3 S. 2 MarkenG, § 101a Abs. 1 S. 3, Abs. 3 S. 2 UrhG. Die darin geforderte Harmonisierung von Aufklärungsinteressen und dem Geheimnisschutz soll durch eine entsprechende

---

[74] *Baumgärtel*, in: FS für Habscheid, S. 1, 7; für die Zulässigkeit des vorherigen Verzichts: *Stürner*, Aufklärungspflicht, S. 226f.; *ders.*, in: FS für Vollkommer, S. 201, 214; *Stadler*, NJW 1989, 1202, 1204; *Schlosser*, in: FS für Großfeld, S. 997, 1015; *Spindler/Weber*, MMR 2006, 711, 713; *Beckhaus*, Informationsdefizite, S. 377.

[75] Es gibt kein Grund, warum das Geheimhaltungsinteresse der beweisbelasteten Partei weniger schutzwürdig sein sollte. Es ist jedoch festzustellen, dass sich die Interessenlage in diesem Fall anders gestaltet: Die Einschränkung des rechtlichen Gehörs des Beweisbelasteten dient schließlich der Erleichterung seiner Prozessführung. Alternativ müsste er sich mit der Unzumutbarkeit der Aufklärung und folglich mit der Beweislastentscheidung zufrieden geben. Der Ausschluss der nicht beweisbelasteten Partei zu Gunsten des Geheimnisschutzes des Beweispflichtigen auf der anderen Seite führt zur Verschlechterung ihrer Verteidigungsmöglichkeiten. Vgl. § 139 Abs. 3 PatG; *Stürner*, JZ 1985, 453, 459; *Lachmann*, NJW 1987, 2206, 2210; *Stadler*, NJW 1989, 1202, 1204f.; *Mayen*, AnwBl 2002, 495, 502; *ders.*, NVwZ 2003, 537, 542; *Gaier*, in: FS für Scharf, S. 201, 204.

[76] *Stadler*, ZZP 123 (2010), 261, 276, 282.

[77] Art. 6–8 RL 2004/48/EG; Art. 43 TRIPS; Principle 16.5 ALI/Unidroit; Rule 26 (c) (1) FRCP.

Gestaltung des Auskunftsanspruchs geschehen;[78] insbesondere durch die Einschaltung eines neutralen, zur Verschwiegenheit verpflichteten Dritten, der die Sache in Augenschein nimmt oder durch die Schwärzung der geheim zuhaltenden Teile der Urkunde. Nicht anders verfährt der Gesetzgeber mit den §§ 33g, 89b Abs. 7 GWB im Rahmen der 9. GWB-Novelle.[79] Diese Ansprüche können mittels §§ 371 Abs. 1 S. 1 Alt. 1 und S. 2 sowie 422 ZPO eine unmittelbare prozessuale Wirkung entfalten. Hierdurch wird die Aufforderung gegenüber dem Gericht, erforderliche Maßnahmen zum Schutz vertraulicher Informationen zu treffen, auch für das Verfahrensrecht aktuell. Berücksichtigung gewinnt ferner § 139 Abs. 3 S. 2 PatG, der offensichtlich verfahrensrechtlicher Natur ist. Die voranstehenden Normen scheinen aber, ein vom Parteiverzicht emanzipiertes Geheimverfahren vorauszusetzen nicht hingegen schaffen zu können.[80] Einerseits sehen sie ganz allgemein vor, dass Geheimhaltungsinteressen der Involvierten zu berücksichtigen sind. Anderseits muss der Richter die für den angemessenen Schutz von vertraulichen Informationen notwendige Maßnahmen treffen. Sollen aber die zu treffenden Maßnahmen über die Art und Weise der Erfüllung des Auskunftsanspruchs erstrecken, sind die erwähnten Normen als Grundlage unzureichend. Weil insbesondere die Anordnung des Geheimverfahrens durch den Richter einen Eingriff in das Grundrecht des rechtlichen Gehörs bedeutet und darüber hinaus die Einzelheiten, die Zulässigkeit, sogar die Verfassungsmäßigkeit der Maßnahme umstritten sind, erlangt das rechtsstaatliche Bestimmtheitsgebot,[81] dem die genannten Paragraphen insofern nicht entsprechen,[82] besondere Beachtung.

Ebenfalls nicht leicht verwirklichbar ist der Vorschlag, die das rechtliche Gehör gewährenden einfachrechtlichen Vorschriften restriktiv zu handhaben.[83] Sowohl für eine restriktive Auslegung, die aber wegen des in der Regel eindeutigen Wortlauts der jeweils in Betracht kommenden Normen

---

[78] BT-Drucks. 16/5048, S. 40 f.; *Bornkamm*, in: FS für Ullmann, S. 893, 895, 897.

[79] BT-Drucks. 18/10207, S. 102.

[80] Im Ergebnis *Kühnen*, GRUR 2005, 185, 187; auch *Seichter*, WRP 2006, 391, 394 f.; im Hinblick auf § 139 Abs. 3 S. 2 PatG ablehnend Schulte/*Voß*, PatG § 139 Rdnr. 301; *Pitz*, in: Fitzner/Lutz/Bodewig, PatR Komm, PatG § 139 Rdnr. 259.

[81] Das Bestimmtheitsgebot entstammt den Art. 20 Abs. 3, 28 Abs. 1 S. 1, insbesondere für das Strafrecht dem Art. 103 Abs. 2 GG und grenzt die der staatlichen Maßnahmen offenliegende Rechtssphäre des Bürgers ab. Gesetzliche Tatbestände sind dann so zu fassen, dass die Betroffenen die Rechtslage erkennen und ihr Verhalten daran ausrichten können. Parameter für die erforderliche Bestimmtheit stellen insbesondere die Eigenart der Regelung und das Ausmaß des Grundrechtseingriffs dar. BVerfGE 52, 1 (41 f.); 59, 104 (114); 108, 186 (235); *Sodan/Ziekow*, § 7 Rdnrn. 35 ff.

[82] Auch BVerfG NJW 2000, 1175, 1178 f.; *Spindler/Weber*, MMR 2006, 711, 713; aber *Wrede*, Geheimverfahren, S. 272 ff.

[83] *Wagner*, ZZP 108 (1995), 193, 217; *Walker*, in: FS für Schneider, S. 147, 173.

(z. B. §§ 134, 279 Abs. 3, 285 Abs. 1, 299 Abs. 1 ZPO) nicht gut vertretbar ist, als auch für eine entsprechende Rechtsfortbildung ist die Erarbeitung eines teleologischen Arguments maßgeblich.

Zunächst ist ein Missbrauchseinwand nicht plausibel, weil das Interesse der Partei am Ausgang des eigenen Rechtsstreits nicht missbräuchlich sein kann.[84] Sofern die Partei ein Aufklärungsinteresse zu haben glaubt, kann die Teilnahme an der Aufklärung nicht zu missbilligen sein. Verwiesen wir dann auf die Problematik des unzulässigen Ausforschungsbeweises;[85] die Benutzung des Verfahrens, die Ausforschung des Gegners und so die Kenntnisnahme fremder vertraulichen Informationen stellt einen Missbrauch dar, wenn die Partei davon ausgeht, dass das von ihr geltend gemachte Recht ihr nicht zusteht. Weil sich die Frage, ob die Partei lügt, in der Regel erst nach der Beweisaufnahme beantworten lässt, kann weder das Recht auf Beweis noch das rechtliche Gehör auf der Basis eingeschränkt werden, dass die Partei lügen könnte. Steht nämlich noch nicht fest, dass die Partei bewusst lügt, kann vom Missbrauch überhaupt nicht die Rede sein.

Auf der anderen Seite steht Art. 103 Abs. 1 GG nicht unter einem strengen Gesetzesvorbehalt, sodass eine Einschränkung des rechtlichen Gehörs aufgrund einer analogen Anwendung bzw. teleologischen Reduktion durchaus möglich ist.[86] Es gibt zahlreiche Regelungen, die mit weniger oder größerem Erfolg zu diesem Zweck verwertbar sind. Die StPO z. B. sieht in §§ 138a, 138b, 147, 168c, 168d, 247, 406e Abs. 2 Einschränkungen der Einsichtnahme durch den Angeklagten, Beschuldigten, Verteidiger oder Verletzten vor. Was die strafverfahrensrechtlichen Vorschriften betrifft, ist besondere Sorgfalt geboten, denn die Gestaltung des Strafverfahrens und zwar die Beteiligtenrolle unterscheidet sich erheblich von derjenigen des als reiner Parteiprozess ausgestalteten Zivilprozesses. Beschränkungen der Einsichtnahme enthalten auch § 120 SGG, § 86 Abs. 2, 3 FGO sowie § 72 Abs. 2 GWB. Vom Gericht können aber gemäß § 128 Abs. 2 SGG, § 96 Abs. 2 FGO sowie §§ 71 Abs. 1 S. 2, 72 Abs. 2 S. 3 GWB nur diejenigen Prozessergebnisse verwertet werden, zu denen die Beteiligten sich äußern konnten d. h., über welche die Beteiligten Kenntnis erlangen haben. Ein Geheimverfahren sieht § 99 Abs. 2 VwGO vor. Dieses bezieht sich aber nur auf das Zwischenverfahren, in welchem die Schutzwürdigkeit des geltend gemachten Geheimnisses geprüft und so nur eine Entscheidung über die Zumutbar-

---

84 Vgl. auch *Bornkamm*, in: FS für Ullmann, S. 893, 898; a. A. *Leppin*, GRUR 1984, 695, 697 f.

85 Vgl. § 5 C II 2 und 3 d sowie E II.

86 Vgl. § 3 A I.

keit der Offenbarung getroffen wird.[87] § 138 TKG gestattet hingegen seit der Neufassung von 2012 ein in camera-Verfahren in der Hauptsache.[88] Obwohl er seinem Wortlaut nach einen noch intensiveren als den hier für zulässig erklärten Eingriff rechtfertigt und folglich der Einschränkung bedarf, stellt er trotzdem eine plausibel Basis für eine Analogie. Zieht man jedoch den Mindesttatbestand der gewünschten Regelung in Erwägung, nämlich das gegebenenfalls erzwingbare persönliche Ausbleiben der Partei in Verbindung mit der Anwesenheit eines (primär) ausgewählten oder (sekundär) bestellten Vertreters, sowie die Bedeutung des Geheimverfahrens für das gesamte Erkenntnisverfahren einschließlich des Rechtmittelverfahrens, wäre der Komplexität dieses Tatbestandes besser im Wege einer ausdrücklichen, vielleicht mit Rücksichtnahme auf sämtliche Rechtswege getroffenen, Regelung gedient.[89]

c) Bei Auskunftsansprüchen kann aus dogmatischer Sicht eine angemessene Berücksichtigung der vertraulichen Informationen des Auskunftsschuldners leichter erfolgen. Hier stellt sich selbstverständlich nicht die Frage des rechtlichen Gehörs, sondern nur diejenige, ob und inwiefern der Auskunftsgläubiger das Risiko der Unrichtigkeit der ihm erteilten Information zu tragen hat. Diese Flexibilität hilft nicht weiter, wenn der Gläubiger nicht mehr auf die Auskunft klagt, sondern sich auf eine prozessuale Aufklärungspflicht des Gegners beruft. Beabsichtigt der Gläubiger klageweise nicht die Erfüllung des Auskunftsanspruchs, sondern beantragt er die Vorlage des Beweismittels oder die Duldung der Einsichtnahme im Prozess gegebenenfalls aufgrund entsprechender Pflichten der Gegenpartei (§§ 371 Abs. 2, 422 ZPO), tritt mangels rechtlicher Grundlage das bereits dargestellte Problem vom Verzicht auf das rechtliche Gehör abhängigen Geheimverfahrens auf. Als Partei muss er sämtliche Gründe kennen, auf welche sich die Entscheidung stützt.[90] Dem Anspruch auf rechtliches Gehör wird nicht entsprochen, wenn das Verfahren im Übrigen parteiöffentlich ist, verwertete entscheidungserhebliche Elemente aber vorenthalten werden.[91] Dass materiell-rechtliche Auskunftsansprüche das Problem des vorigen Verzichts auf rechtliches Gehör nicht überwinden können veranschaulicht folgendes Beispiel:

---

[87] BVerfGE 115, 205 (240, auch Sondervotum Gaier: 251, 257); BVerfG NJW 2000, 1175, 1178.

[88] BGBl. 2012 Teil I Nr. 19, S. 990.

[89] Eine Analogie auf der Basis von § 99 Abs. 2 VwGO und § 138 Abs. 2 und Abs. 3 S. 2 TKG befürwortend *Götz*, S. 405 ff.

[90] Ferner *Schlosser*, in: FS für Großfeld, S. 997, 1003 f.; *Bornkamm*, in: FS für Ullmann, S. 893, 902.

[91] Aber *v. Hartz*, ZUM 2005, 376, 382.

Nach gefestigter Praxis macht die Rechtsprechung bei wettbewerbsrechtlichen Streitigkeiten von der Anordnung des selbstständigen Beweisverfahrens (§ 485 ff. ZPO) verbunden mit der einstweiligen Verfügung (§ 935 ZPO) zur Duldung der Besichtigung auf der Basis eines Auskunftsanspruchs, insbesondere des § 809 BGB, Gebrauch.[92]

Die Dringlichkeit der Beweissicherung rechtfertigt den Erlass eines Beweisbeschlusses, der zwecks Überraschung des Antragsgegners ohne mündliche Verhandlung ergeht. Das Ergebnis ist ein gerichtliches Sachverständigengutachten, das im Hauptverfahren als solches verwertbar ist. Sofern das Beweismaterial nicht frei zugänglich ist, wird der Beweis durch die einstweilige Verfügung zur Duldung der Besichtigung gesichert, die ebenfalls ohne vorherige Anhörung des Betroffenen ergeht.[93] Der geheime Charakter des Verfahrens schlägt sich dann in zweierlei Weise nieder: Der Antragssteller hat wiederum auf das rechtliche Gehör zu verzichten.[94] Er muss sich mit der Anwesenheit seines Anwalts und/oder Patentanwalts begnügen und darf in die Verfahrensereignisse keinen Einblick nehmen, während sämtliche am Verfahren teilnehmenden Personen verschwiegenheitsverpflichtet (insbesondere durch § 203 StGB) sind. Weil die einstweiligen Maßnahmen die Vollbefriedigung nicht herbeiführen können, wird das Gutachten während dieses Sonderverfahrens nicht ausgehändigt.[95] Die Entscheidung über die Aushändigung kann erst im Hauptverfahren, also im Verfahren über den Auskunftsanspruch getroffen werden, ist aber durch das tatsächliche Bestehen eines Geheimhaltungsinteresses und zwar durch das Bestehen der vom Gegner behaupteten Rechtsverletzung bedingt. In der Tat soll die Entscheidung erst nach der rechtskräftigen Bewältigung des Rechtsstreits ergehen können, weil die hierfür nötige Abschätzung grundsätzlich erst dann möglich ist.[96]

---

92 BGH GRUR 2010, 318, 318 ff.; *Kühnen*, GRUR 2005, 185, 187 ff.; *Stadler*, ZZP 123 (2010), 261, 269 ff.

93 Kritisch *Eck/Dombrowski*, GRUR 2008, 387, 388 f.

94 *Stadler*, ZZP 123 (2010), 261, 270.

95 *Leppin*, GRUR 1984, 552, 559, *ders.*, GRUR 1984, 695, 703; *Ahrens*, GRUR 2005, 837, 838; *ders.*, in: FS für Kerameus, S. 1, 5; *C. Schreiber*, JR 2008, 1, 4; a.A. *v. Hartz*, ZUM 2005, 376, 381; s. ferner *Schilken*, Jura 1988, 525, 530.

Zur Abkehr von diesem Grundprinzip des einstweiligen Rechtsschutzes dürfte das Gesetz zur Verbesserung der Durchsetzung von Rechten des geistigen Eigentums führen. Vgl. §§ 101a Abs. 3 S. 1 UrhG, 19a Abs. 3 S. 1 MarkenG, bei offensichtlicher Verletzung §§ 101 Abs. 7 UrhG, 19 Abs. 7 MarkenG, BT-Drucks. 16/5048, S. 41. Kritisch *Haedicke*, in: FS für Leipold, S. 53, 60.

96 *Kühnen*, GRUR 2005, 185, 190; *Eck/Dombrowski*, GRUR 2008, 387, 389.

IV. Strafprozessuales Verwertungsverbot

Wie bereits dargelegt, ist die Partei des Zivilprozesses in vielfältiger Weise zur Mitwirkung bei der Aufklärung des Sachverhalts verpflichtet. Sie hat im Rahmen ihrer Erklärungspflicht sowie im Rahmen der Parteivernehmung ihr Wissen zu offenbaren und ferner Beweismittel und Beweisgegenstände zugänglich zu machen, sonst hat sie mit Prozessnachteilen zu rechnen. Alle diese Auskünfte sind nicht nur öffentlich erteilt (Mündlichkeit und Öffentlichkeit des Verfahrens), sie werden auch Inhalt des Urteilstatbestands sowie der Gerichtsakten. Es besteht dann die Gefahr, dass dadurch die Strafverfolgung auslösende und die Strafbarkeit begründende Informationen in Kenntnis bzw. in die Hände der Verfolgungsorgane und des Strafgerichts gelangen. Denn der *nemo tenetur*-Grundsatz des Strafverfahrens gilt nicht auch für den Zivilprozess. Von den Parteien wird vielmehr erwartet, selbstbezichtigende sowie die Strafverfolgung anderer Personen auslösende Informationen zu offenbaren.[97] Darin ist eine Diskrepanz zwischen den Wertungen des Zivil- und des Strafverfahrensrechts zu erblicken, welche im Fall des Beweistranfers zu einem Wertungswiderspruch führt:[98]

Die im Zivilprozess aufklärungspflichtige Partei könnte im Strafverfahren vom umfassenden Schutz der §§ 136 Abs. 1 S. 2, 136a Abs. 1 und 3, 163a Abs. 3, 243 Abs. 4 S. 1 StPO Gebrauch machen, um der Selbstüberführung zu entgehen. Für den eigenen (Zivil-)Rechtsstreit erhebliche, aber allein die Strafbarkeit eines Angehörigen begründende Informationen könnte sie im entsprechenden Strafverfahren nunmehr als Zeuge sich auf § 52 Abs. 1 StPO berufen. Die Vorschrift berücksichtigt das verfassungsrechtlich garantierte familiäre Bündnis (Art. 6 Abs. 1 GG) sowie die Intimsphäre des Angeklagten; sie will nicht nur den Zeugen vor einem Pflichtenwiderstreit, sondern auch den Angeklagten selbst schützen.[99]

Es entspricht der überwiegenden Auffassung, dass die anlässlich zivilrechtlicher (egal ob materiell- oder prozessrechtlicher) Aufklärungspflichten gewonnenen und die Strafverfolgung des Pflichtigen oder seiner Angehörigen stützenden Erkenntnisse von Verfassung wegen unter strafverfahrensrechtlichem Verwertungsverbot stehen sollen. Diese Problematik transzendiert die Frage nach der Vorwirkung des *nemo tenetur se ipsum accusare*-Grundsatzes. Im Mittelpunkt steht nicht mehr der Konflikt zwischen dem Schutz vor Selbstbezichtigung seitens des Aufklärungspflichtigen und dem

---

[97] Vgl. § 5 D II 2 und 3.

[98] „Zweckentfremdung" des Aufklärungsbeitrags der Partei nach BVerfGE 56, 37 (50 f.).

[99] *Dünnebier*, MDR 1964, 965, 965; *Fezer*, JuS 1978, 325, 326, 330; *Roxin*/Schünemann, StrafVerfR, § 24 Rdnr. 43.

Rechtsdurchsetzungsinteresse der Gegenpartei. Die Abwägung prägen jetzt nur der Selbsterhaltungstrieb einerseits und das öffentliche Strafverfolgungsinteresse anderseits. Die selbst- oder die Angehörigen bezichtigende Erklärung außerhalb des Strafverfahrens führt aber nur dann zu einer Umgehung des *nemo tenetur*-Prinzips, wenn sie Produkt einer Zwangslage ist. Es macht wenig Sinn, die Aussage zu privilegieren, die freiwillig abgegeben worden ist, sei es, weil die aussagende Partei ein Recht geltend macht oder weil sie den gegnerischen Anspruch anerkennen (§ 307 ZPO), und so der inkriminierenden Offenbarung entgehen könnte.[100]

Die Zulässigkeit des Transfers anderweitig erlangter Beweise hängt grundsätzlich davon ab, ob sie im vorigen Verfahren rechtmäßig erlangt worden sind und falls nicht, ob die Rechtswidrigkeit dem Zweck der verletzten Norm nach die Verwertung für das aktuelle Verfahren ausschließt.[101] Insbesondere hinsichtlich der Übertragung (rechtmäßiger) Ermittlungsergebnisse eines anderen Straf- oder Verwaltungsverfahrens ins aktuelle Strafverfahren wird auf den Gedanken des sogenannten hypothetischen Ersatzeingriffs (§ 161 Abs. 2 S. 1, 477 Abs. 2 S. 2 StPO) abgestellt. Maßgeblich ist dann, ob die Strafverfolgungsorgane auf legale Weise zu denselben Ergebnissen gelangen könnten.[102] Zivilrechtliche bzw. zivilverfahrensrechtliche Aufklärungspflichten führen zwar zur Verwehrung des Schweigerechts des später strafrechtlich Verfolgten. Die so gewonnenen Einsichten sind Produkt eines gesetzlich vorgesehenen zivilrechtlichen Verfahrens, dem es an entsprechend intensiven, staatlich initiierten und direkt zwischen dem Staat und dem Pflichtigen wirkenden Ermittlungsinstrumenten mangelt.[103] Wegen der strukturellen Unterschiede der zivilrechtlichen und der strafverfahrensrechtlichen Aufklärung bietet weder der Gedanke des Ersatzeingriffs noch § 136a Abs. 3 S. 2 StPO, sondern die Heranziehung von § 19 Abs. 8 MarkenG, § 140b Abs. 8 PatG, § 46 Abs. 8 GeschmMG, § 101a Abs. 4 UrhG i.V.m. § 101 Abs. 8 UrhG, § 24b Abs. 8 GebrMG die Basis für eine saubere Lösung im Wege der Analogie.[104]

Fraglich ist die Reichweite des sich daraus ergebenden Verwertungsverbots. Kommt lediglich eine Verwendung zu Beweiszwecken im Hauptver-

---

[100] *Stürner*, NJW 1981, 1757, 1759f.; *ders.*, Aufklärungspflicht, S. 181f.; *Osterloh-Konrad*, S. 260f.

[101] Baumgärtel/*Laumen*/*Prütting*, HdB-Grundlagen, Kap. 6 Rdnrn. 40f.; Für das Transfer vom Strafverfahren zum Zivilprozess: BGH JZ 2003, 630 m. Anm. *Leipold*; *SJLeipold*, § 284 Rdnr. 96; MünchKommZPO/*Prütting*, § 284 Rdnr. 66f.

[102] *Roxin*/*Schünemann*, StrafVerfR, § 24 Rdnr. 18, 62.

[103] Vgl. *Uhlenbruck*, JR 1971, 445, 446.

[104] Für eine analoge Anwendung des § 136a Abs. 3 S. 2 StPO plädiert *Stürner*, NJW 1981, 1757, 1760; auch BVerfG NJW 1981, 1431, 1433= BVerfGE 56, 37 (52).

fahren in Betracht oder muss ferner die Verwendung zur Begründung eines Grundrechtseingriffs im Ermittlungsverfahren ausgeschlossen werden (Fernwirkung)? Und darüber hinaus können die für sich nicht verwertbaren gewonnenen Kenntnisse zu weiteren Ermittlungen verwendet werden (Fernwirkung im Sinne des Ausschlusses des Spurenansatzes)? Die oben erwähnten Vorschriften, die die Analogiebasis bilden, sehen vor, dass die Erkenntnisse aus der Erfüllung des Auskunftsanspruchs in einem Strafverfahren (oder in einem Verfahren nach dem Gesetz über Ordnungswidrigkeiten) wegen einer vor der Erteilung der Auskunft begangenen Tat gegen den Auskunftsverpflichteten oder gegen einen in § 52 Abs. 1 StPO bezeichneten Angehörigen ohne Zustimmung des Verpflichteten nicht verwertet werden dürfen. Gemeint wird aber nicht nur ein Beweisverwertungsverbot, denn dem Willen des Gesetzgebers entspricht eine Fernwirkung; das Verwertungsverbot umfasst auch Tatsachen und Beweismittel, die zwar nicht unmittelbar Gegenstand der Auskunft waren, zu denen aber die Auskunft direkt den Weg gewiesen hat.[105] Anderorts aber, in § 97 Abs. 1 S. 3 InsO, ging der Gesetzgeber von einem terminologisch klar ausgedrückten, umfassenden Verwendungsverbot zu Gunsten des Insolvenzschuldners und seiner Angehörigen aus.[106]

Der Umfang von Verwertungsverboten im Strafverfahren ist umstritten. Herrschende Meinung in Theorie und Rechtsprechung geht von einem absoluten Verwendungsverbot für die Fälle unzulässigen Eingriffs in die Würde des Menschen bzw. in den Kernbereich der Persönlichkeit.[107] Dieser Meinung entsprechend schließt der Gesetzgeber explizit und allgemein die Verwendung z.B. in §§ 100d Abs. 5, 160a Abs. 1 S. 2 StPO und nicht bloß die Verwendung zu Beweiszwecken wie z.B. in § 161 Abs. 2 S. 1 StPO aus.[108] Weil das verfolgte öffentliche Interesse am Rechtsgüterschutz nicht gänzlich vereitelt werden darf, müssen die Verwendungsverbote die Ausnahme sein.[109] Zivilverfahrensrechtliche Aufklärungspflichten stellen einen milderen Eingriff als die strafverfahrensrechtlichen Ermittlungsmaßnahmen dar. Insbesondere die Aufklärung in Form der Wissenserklärung kann in die inneren Aspekte der Persönlichkeit nicht bzw. nicht in derselben intensiven Weise ein-

---

105 BT-Drucks. 11/4792, S. 39f.; s. auch BT-Drucks. 16/5048, S. 41, 43.

106 BT-Drucks. 12/7302, S. 166; BT-Drucks. 12/2443, S. 142.

107 Eingriff in die „Intimsphäre" BVerfG NJW 2004, 999, 1007= BVerfGE 109, 279 (320); Bei Verstoß gegen Art. 3 EMRK *EGMR* NJW 2010, 3145, 3149; *Roxin/Schünemann*, StrafVerfR, § 24 Rdnrn. 59ff.

108 Als Verwendungsverbot ist auch das in §§ 100a Abs. 4 S. 2, 100c Abs. 5 S. 1 StPO vorgesehene Verwertungsverbot zu verstehen. HK-StPO/*Gercke*, § 100a Rdnr. 34 und § 100c Rdnr. 30.

109 Vgl. *Roxin/Schünemann*, StrafVerfR, § 24 Rdnrn. 60.

greifen.[110] Ein strafverfahrensrechtliches absolutes Verwendungsverbot im Sinne des Spurenansatzes wäre folglich unangemessen. Auch Verbote, die die Verwendung zur Begründung von Maßnahmen des Ermittlungsverfahrens ausschließen, greifen zu weit. Inkriminierende Auskünfte, die die Partei im Zivilprozess in Erfüllung der Erklärungspflicht (§ 138 Abs. 2 ZPO) oder im Rahmen ihrer Vernehmung offenbart, müssen lediglich ein Beweisverwertungsverbot nach sich ziehen.[111]

---

110 Vgl. § 5 D II zusammenfassend § 5 E III.

111 Von einem so gearteten, reinen Beweisverwertungsverbot scheint auch der Gesetzgeber im Hinblick auf den Auskunftsanspruch gemäß § 33g Abs. 1 und 2 GWB auszugehen. Vgl. BT-Drucks. 18/10207, S. 65.

§ 7 Abschließende Betrachtung

A. Die sekundäre Erklärungspflicht, ein Überblick

I. Anlass: Die Informationsnot

Das Zivilverfahrensrecht überlässt den Parteien die innere Entwicklung des Prozesses, während das Gericht nur ergänzend eingreift. In Verbindung mit der Verteilung der Beweislast unter den Parteien führt die ergänzende Rolle des Gerichts dazu, dass die Sachverhaltsermittlung hauptsächlich das sich aus der Risikoverteilung ergebende System von Initiativen (abstrakte Behauptungs- und Beweisführungslast) und Gegeninitiativen (konkrete Behauptungs- und Beweisführungslast) der Parteien prägt. Die Partei, die das Risiko der Beweislosigkeit trägt, muss die für die Begründung ihres Rechts erforderlichen Tatsachen und Beweismittel in den Prozess einführen, während die Gegenpartei die Tatsachen zu behaupten und die entsprechenden Gegenbeweise anzubieten hat, die für ihre Verteidigung erheblich sind. Infolgedessen hängt die Wahrung des Rechtsschutzinteresses in erster Linie von den eigenen Kräften ab.

Das Vorbild der eigenverantwortlichen Rechtsdurchsetzung versagt, wenn die Partei keinen Zugang zu Beweismitteln hat und (meistens infolge des fehlenden Zugangs zu Beweismitteln) den prozesserheblichen Lebensvorgang nicht konkret schildern kann. Häufig ist das der Fall, wenn die Partei keine Einsicht in den maßgeblichen Geschehensablauf hatte oder haben kann. Aber auch unabhängig von der Möglichkeit oder Fähigkeit zur Wahrnehmung des Geschehensablaufs, wenn die Rechtsdurchsetzung vom Behaupten und Beweisen negativer Tatsachen abhängig ist. Informationsdefizite erschweren die Beweisführung oder machen sie unmöglich mit der Folge, dass die Partei häufig den Prozess verliert. Die angemessene Linderung der Informationsnot, die die Interessen beider Seiten des Rechtsstreits berücksichtigt und ausgleicht, ist die Mitwirkung auch der besser informierten und über die relevanten Beweismittel verfügende Partei bei der Sachverhaltsbildung und -aufklärung. Schon seit Mitte des 20. Jahrhunderts pflegt die Rechtsprechung eine erweiterte Erklärungspflicht der besser informierten, nicht risikobelasteten Partei anzuerkennen und die sie sekundäre Darlegungs- oder Behauptungslast nennt, sofern die risikobelastete keine näheren Details des Sachverhalts einführen kann.

II. Vorfragen

Jede auf der Basis des Prozessrechtsverhältnisses beruhende Annahme einer Mitwirkung des Gegners bei der Ermittlung des Sachverhalts und zwar unabhängig von der näheren Bestimmung dieser Mitwirkung als prozessuale Last oder Pflicht, geht von der Prämisse aus, dass sich der Zivilprozess an der Wahrheitsfindung orientiert.

Die herrschende Anschauung geht von der Verselbstständigung des materiellen von dem Prozessrecht aus. Der Kläger erhebt nicht nur eine Klage verbunden mit der Aussicht auf Erfolg, sondern stellt sich selbst als Träger eines ihm zustehenden Rechts dar. Was der Richter als Recht ausspricht, ist dem Prozess gedanklich vorgelagert. Diese theoretische Trennung erleichtert die Feststellung, dass der Prozess, das Recht als Regelung menschlichen Zusammenlebens zur Geltung bringen muss. Der Zivilprozess und folglich das Zivilprozessrecht als das ihn regelnde Normengefüge muss die Verwirklichung des materiellen Rechts bzw. die Durchsetzung subjektiver Rechte, ermöglichen. Für die Rechtsverwirklichung reicht aber nicht eine beliebige, auf gut Glück getroffene Entscheidung aus. Sofern ein Aufklärungsinteresse besteht, muss die richterliche Entscheidung auf dem tatsächlich stattgefundenen Lebensvorgang beruhen. Die Findung der Wahrheit ist zwar nicht um jeden Preis zu verfolgen, ein Erkenntnisverfahren aber, das darauf nicht abzielt oder hierzu nicht geeignet ist, kann keinen effektiven Rechtsschutz gewähren.

Infolgedessen müssen im Prozess alle Informationsmöglichkeiten, gegebenenfalls auch die Parteien als Zeugen in eigener Sache, ausgeschöpft werden. Der Zwang gegenüber der nicht risikobelasteten Partei, ihr überlegenes Wissen in den Prozess einzuführen, um Mängel des gegnerischen Vortrags zu beseitigen, ist folglich denkbar und erwünschenswert. Dabei ist jedoch Vorsicht geboten. Zwar kann die Ablehnung jeglicher Mitwirkung des Gegners nicht darauf gestützt werden, dass der Prozess ein Kampf ist, in dem der prozessual Stärkere gewinnen soll. Es sei denn, das materielle Privatrecht, das das formelle zur Geltung bringen soll, von derselben moralinfreien Prämisse ausgeht. Auf der anderen Seite sollte die gewünschte Mitwirkung nicht mit dem Verweis auf öffentliche Interessen an Sachaufklärung oder arbeitsgemeinschaftliche Anschauungen begründet werden, die der Natur des Zivilprozesses fremd sind. Ob die Mitwirkung die Gestalt einer Pflicht oder einer Last erlangt, hängt vorwiegend von ihrer rechtlichen Verankerung ab. Wird aber in Betracht gezogen, dass die Heranziehung der nicht risikobelasteten Partei der Rechtsfindung durch das Gericht, der Ermöglichung der Prozessführung des Gegners und nicht vorwiegend dem eigenen Verteidigungsinteresse dient, muss von einer Mitwirkungspflicht die Rede sein. Denn die Befriedigung eines hauptsächlich nicht eigenen Interesses ist das entscheidende

Kennzeichen der Rechtspflicht. Was die erweiterte Erklärungspflicht der nicht risikobelasteten Partei betrifft, präziser ist der Terminus sekundäre Darlegungs- oder Erklärungspflicht.

III. Dogmatische Grundlage

Für die Begründung der sekundären Erklärungspflicht bedient sich die Theorie und die Rechtsprechung der §§ 138 Abs. 1 und 2, 277 Abs. 1 und 282 Abs. 1 ZPO sowie § 242 BGB. Freilich werden auch die Verwirklichung der Grundrechte oder die Waffengleichheit erwähnt. Jene letzten Gesichtspunkte sind aber nicht als positive Grundlage tauglich. Sie schaffen eigentlich teleologische Auslegungsargumente und widerspiegeln den Ausgangspunkt, dass bei streitigem Sachverhalt erst die umfassende Erforschung des Sachverhalts und so die Ausschöpfung aller möglichen Aufklärungsmöglichkeiten zur Verwirklichung des materiellen Rechts führt. Auch die Heranziehung des Redlichkeitsprinzips als gesetzliche Stütze sollte zunächst wegen des Auffangcharakters des § 242 ZPO eine ultima ratio sein. Obwohl auf der anderen Seite die Begründung der sekundären Erklärungspflicht mittels der Wahrheits- und der Prozessförderungspflicht plausibel erscheint, führt diese Ableitung in aller Regel zu antinomischen Ergebnissen oder Übertreibung. Die Lösung lässt sich durchaus in § 138 Abs. 2 ZPO finden:

Die Festlegung der Pflicht, sich auf die von dem Gegner behaupteten Tatsachen zu erklären, zwingt die Parteien zunächst, klar anzugeben, ob und was genau bestritten wird und ferner substantiiert zu bestreiten, sofern es nach der konkreten Prozesslage notwendig und die pflichtige Partei hierzu fähig ist.

Die Normierung einer Pflicht zum Bestreiten fußt auf der Wertung, dass durch die schlichte Passivität im Hinblick auf den gegnerischen Vortrag das aufwendige und mehr oder minder unsichere Beweisverfahren nicht eingeleitet werden soll. Die Pflicht zu klären, ob und was bestritten wird, zielt ferner auf die Einhaltung der Wahrheitspflicht ab; die Partei könnte effektiv ihrer Wahrheitspflicht entgehen, falls das Schweigen als Verteidigungsform zulässig wäre und folglich zur Beweisbedürftigkeit der gegnerischen Behauptungen führen würde. Einem ähnlichen Gedankengang folgt die weitere Pflicht, sich substantiiert einzulassen, sofern es die von der Gegenpartei eingeführten Behauptungen veranlassen. Hier zeigt sich die Orientierung der Einlassungspflicht an der vollständigen Bildung des Sachverhalts angesichts des Beweisverfahrens. Hat die eine Partei einen konkreten Geschehensablauf dargelegt und ergibt sich aus dem einfachen Bestreiten der sich einlassenden Partei die weitere Frage nach dem von ihr implizierten alternativen Lebensvorgang, muss sie diesen Vorgang positiv darlegen. Die Pflicht zur positiven Gegendarstellung führt gleichzeitig zur Intensivierung des Zwangs, wahrhaftig vorzutragen.

Die in § 138 Abs. 2 ZPO enthaltene Erklärungspflicht, führt nicht zu der echten Pflicht sich zu verteidigen. Sie hat lediglich den Sinn, die Passivität als Form wirksamer Verteidigung auszuschließen. Der mündigen Partei steht es nach wie vor frei, zu entscheiden, ob sie im Rahmen der eigenen Angelegenheiten die eigenen Rechtsschutzinteressen wahren will.

Der Übergang von der Erklärungspflicht zur sekundären Erklärungspflicht ist im Rahmen der (weiten) Auslegung des § 138 Abs. 2 ZPO doch möglich. § 138 Abs. 2 ZPO will einen Diskurs zwischen den Parteien mit Blick auf die möglichst vollständige Bildung des Sachverhalts entstehen lassen. Dadurch wird die Effektivität des Beweisverfahrens sowie die Funktionalität der Wahrheitspflicht erhöht und folglich die Rechtsfindung verbessert. Die Erklärungspflicht kann aber ihren Zweck erst dann verwirklichen, wenn die risiko- und somit anfangsbehauptungsbelastete Partei den Diskurs initiieren kann. Sofern nur die nicht risikobelastete Partei über die Fähigkeit verfügt den streitigen Sachverhalt in Einzelheit zu schildern, greift die traditionelle Vorstellung über den prozessualen Diskurs zu kurz. Ohne dem Zivilprozess fremde öffentliche-soziale Interessen allzu stark zu betonen, kann im Falle der Informationsnot der risikobelasteten Partei und um den Zweck des § 138 Abs. 2 ZPO am Leben zu halten, die sich einlassende Partei zur positiven Gegendarstellung gehalten werden, obwohl ihr Gegner nur pauschal aber schlüssig vorgetragen hat.

IV. Inhalt und Sanktion

Die sekundäre Erklärungspflicht trifft diejenige Partei, die die tatsächlichen Behauptungen ihres Gegners bestreitet. Diese muss den schlüssigen, aber nicht detaillierten Behauptungen der anderen Seite einen detaillierten Vortrag entgegensetzen, um ihrer gesteigerten Erklärungspflicht zu genügen. Was die Partei genauer vortragen muss, ist offen und bestimmt sich nach dem Zweck des § 138 Abs. 2 ZPO, die streitigen Punkte des Sachverhalts schon vor der Beweiserhebung möglichst zu präzisieren. Die pflichtige Partei muss lediglich die Gründe ihres Bestreitens schildern. Nur insofern es für das Bestreiten erforderlich ist, hat sie dem Gegner unbekannte Informationen mitzuteilen und in diesem Rahmen einen Aufklärungsbeitrag zu leisten. Weil sich die sekundäre Erklärungspflicht nur auf das Behaupten und Bestreiten bezieht, führt sie weder zu einer Umkehr der objektiven noch der subjektiven Beweislast und enthält nicht die weitere Pflicht, Beweismittel zu bezeichnen oder vorzulegen.

Entgegen der verbreiteten Auffassung ist die Verletzung sowohl der üblichen Pflicht zur substantiierten Einlassung als auch der sekundären Erklärungspflicht nicht mit der Wahrheitsfiktion des § 138 Abs. 3 ZPO zu sanktionieren. Der Gesetzgeber hat die Sanktion des § 138 Abs. 3 ZPO für den Fall vorbehalten, dass die Partei ihr Bestreitenswillen entweder ausdrücklich oder stillschweigend nicht deutlich macht. Es ist dann im Umkehrschluss zu folgern, dass die Sanktion nicht eingreifen soll, wenn der Wille zu bestreiten erkennbar und klar umrissen ist. Darüber hinaus stellt schon jede Verpflichtung, mit dem Bestreiten zugleich eine positive Darstellung der eigenen alternativen Auffassung anzugeben, einen Schritt hin zur Prüfung des Wissensstandes der Partei und effektiv ein Vorstadium der Parteivernehmung dar. Die Pflicht zum substantiierten Bestreiten ist demzufolge eine Aufklärungspflicht, deren Verletzung wie die verweigerte Aussage der vernommenen Partei zu behandeln ist. Den §§ 446 und 453 Abs. 2 ZPO entsprechend kann der Richter wegen der Verletzung der Substantiierungspflicht bzw. der sekundären Erklärungspflicht nach freier Überzeugung entscheiden, ob er die behaupteten Tatsachen als wahr erachten will.

V. Voraussetzung und Grenzen

Die sekundäre Erklärungspflicht setzt zunächst die Informationsnot der risikobelasteten Partei voraus. Diese muss nämlich keinen leichten Zugang zu den prozesserheblichen Informationen haben, die ihr eine nähere Detaillierung des tatsächlichen Vortrags erlauben. Eine Informationsnot ist auch dann zu bejahen, wenn für die Rechtsdurchsetzung die Darlegung und der Nachweis von negativen Tatsachen erforderlich ist. Denn in diesem Fall wird die risikobelastete Partei überfordert, wenn der Schluss auf das Fehlen einer tatsächlichen Entwicklung einer breiten, unüberschaubaren Indizienbasis bedarf. Mit der Heranziehung des Gegners nur im Falle einer nicht mehr mit zumutbaren Mitteln zu beseitigenden Informationsnot wird das Wesen des Zivilprozesses als ein kontradiktorisches und primär von der Eigeninitiative der Parteien geprägtes Verfahren berücksichtigt.

Der Fähigkeit der nicht risikobelasteten Partei, die Auskunft zu leisten, selbstverständlich vorausgesetzt (andernfalls § 138 Abs. 4 ZPO), wird die sekundäre Erklärungspflicht durch den Grundsatz der Zumutbarkeit begrenzt. Der Zumutbarkeitsgrundsatz wird aktuell sowohl bei der Prüfung, ob die Mitteilung von Informationen der pflichtigen Partei zuzumuten ist, als auch bei der Prüfung, ob die Informationsnot mit eigenen Mitteln des Notleidenden behebbar ist. Die Abwägung nach der Zumutbarkeit ist beide Mal eine gemeinsame und fußt auf zwei Säulen.

Zunächst ist der Zeit- und Kostenaufwand für die Einholung von Informationen beachtlich, gravierender ist aber die Art der zu offenbarenden Information. Es ist dann denkbar, dass die Erfüllung der sekundären Erklärungspflicht entweder die Persönlichkeit des Pflichtigen beeinträchtigt und insbesondere vertrauliche Informationen betrifft und/oder dass sie ihn strafrechtlich verfolgbar macht. Wie jede Aufklärungspflicht so auch die sekundäre Erklärungspflicht druckt den Gegensatz zwischen dem Aufklärungsinteresse der einen und dem Geheimhaltungsinteresse der anderen Partei aus. Weil die Berufung auf die Vertraulichkeit der zu offenbarenden Informationen die Partei von der Durchsetzung eines bestehenden Rechts nicht abhalten darf, kann allgemein davon ausgegangen werden, dass die Weitergabe der geheimen Information desto mehr zuzumuten ist je wahrscheinlicher das Bestehen des geltend gemachten Rechts erscheint. Was die einzelnen Fallgruppen betrifft gestaltet die Zumutbarkeitsabwägung wie folgt.

Uneingeschränkt zuzumuten ist jede Auskunft, die starken gesellschaftlichen Bezug aufweist (sogenannte Sozialsphäre der Persönlichkeit) sowie Informationen, die die erklärungspflichtige Partei strafrechtlich verfolgbar machen können. Um aber die Wertungen des Strafverfahrensrechts nicht umzugehen kommt hinsichtlich der letzteren Informationsgruppe ein strafverfahrensrechtliches Beweisverwertungsverbot in Betracht. Der Bereich innerster Persönlichkeitsentfaltung (Intimsphäre) ist im Gegenteil abwägungsfest, weil dieser der Würde des Einzelnen immanent ist.

Sind vertrauliche Informationen betroffen, die der privaten Sphäre der Persönlichkeit entstammen, d.h., die zwar nicht dem innersten Persönlichkeitsbereich angehören, aber auch nicht zur Kenntnisnahme durch andere bestimmt sind, hat das Interesse an deren Geheimhaltung dem Aufklärungsinteresse des Gegners grundsätzlich zu weichen, sonst wäre die auferlegte Aufklärungspflicht ineffektiv. In Fällen wo zwischen dem Streitgegenstand und der negativen Folgen der Auskunftserteilung eine krasse Unverhältnismäßigkeit besteht, reicht der Ausschluss der Öffentlichkeit in Verbindung mit der Verpflichtung der Anwesenden zur Verschwiegenheit gemäß §§ 171b und 174 Abs. 3 GVG aus, um den Interessengegensatz abzumildern. Hilfsweise könnte ferner auf das, oben erwähnte, allgemeine Kriterium der Wahrscheinlichkeitsprüfung abgestellt werden.

Für die gewerblichen Geheimnisse hingegen erweist sich das Verfahren nach §§ 171b und 174 Abs. 3 GVG oder die Heranziehung einer Wahrscheinlichkeitsprüfung als unzulänglich. Zwar sind die gewerblichen Geheimnisse nicht abwägungsfest, diese drücken aber nicht nur das Interesse des Betriebsinhabers an Geheimhaltung aus. Der Schutz der gewerblichen Tätigkeit, für welchen die Betriebsgeheimnisse eine instrumentale Rolle spielen, bildet eine Grundlage des wirtschaftlichen Wachstums. Es besteht demzufolge auch ein öffentliches Interesse an der Geheimhaltung. Eine Preisgabe solcher geheimen Informationen kann weitereichende mikro- und makroökonomische Folgen haben. Ob ein berechtigtes Interesse an der Geheimhaltung besteht hängt aber vom Ergebnis des Erkenntnisverfahrens. Denn steht die Partei, die die Aufklärung verlangt, im Recht, besteht kein berechtigtes Geheimhaltungsinteresse. Der Geheimnisschutz kann nicht den Sinn haben begangenes Unrecht zu verdecken. Ob die Berufung auf die Geheimhaltung berechtigt und insofern, ob die Offenlegung im Verfahren zweckmäßig war, kann nach der Beweiserhebung festgestellt werden. Um die Gefahr der unzweckmäßigen Weitergabe von gewerblichen Geheimnissen zu minimieren, reicht eine schlichte Wahrscheinlichkeitsprüfung als Zumutbarkeitskriterium nicht aus. Es muss vielmehr dafür gesorgt werden, dass im Rahmen des Erkenntnisverfahrens möglichst wenige Personen über die gewerblichen Geheimnisse erfahren können, was auch den Ausschluss der Gegenpartei verlangt und insbesondere dann, wenn diese in einem Konkurrenzverhältnis zu dem Aufklärungspflichtigen steht. Ein derartiges Geheimverfahren, obwohl schon lang praktiziert, leidet an einer sauberen dogmatischen Begründung und ist bereits als Konzept sehr umstritten.

Eine eventuelle gleichzeitige Gefährdung von Nicht-Parteien ist zum Schluss hinzunehmen. Soweit die Partei die eigenen Interessen aufopfern muss, gilt es umso mehr für fremde, sofern die entsprechenden Informationen für den aktuellen Prozess erheblich sind. Dieser Grundsatz ist jedoch nicht ohne Ausnahme. Muss die pflichtige Partei Informationen vortragen, auf welche sich der Anwendungsbereich des § 383 Abs. 1 Nr. 4–6 ZPO erstreckt, kann sie, genau wie ein Zeuge, die Aufklärung ohne Nachteile verweigern.

VI. Systematische Eingliederung in das geltende Zivilprozessrecht

Vergegenwärtigt man sich, dass der *nemo tenetur*-Grundsatz sowie das Verbot ausforschender Beweise keinen Angelpunkt im Zivilprozess haben, sind zwei die systematischen Fragen, die sich aus der Annahme einer echten (sekundären) Erklärungspflicht ergeben: Der Inhalt der konkreten Behauptungslast und das Verhältnis zwischen der Erklärungspflicht gemäß § 138 Abs. 2 ZPO und der Parteivernehmung.

Indem § 138 Abs. 2 ZPO die Verbesserung der Rechtsfindung bezweckt und abweichendes Verhalten missbilligt, stellt er eine Pflichtennorm. Die darin enthaltene Erklärungspflicht führt dazu, dass der Begriff Substantiierungslast als Unterart der konkreten Behauptungslast eingeengt wird. Denn die Partei ist nicht damit belastet, sie ist vielmehr verpflichtet anzugeben, ob und inwiefern sie bestreitet. Sie muss darüber hinaus ihr Bestreiten substantiieren, insofern ihr Gegner schon substantiiert vorgetragen hat oder sich in einer Informationsnot befindet. Die konkrete Behauptungslast umfasst nunmehr einerseits die Frage, ob die Partei Tatsachen zu ihrer Verteidigung vortragen will und welche. Sofern anderseits die Partei, die die konkrete Behauptungslast trägt, die Einführung von näheren Details erwägt, ohne dass sie hierzu wegen des Vortrags des Gegners gehalten ist, kommt eine Substantiierungslast noch in Betracht.

Ersichtlich ist ferner die potenziell systemwidrige Handhabung des § 138 Abs. 2 ZPO mit Blick auf die Regelung der Parteivernehmung. Die Annahme einer Pflicht zum substantiierten Bestreiten hat zufolge, dass schon im frühen Stadium der Bildung des Sachverhalts und vor dem Beweisverfahren die sich einlassende Partei ihr Wissen über das vom Gegner vorgetragene gewissermaßen offenlegen muss. Die Prüfung des Wissensstandes des Gegners ist aber Gegenstand der in §§ 445 ff. ZPO vorgesehenen Parteivernehmung, für welche der Gesetzgeber Voraussetzungen und eine besondere Gestaltung bestimmt hat. Besonders auffällig ist dann die Subsidiarität der Parteivernehmung im Hinblick auf die anderen Beweismittel. Das Gericht darf die Wissensäußerungen der Partei sowie die Weigerung ihr Wissen offenzulegen nur dann prüfen und verwerten, wenn alle andere angebotene Beweise erschöpft sind. Damit diese Wertungen des Gesetzgebers nicht durch die Erklärungspflicht umgegangen werden, bedarf es der Zurückhaltung bei der Handhabung des § 138 Abs. 2 ZPO:

Im Rahmen des § 138 Abs. 2 ZPO kann keine Befragung der Partei stattfinden, die das eigentliche Ziel hat Schlüsse über die Wahrheit ihres Vortrags zu ziehen. Ebenfalls auszuscheiden hat eine vorzeitige Verwertung der verweigerten Substantiierung sowie die Erforschung der Gründe, auf welche sich die Partei beruft, um sich ihrer Substantiierungspflicht zu entziehen. Freilich kann die Verletzung der Substantiierungspflicht so intensiv sein, wenn die pflichtige Partei trotz offensichtlicher Fähigkeit und ohne Grund die Substantiierung verweigert, dass der Richter im Einzelfall daraus ohne Weiteres negative Schlüsse ziehen kann. Insofern wäre die spätere zusätzliche Vernehmung der Partei überflüssig. Auf eine vorschnelle negative Würdigung hat der Richter zu verzichten, falls die risikobelastete Partei Beweise – andere als die Vernehmung des Gegners – schon angeboten hat. Weil nach der gesetzgeberischen Konzeption die Parteivernehmung sowie ihre Ergebnisse subsidiär heranzuziehen sind und die Pflicht zur substantiierten Einlassung eine Projizierung der Parteivernehmung darstellt, sollte die Erklärungspflicht bereits beantragte Beweise nicht verdrängen. Der Richter hat schon angebotene Aufklärungsmöglichkeiten zuerst auszuschöpfen, bevor er sich von der Verletzung des § 138 Abs. 2 ZPO beeinflussen lässt.

B. Synergie der verschiedenen Aufklärungspflichten – Bewertung

Die sekundäre Erklärungspflicht schafft eine frühe Mitwirkungspflicht der besser informierten Partei, indem sie die eigene Auffassung über den Ablauf des streitigen Sachverhalts darlegen muss, obwohl die anfangsbehauptungsbelastete Partei zwar schlüssig, nicht aber substantiiert vorgetragen hat. Durch die Annahme einer sekundären Erklärungspflicht wird die Realisierung des Zwecks des § 138 Abs. 2 ZPO, Klarheit über die streitigen Punkte und deren vollständige Darstellung zu erreichen, beabsichtigt, auch wenn die risikobelastete Partei nicht substantiiert vortragen kann. Die sekundäre Erklärungspflicht stellt eine Hilfe nur für die risikobelastete Partei dar; bei ihrer Informationsnot reicht deren schlüssige Darstellung des Sachverhalts aus, um eine substantiierte Einlassung durch den Gegner erforderlich zu machen. Kann hingegen die nicht risikobelastete Partei keinen Beitrag leisten, obwohl die Gegenpartei schon substantiiert vorgetragen hat, wird sie durch § 138 Abs. 4 ZPO erleichtert.

Freilich führt die sekundäre Erklärungspflicht nicht auch noch dazu, dass die sich einlassende Partei Zeugen bekannt machen oder von Verschwiegenheitspflichten entbinden muss oder, dass Besichtigungen geduldet und Beweisgegenstände vorgelegt werden müssen. Die sekundäre Erklärungspflicht hat weder eine Beweisführungs- noch eine Beweislastumkehr zufolge. Die Sicherung des Zugangs zu Beweismitteln wird durch ein zergliedertes Normengefüge erreicht, dem zwei Prämissen prägen. Einerseits dürfen Aufklärungsmöglichkeiten, auf welche die beweisbelastete Partei zugreifen kann, nicht weggenommen, unbrauchbar gemacht, vernichtet oder ihre Entstehung unterdrückt werden (§§ 371 Abs. 3, 444, 446, 453 Abs. 2 und 454 Abs. 1 ZPO). Beweismittel die sich im Besitz des Beweisgegners oder eines Dritten befinden, darf die beweisbelastete Partei verlangen, sofern ihr ein entsprechender Anspruch nach materiellem Recht zusteht (§§ 371 Abs. 2 S. 2, 422, 429 ZPO). Mit der Reform von 2001 wurde im Wege der §§ 142, 144 ZPO die Beweisbeschaffungspflicht der Parteien sowie Dritter von den materiellrechtlichen Vorlegungs- und Duldungspflichten emanzipiert.

Den verfahrensrechtlichen Ansatz für die Beseitigung von Informationsdefiziten ergänzt ein noch weiter zergliedertes System von Auskunftsansprüchen. Gemäß § 253 Abs. 2 Nr. 2 ZPO wird die Angabe eines bestimmten Klageantrags zu Prozessvoraussetzung erhoben. Sämtliche auf dem Prozessrechtsverhältnis fußenden Aufklärungspflichten greifen dann nicht ein, wenn keine zulässige Klageerhebung vorliegt. Diese Schwäche gleichen die materiell-rechtlichen Auskunftsansprüche aus. Denn sie erlauben die Einleitung eines Vorprozesses, wodurch der Auskunftsgläubiger insbesondere das Risiko eines weiteren Prozessierens besser schätzen oder die Häufung des Auskunfts- und des Leistungsantrags (§ 254 ZPO) vornehmen kann. Die Auskunftsansprüche sind ferner vollstreckbar, sodass bei nicht freiwilliger Erfüllung Zwangsgeld oder -haft verhängt werden kann.

Das deutsche Recht verfügt im Ergebnis über ein befriedigendes, weitreichendes Instrumentarium zur Bewältigung von Informationsdefiziten. Sein Defizit liegt hauptsächlich darin, dass es unüberschaubar ist und effektiv zur Verrechtlichung des geregelten Stoffes (der Aufklärungspflichten) geführt hat. Im Vergleich zur deutschen Realität geschieht die Informationsbeschaffung im internationalen Raum einfacher und insbesondere ohne mühsame dogmatische Konstruktionen. Man braucht nur die ALI/Unidroit Principles of Transnational Civil Procedure (Nr. 16), Art. 43 TRIPS, ihre europäische Entsprechung, Art. 6 RL 2004/48/EG, die allerdings den deutschen Gesetzgeber zur Einführung einer Fülle von Auskunftsansprüchen veranlasst haben, oder das US-amerikanische discovery-Verfahren zu berücksichtigen.

Erstrebenswert wäre die Festsetzung eines möglichst einheitlichen Aufklärungsmechanismus. Neben der Erklärungspflicht des § 138 Abs. 2 ZPO, die das Beweisverfahren vorbereitet, muss für eine allgemeine verfahrensrechtliche Beweisbeschaffungspflicht gesorgt werden. Bei bestehender Informationsnot und im Rahmen des Zumutbaren sollte die Pflicht, Beweismittel dem notleidenden Gegner zugänglich zu machen, unabhängig von der Existenz eines entsprechenden materiell-rechtlichen Auskunftsanspruchs sein und unmittelbar zwischen den Parteien bestehen, d.h. nicht mehr, mittels §§ 142, 144 ZPO, im Ermessen des Richters stehen. Obwohl heute für die Anordnungen der §§ 142, 144 ZPO bei Informationsnot des Beweisbelasteten eine Ermessensreduzierung auf null angenommen werden kann, würde die unmittelbare Wirkung zwischen den Streitenden das Element der Amtsermittlung zurückdrängen und dem Wesen des Zivilprozesses als ein primär von privaten Interessen geprägter Rechtsstreit besser wiedergeben.

Auf der anderen Seite ist eine materiell-rechtliche Aufklärungspflicht unverzichtbar: Der ZPO ist ein rein Informatives Verfahren, wo der Rechtssuchende erstmals Gewissheit über sein Recht erlangt, fremd. Sofern sich die Partei in einer so intensiven Informationsnot befindet, die die Stellung eines bestimmten Antrags unmöglich macht, ist die Erhebung einer Klage auf Auskunft die einzige Lösung. Statt der heutigen Fülle von Auskunftsansprüchen wäre die Normierung eines allgemeinen Auskunftsanspruchs am Vorbild des abgeleiteten Auskunftsanspruchs kraft § 242 BGB vorzugswürdiger.

Literaturverzeichnis

Adloff, Daniel, Vorlagepflichten und Beweisvereitelung im deutschen und französischen Zivilprozess, Tübingen 2007 (zitiert als *Adloff*, Vorlagepflichten)

Ahrens, Hans-Jürgen, Gesetzgebungsvorschlag zur Beweisermittlung bei Verletzung von Rechten des geistigen Eigentums, GRUR 2005, S. 837

– Beweisermittlung für den deutschen Zivilprozess, in: Festschrift für Konstantinos Kerameus, Athen 2009, S. 1

Albers, Jan, Prozesskostenhilfe als Sozialhilfe, in: Gedächtnisschrift für Wolfgang Martens, Berlin 1987, S. 283

Althammer, Christoph, Materialisierung der amtswegigen Urkundenedition (§§ 142 ff. ZPO) als Folge der Umsetzung europäischen Sonderprozessrechts (insbesondere der Kartellschadensersatzrichtlinie), in: Festschrift für Reinhold Geimer zum 80. Geburtstag, München 2017, S. 15

Anhalt, Peter, Allgemeine Verfahrensgrundsätze und Ausforschungsbeweis, Tübingen 1966 (zitiert als *Anhalt*, Ausforschungsbeweis)

Arens, Peter, Prozessrecht und materielles Recht, AcP 173 (1973), S. 250

– Die Grundprinzipien des Zivilprozessrechts, in: Gilles (Hrsg.), Humane Justiz, Kronberg 1977, S. 1

– Zur Aufklärungspflicht der nicht beweisbelasteten Partei im Zivilprozess, ZZP 96 (1983), S. 1

Bachof, Otto, Der Richter als Gesetzgeber?, in: Tradition und Fortschritt, Festschrift für 500 Jahre Tübinger Juristenfakultät, Tübingen 1977, S. 179

Baldus, Manfred, Der Kernbereich privater Lebensgestaltung – absolut geschützt, aber abwägungsoffen, JZ 2008, S. 218

Baudewin, Christian/*Wegner*, Anna Katharina, Die Präklusion im Zivilprozess – Bedeutung, Chancen, Risiken, NJW 2014, S. 1479

Baumgärtel, Gottfried, Die Verwirkung prozessualer Befugnisse im Bereich der ZPO und des FGG, ZZP 67 (1954), S. 423

– Treu und Glauben, gute Sitten und Schikaneverbot im Erkenntnisverfahren, ZZP 69 (1956), S. 89

– Wesen und Begriff der Prozesshandlung einer Partei im Zivilprozess, München 1957 (zitiert als *Baumgärtel*, Prozesshandlung)

– Treu und Glauben im Zivilprozess, ZZP 86 (1973), S. 353

– Anmerkung zum Urteil des BGH vom 1.2.1983 – VI ZR 152/81 (Köln), MDR 1983, S. 479

– Die Beweisvereitelung im Zivilprozess, in: Festschrift für Winfried Kralik, Wien 1986, S. 63

– Beweisrechtliche Studien, in: Festschrift der Rechtswissenschaftlichen Fakultät zur 600-Jahr-Feier der Universität zu Köln, Köln 1988, S. 165

– „Geheimverfahren" im Zivilprozess zur Wahrung von Geschäftsgeheimnissen nach Schweizer Vorbild?, in: Festschrift für Walter J. Habscheid, Bielefeld 1989, S. 1

– Zwei wichtige BGH-Entscheidungen zu Ausforschungsbeweis und „Behauptung ins Blaue hinein", MDR 1995, S. 987

– Das Verhältnis von Beweislastumkehr und Umkehr der konkreten Beweisführungslast im deutschen Zivilprozess, in: Festschrift für Hideo Nakamura, Tokyo 1996, S. 43

Baumgärtel, Gottfried/*Laumen*, Hans-Willi/*Prütting*, Hanns, Handbuch der Beweislast – Grundlagen, 3. Auflage, Köln – München 2016 (zitiert als Baumgärtel/*Bearbeiter*, HdB-Grundlagen)

Baur, Fritz, Vereinbarungen der Parteien über präjudizielle Rechtsverhältnisse im Zivilprozess, in: Festschrift für Eduard Bötticher, Berlin 1969, S. 1

– Funktionswandel des Zivilprozesses?, in: Tradition und Fortschritt, Festschrift für 500 Jahre Tübinger Juristenfakultät, Tübingen 1977, S. 159

Becker, Moritz, Die Pflicht zur Urkundenvorlage nach § 142 Abs. 1 ZPO und das Weigerungsrecht der Parteien, MDR 2008, S. 1309

Beckhaus, Gerrit M., Die Bewältigung von Informationsdefiziten bei der Sachverhaltsaufklärung – Die Enforcement-Richtlinie als Ausgangspunkt für die Einführung einer allgemeinen Informationsleistungspflicht in das deutsche Zivilrecht, Tübingen 2010 (zitiert als *Beckhaus*)

Benda, Ernst/*Weber*, Albrecht, Der Einfluss der Verfassung im Zivilprozessrecht – Nationalbericht für den Internationalen Kongress für Prozessrecht in Würzburg im September 1983, ZZP 96 (1983), S. 285

Bender, Rolf, Funktionswandel der Gerichte, ZRP 1974, S. 235

– Das Beweismaß, in: Festschrift für Fritz Baur, Tübingen 1981, S. 247

– Nochmals: Zivilprozess und Ideologie – Eine Erwiderung auf Leipold in JZ 1982, 441 ff., JZ 1982, S. 709

Bender, Rolf/*Schumacher*, Rolf, Erfolgsbarrieren vor Gericht – Eine empirische Untersuchung zur Chancengleichheit im Zivilprozess des Instituts für Rechtstatsachenforschung Stuttgart e. V., Tübingen 1980

Bernhardt, Wolfgang, Die Aufklärung des Sachverhalts im Zivilprozess, in: Beiträge zum Zivilprozess – Festgabe für Leo Rosenberg, München 1949, S. 9

– Auswirkungen von Treu und Glauben im Prozess und in der Zwangsvollstreckung, ZZP 66 (1953), S. 77

– Wahrheitspflicht und Geständnis im Zivilprozess, JZ 1963, S. 245

Bettermann, Karl August, Hundert Jahre Zivilprozessordnung – Das Schicksal einer liberalen Kodifikation, ZZP 91 (1978), S. 365

Birk, Hans-Jörg, Wer führt den Zivilprozess – der Anwalt oder der Richter?, NJW 1985, S. 1489

Bischoff, Jan Asmus, Tatsachenvortrag im Zivilprozessrecht, JA 2010, S. 532

Bleckmann, Albert, Begründung und Anwendungsbereich des Verhältnismäßigkeitsprinzips, JuS 1994, S. 177

Blomeyer, Arwed, Die Umkehr der Beweislast, AcP 158 (1958), S. 97

– Der Rechtsschutzanspruch im Zivilprozess, in: Festschrift für Eduard Bötticher, Berlin 1969, S. 61

– Zivilprozessrecht – Erkenntnisverfahren, 2. Auflage, Berlin 1985 (zitiert als *Blomeyer*)

Bokelmann, Noch einmal die Wahrheitspflicht des Anwaltes, JW 1914, S. 19

Bomsdorf, Falk, Prozessmaximen und Rechtswirklichkeit – Verhandlungs- und Untersuchungsmaxime im deutschen Zivilprozess – Vom gemeinen Recht bis zur ZPO, Berlin 1971 (zitiert als *Bomsdorf*)

Boor, Hans-Otto de, Zur Reform des Zivilprozesses – Vom Sinn staatlicher und ständischer Gerichtsbarkeit, Antrittsvorlesung, gehalten vor der Leipziger Juristenfakultät, Leipzig 1938 (zitiert als *de Boor*, Zur Reform)

– Die Auflockerung des Zivilprozesses – Ein Beitrag zur Prozessreform, Tübingen 1939 (zitiert als *de Boor*, Auflockerung)

Borck, Hans-Günther, „*Bärenfang*", Beweislast und „*Pressedienst*" – Anmerkungen zu zwei Urteilen des Bundesgerichtshofes, WRP 1963, S. 191

Bornkamm, Joachim, Der Schutz vertraulicher Informationen im Gesetz zur Durchsetzung von Rechten des geistigen Eigentums – In-camera-Verfahren im Zivilprozess?, in: Festschrift für Eike Ullmann, Saarbrücken 2006, S. 893

Bosch, F. W., Von der richtigen Grenzziehung zwischen Pflicht und Freiheit – Grundfragen des Verfahrensrechts, entwickelt im Hinblick auf § 372a ZPO, DRiZ 1951, S. 107

Bottke, Willfried, Materielle und formelle Verfahrensgerechtigkeit im demokratischen Rechtsstaat, Berlin 1991 (zitiert als *Bottke*, Verfahrensgerechtigkeit)

Brand, Peter-Andreas, Grenzen zivilprozessualer Wahrheit und Gerechtigkeit, Disclosure- und Discovery-Elemente im deutschen Zivilverfahrensrecht, NJW 2017, S. 3558

Braun, Johann, Lehrbuch des Zivilprozessrechts – Erkenntnisverfahren, Tübingen 2014 (zitiert als *Braun*)

Brehm, Wolfgang, Die Bindung des Richters an den Parteivortrag und Grenzen freier Verhandlungswürdigung, Tübingen 1982 (zitiert als *Brehm*, Bindung)

Britz, Jörg W., Beschränkung der freien Beweiswürdigung durch gesetzliche Beweisregen?, ZZP 110 (1997), S. 61

Brose, Johannes, Substantiierungslast im Zivilprozess, MDR 2008, S. 1315

Brox, Hans/*Walker*, Wolf-Dietrich, Allgemeines Schuldrecht, 41. Auflage, München 2017 (zitiert als *Brox/Walker*, Allg. SchuRt)

Bruns, Alexander, Maximendenken im Zivilprozessrecht – Irrweg oder Zukunftschance?, in: Die Zukunft des Zivilprozesses – Freiburger Symposion am 27. April 2013 anlässlich des 70. Geburtstages von Rolf Stürner, Tübingen 2014, S. 53

Bruns, Rudolf, Zivilprozessrecht; eine systematische Darstellung, 2. Auflage, München 1979 (zitiert als *Bruns*)

Brüggemann, Dieter, Wahrheitspflicht und Verhandlungsmaxime im heutigen Zivilprozessrecht, Bottrop i. W. 1936 (zitiert als *Brüggemann*, Wahrheitspflicht)

– Judex statutor und judex investigator – Untersuchungen zur Abgrenzung zwischen Richtermacht und Parteienfreiheit im gegenwärtigen deutschen Zivilprozess, Bielefeld 1968 (zitiert als *Brüggemann*)

Büttner, Siegfried, Vaterschaftsprozesse und Ausforschungsbeweis, ZZP 67 (1954), S. 73

Bydlinski, Franz, Juristische Methodenlehre und Rechtsbegriff, 2. Auflage, Wien 1991 (zitiert als *Bydlinski*, Methodenlehre)

– Grundzüge der juristischen Methodenlehre, 2. Auflage, Wien 2012 (zitiert als *Bydlinski*, Grundzüge)

Cahn, Andreas, Prozessuale Dispositionsfreiheit und zwingendes materielles Recht, AcP 198 (1998), S. 35

Chudoba, Gerd, Der ausforschende Beweisantrag, Berlin 1993 (zitiert als *Chudoba*)

Coester-Waltjen, Dagmar, Parteiaussage und Parteivernehmung am Ende des 20. Jahrhunderts, ZZP 113 (2000), S. 269

Cohn, Ernst Joseph, Zur Ideologie des Zivilprozessrechts, in: Erinnerungsgabe für Max Grünhut, Marburg 1965, S. 31

– Zur Wahrheitspflicht und Aufklärungspflicht der Parteien im deutschen und englischen Zivilprozessrecht, in: Festschrift für Fritz von Hippel, Tübingen 1967, S. 41

Costede, Jürgen, Scheinprozesse, ZZP 82 (1969), S. 438

Dannecker, Gerhard, Der Schutz von Geschäfts- und Betriebsgeheimnissen – Zur Situation nach der Neuregelung durch das zweite Gesetz zur Bekämpfung der Wirtschaftskriminalität (2. WiKG), BB 1987, S. 1614

Degenhart, Christoph, Die allgemeine Handlungsfreiheit des Art. 2 I GG, JuS 1990, S. 161

– Das allgemeine Persönlichkeitsrecht, Art. 2 I i.V. mit Art. 1 I GG, JuS 1992, S. 361

Deubner, Karl-Günther, Zurückverweisung verspäteten Vorbringens nach der Vereinfachungsnovelle, NJW 1977, S. 921

– Anmerkung zum Urteil des BGB vom 22.4.1982, NJW 1982, S. 1710

– Das unbewältigte Gesetz – Neue Entscheidungen zur Zurückverweisung verspäteten Vorbringens, NJW 1987, S. 1583

– Gedanken zur richterlichen Verfahrensbeschleunigungspflicht, in: Festschrift für Gerhard Lüke, München 1997, S. 51

Diakonis, Antonios, Grundfragen der Beweiserhebung von Amts wegen im Zivilprozess, Tübingen 2014 (zitiert als *Diakonis*)

Dombek, Bernhard, ZPO-Novelle, BRAK-Mitt 2001, S. 122

Dölle, Hans, Pflicht zur redlichen Prozessführung?, in: Festschrift für Otto Riese, Karlsruhe 1964, S. 279

Dölling, Birger, Die Voraussetzungen der Beweiserhebung im Zivilprozess, NJW 2013, S. 3121

Dötsch, Wolfgang, Internet und Offenkundigkeit, MDR 2011, S. 1017

– Die Erklärung mit Nichtwissen als „Substantiierungsfalle", MDR 2014, S. 1363

Dünnebier, Hanns, Zur Tagebuchentscheidung des Bundesgerichtshofs, MDR 1964, S. 965

Dunz, Walter, Der unzulässige Ausforschungsbeweis, NJW 1956, S. 769

Dütz, Wilhelm, Funktionswandel des Richters im Zivilprozess?, ZZP 87 (1974), S. 361

Eck, Matthias/*Dombrowski*, Jan, Rechtsschutz gegen Besichtigungsverfügungen im Patentrecht – De lege lata und de lege ferenda, GRUR 2008, S. 387

Einmahl, Matthias, Zeugenirrtum und Beweismaß im Zivilprozess – Eine Fallstudie am Beispiel des Verkehrsunfallprozesses, NJW 2001, S. 469

Eisele, Hans, Die Wahrheitspflicht nach § 138 Abs. 1 ZPO, Freiburg 1936 (zitiert als *Eisele*, Wahrheitspflicht)

Engisch, Karl, Wahrheit und Richtigkeit im juristischen Denken, München 1963 (zitiert als *Engisch*, Wahrheit)

– Einführung in das juristische Denken, 11. Auflage, Stuttgart 2010 (zitiert als *Engisch*, Einführung)

Eschelbach, Ralf/*Geipel*, Andreas, Parteianhörung – Die Verwertung im Rahmen der Beweiswürdigung § 141 vs. § 286 ZPO, MDR 2012, S. 198

Esser, Guido, Der Ausforschungsbeweis, Bonn 1969 (zitiert als *G. Esser*, Ausforschungsbeweis)

Esser, Josef, Richterrecht, Gerichtsgebrauch und Gewohnheitsrecht, in: Festschrift für Fritz von Hippel, Tübingen 1967, S. 95

Esser, Wilhelm, Beweislastverteilung und Beweiswürdigung bei der Alleinstellungswerbung, WRP 1963, S. 43

Fabio, Udo Di, Grundrechte als Wertordnung, JZ 2004, S. 1

Fezer, Gerhard, Grundfälle zum Verlesungs- und Verwertungsverbot im Strafprozess, JuS 1978, S. 325

Foerste, Ulrich, Buchbesprechung: Morhard Peter, Die Informationspflicht der Parteien bei der Erklärung mit Nichtwissen, ZZP 108 (1995), S. 283

Freudenthal, Nina, Die sekundäre Behauptungslast, Hamburg 2008 (zitiert als *Freudenthal*)

Frohn, Peter, Substantiierungspflicht der Parteien und richterliche Hinweispflicht nach § 139 ZPO, JuS 1996, S. 243

Gaier, Reinhard, Das „in camera"-Verfahren in der Hauptsache, in: Festschrift für Ulrich Scharf, München 2008, S. 201

Gamp, Lothar, Die Bedeutung des Ausforschungsbeweises im Zivilprozess, DRiZ 1982, S. 165

Gaul, Hans Friedhelm, Zur Frage nach dem Zweck des Zivilprozesses, AcP 168 (1968), S. 27

– Buchbesprechung: Peters Egbert, Ausforschungsbeweis im Zivilprozess, ZZP 83 (1970), S. 234

Gehrlein, Markus, Warum kaum Parteibeweis im Zivilprozess?, ZZP 110 (1997), S. 450

Gerhardt, Walter, Beweisvereitelung im Zivilprozess, AcP 169 (1969), S. 289

Gernhuber, Joachim, Die Billigkeit und ihr Preis, in: Summum ius summa iniuria, Tübingen 1963, S. 205

– § 242 BGB – Funktionen und Tatbestände, JuS 1983, S. 764

Goldschmidt, James, Der Prozess als Rechtslage – Eine Kritik des prozessualen Denkens, Berlin 1925 (zitiert als *Goldschmidt*, Rechtslage)

Gomille, Christian, Informationsproblem und Wahrheitspflicht, Tübingen 2016 (zitiert als *Gomille*, Informationsproblem)

Gottwald, Peter, Anmerkung zum BGH, Urteil vom 20.6.1977, ZZP 92 (1979), S. 362

– Zur Wahrung von Geschäftsgeheimnissen im Zivilprozess, BB 1979, S. 1780

– Grundprobleme der Beweislastverteilung, Jura 1980, S. 225

– Die Bewältigung privater Konflikte im gerichtlichen Verfahren, ZZP 95 (1982), S. 245

– Buchbesprechung: Wolfgang Brehm, Bindung des Richters an den Parteivortrag und die Grenzen freier Verhandlungswürdigung, 1982, AcP 183 (1983), S. 201

– Aufklärung über die Aufklärungspflicht der Parteien, in: Festschrift für Rolf Stürner, Band 1, Tübingen 2013, S. 301

Görres, K.-H., Verschulden im Prozesse, ZZP 34 (1905), S. 1

Götz, Andreas, Der Schutz von Betriebs- und Geschäftsgeheimnissen im Zivilverfahren, Tübingen 2014 (zitiert als *Götz*)

Greger, Reinhard, Vom „Kampf ums Recht" zum Zivilprozess der Zukunft, JZ 1997, S. 1077

– Justizreform? Ja aber …, JZ 2000, S. 842

– Kooperation als Prozessmaxime, in: Dogmatische Grundfragen des Zivilprozesses im geeinten Europa – Akademisches Symposium zu Ehren von Karl Heinz Schwab, Bielefeld 2000, S. 77 (zitiert als *Greger*, in: Symposium für Schwab)

– Der deutsche Zivilprozess im Umbruch, in: Festschrift für Kostas Beys, Band 1, Athen 2003, S. 459

– Veränderungen und Entwicklungen des Beweisrechts im deutschen Zivilprozess, BRAK-Mitt 2005, S. 150

– Zwischen Mediation und Inquisition – Neue Wege der Informationsbeschaffung im Zivilprozess, DStR 2005, S. 479

– Die Partei als Erkenntnis- und Beweismittel im Zivilprozess, MDR 2014, S. 313

Gremmer, Bernhard, Der unsubstanziierte Vortrag – ein Phantomproblem?, MDR 2007, S. 1172

Gruber, Peter/*Kießling*, Erik, Die Vorlagepflichten der §§ 142 ff. ZPO nach der Reform 2002 – Elemente der „discovery" im neuen deutschen Gerichtsverfahren?, ZZP 116 (2003), S. 305

Grunsky, Wolfgang, Grundlagen des Verfahrensrechts – Eine vergleichende Darstellung von ZPO, FGG, VwGO, FGO, SGG, Bielefeld 1970 (zitiert als *Grunsky*, Grundlagen)

– Die Straffung des Verfahrens durch die Vereinfachungsnovelle, JuS 1977, S. 201

Habscheid, Walther J., Das Recht auf Beweis, ZZP 96 (1983), S. 306

Hackenberg, Wolfgang, Die Erklärung mit Nichtwissen – zugleich eine kritische Analyse der Lehre der „allgemeinen Aufklärungspflicht", Berlin 1995 (zitiert als *Hackenberg*)

Haedicke, Maximilian, Urkundenvorlagepflichten des vermeintlichen Patentverletzers im Gesetz zur Verbesserung der Durchsetzung der Rechte des geistigen Eigentums, in: Festschrift für Dieter Leipold, Tübingen 2009, S. 53

Hahn, Bernhard, Der sogenannte Verhandlungsgrundsatz im Zivilprozess, JA 1991, S. 319

Hahn, Carl, Die gesamten Materialien zu den Reichs-Justizgesetzen, Auf Veranlassung des kaiserlichen Reichs-Justizamt herausgegeben, Band 2 Abteilung 1, 2. Auflage, Berlin 1881 (Neudruck 1983), (zitiert als *Hahn*, Materialien)

Hainmüller, Dietmar, Buchbesprechung: Bernhard M. Maassen, Beweismaßprobleme im Schadensersatzprozess, ZZP 90 (1977), S. 326

Hansen, Udo, Die Substantiierungslast, JuS 1991, S. 588

– Der Indizienbeweis, JuS 1992, S. 327

Hartz, Nikolaus von, Beweissicherungsmöglichkeiten im Urheberrecht nach der Enforcement-Richtlinie im deutschen Recht, ZUM 2005, S. 376

Hartz, Nikolaus von/*Schuster*, Kerstin, Ist ein allgemeiner komplementärer Auskunftsanspruch zur Informationsbeschaffung im Zivilprozess erforderlich?, VersR 2003, S. 1366

Häsemeyer, Ludwig, Prozessrechtliche Rahmenbedingungen für die Entwicklung des materiellen Privatrechts – Zur Unvertauschbarkeit materieller und formeller Rechtssätze, AcP 188 (1988), S. 140

Haußer, Hans, Nochmals: Aktuelle Fragen der Zahlvaterschaft, NJW 1959, S. 1811

Heinrich, Bernd, Strafrecht Allgemeiner Teil, 4. Auflage, Stuttgart 2014 (zitiert als *Heinrich*, Strafrecht AT)

Heinrich, Christian, Zur Funktion der Beweislastnormen, in: Festschrift für Hans – Joachim Musielak, Heidelberg 2003, S. 231

Hellwig, Konrad, Lehrbuch des deutschen Zivilprozessrechts, Band 2, Leipzig 1907 (zitiert als *Hellwig*, Lehrbuch)

Henckel, Wolfram, Sanktionen bei Verletzung des Anspruchs auf rechtliches Gehör, ZZP 77 (1964), S. 321

– Vom Gerechtigkeitswert verfahrensrechtlicher Nomen, Göttingen 1966 (zitiert als *Henckel*, Gerechtigkeitswert)

– Prozessrecht und materielles Recht, Göttingen 1970 (zitiert als *Henckel*, Prozessrecht)

– Buchbesprechung: Rolf Stürner, Die Aufklärungspflicht der Parteien des Zivilprozesses, Tübingen 1976, ZZP 92 (1979), S. 100

– Gedanken zur Entstehung und Geschichte der Zivilprozessordnung, in: Gedächtnisschrift für Rudolf Bruns, München 1980, S. 111

Herr, Robert, Partei- und Amtsmaxime, DRiZ 1988, S. 57

Hertz-Kleptow, (Vorname unbekannt), Wann ist im Unterhaltsprozess des unehelichen Kindes der Antrag, ein erbbiologisches Gutachten einzuholen, als unzulässige Ausforschung abzulehnen, DRiZ 1953, S. 103

Heß, Katja, Wahrheits- und Aufklärungspflicht im Zivil- und Arbeitsgerichtsprozess, Saarbrücken 2006 (zitiert als *Heß*, Wahrheitspflicht)

Hippel, Fritz von, Wahrheitspflicht und Aufklärungspflicht der Parteien im Zivilprozess, Frankfurt a. M. 1939 (zitiert als *v. Hippel*, Wahrheitspflicht)

Hök, Götz-Sebastian, Obliegenheitsverletzung durch fehlende Substantiierung: zum Parteivorbringen bei Informationsgefälle, MDR 1985, S. 773

Huber, Eugen, Recht und Rechtsverwirklichung – Probleme der Gesetzgebung und der Rechtsphilosophie, Basel 1921 (zitiert als *E. Huber*, Recht und Rechtsverwirklichung)

Huber, Michael, Ungleiche Aufklärungsmöglichkeiten der Parteien, MDR 1981, S. 95

Hubmann, Heinrich, Grundsätze der Interessenabwägung, AcP 155 (1956), S. 85

– Der zivilrechtliche Schutz der Persönlichkeit gegen Indiskretion, JZ 1957, S. 521

Huguenin-Dumittan, Georges, Behauptungslast, Substantiierungspflicht und Beweislast, Zürich 1980 (zitiert als *Huguenin-Dumittan*)

Huster, Stefan, Beweislastverteilung und Verfassungsrecht, NJW 1995, S. 112

Jacoby, Sidney B., Das Erforschungsverfahren im Amerikanischen Zivilprozess – Vorschläge für eine Reform der ZPO, ZZP 74 (1961), S. 145

Jauernig, Othmar, Materielles Recht und Prozessrecht, JuS 1971, S. 329

– Der Bundesgerichtshof und das Zivilprozessrecht – Ein Rückblick auf 40 Jahre, in: 40 Jahre Bundesgerichtshof: Festveranstaltung am 1. Oktober 1990 mit Ansprache des Präsidenten des Bundesgerichtshofes, Heidelberg 1991, S. 28

– Zivilprozessrecht, 29. Auflage, München 2007 (zitiert als *Jauernig*)

Jauernig, Othmar/*Hess*, Burkhard, Zivilprozessrecht, 30. Auflage, München 2011 (zitiert als *Jauernig*/*Hess*)

Jessen, Uwe, Kann der Antrag auf Einholung eines Bluttgruppengutachtens oder eines erbbiologischen Gutachtens im Unterhaltsprozess des unehelichen Kindes als Ausforschung zurückwiesen werden?, MDR 1956, S. 263

Jhering, Rudolf von, Der Kampf ums Recht, 1872 (Neudruck, 8. Auflage, Frankfurt 2003)

Jonas, M., Gedanken zur Prozessreform – Verhandlungs- und Offizialmaxime, DR 1941, S. 1697

Katzenmeier, Christian, Aufklärungs-/Mitwirkungspflicht der nicht beweisbelasteten Partei im Zivilprozess, JZ 2002, S. 533

– Zivilprozess und außergerichtliche Streitbeilegung, ZZP 115 (2002), S. 51

– Beweismaßreduzierung und probabilistische Proportionalhaftung, ZZP 117 (2004), S. 187

Kawano, Masanori, Wahrheits- und Prozessförderungspflicht als Verhaltenspflicht der Parteien gegeneinander, in: Festschrift für Wolfram Henckel, Berlin 1995, S. 411

Kegel, Gerhard, Anmerkung zum Urteil des BGH vom 3.4.1952 – IV ZR 136/51 (OLG Celle), JZ 1952, S. 657

Kehrberger, Roman, Zur sekundären Darlegungslast für die Mitbenutzung eines Internetanschlusses durch Dritte, EWiR 2017, S. 675

Kellner, H./*Göhring*, J./*Kietz*, H., Zivilprozessrecht – Grundriss, 2. Auflage, Berlin 1979

Kemper, Jutta, Beweisprobleme im Wettbewerbsrecht, Köln 1992 (zitiert als *Kemper*)

Kiethe, Kurt, Auskunft und sekundäre Behauptungslast – Anspruchsdurchsetzung bei ungeklärten Sachverhalten, MDR 2003, S. 781

– Zulässigkeit von Beweisantritten bei Behauptungen auf Grundlage einer zivilrechtlichen Vermutungsbasis, MDR 2003, S. 1325

Kirchhof, Wolfgang, Offenlegung von Dokumenten und Mehrfachinanspruchnahme, WuW 2015, S. 952

Klatt, Matthias/*Meister*, Moritz, Der Grundsatz der Verhältnismäßigkeit; Ein Strukturelement des globalen Konstitutionalismus, JuS 2014, S. 193

Klein, Franz, Zeit-und Geistesströmungen im Prozesse, 2. Auflage, Frankfurt a. M. 1958

Kleinfeller, Georg, Lehrbuch des deutschen Zivilprozessrechts, 2. Auflage, Berlin 1910 (zitiert als *Kleinfeller*)

– Gerechtigkeit und Rechtsgang, Kiel 1913 (zitiert als *Kleinfeller*, Gerechtigkeit)

Koch, Raphael, Mitwirkungsverantwortung im Zivilprozess – Ein Beitrag zum Verhältnis von Parteiherrschaft und Richtermacht, zur Wechselwirkung von materiellem Recht und Privatrecht sowie zur Risikoverteilung und Effizienz im Zivilprozess, Tübingen 2013 (zitiert als *Koch*)

Koffka, Emil, Die Ermittelung der Wahrheit im Zivilprozesse – Gutachten, erstattet im Auftrage des Vorstandes des Deutschen Anwaltsvereins für den XXI. Anwaltstag zu Breslau, Zugabe Nr. 15 zur JW 1913, S. 1

Kollhosser, Helmut, Buchbesprechung: *Gerhard Walter*, Freie Beweiswürdigung, ZZP 96 (1983), S. 271

Konrad, Sabine, Der Schutz der Vertrauenssphäre zwischen Rechtsanwalt und Mandant im Zivilprozess, NJW 2004, S. 710

Konzen, Horst, Rechtsverhältnisse zwischen Prozessparteien – Studien zur Wechselwirkung zwischen Zivil- und Prozessrecht bei der Bewertung und den Rechtsfolgen prozesserheblichen Parteiverhaltens, Berlin 1976 (zitiert als *Konzen*, Rechtsverhältnisse)

Koussoulis, Stelios, Beweismaßprobleme im Zivilprozessrecht, in: Festschrift für Karl-Heinz Schwab, München 1990, S. 277

Köhler, Helmut, Der Schadensersatz-, Bereicherungs- und Auskunftsanspruch im Wettbewerbsrecht, NJW 1992, S. 1477

Kraayvanger, Jan/*Hilgard*, Mark C., Urkundenvorlegung im Zivilprozess – Annäherung an das amerikanische „discovery"-Verfahren?, NJ 2003, S. 572

Krammer, Ernst A., Juristische Methodenlehre, 4. Auflage, München 2013 (zitiert als *Krammer*, Methodenlehre)

Krapfl, Claudia/*Mann*, Marcus E., Die Grenzen der Urkundenvorlage durch eine Partei: Eine Bestandsaufnahme zu § 142 ZPO, in: Ars aequi et boni in mundo, Festschrift für Rolf A. Schütze, München 2015, S. 279

Kraßer, Rudolf, Grundlagen des zivilrechtlichen Schutzes von Geschäfts- und Betriebsgeheimnissen sowie von Know-how, GRUR 1977, S. 177

Kühnen, Thomas, Die Besichtigung im Patentrecht – Eine Bestandsaufnahme zwei Jahre nach „Faxkarte", GRUR 2005, S. 185

Kunig, Philip, Der Grundsatz informationeller Selbstbestimmung, Jura 1993, S. 595

Kur, Annette, Beweislast und Beweisführung im Wettbewerbsprozess, München 1981 (zitiert als *Kur*)

Kwaschik, Annett, Die Parteivernehmung und der Grundsatz der Waffengleichheit im Zivilprozess – Zugleich ein Beitrag zur Konkretisierung von Rechtsprinzipien, Tübingen 2004 (zitiert als *Kwaschik*)

Lachmann, Jens-Peter, Unternehmensgeheimnisse im Zivilrechtsstreit, dargestellt am Beispiel des EDV-Prozesses, NJW 1987, S. 2206

Lang, Dietrich, Der Ausforschungsbeweis im Unterhalt des unehelichen Kindes, DRiZ 1962, S. 229

Lang, Johannes, Die Aufklärungspflicht der Parteien des Zivilprozesses vor dem Hintergrund der europäischen Rechtsvereinheitlichung – Eine vergleichende Betrachtung des deutschen, englischen und französischen Zivilprozessrechts sowie des „Storme-Entwurfs", Berlin 1999 (zitiert als *J. Lang*)

Lang, Sonja, Die Urkundenvorlagepflichten der Gegenpartei gemäß § 142 Abs. 1 S. 1 ZPO, Frankfurt a. M. 2007 (zitiert als *S. Lang*, Urkundenvorlagepflichten)

Lange, Hans-Dieter, Zur Umfang der Substantiierungspflicht im Zivilprozess, DRiZ 1985, S. 247

– Bestreiten mit Nichtwissen, NJW 1990, S. 3233

– Parteianhörung und Parteivernehmung, NJW 2002, S. 476

Larenz, Karl, Über die Bindung von Präjudizien, in: Festschrift für Hans Schima, Wien 1969, S. 247 ff.

– Richtiges Recht – Grundzüge einer Rechtsethik, München 1979 (zitiert als *Larenz*, Richtiges Recht)

– Lehrbuch des Schuldrechts, Band 1 Allgemeiner Teil, 4. Auflage, München 1987 (zitiert als *Larenz*, SchuRt Bd. I)

– Methodenlehre der Rechtswissenschaft, 6. Auflage, 1991 (zitiert als *Larenz*)

Larenz, Karl/*Canaris*, Claus-Wilhelm, Methodenlehre der Rechtswissenschaft, 3. Auflage, Berlin 1995 (zitiert als *Larenz/Canaris*)

Laumen, Hans-Willi, Die „Beweiserleichterung bis zur Beweislastumkehr" – Ein beweisrechtliches Phänomen, NJW 2002, S. 3739

– Voraussetzungen und Rechtsfolgen der Beweisvereitelung, MDR 2009, S. 177

Leipold, Dieter, Beweislastregeln und gesetzliche Vermutungen – insbesondere bei Verweisungen zwischen verschiedenen Rechtsgebieten, Berlin 1966 (zitiert als *Leipold*, Beweislastregeln)

– Prozessförderungspflicht der Parteien und richterliche Verantwortung, ZZP 93 (1980), S. 237

– Zivilprozessrecht und Ideologie – am Beispiel der Verhandlungsmaxime, JZ 1982, S. 441

– Beweismaß und Beweislast im Zivilprozess, Berlin 1985 (zitiert als *Leipold*, Beweismaß)

– Verfahrensbeschleunigung und Prozessmaximen, in: Festschrift für Hans W. Fasching, Wien 1988, S. 329

– Wahrheit und Beweis im Zivilprozess, in: Festschrift für Hideo Nakamura, Tokyo 1996, S. 301

– Die gerichtliche Anordnung der Urkundenvorlage im reformierten deutschen Zivilprozess, in: Festschrift für Walter Gerhardt, Köln 2004, S. 563

Lent, Friedrich, Wahrheits- und Aufklärungspflicht im Zivilprozess – Teilkommentar zu §§ 138, 139 ZPO, Bielefeld 1942 (zitiert als *Lent*, Wahrheitspflicht)

– Die Verteilung der Verantwortlichkeit unter Gericht und Parteien im Zivilprozess, ZZP 63 (1943), S. 3

– Zur Unterscheidung von Lasten und Pflichten der Parteien im Zivilprozess, ZZP 67 (1954), S. 345

Lenz, Sebastian, Die verfassungsrechtliche Perspektive der Präklusionsvorschriften, NJW 2013, S. 2551

Leppin, Klaus, Besichtigungsanspruch und Betriebsgeheimnis (Teil I) – Ein Beitrag zum eingeschränkten Besichtigungsanspruch gemäß §§ 809, 242 BGB und zur Möglichkeit eines Geheimverfahrens im Zivilprozess unter besonderer Berücksichtigung der Patentverletzung, GRUR 1984, S. 552

– Besichtigungsanspruch und Betriebsgeheimnis (Teil II) – Ein Beitrag zum eingeschränkten Besichtigungsanspruch gemäß §§ 809, 242 BGB und zur Möglichkeit eines Geheimverfahrens im Zivilprozess unter besonderer Berücksichtigung der Patentverletzung, GRUR 1984, S. 695

Leser, Heinrich, Vergleich über tatsächliche Voraussetzungen tariflicher Ansprüche, BB 1958, S. 812

Lindacher, Walter, Beweisrisiko und Aufklärungslast der nicht risikobelasteten Partei in Wettbewerbssachen, WRP 2000, S. 950

Lindner, Richard, Ist § 522 Abs. 3 ZPO verfassungswidrig?, ZIP 2003, S. 192

Locher, Horst, Die Auskunfts- und Rechenschaftspflicht des Architekten und Baubetreuers, NJW 1968, S. 2324

Looschelders, Dirk, Schuldrecht – Allgemeiner Teil, 15. Auflage, München 2017 (zitiert als *Looschelders*, Allg. SchuRt)

Lorenz, Dieter, Grundrechte und Verfahrensordnungen, NJW 1977, S. 865

Lorenz, Stephan, Auskunftsansprüche im Bürgerlichen Recht, JuS 1995, S. 569

– Die Neuregelung der pre-trial-Discovery im US-amerikanischen Zivilprozessrecht – Inspiration für den deutschen und europäischen Zivilprozess?, ZZP 111 (1998), S. 35

Lüderitz, Alexander, Ausforschungsverbot und Auskunftsanspruch bei Verfolgung privater Rechte, Tübingen 1966 (zitiert als *Lüderitz*, Ausforschungsverbot)

Lüke, Gerhard, Grundsätze des Verwaltungsprozesses – Ein Beitrag zur allgemeinen Prozessrechtslehre, JuS 1961, S. 41

– Der Informationsanspruch im Zivilrecht, JuS 1986, S. 2

Lüke, Gerhard/*Prütting*, Hanns (Hrsg.), Lexikon des Rechts – Zivilverfahrensrecht, 2. Auflage, Berlin 1995 (zitiert als *Bearbeiter*, in: Lüke/Prütting-Lexikon)

Lüpke, Tobias/*Müller*, Robert, „Pre-Trial Discovery of Documents“ und § 142 ZPO – ein trojanisches Pferd im deutschen Zivilprozessrecht?, NZI 2002, S. 588

Maas, Hans-Heinrich, Information und Geheimnis im Zivilrecht, Stuttgart 1970 (zitiert als *Maas*)

Martis, Rüdiger/*Winkhart-Martis*, Martina, Aktuelle Entwicklungen im Arzthaftungsrecht – Beweislastumkehr, Arbeitsteilung, Verjährung, MDR 2011, S. 709

Matthies, Karl-Heinz, Anmerkung zum Urteil des BGH vom 18.3.1986 – VI ZR 215/84 (OLG Braunschweig), JZ 1986, S. 959

Maurer, Hartmut/*Waldhoff*, Christian, Allgemeines Verwaltungsrecht, 19. Auflage, München 2017 (zitiert als *Maurer/Waldhoff*, AllgVerwR)

Mayen, Thomas, Geheimnisschutz im Gerichtsverfahren, AnwBl 2002, S. 495

– Verwertbarkeit von geheim gehaltenen Verwaltungsvorgängen im gerichtlichen Verfahren?, NVwZ 2003, S. 537

Mertins, Wolfgang, Substantiierung im Zivilprozess, NJ 2009, S. 441

Mes, Peter, Si tacuisses. – Zur Darlegungs- und Beweislast im Prozess des gewerblichen Rechtsschutzes, GRUR 2000, S. 934

Messer, Herbert, Der Schutz des Schwächeren im Zivilprozess, in: 50 Jahre Bundesgerichtshof: Festschrift auf Anlass des fünfzigjährigen Bestehens von Bundesgerichtshof, Bundesanwaltschaft und Rechtsanwaltschaft beim Bundesgerichtshof, Band 1, Köln 2000, S. 67

Meyer, Peter, Wandel des Prozessrechtsverständnisses – vom „liberalen" zum „sozialen" Zivilprozess?, JR 2004, S. 1

Meyke, Rolf, Zur Anhörung der Parteien im Zivilprozess, MDR 1987, S. 358

– Zivilprozessuale Aspekte der Haftung wegen Konkursverschleppung, ZIP 1998, S. 1179

– Plausibilitätskontrolle und Beweis, NJW 2000, S. 2230

– Darlegen und Beweisen im Zivilprozess, 2. Auflage, Bonn 2001 (zitiert als *Meyke*, Darlegen)

Michalski, Lutz, „Beweisvereitelung" durch beweisbelastete Partei und Nachholbarkeit in der Berufungsinstanz, NJW 1991, S. 2069

Mitsopoulos, Georg, Gedanken zu einigen wichtigen Problemen der Zivilprozessrechtslehre, ZZP 91 (1978), S. 113

Mohrenfels, Winkler von, Abgeleitete Informationsleistungspflichten im deutschen Zivilrecht, Berlin 1985 (zitiert als *v. Mohrenfels*, Informationsleistungspflichten)

– Die Auskunfts- und Wertermittlungspflicht des vom Erblasser Beschenkten, NJW 1987, 2557

Morhard, Peter, Die Informationspflicht der Parteien bei der Erklärung mit Nichtwissen, München 1993 (zitiert als *Morhard*, Informationspflicht)

Motsch, Richard, Einige Bemerkungen zum Beweisrecht unter der Ägide von Egon Schneider, in: Zivilprozess und Praxis; das Verfahrensrecht als Grundlage juristischer Tätigkeit – Festschrift für Egon Schneider, Berlin 1997, S. 129

Musielak, Hans-Joachim, Die Grundlagen der Beweislast im Zivilprozess, Berlin 1975 (zitiert als *Musielak*, Grundlagen)

– Gegenwartsprobleme der Beweislast, ZZP 100 (1987), S. 385

– Anmerkung zum Urteil des BGH vom 23.6.1989 – V ZR 125/88 (KG, LG Berlin), ZZP 103 (1990), S. 220

– Hilfen bei Beweisschwierigkeiten im Zivilprozess, in: 50 Jahre Bundesgerichtshof: Festschrift auf Anlass des fünfzigjährigen Bestehens von Bundesgerichtshof, Bundesanwaltschaft und Rechtsanwaltschaft beim Bundesgerichtshof, Band 3, Köln 2000, S. 193

Musielak, Hans-Joachim/*Stadler*, Max, Grundfragen des Beweisrechts, München 1984 (zitiert als *Musielak/Stadler*, Grundfragen)

Münch, Joachim, Grundfragen des Zivilprozesses – Sinngehalte der Lehre vom Prozesszweck, in: Die Zukunft des Zivilprozesses – Freiburger Symposion am 27. April 2013 anlässlich des 70. Geburtstages von Rolf Stürner, Tübingen 2014, S. 5

Nierhaus, Michael, Beweismaß und Beweislast Untersuchungsgrundsatz und Beteiligtenmitwirkung im Verwaltungsprozess, München 1989 (zitiert als *Nierhaus*)

Nicoli, Mario, Die Erklärung mit Nichtwissen, JuS 2000, S. 584

Noethen, Mark, Parteivernehmung oder Parteianhörung bei einem allein zwischen Parteien geführten „Vier-Augen-Gespräch"?, NJW 2008, S. 334

Nörr, Dieter, Zur Entstehung der gewohnheitsrechtlichen Theorie, in: Festschrift für Wilhelm Felgentraeger, Göttingen 1969, S. 353

Oberhammer, Paul, Parteiaussage, Parteivernehmung und freie Beweiswürdigung am Ende des 20. Jahrhunderts, ZZP 113 (2000), S. 295

Oberheim, Rainer, Beweiserleichterungen im Zivilprozess, JuS 1996, S. 636

– Beweiserleichterungen im Zivilprozess, JuS 1996, S. 729

– Beweiserleichterungen im Zivilprozess, JuS 1996, S. 918

– Beweiserleichterungen im Zivilprozess, JuS 1997, S. 61

– ZPO-Reform Update 1 – Grundzüge, JA 2002, S. 408

– Zivilprozessrecht für Referendare, 11. Auflage, München 2016 (zitiert als *Oberheim*)

Olzen, Dirk, Die Wahrheitspflicht der Parteien im Zivilprozess, ZZP 98 (1985), S. 403

Ordemann, Walter, Ist § 444 ZPO eine prozessuale Strafbestimmung?, NJW 1962, S. 1902

Orfanides, Georgios, Die Berücksichtigung von Willensmängeln im Zivilprozess, Köln 1982 (zitiert als *Orfanides*, Willensmängel)

– Probleme des gerichtlichen Geständnisses, NJW 1990, S. 3174

– Die vorweggenommene Beweiswürdigung im Zivilprozess, in: Dogmatik im Dienst von Gerechtigkeit, Rechtssicherheit und Rechtsentwicklung, Festschrift für Hanns Prütting, München 2018, S. 455

Osterloh-Konrad, Christine, Der allgemeine vorbereitende Informationsanspruch – Zivilrechtliche Auskunfts- und Rechenschaftsansprüche und ihre Funktion im Zivilprozess, München 2007 (zitiert als *Osterloh-Konrad*)

Paulus, Christoph Georg, Discovery, Deutsches Recht und das Haager Beweisübereinkommen, ZZP 104 (1991), S. 397

– Die Beweisvereitelung in der Struktur des deutschen Zivilprozesses – rechtsgeschichtliche und rechtsvergleichende Betrachtungen, AcP 197 (1997), S. 136

– Beweismaß und materielles Recht, in: Festschrift für Walter Gerhardt, Köln 2004, S. 747

– Zivilprozessrecht – Erkenntnisverfahren, Zwangsvollstreckung und Europäisches Zivilprozessrecht, 6. Auflage, Berlin 2017 (zitiert als *Paulus*)

Peters, Egbert, Die Verwertbarkeit rechtswidrig erlangter Beweise und Beweismittel im Zivilprozess, ZZP 76 (1963), S. 145

– Zeugnisverweigerung als Beweisgrund?, ZZP 77 (1964), S. 444

– Ausforschungsbeweis im Zivilprozess, Berlin 1966 (zitiert als *Peters*, Ausforschungsbeweis)

– Beweisvereitelung und Mitwirkungspflicht des Beweisgegners, ZZP 82 (1969), S. 200

– Richterliche Hinweispflichten und Beweisinitiativen im Zivilprozess, Tübingen 1983

– Auf dem Weg zu einer allgemeinen Prozessförderungspflicht der Parteien?, in: Festschrift für Karl – Heinz Schwab, München 1990, S. 399

Pfeiffer, Gerd, Der strafrechtliche Verrat von Betriebs- und Geschäftsgeheimnissen nach § 17 UWG, in: Festschrift für Rudolf Nirk, München 1992, S. 861

Pfeiffer, Thomas, Organwissen und Grenzen der sekundären Darlegungslast, ZIP 2017, S. 2077

Piekenbrock, Andreas, Umfang und Bedeutung der richterlichen Hinweispflicht, NJW 1999, S. 1360

Pietzner, Rainer, Auskunft, Rechnungslegung und Schadensersatz bei wettbewerbswidrigen Eingriffen in fremde Firmenrechte, GRUR 1972, S. 151

Pohle, Rudolf, Zur Beweislast im internationalen Recht, in: Festschrift für Dölle, Tübingen 1963, Band 2, S. 317

Pollak, Rudolf, Gerichtliches Geständnis im Civilprozesse, Berlin 1893 (zitiert als *Pollak*, Gerichtliches Geständnis)

Polyzogopoulos, Konstantin, Parteianhörung und Parteivernehmung in ihrem gegenseitigen Verhältnis – Ein Beitrag zur Kritik der herrschenden Lehre unter besondere Berücksichtigung der gerichtlichen Praxis, Berlin 1976 (zitiert als *Polyzogopoulos*, Parteianhörung)

Prechtel, Günter, Das Erfordernis der Konnexität zwischen Beweismittel und -behauptung im Zivilprozess, DRiZ 2014, S. 262

Prölss, Jürgen, Die Beweislastverteilung nach Gefahrenbereichen, VersR 1964, S. 901

– Anmerkung zum Urteil des BGH vom 17.12.1968 – VI ZR 212/67 (OLG Schleswig, LG Lübeck), ZZP 82 (1969), S. 468

Prütting, Hanns, Die Grundlagen des Zivilprozesses im Wandel der Gesetzgebung, NJW 1980, S. 361

– Gegenwartsprobleme der Beweislast – Eine Untersuchung moderner Beweislasttheorien und ihrer Anwendung insbesondere im Arbeitsrecht, München 1983 (zitiert als *Prütting*, Gegenwartsprobleme)

– Grundprobleme des Beweisrechts, JA 1985, S. 313

– Die materielle Prozessleitung, in: Festschrift für Hanns – Joachim Musielak, Heidelberg 2003, S. 397

– Geistiges Eigentum und Verfahrensrecht, insbesondere beweisrechtliche Fragen, in: Festschrift für Kurt Bartenbach, Berlin 2005, S. 417

– Discovery im deutschen Zivilprozess?, AnwBl 2008, S. 153

– Rechtsmissbrauch sowie Treu und Glauben im Prozessrecht und im Insolvenzrecht, in: Festschrift für Rolf Stürner, Band 1, Tübingen 2013, S. 455

– Die sekundäre Darlegungslast und die nicht existierende sekundäre Beweislast, in: Festschrift für Wolfgang Krüger, München 2017, S. 433

Prütting, Hanns/*Weth*, Stephan, Die Vertretung einer Gewerkschaft im Betrieb – Geheimverfahren zum Nachweis der Voraussetzungen, DB 1989, S. 2273

– Nochmals: Zur Zulässigkeit beweisrechtlicher Geheimverfahren, AuR 1990, S. 269

– Geheimnisschutz im Prozessrecht, NJW 1993, S. 576

Puppe, Ingeborg, Kleine Schule des juristischen Denkens, 2. Auflage, Göttingen 2011

Putzo, Hans, Die Vereinfachungsnovelle – Gesetz zur Vereinfachung und Beschleunigung gerichtlicher Verfahren, NJW 1977, S. 1

Radbruch, Gustav, Rechtsphilosophie – Studienausgabe, 2. Auflage, Heidelberg 2003 (zitiert als *Radbruch*)

Raiser, Ludwig, Der Stand der Lehre vom subjektiven Recht im deutschen Zivilrecht, JZ 1961, S. 465

Rasehorn, Theo, Kommunikationsprobleme im Zivilprozess – Eine rechtssoziologische Zwischenbilanz, ZRP 1980, S. 6

Reinhardt, Michael, Die Umkehr der Beweislast aus verfassungsrechtlicher Sicht, NJW 1994, S. 93

Reischl, Klaus, Materielle und prozessuale Aspekte zivilrechtlicher Rechenschafts- und Auskunftsansprüche, JR 1997, S. 404

– Der Umfang der richterlichen Instruktionsfähigkeit – ein Beitrag zu § 139 Abs. 1 ZPO, ZZP 116 (2003), S. 81

Reitz, John C., Grundlegende Unterschiede zwischen dem deutschen und dem U.S.-amerikanischen Zivilprozessrecht: Vorzüge, die sich ausschließen?, ZZP 104 (1991), S. 381

Rensen, Hartmut, § 139 ZPO n.F. – Stärkung der ersten Instanz oder alles beim Alten?, AnwBl 2002, S. 633

Riedel, Erwin, Vom zulässigen und unzulässigen Ausforschungsbeweis, NJW 1956, S. 6

Rieder, Markus S., Sekundäre Darlegungs- und Beweislast im Schiedsverfahren?, in: Festschrift für Reinhold Geimer, München 2017, S. 557

Riezler, Erwin, Berufung auf eigenes Unrecht, JherJb 89 (1941), S. 177

Rosenberg, Leo, Zu dem Entwurf einer Zivilprozessordnung (unter besonderer Berücksichtigung des Urteilsverfahrens), ZZP 57 (1933), S. 185

– Das neue Zivilprozessrecht nach dem Gesetz vom 27. Oktober 1933 (RGBl. 1780), ZZP 58 (1934), S. 283

– Die Beweislast, 5. Auflage, München 1965 (zitiert als *Rosenberg*, Beweislast)

Rosenberg, Leo/*Schwab*, Karl-Heinz/*Gottwald*, Peter, Zivilprozessrecht, 17. Auflage, München 2010 (zitiert als *RSGottwald*)

Roth, Herbert, Die Zukunft der Ziviljustiz, ZZP 129 (2016), S. 3

Roxin, Claus/*Schünemann*, Bernd, Strafverfahrensrecht, 29. Auflage, München 2017 (zitiert als *Roxin/Schünemann*)

Rödig, Jürgen, Theorie des gerichtlichen Erkenntnisverfahrens – Die Grundlinien des zivil-, straf- und verwaltungsgerichtlichen Prozesses, Berlin 1973 (zitiert als *Rödig*)

Rühl, Giesela, Die Begrenzung des § 142 ZPO durch das Anwaltsprivileg, ZZP 125 (2012), S. 25

Rümelin, Gustav, Rechtsgefühl und Gerechtigkeit, Frankfurt a.M. 1948

Rüping, Hinrich, Zur Mitwirkungspflicht des Beschuldigten und Angeklagten, JR 1974, S. 135

Rupp, Heinrich Hans, Die Bindung des Richters an das Gesetz, NJW 1973, S. 1769

Rüthers, Bernd/*Fischer*, Christian/*Birk*, Axel, Rechtstheorie mit Juristischer Methodenlehre, 9. Auflage, München 2016 (zitiert als *Rüthers/Fischer/Birk*, Rechtstheorie)

Saenger, Ingo, Grundfragen und aktuelle Probleme des Beweisrechts aus deutscher Sicht, ZZP 121 (2008), S. 139

Sauer, Wilhelm, Allgemeine Prozessrechtslehre – Zugleich eine systematische Schulung der zivilistischen und der kriminalistischen Praxis, Berlin 1951 (zitiert als *Sauer*)

Sax, Walter, Das unrichtige Sachurteil als Zentralproblem der allgemeinen Prozessrechtslehre, ZZP 67 (1954), S. 21

– Über die Zulässigkeit der prozessualen Verwertung privater Tagebuchaufzeichnungen als Beweismittel – Ein Beitrag zur Bestimmung der „Verletzung" des Rechts auf freie Persönlichkeitsentfaltung nach Art. 2 I GG, JZ 1965, S. 1

Schaub, Renate, Sekundäre Darlegungslast und Interessenabwägung beim Filesharing über den Familienanschluss, NJW 2018, S. 17

Schellhammer, Kurt, Zivilprozess; Gesetz – Praxis – Fälle, 15. Auflage, München 2016 (zitiert als *Schellhammer*)

Schilken, Eberhard, Ansprüche auf Auskunft und Vorlegung von Sachen im materiellen und im Verfahrensrecht, Jura 1988, S. 525

– Gerichtsverfassungsrecht, 4. Auflage, München 2007 (zitiert als *Schilken*, GVR)

– Darlegungs- und Beweisfragen im Anlegerschutzprozess – insbesondere Anhörung und Parteivernehmung, ZZP 126 (2013), S. 403

– Zivilprozessrecht, 7. Auflage, München 2014 (zitiert als *Schilken*)

Schima, Hans, Die Prozessgrundsätze in heutiger Schau, in: Scritti giuridici in memoria di Piero Calamandrei, Band 2, Padova 1958, S. 457

Schlemmer-Schulte, Sabine, Beweislast und Grundgesetz – Eine verfassungsrechtliche Untersuchung zur zivilprozessualen Beweislast im Haftungsrecht, München 1997 (zitiert als *Schlemmer-Schulte*, Beweislast)

Schlosser, Peter, Internationale Rechtshilfe und rechtsstaatlicher Schutz von Beweispersonen, ZZP 94 (1981), S. 369

– Die lange deutsche Reise in die prozessuale Moderne – Zugleich eine Besprechung des Urteils des BGH vom 11.6.1990, JZ 1991, S. 599

– Das Bundesverfassungsgericht und der Zugang zu den Informationsquellen im Zivilprozess, NJW 1992, S. 3275

– EMRK und Waffengleichheit im Zivilprozess, NJW 1995, S. 1404

– Wirtschaftsprüfervorbehalt und prozessuales Vertraulichkeitsinteresse der nicht primär beweis- und substanziierungsbelasteten Prozesspartei, in: Festschrift für Bernhard Großfeld, Heidelberg 1999, S. 997

– Anmerkung zum Urteil des BGH vom 2.5.2002 – I ZR 45/01 (OLG Hamburg), JZ 2003, S. 423

Schmidt, Burkhard, Die Begründung der Ablehnung einer Parteivernehmung nach § 448 ZPO, MDR 1992, S. 637

Schmidt, Eike, Partei- und Amtsmaxime im Zivilprozess, DRiZ 1988, S. 59

– Buchbesprechung: Spickhoff Andreas, Richterliche Aufklärungspflicht und materielles Recht, 1999, ZZP 113 (2000), S. 381

– Die Beweislast in Zivilsachen – Funktionen und Verteilungsregeln, JuS 2003, S. 1007

Schnapp, Friedrich E., Logik für Juristen, 7. Auflage, München 2016

Schneider, Egon, Die Ablehnung von Beweisanträgen im Zivilprozess unter besonderer Berücksichtigung der Höchstrichterlichen Rechtsprechung, ZZP 75 (1962), S. 173

– Die Substantiierungslast beim Bestreiten, MDR 1962, S. 361

– Beweislast und Beweiswürdigung im Zivilprozess, DRiZ 1966, S. 281

– Die Beweisvereitelung, MDR 1969, S. 4

– Die zivilprozessuale Beweisantizipation in der neueren Rechtsprechung, MDR 1969, S. 268

– Beiträge zum neuen Zivilprozessrecht (Teil I), MDR 1977, S. 793

– Buchbesprechung: *Stürner*, Aufklärungspflicht der Parteien des Zivilprozesses, NJW 1977, S. 428

– Die neuere Beweisrechtsjudikatur in Haftpflichtprozessen (Teil 1), Konkretes Wissen – Versäumte oder verbotene Tatsachenfeststellung – Freie Schadensschätzung, VersR 1977, S. 593

– Anmerkung zum OLG Düsseldorf, Urt. v. 30.4.1981 – U 238/80, MDR 1982, S. 502

– Problemfälle aus der Prozesspraxis – Beweisantizipation bei der Erfolgsprüfung im PKH-Verfahren, MDR 1987, S. 22

– Beweis und Beweiswürdigung, 5. Auflage, München 1994

– Beweisrechtsverstöße in der Praxis, MDR 1998, S. 997

Schoch, Friedrich, Die Eigentumsgarantie des Art. 14 GG, Jura 1989, S. 113

Scholz, Rupert, Das Grundrecht der freien Entfaltung der Persönlichkeit in der Rechtsprechung des Bundesverfassungsgerichts (Schluss), AöR 100 (1975), S. 265

Schönke, Adolf, Beweislast, tatsächliche Vermutungen und schuldhafte Vereitelung der Beweisführung, ZakDR 1939, S. 193

– Der Umfang der Beweisaufnahme im Zivilprozess, in: Beiträge zum Zivilprozess – Festgabe für Leo Rosenberg, München 1949, S. 217

Schöpflin, Martin, Die Beweiserhebung von Amts wegen im Zivilprozess, Frankfurt a.M. 1992 (zitiert als *Schöpflin*, Beweiserhebung)

– Die Parteianhörung als Beweismittel, NJW 1996, S. 2134

– Die Verfahrensökonomie – eine Prozessmaxime?, JR 2003, S. 485

Schreiber, Christoph, Das Recht auf Besichtigung von Sachen, JR 2008, S. 1

Schreiber, Klaus, Anmerkung zum Urteil des BGH vom 11.6.1990 – II ZR 159/89, JR 1991, S. 415

Schultze, Alfred, Buchbesprechung: Rudolf Pollak, Gerichtliches Geständnis im Civilprozesse, Berlin 1893, ZZP 19 (1894), S. 341

Schulz, Thomas, Die primäre und sekundäre Darlegungs- und Beweislast bei vertraglichen Ausschlussklauseln im Versicherungsrecht, VersR 2014, S. 930

Schumann, Ekkehard, Anmerkung zum Beschluss des BVerfG vom 14.2.1973 – 2 BvR 667/72, JZ 1973, S. 311

– Der Zivilprozess als Rechtsverhältnis, JA 1976, S. 215

– Menschenrechtskonvention und Zivilprozess, in: Festschrift für Karl – Heinz Schwab, München 1990, S. 449

– Die absolute Pflicht zum richterlichen Hinweis (§ 139 Abs. 2 ZPO), in: Festschrift für Dieter Leipold, Tübingen 2009, S. 175

Schwab, Karl-Heinz, Zur Wiederbelebung des Rechtsschutzanspruchs, ZZP 81 (1968), S. 412

– Zur Abkehr moderner Beweislastlehren von der Normentheorie, in: FS für Hans – Jürgen Bruns, München 1978, S. 505

– Das Beweismaß im Zivilprozess, in: Festschrift für Hans W. Fasching, Wien 1988, S. 451 ff.

Seibel, Mark, Die Darlegungs- und Behauptungslast im Zivilprozess, DRiZ 2006, S. 361

Seichter, Dirk, Die Umsetzung der Richtlinie zur Durchsetzung der Rechte des geistigen Eigentums, WRP 2006, S. 391

Semler, Franz-Jörg, Die sekundäre Darlegungs- und Beweislast – Ein Instrument zur Steigerung der Effizienz auch von internationalen Schiedsverfahren, in: Ars aequi et boni in mundo, Festschrift für Rolf A. Schütze, München 2015, S. 535

Seutemann, Herbert, Die Anforderungen an den Sachvortrag der Parteien – Leitfaden zur Beurteilung von Darlegungslasten, MDR 1997, S. 615

Siegmann, Matthias, Die Beweisführung durch „gegnerische" Urkunden, AnwBl. 2008, S. 160

Sodan, Helge/*Ziekow*, Jan, Grundkurs Öffentliches Recht – Staats- und Verwaltungsrecht, 7. Auflage, München 2016 (zitiert als *Sodan/Ziekow*)

Solmecke, Christian/*Rüther*, Felix/*Herkens*, Thomas, Uneinheitliche Darlegungs- und Beweislast in Filesharing-Verfahren – Abweichen von zivilprozessualen Grundsätzen zu Gunsten der Rechtsinhaber?, MMR 2013, S. 217

Speckmann, Werner, Der Anspruch des Miterben auf Auskunft über den Bestand des Nachlasses, NJW 1973, S. 1869

Spindler, Gerald/*Weber*, Marc Philipp, Der Geheimnisschutz nach Art. 7 der Enforcement-Richtlinie, MMR 2006, S. 711

Stackmann, Nikolaus, Richterliche Anordnungen versus Parteiherrschaft im Zivilprozess?, NJW 2007, S. 3521

Stadler, Astrid, Der Schutz des Unternehmensgeheimnisses im deutschen und U.S.-amerikanischen Zivilprozess und im Rechtshilfeverfahren, Tübingen 1989 (zitiert als *Stadler*, Unternehmensgeheimnis)

– Der Schutz von Unternehmensgeheimnissen im Zivilprozess, NJW 1989, S. 1202

– Inquisitionsmaxime und Sachverhaltsaufklärung; erweiterte Urkundenvorlagepflichten von Parteien und Dritten nach der Zivilprozessrechtsreform, in: Festschrift für Kostas Beys, Band 2, Athen 2003, S. 1625

– Geheimnisschutz im Zivilprozess aus deutscher Sicht, ZZP 123 (2010), S. 261

Stauder, Dieter, Umfang und Grenzen der Auskunftspflicht im gewerblichen Rechtsschutz und Urheberrecht – Zur neueren Entwicklung im englischen und deutschen Recht, GRUR Int. 1982, S. 226

Stein, Friedrich, Buchbesprechung: *Hellwig Konrad*, Prozesshandlung und Rechtsgeschäft, ZZP 41 (1911), S. 417

Steinitz, Kurt, Zur Wahrheitspflicht, JW 1915, S. 132

Stieper, Malte, Der Beweis negativer Tatsachen, insbesondere der Neuheit von Immaterialgütern im Verletzungsprozess, ZZP 123 (2010), S. 27

Stoll, Hans, Haftungsverlagerung durch beweisrechtliche Mittel, AcP 16 (1976), S. 176

Störmer, Rainer, Beweiserhebung, Ablehnung von Beweisanträgen und Beweisverwertungsverbote im Zivilprozess, JuS 1994, S. 238

– Beweiserhebung, Ablehnung von Beweisanträgen und Beweisverwertungsverbote im Zivilprozess, JuS 1994, S. 334

Stree, Walter, Schweigen des Beschuldigten im Strafverfahren, JZ 1986, S. 593

Stückrath, Werner, Zur Frage des unzulässigen Ausforschungsbeweises in Unterhaltsprozessen, MDR 1950, S. 60

Stürner, Rolf, Anmerkung zum Urteil des BGH vom 4.7.1975 – I ZR 115/73, JZ 1976, S. 320

– Die Aufklärungspflicht der Parteien des Zivilprozesses, Tübingen 1976 (zitiert als *Stürner*, Aufklärungspflicht)

– Die Einwirkungen der Verfassung auf das Zivilrecht und den Zivilprozess, NJW 1979, S. 2334

– Entwicklungstendenzen des zivilprozessualen Beweisrechts und Arzthaftungsprozesses, NJW 1979, S. 1225

– Strafrechtliche Selbstbelastung und verfahrensförmige Wahrheitsermittlung, NJW 1981, S. 1757

– Verfahrensgrundsätze des Zivilprozesses und Verfassung, in: Festschrift für Fritz Baur, Tübingen 1981, S. 647

– Die richterliche Aufklärung im Zivilprozess, Tübingen 1982 (zitiert als *Stürner*, Richterliche Aufklärung)

– Parteipflichten bei der Sachverhaltsaufklärung im Zivilprozess – Zugleich ein Beitrag zur Lehre von der Beweisvereitelung, ZZP 98 (1985), S. 237

– zum Urteil des BGH vom 12.7.1984 – VII ZR 123/83, JZ 1985, S. 183

– Die gewerbliche Geheimsphäre im Zivilprozess, JZ 1985, S. 453

– Die Kontrolle zivilprozessualer Verfahrensfehlerdurch das Bundesverfassungsgericht, JZ 1986, S. 526

– Prozesszweck und Verfassung, in: Festschrift für Gottfried Baumgärtel, Köln 1990, S. 545

– Anmerkung zum Urteil des BGH vom Urt. v. 11.6.1990 – II ZR 159/89 (Hamburg), ZZP 104 (1991), S. 208

– Die Informationsbeschaffung im Zivilprozess, in: Festschrift für Max Vollkommer, Köln 2006, S. 201

– Parteiherrschaft versus Richtermacht – Materielle Prozessleitung und Sachverhaltsaufklärung im Spannungsfeld zwischen Verhandlungsmaxime und Effizienz, ZZP 123 (2010), S. 147

Stürner, Rolf/*Stadler*, Astrid, Anmerkung zum Urteil des BGH vom 8.1.1985 – X ZR 18/84, JZ 1985, S. 1101

Sutschet, Holger, Bestimmter Klageantrag und Zwangsvollstreckung, ZZP 119 (2006), S. 279

Taupitz, Jochen, Prozessuale Folgen der „vorzeitigen" Vernichtung von Krankenunterlagen, ZZP 100 (1987), S. 287

Teplitzky, Otto, Der Beweisantrag im Zivilprozess und seine Behandlung durch die Gerichte, JuS 1968, S. 71

Troller, Alois, Die Gerechtigkeit rechtwissenschaftlich und phänomenologisch betrachtet, in: Festschrift für Fritz von Hippel, Tübingen 1967, S. 571

Uhlenbruck, Wilhelm, Die Grenzen von Amtsermittlung und Offenbarungspflicht im Konkursverfahren, JR 1971, S. 445

– Gerichtliche Anordnung der Vorlage von Urkunden gegenüber dem Insolvenzverwalter, NZI 2002, S. 589

Volkmar, (VORNAME), Das neue Zivilprozessgesetz vom 27. Oktober 1933, JW 1933, S. 2427

Vollkommer, Max, Der Anspruch der Parteien auf ein faires Verfahren im Zivilprozess, in: Gedächtnisschrift für Rudolf Bruns, München 1980, S. 195

– Der Grundsatz der Waffengleichheit im Zivilprozess – eine neue Prozessmaxime?, in: Festschrift für Karl – Heinz Schwab, München 1990, S. 503

Völzmann-Stickelbrock, Barbara, Anmerkung zum Urteil des BGH vom 26.6.2007 – XI ZR 277/05, ZZP 120 (2007), S. 518

– Beweiserleichterungen durch tatsächliche Vermutungen – Eine Analyse der aktuellen Rechtsprechung zur Darlegungs- uns Beweislast bei Urheberrechtsverletzungen via Internetanschluss, in: Festschrift für Eberhard Schilken, München 2015, S. 541

Vorwerk, Volkert, „Verfahrensvereinfachung" im Zivilprozess zu Lasten der Justiz und der Parteien, MDR 1996, S. 870

Voßkuhle, Andreas/*Kaiser*, Anna-Bettina, Grundwissen – Öffentliches Recht: Der allgemeine Justizgewährungsanspruch, JuS 2014, S. 312

Wach, Adolf, Vorträge über die Reichs-Civilprocessordnung, 2. Auflage, Bonn 1896 (zitiert als *Wach*, Vorträge)

– Grundfragen und Reform des Zivilprozesses, Berlin 1914 (zitiert als *Wach*, Grundfragen)

Wach, Karl J. T./*Bücheler*, Gebhard, Die Behauptung trotz Nichtwissens – Der „Vortrag ins Blaue hinein" zwischen Verfassungsrecht und Rechtsmissbrauch, in: Festschrift für Reinhold Geimer, München 2017, S. 765

Wagner, Gerhard, Datenschutz im Zivilprozess, ZZP 108 (1995), S. 193

– Europäisches Beweisrecht – Prozessrechtsharmonisierung durch Schiedsgerichte, ZEuP 2001, S. 441

– Urkundenedition durch Prozessparteien – Auskunftspflicht und Weigerungsrechte, JZ 2007, S. 706

Walker, Wolf – *Dietrich*, Zur Problematik beweisrechtlicher Geheimverfahren an einem Beispiel aus dem Arbeitsgerichtsprozess, in: Zivilprozess und Praxis; das Verfahrensrecht als Grundlage juristischer Tätigkeit – Festschrift für Egon Schneider, Berlin 1997, S. 147

Walter, Gerhard, Freie Beweiswürdigung, Tübingen 1979

Wassermann, Rudolf, Zur Zusammenarbeit zwischen Anwalt und Gericht im modernen Zivilprozess, AnwBl 1983, S. 481

Waterstraat, Daniel, Informationspflichten der nicht risikobelasteten Partei im Zivilprozess – Ist die Auffassung des BGH vom Primat des materiellen Rechts als Grundlage für die Erteilung von Auskünften im Prozess heute noch haltbar? (Zugleich eine Anmerkung zu BGH, Urteil vom 17.2.2004 – X ZR 108/02), ZZP 118 (2005), S. 459

Weber, Ralph, Entwicklung und Ausdehnung des § 242 BGB zum „königlichen Paragraphen", JuS 1992, S. 631

Welzel, Hans, Die Wahrheitspflicht im Zivilprozess, Berlin 1935 (zitiert als *Welzel*, Wahrheitspflicht)

Werner, Frank, Anmerkung zum Urteil des BGH vom 24.11.1998 – VI ZR 388/97, JR 1999, S. 329

Wessels, Johannes, Schweigen und Leugnen im Strafverfahren, JuS 1966, S. 169

Weth, Stephan, Die Zurückverweisung verspäteten Vorbringens im Zivilprozess, München 1988 (zitiert als *Weth*, Zurückverweisung)

Weyers, Hans-Leo, Über Sinn und Grenzen der Verhandlungsmaxime im Zivilprozess, in: Dogmatik und Methode – Festschrift für Josef Esser, Kronberg 1975, S. 193

Willms, Günther, Anmerkung zum Beschluss des BVerfG vom 27.11.1973 – 2 BvL 12/72 und 3/73, JZ 1974, S. 224

Wolf, Ernst, Das Wesen des gerichtlichen Urteils, in: Gedächtnisschrift für Rudolf Bruns, München 1980, S. 221

Wolf, Manfred, Geständnis zu eigenen Lasten oder zu Lasten Dritter?, in: Festschrift für Hideo Nakamura, Tokyo 1996, S. 686

Wrede, Marc, Das Geheimverfahren im Zivilprozess, Baden-Baden 2014 (zitiert als *Wrede*, Geheimverfahren)

Wurzer, Gustav, Die Lüge im Prozesse, ZZP 48 (1920), S. 463

Yoshida, Motoko, Die Informationsbeschaffung im Zivilprozess – Ein Vergleich zwischen dem deutschen, U.S.-amerikanischen und japanischen Recht, Frankfurt a. M. 2001 (zitiert als *Yoshida*)

Zeiss, Walter, Die arglistige Prozesspartei – Beitrag zur rechtstheoretischen Präzisierung eines Verbotes arglistigen Verhaltens im Erkenntnisverfahren des Zivilprozesses, Berlin 1967 (zitiert als *Zeiss*)

– Die Verwertung rechtswidrig erlangter Beweismittel, ZZP 89 (1976), S. 377

Zeiss, Walter/*Schreiber*, Klaus, Zivilprozessrecht, 12. Auflage, Tübingen 2014 (zitiert als *Zeiss/Schreiber*)

Zekoll, Joachim/*Bolt*, Jan, Die Pflicht zur Vorlage von Urkunden im Zivilprozess – Amerikanische Verhältnisse in Deutschland?, NJW 2002, S. 3129

Zettel, Günther, Der Beibringungsgrundsatz – Seine Struktur und Geltung im deutschen Zivilprozessrecht, Berlin 1977 (zitiert als *Zettel*)

Zeuner, Albrecht, Der Anspruch auf rechtliches Gehör, in: Festschrift für Hans Carl Nipperdey, Band 1, Berlin 1965, S. 1013

– Rechtsvergewisserung und Wahrheitsermittlung als Funktionen des zivilgerichtlichen Verfahrens und ihre Beeinflussung unter persönlichkeitsrechtlichen Aspekten in der neueren Entwicklung des deutschen Rechts, in: Festschrift für Kostas Beys, Band 2, Athen 2003, S. 1787

Zippelius, Reinhold, Rechtsphilosophie, 6. Auflage, München 2011 (zitiert als *Zippelius*, Rechtsphilosophie)

– Das Wesen des Rechts – Eine Einführung in die Rechtstheorie, 6. Auflage, Stuttgart 2012 (zitiert als *Zippelius*, Wesen)

– Juristische Methodenlehre, 11. Auflage, München 2012 (zitiert als *Zippelius*, Methodenlehre)

Zippelius, Reinhold/*Würtenberger*, Thomas, Deutsches Staatsrecht, 32. Auflage, München 2008 (zitiert als *Zippelius/Würtenberger*)

Zöllner, Wolfgang, Materielles Recht und Prozessrecht, AcP 190 (1990), S. 471

Sachverzeichnis[1]

[1] Als Orientierungshilfe kann neben dem Sachregister das ausführliche Inhaltsverzeichnis dienen.